성·생명·우주

지은이 조현수

서울대학교 철학과에서 학사와 석사 학위를 받았으며, 프랑스 스트라스부르대학교에서 철학 박사 학위를 받았다. 서울대, 연세대, 성공회대, 서울과학기술대, 서울여대 등에서 강의했으며, 능인대학원대학교 명상심리학과에서 철학 담당 교수로 재직했다. 지은 책으로는 『성·생명·우주: 마조히즘에 대한 들뢰즈의 이해로부터 살펴본 〈자연과 영성(靈性)의 일치 가능성〉에 대하여』가 있으며, 그간 주로 베르그송과 들뢰즈, 스피노자의 철학과 관련하여 많은 논문을 발표해 왔다. 번역한 책으로는 자크 모노의 책 『우연과 필연』을 포함하여 여러 가지가 있다.

성·생명·우주

마조히즘에 대한 들뢰즈의 이해로부터 살펴본
〈자연과 영성(靈性)의 일치 가능성〉에 대하여

그린비

조현수 지음

들어가며
— 성과 영성의 일치 가능성에 대하여

영성의 추구라는 것을 지향하는 종교가 가지고 있는 가장 중요한 문제 중의 하나는 그것이 세계의 진리에 대해 과학과는 다른 말을 한다는 것이다. 종교는 세계의 진리가 우리 인간에게 우리 자신의 현실적인 모습을 넘어서는 '새로운 인간'으로 거듭날 것을 요구해 온다고 주장하지만, 과학은 이성을 활용한 자신의 합리주의적인 세계이해 속에서는 이와 같은 요구의 존재 같은 것은 찾을 수 없다고 주장한다. 그러므로 과학과 종교는 세계의 본질에 대해 서로 다른 이해를 제시하는 것으로 나누어지고, 이 이해의 상충으로 인해 서로 대립하게 된다. 종교는 결코 과학과는 다른 물음을 가지고 있는 것이 아니라, 그것이 과학과 공유하고 있는 같은 물음, 즉, 세계의 진리란 무엇이냐는 물음에 대해 과학과는 대립되는 대답을 내어놓기 때문에 과학과 구분되는 것이다.

그런데 종교가 어떻게 해서 세계의 진리에 대해 이처럼 과학과는 다른 대답을 내어놓을 수 있는가 하는 것에 종교의 가장 큰 수수께끼가 있다. 과학은 이성의 합리성을 통한 세계이해를 주장하지만, 종교는 주로 우리 자신 밖의 외부세계를 향해져 있는 우리 자신의 의식의 관심을 우리 자신의 내면 속으로 되돌리는 〈의식의 전환〉을 수행하는 것을 통해서만 이성의 한계를 넘어 세계의 참모습을 인식할 수 있게 된다고 주장한다. 그러므로 〈의식의 전환〉에 대한 이와 같은 종교의 강조로부터 다음과 같은 중요한 문제들이 대두하게 된다.

1. 세계란 우리 자신보다 훨씬 더 오래되고 거대한 무엇, 따라서 우리 자신 밖에 있는 어떤 것인 것으로 보인다. 그렇다면 우리 자신 밖에 있는 것인 이러한 세계를 이해하기 위해서는, 우리의 의식의 관심을 당연히 우리 자신의 밖으로 향하게 해야 할 것처럼 보인다. 그런데 우리의 의식의 관심을 우리 자신의 내면 속으로 향하게 하는 이와 같은 〈의식의 전환〉이라는 것이 어떻게 우리 자신의 밖에 펼쳐져 있는 저 광대한 외부세계의 진리를 참되게 인식할 수 있는 방법이 될 수 있단 말인가?

2. 과학이 세계에 대해서 발견해 내는 여러 가지 진리들, 가령 우주의 기원인 빅뱅이니 시간과 공간의 구조에 관한 상대성 이론이니, 그리고 생명의 비밀인 〈DNA 이중 나선 구조〉니 양자 역학이니 하는 것들 등등… 이것들은 모두 우리의 의식의 관심을 우리 자신 밖에 있는 외부세계를 향하도록 함으로써 발견해 낸 것들인 것으로 보인다. 그런데 이와 같은 우주의 기원이나 시간과 공간의 구조, 그리고 생명의 비밀 같은 것들, 이것들은 우리가 세계에 대해서 알고자 하는 것들 중에서 가장 궁극적인 것들, 어쩌면 우리 자신의 운명이 그것들에 대한 이해에 의해서 좌우되는 것 같은 가장 근본적인

문제들인 것으로 보인다. 그렇다면 과연 우리가 세계에 대해서 알고자 하는 것 중에서 과학이 찾아낸 이러한 진리들보다 더 궁극적이거나 더 중요한 것이 아직 남아 있을 수 있는 것일까? 과학이 발견해 낸 이 과학적 진리들보다, 저 〈의식의 전환〉이라는 것을 통해서만 찾아낼 수 있는 더 근본적인 진리라는 것이 과연 있을 수 있는 것일까?

3. 보통 우리는 우리 자신의 내면 속에 들어 있는 것이란, 그것이 저마다 서로 다른 개인으로서 존재하는 우리 자신의 내면 속에 들어 있는 것이라는 바로 그 이유로 인해, 우리 자신이라는 한 개인에게만 해당되는 어떤 사적(私的)인 사연을 담고 있는 것이라고 생각하게 된다. 즉 우리 자신의 내면 속에 들어 있는 것이란, 서로 다른 개인이 저마다 서로 다르게 겪게 된 그의 개인적인 경험을 통해 그의 내면 속에 들어오게 된 순전히 개인적인 어떤 것이라고 생각하게 되는 것이다. 실로 우리 자신의 내면 속에 들어 있는 무의식(심층의식)을 이해하는 학문의 정설로서 자리 잡고 있는 프로이트의 정신분석학 역시 이러한 이해가 타당한 것임을 인정해 주고 있는 것으로 보인다. 프로이트의 정신분석학에 따르면, 우리 자신의 무의식 속에 숨어 있는 것이란, 그것이 아무리 깊은 곳에 은밀하게 숨어 있는 복잡한 것이라 할지라도, 결국에는 모두 개인이 그의 개인적인 삶을 통해 겪게 되는 어떤 사적(私的) 체험으로 환원되어 이해될 수 있는 것으로 주장되고 있기 때문이다. 하지만 세계의 참모습을 인식하기 위해 우리 자신의 내면 속으로 들어가는 〈의식의 전환〉이 필요함을 주장하는 종교의 입장은, 우리 자신의 내면 속에 들어 있는 것이 단순히 이와 같은 개인적인 것에 그치는 것이 아니라고 주장한다. 우

리 자신의 내면 속에는 이와 같은 개인적인 것이 우리의 시야를 어지럽히게 되는 곳보다 더 깊은 곳에, 이와 같은 개인적인 것을 넘어 우리에게 세계의 객관적이고 근본적인 진리를 가르쳐 줄 수 있는 초개인적이고 보편적인 차원의 것이 있다고 그것은 주장하는 것이다. 종교에 따르면, 우리 자신의 내면 속에 들어 있는 이와 같은 초개인적이고 보편적인 차원의 것이란 결코 개인이 저마다 서로 다르게 겪게 되는 개인적·역사적 경험으로부터 유래해 온 것이 아니기 때문에, 그러므로 또한 이러한 개인적·역사적 경험에 의해 변질되거나 손상받을 수 있게 되는 것도 아니다. 즉, 이 초개인적이고 보편적인 것이란, 저마다 서로 다른 역사적 상황 속에 처해 있는 각 개인이 바로 그러한 특수한 역사적 상황 속에서 어떤 우여곡절의 경험이나 어떤 삶의 풍파를 겪게 되건, 이러한 역사적 체험의 우연성이나 상대성에 상관없이 언제까지나 불변적인 것으로 남아 있는 영원하고 초역사적인 것이며, 이처럼 영원하고 초역사적인 것으로서 모든 개인들에게 공통적으로 주어지는 이 초개인적이고 보편적인 것이 바로 〈세계의 진리〉의 이름으로 우리에게 〈새로운 인간으로의 거듭남〉이라는 과제를 부여해 온다는 것이다.

    마조히즘이라는 현상은 어떤 엽기적인 성향의 개인이 저지르게 되는 한갓 병리적이고 일탈적인 현상으로 이해되기 쉬워 보인다. 그런데 우리는 이 마조히즘의 진실에 대한 들뢰즈의 새로운 이해에서, 종교가 내세우는 저 놀라운 주장이 어쩌면 진실일 가능성을 발견할 수 있게 되는 것 같았다. 이 마조히즘으로부터 우리는 우리 자신의 내면 속 깊은 곳에서 발견될 수 있는 것이 우리 자신의 개인적·역사적 이야기를 넘어 자연의 근원적인 비밀을 우리에게 가르쳐 주는 〈내적 자연〉일 수 있다는 것을, 그리고 이러한 〈내적 자연〉의 숨겨진 이야기를 주의 깊게 듣는 것을 통해 우리가 우리 자신 밖에 있는 저 거대한 〈대자연〉의 진리로도 나아갈 수 있다는 것을 알 수 있게 되는 것 같았던 것이다. 그러는 가운데, 우리는 우리 자신을 자연에 속하게 만드는 〈가장 자연적인 본능〉인 우리 자신의 성sexuality이라는 것이 단순히 그것의 현실적인 모습인 감각적 육욕의 모습으로만 그치는 것이 아니라, 이를 넘어 초감각적인 영성의 차원으로 우리를 거듭나게 해 줄 수 있는 것이라는 것을, 그러므로 이러한 성을 우리 자신의 가장 근원적인 자연성으로 우리에게 부여해 주고 있는 저 대자연이라는 것이 단순히 유물론적인 것이 아니라, 우리의 가장 근원적인 자연성으로부터 우리를 영성적인 것을 향해 나아가도록 만드는 영성적인 실체라는 것도 알 수 있게 되는 것 같았다. 우리가 보기에, 종교가 흔히 그렇게 하듯이, 자연 너머에 있는 어떤 다른 것의 이름을 내세우며 우리에게 영성의 추구를 요구해 오는 것은 '근거 없는 횡포'일 수밖에 없는 것이며, 과학처럼 자연을 유물론적인 것으로 그대로 놔두고서 영성을 추구하는 것도 역시 근거 없기는 마찬가지인 무망한 짓에 불과하다. 오직 자연과 영성의 일치를, 그러므로 우리의 성과 영성의 일치를 말할 수 있을 때만이, 종교(영성의 추구)는 진정으로 참되게 성립할 수 있게 되는 것이라고 우리는 생각한다. 이 책은 우리가 어떤 경로를 거치는 것을 통해 마조히즘에 대한 들뢰즈의 이해로부터 종교의 진실을 향해 나아갈 수 있게 되었는지를 이야기하는 것이다.

일러두기

1. 단행본·정기간행물 등의 제목에는 겹낫표(『 』)를, 논문·단편·영화·미술작품 등의 제목에는 낫표(「 」)를 사용했다.
2. 외래어 표기는 2017년 국립국어원에서 개정한 외래어 표기법을 따르되, 관례가 굳어서 쓰이는 것들은 그에 따랐다.

차 례

들어가며 — 성과 영성의 일치 가능성에 대하여   4

> **서장: 마조히즘을 통한 성의 참모습의 발견과
> 새로운 생명의 철학, 그리고 탄트리즘 15**

> **I. 마조히즘이란 무엇인가? – 마조히즘의 증상론 87**
> '엄마의 세 가지 이미지'라는 환상이 들려주는 이야기

1. 마조흐와 마조히즘: 마조흐의 소설들이 갖는 중요성   87
2. 마조흐의 세 여인   97
3. 마조흐의 환상과 바흐오펜의 시대 구분론의 일치   102
   — 이 일치는 무엇을 말하고 있는가?
4. 엄마의 세 가지 이미지와 두 번째 엄마의 수수께끼   109
5. 두 번째 유형의 여인은 어떻게 만들어지는가?   112
   — 계약: 마조히즘적 관계를 성립시키는 본질적인 요건
6. 마조히즘의 '상징적 질서': 엄마의 '상징적 기능'   115
7. 마조히즘: 환상을 좇는 이상주의   126
8. 죄책감이라는 마조히스트 특유의 증상의 이유   129
9. 마조히즘의 가장 핵심적인 증상   132
10. 마조히즘의 자연주의   136
11. 마조히즘의 증상론에서 병인론으로   140

II. 마조히즘은 왜 발생하는가? – 마조히즘의 병인론 143

1. 마조히즘의 병인론에 대한 프로이트의 이해　　　　　　147
2. 마조히즘의 병인론에 대한 들뢰즈의 이해　　　　　　　179

III. 무의식에 대한 새로운 이해 199

IV. 생명과 무의식: 베르그송의 '생명의 약동' 이론 249

1. 프로이트 대 베르그송　　　　　　　　　　　　　　　249
2. 지속과 무의식　　　　　　　　　　　　　　　　　　257
3. 생동하는 무의식: 본능의 신비　　　　　　　　　　　275
4. 변성 의식상태의 의미　　　　　　　　　　　　　　　307
5. 생명에 대한 베르그송의 이해를 통해서 본 마조히즘의 의미　318

V. 탄트리즘: 성과 영성의 근본적인 일치 329

1. 내재성의 존재론과 종교의 초월주의의 화해　　　　　330
2. 탄트리즘의 우주론　　　　　　　　　　　　　　　　355

참고문헌　　　　　　　　　　　　　　　　　　　　　　365

성·생명·우주

서장

마조히즘을 통한 성(性)의 참모습의 발견과
새로운 생명의 철학, 그리고 탄트리즘

1.

이 책은 마조히즘masochism에 대한 이야기이다 — 적어도 그렇게 출발한다.[1] 이제는 우리에게도 그 이름이 제법 잘 알려져 있는 프랑스 현대철학자 질 들뢰즈Gilles Deleuze는 별로 철학적인 주제가 될 것 같지도 않은 이 마조히즘이라는 현상에 대해 그의 철학적 탐구활동의 전 기간에 걸쳐 지속적인 관심을 쏟으면서 몇 편의 글을 남겼는데, 이 글들 속에서 우리는 이 기이한 현상에 대한 기존의 통념을 뒤

---

[1] '마조히즘'은 우리말로 종종 '피학성음란증'(被虐性淫亂症)이라는 말로 옮겨진다. 이 번역어는 '성적 파트너가 자신에게 가하는 고통(신체적 학대)에서 성적 쾌락을 찾는 증상'이라는 의미를 담고 있는데, 하지만 이 책을 읽게 되면 이러한 번역어가 마조히즘에 대한 얼마나 잘못된 오해에서 비롯된 것인지를 이해할 수 있게 될 것이다. '맑스'Marx라는 사람의 이름으로부터 비롯된 '맑시즘'marxism이라는 말이 '공산주의'니 '사회주의'니 하는 말로 굳이 번역되지 않고서도 그 자체로 자연스럽게 받아들여지고 있듯이, 마조흐Masoch라는 사람의 이름으로부터 비롯된 '마조히즘'masochism이라는 말도 마찬가지로 그 의미가 널리 알려지는 것과 함께 자연스럽게 받아들여질 수 있을 것이다.

엎는 매우 놀라운 생각들을 발견할 수 있다. 더 나아가, 존재 일반의 근본적인 원리나 우주 전체의 보편적인 본성을 사유하는 것을 자신의 주된 임무로 삼아야 할 것 같은 철학 본연의 활동과는 전혀 거리가 멀어 보이는 이 같은 '잡스러운' 주제에 대해, 현대철학의 '진정한 주인'으로까지 높이 평가받고 있는 들뢰즈와 같은 위대한 철학자가 왜 그토록 집요하게 천착했어야 했는지, 또한 그를 읽고 있는 우리 자신은 왜 또한 이토록 이 이상한 주제에 대한 그의 논의에 깊게 매료되고 있는지 우리는 자문하게 된다. 마조히즘이라는 예외적이고 기형적인 병적 현상에 집착하는 위대한 현대철학자의 모습, 이것은 단지 오늘날의 철학이 겪고 있는 내적 빈곤을, 우주의 운명이나 존재의 본성에 대해 말할 수 있는 능력은 온통 과학에게 다 빼앗겨 버린 채, 염치가 무엇인지를 알았던 과거의 철인(哲人)들은 차마 입 밖에 꺼내 놓기를 힘들어했던 세속적이고 타락한 주제를 거침없이 터놓고 까밝히는 데서 자신의 구차한 연명을 위한 수단을 찾으려 하는 철학의 몰락한 현주소를 증언하고 있는 것일까? 하지만 우리는 마조히즘에 대한 들뢰즈의 연구가 어느 일탈적인 개인의 사소하고 병적인 성적 판타지에 불과한 것처럼 보이는 이 이상한 현상의 기저에 실은 생명과 우주 전체에 관한 놀라운 비밀이 숨겨져 있음을, 우리 인간 모두의 삶에 대해 매우 중요한 이야기를 들려줄 수 있는 가장 근원적인 비밀이 숨겨져 있음을 발견해 내고 있는 것이라는 것을 깨달을 수 있게 되었다. 마조히즘이 숨기고 있는 이 비밀이 무엇인지에 대해, 또한 어떠한 사고의 경위를 거쳐 그러한 비밀의 존재에 도달하는 것이 가능하게 되는지에 대해 많은 사람들과 함께 이야기 나누어 보기 위해 이 책은 쓰여진 것이다. 이 책과의 시간이 항상 열에 들떠 있는 듯한 성장의 시기를 거치면서 누구나 한 번쯤은 부딪쳐 본 적이 있을 물음, 즉 '삶이란 무엇인가?'라는 물음을, 그때는 아직 어렸기에 그냥 떠나보낼 수밖에 없었지만 이제는 '거울 앞에 선 내 누님 같은' 성숙한 모습이 되어 다시 만나게 되는 계기가 되기를 바란다.

마조히즘에 대한 들뢰즈의 여러 글 중에서 중심이 되는 것은 1967년에 출간된 『자허-마조흐 소개: 차가움과 잔인함』이라는 책이다. 우리는 우선 이 책에 담긴 내용이 무엇인지를 설명하는 방식으로 우리의 이야기를 풀어 나가려 한다. 이 책은 겉으로 드러나 있지 않은 많은 의미를 행간 곳곳에 숨기고 있기 때문에 이미 그 자체로 쉬운 이해를 허락하지 않는다. 게다가 들뢰즈는 자신이 펼쳐 놓은 논지의 함의를 끝까지 추적하는 일을 무슨 일인지 생략하고 있기 때문에, 이 미답의 영역을 스스로 개척해 나가야 하는 일을 우리 자신의 과제로 남겨 주고 있다. 우리가 부딪히게 되는 이와 같은 어려움을 헤쳐 나가기 위해, 우리는 먼저 마조히즘에 대한 들뢰즈의 이해를, 마조히즘을 이해하는 기존 정설로서 군림해 온 프로이트의 정신분석학적 이해와 대질시키는 방법을 사용할 것이다. 이러한 방법은 곧 다음과 같은 물음을 떠오르게 만든다. 마조히즘에 대한 들뢰즈의 새로운 이해는 과연 정신분석학의 무엇을 어떻게 바꿀 것을 요구하는 것인가? 이러한 요구에 직면하게 될 이 무엇이란 과연 정신분석학의 체계 내에서 얼마만큼의 중요성을 차지하는 것일까? 예컨대 그것은 정신분석학의 핵심 근간을 이루고 있는 것일까, 아니면

이 핵심 근간을 유지해 가는 데 별다른 문제점을 초래할 수 없는 부차적인 성격의 것에 해당하는 것일까?

　마조히즘에 대한 들뢰즈의 이해가 무엇을 말하고 있는 것인지를 제대로 이해하는 일이 어려운 과제가 되는 것은, 이 과제를 풀어 나갈 수 있게 해 주는 적절한 방법이 무엇인지를 찾기 어렵다는 데 그 이유가 있는 것이 결코 아니다. 이 적절한 방법이 기존 정설인 프로이트의 정신분석학 이론과의 대질로부터 시작하는 것이거나 혹은 이러한 대질을 필수적으로 포함하는 것일 수밖에 없다는 것은 누구에게나 자명할 것이며, 여기에 어떤 심각한 혼란이란 있을 수 없을 것이다. 하지만 이 과제를 어렵게 만드는 것은 이 자명한 방법의 채택으로부터 나오게 되는 저러한 물음에 대해, 즉 대체 정신분석학의 정확히 무엇이 들뢰즈에 의해 수정을 요구받게 되느냐의 문제에 대해 정확히 대답한다는 것이 매우 어렵다는 데 있다. 마조히즘에 대한 들뢰즈의 이해와 그것이 담고 있는 **새로움**을 제대로 이해한다는 것은 이 새로움이 대체하고자 하는 정신분석학의 **낡은(잘못된)** 관념이 정확히 무엇인지를 가려낼 수 있어야 한다는 것을 의미하지만, 들뢰즈는 자신이 정신분석학의 무엇을 겨냥하고 있는지에 대해 분명하고 구체적으로 말하기보다는 은유적이고 암시적인 화법을 즐기고 있는 것으로 보이며, 특히 어렵고도 중요한 지점에 이르게 될수록 그러한 성향이 더욱더 짙어져 갈 뿐만 아니라, 아예 침묵이 모든 것을 대신하고 있는 것 같은 경우도 발견된다. 그러므로 그의 이러한 우회적인 화법 밑에 숨어 있는 진정한 의도가 무엇인지, 그것이 정신분석학에 대해 진정 무엇을 문제 삼고 싶어 하는지를 이해하는 것은, 그를 읽는 사람의 역량에 맡겨지는 문제가 되는 것으로 보인다. 실제로 이 문제에 있어서 주요한 연구자들은 서로 다른 견해들로 갈리고 있다. 우리의 이해는 들뢰즈의 숨은 의도가 정신분석학의 가장 핵심이 되는 사상(思想)을 흔드는 데 있는 것이라는 데로 향하고 있지만, 이 같은 우리의 입장을 이해시키거나 옹호하는 것은 결코 쉬운 일이 아니다. 프로이트와 같은 뛰어난 천재가 진지하고 지속적인 노력을 들인 끝에 수많은 비판과 저항을 극복해 내는 뛰어난 논리들과 근거들로써 그 정당성을 확보해 낸 '위대한 성취'에 해당하는 것, 또한 그리하여 자신으로 인해 새롭게 발견될 수 있게 된 수많은 다른 것들을 지탱해 주는 핵심적인 중추의 역할을 하고 있는 것, 이와 같은 것을 비판한다는 것은 정말로 어려운 일이기 때문이다. 이와 같은 것을 뒷받침하고 있는 저 뛰어난 논리들과 근거들이, 또한 이와 같은 것에 의해 발견되어 그 주위를 겹겹이 에워싸며 견고한 성채를 구축하고 있는 저 수많은 다른 것들이, 이와 같은 것을 비판하기 위해 등장하는 새로운 생각의 이유나 정당성을 제대로 이해하지 못하도록 가로막는 거대하고 완고한 장애물들로서 작용하게 될 것이다. 우리가 보기에, 마조히즘에 대한 들뢰즈의 이해가 극복하려 하는 정신분석학의 핵심적인 사상이란 바로 이와 같은 것에 해당하는 것이다. 정신분석학의 이 핵심적인 사상이란 학문의 세계에서 그것이 오랫동안 누려 온 지위가 너무나 공고한 것이기 때문에, 사람들은 마조히즘에 대한 들뢰즈의 이해가 정말로 이것에 대한 비판을 함축하고 있는 것인지를 상상하기 힘들어하며, 설령 그럴 가능성에 대해 생각이 미치게 된다 할지라도 그것을 확신할 수 있게 해 주는 섬세하고 단단한 논리를 구축하는 데 많은 어려움을 겪게 된다. 들뢰즈의 우회적인 화법 속에 담겨 있는 함축을 정신분석학의 이 같은 핵심적인 사상을 겨냥하는 것으로 해석하려 하는 노력은 그러므로 실로 많은 어려움을 넘어설 수 있어야 하는 것이다.

그렇지만 여기까지는, 우리의 과제가 아무리 어렵다 한들, 우리는 어쨌거나 들뢰즈가 마련해 주는 지반이나 테두리 속에 그나마 **안전하게** 머물고 있는 셈이 될 것이다. 즉 우리의 이야기가 마조히즘에 대해서 이루어지는 것인 한, 우리의 이야기는 들뢰즈의 주장에 대한 분석이나 해석으로 이루어질 것이며, 그러므로 우리의 이야기의 **근거**가 되는 것은 언제나, 우리가 하는 이야기를 뒷받침해 줄 수 있는 — 혹은 그런 것으로 해석될 수 있는 — 들뢰즈의 주장이 **있다**는 것에서 찾아질 수 있게 될 것이다. 그런데 마조히즘에 대한 들뢰즈의 이해가 가진 수수께끼는 그것이 그 속성상 들뢰즈가 마련해 주는 이 안전한 지반이나 테두리 속에 결코 그대로 머물러 있을 수 없도록 우리를 내몬다는 데 있다. 마조히즘에 대한 들뢰즈의 이해는 우리로 하여금 마조히즘의 세계로부터 벗어나 그보다 훨씬 더 크고 비밀스러운 새로운 세계로, 하지만 이 새로운 세계에 대해 우리가 하게 될 이야기란 더 이상 마조히즘에 대한 들뢰즈의 주장 속에서 그것을 보증해 줄 수 있는 뒷배를 찾을 수 없게 되는 그런 불확실한 세계로 나아가지 않을 수 없도록 만드는 것이다. 불확실하고 낯선 세계로 빠져들어야 하는 여정, 하지만 마조히즘에 대한 들뢰즈의 이해가 옳은 것이라면, 우리는 **필연적으로** 이 위태로운 여정에 나설 수밖에 없게 되도록 내몰리게 된다. 마조히즘에 대한 들뢰즈의 이해가 아니었더라면 마조히즘과 관련되어 있으리라고는, 또한 정말로 그러한 것이 존재하고 있으리라고는 실로 상상조차 하기 어려웠을 새로운 세계, 하지만 더 이상 우리가 기댈 수 있는 '들뢰즈의 이름'이라는 든든한 지반이 사라져 버린 채 모든 것을 우리 스스로가 새롭게 개척해 나가야만 할 위험한 미지의 세계, 이 새로운 세계란 무엇이며, 무슨 이유에서 우리는 마조히즘에 대한 들뢰즈의 이해가 이 낯선 세계를 찾아 나서지 않을 수 없도록 만든다고 말할 수 있는 것일까?

앞에서 말했듯이, 이 책은 마조히즘에 대한 이야기이다. 하지만 우리는 왜 마조히즘에 대해 이야기하게 된 것일까? 마조히즘에 대한 들뢰즈의 이해가 보여 주는 새로움은 겉으로 보기에는 그것이 마조히즘에 대해, 프로이트의 정신분석학이 기존에 제시해 오던 증상론(症狀論)이나 병인론(病因論)과는 전혀 다른 새로운 증상론과 병인론을 제시하고 있다는 데 있는 것으로 보인다. 즉 실로 들뢰즈는 마조히즘을 특징짓는 고유한 증상들이 무엇인지에 대해, 또한 이 증상들을 발생하게 만드는 원인이 무엇인지에 대해, 정신분석학이 제시해 오던 기존의 설명을 대체하려 하는 새로운 설명을 제시하고 있는 것이다. 우리는 들뢰즈가 제시하는 이 새로운 증상론과 병인론에 대해 자세하게 논의하는 일을 빠뜨리지 않을 것이다. 하지만 겉으로 드러나 보이는 이러한 새로움보다 훨씬 더 중요하고 놀라운 다른 새로움이 그 이면에 존재하고 있는 것으로 보인다. 어느 누구의 눈에라도 쉽게 띌 수 있을 것 같은 이러한 표면적인 새로움 아래에, 실로 세상을 바라보는 관점에 전혀 예기치 못한 엄청난 변화를 가져다줄 수 있는 어떤 근본적인 새로움이 마조히즘에 대한 들뢰즈의 이해 속에 **숨어 있는** 것으로 보이는 것이다. 이 새로움이란 들뢰즈가 성(성애성, 성욕)이 무엇인지에 대해, 즉 섹슈얼리티가 무엇인지에 대해 보통의 생각과는 전혀 다른 새로운 생각을 하고 있는 것 같다는 것이다.

우리가 보기에, 성에 대한 이 새로운 생각과 마조히즘에 대한 들뢰즈의 새로운 증상론과 병인론 사이에는 긴밀하고 필연적인 상관관계가 있다. 즉 프로이트의 정신분석학이 기존에 제시해 오던 것과는 다른 들뢰즈의 이 새로운 증상론과 병인론이란 성에 대한 이러한 새로운 생각을 가질 수 있는 한에서만 성립할 수 있는 것으로 우리에게는 보이는 것이다. 또한 이로부터 우리는 마조히즘에 대해 프로이트가 기존에 제시하는 설명과 관련해서도 중요한 사실을 깨닫게 된다. 즉 마조히즘에 대해 프로이트가 제시하는 증상론과 병인론이란 성에 대한 보통의 관습적인 생각을 아무런 의심 없이 그대로 따르고 있기 때문에 나오게 되는 것이라는 것을, 그러므로 성에 대해 이 관습적인 생각과는 다른 저 새로운 생각을 가져 볼 수 있는 가능성을 처음부터 원천적으로 봉쇄하고 있기 때문에 나올 수 있는 것이라는 것을 알게 되는 것이다. 실로 성에 대한 보통의 관습적인 생각 속에 그대로 머물러 있는 한, 마조히즘에 대해 들뢰즈가 제시하는 새로운 증상론과 병인론 같은 이해를 가진다는 것은 전혀 불가능할 것으로 보이며, 오로지 프로이트가 제시하는 형태의 증상론과 병인론만 가능할 것으로 보인다. 마조히즘에 대한 프로이트의 증상론과 병인론이, 즉 성에 대한 보통의 관습적인 생각을 그대로 따르는 것에 의해서 나올 수 있는 이러한 설명이 마조히즘에 대한 옳은 설명으로 널리 공인받고 있다는 사실은, 성에 대한 이 보통의 관습적인 생각이 사람들의 마음속에 얼마나 ─ 의심의 가능성을 조금도 허락하지 않는 자명한 것으로서 ─ 깊이 뿌리박혀 있는 것인지를 말해 주는 것일 게다. 그렇다면 이처럼 자명한 것과는 다른, 성에 대한 새로운 생각이란 무엇이며, 그러한 생각은 어떻게 해서 생각될 수 있게 되는 것일까?

아마도 신중한 연구자라면 누구나 성에 대한 이 새로운 생각이 마조히즘에 대한 들뢰즈의 새로운 증상론과 병인론이 전개되어 가는 중요한 몇몇 고비에서 자신의 존재를 드리우고 있음을 느낄 수 있을 것이다. 그러므로 이처럼 자신의 존재를 드러내고 있는 이러한 새로운 생각에 대해, 우리가 방금 말한 것처럼 '숨어 있다'라고 말하는 것은 어쩌면 온당하지 않은 일인지도 모른다. 하지만 성에 대한 들뢰즈의 이 새로운 생각이라는 것이 성에 대한 보통의 관습적인 생각과는 너무나도 다른 **낯설고 기이한** 것이기 때문에, 또한, 바로 이러한 이유로 인해, 그것은 성에 대한 이 보통의 관습적인 생각을 지지해 주는 상식과 과학 그리고 절대다수의 사상(思想)들에 의해 '황당하고 터무니없는 것'으로 배격되지 않을 수 없는 것이기 때문에, 사람들은 들뢰즈가 성에 대해 이런 낯선 생각을 하고 있다고 생각하게 되는 자기 자신의 이해에 대해 의구심을 갖게 된다. 신중한 연구자의 눈에 마조히즘의 증상론과 병인론에 대한 들뢰즈의 논의는 분명히 성에 대한 매우 새로운 생각의 존재를 가리키고 있는 것으로 읽히게 되겠지만, 바로 그 순간 그는 이 새로운 생각의 이와 같은 '황당함과 터무니없음'에 부딪혀, 자기 자신이 무엇인가를 **잘못 이해하고 있는** 것이라는 생각에 빠지게 되는 것이다. '들뢰즈가 정말로 이처럼 황당하고 터무니없는 생각을 하고 있는 것일까? 에이, 설마 그럴 리야 없겠지….' 자기 자신이 무엇인가를 오해하고 있는 것은 아닐까 하는 두려움, 때로 이런 것은 사람으로 하여금 자기 눈 안에 들어오고 있는 것도 믿지 못하도록 만든다. 대부분의 사람들, 특히 학자들이라는 소심한 부류는 자신의 미숙함이 탄로 나게 될 것만 같은 이러한 위협 앞에 본능적으로 움츠러들게 된다. 사람들의 자기 보호 본능 속에 깊이 배어 있는 이와 같은 관성적인 습성이, 성에 대한 들뢰즈의 새로운 생각을 적극적으로 포착하는 데로 나아가는 것을 가로막는 커다란 난관으로 작용하게 되는 것이다.

더 나아가, 이 첫 번째 난관에 이어 또 하나의 난관이 더해진다. 설령 누군가가 성에 대한 들뢰즈의 생각이 보통의 관습적인 생각과 크게 다르다는 것을 느끼는 자신의 이해가 틀리지 않은 것일 수 있음을 어느 정도 확신할 수 있게 된다 하더라도, 그는 그로 인해 문제로부터 해방되는 것이 아니라 정작 그때부터 자신을 괴롭히는 진짜 문제와 만나게 된다. 즉 그는 '**어떻게** 성에 대한 들뢰즈의 이 새로운 생각이 — 혹은 성에 대한 들뢰즈의 새로운 생각이라고 자신이 이해한 것이 — 성에 대한 **옳은** 생각이 될 수 있는 것일까?' 하는 문제, 즉 '무엇이 성에 대한 이 새로운 생각의 정당성을 뒷받침해 줄 수 있는 **근거**가 되어 줄 수 있는 것일까?'라는 문제와 얽히게 되는 것이다. 이미 말한 것처럼 상식과 과학 그리고 절대다수의 사상들은, 다시 말해 우리가 매일매일 겪는 삶의 일상적인 경험들이나 세상을 이해하는 **정설**로서 받아들여지고 있는 거의 모든 이론들은, 성에 대한 보통의 관습적인 생각을 지지해 주고 있는 것들이지 결코 이 같은

'황당하고 터무니없는 생각'을 용납하려 하지 않는 것들이다. 그런데 무엇이 있어, 즉 어떤 이론이나 경험이 있어, 성에 대한 보통의 관습적인 생각을 지지해 주는 이들 막강한 세력들에 맞서, 이들이 부정하려고 덤벼들 성에 대한 이 새로운 생각의 정당성을 옹호해 줄 수 있단 말인가? 그러므로 첫 번째 난관인 '오해 가능성'에 대한 두려움에 더하여 '정당화 불가능성'에 대한 또 하나의 두려움이 성에 대한 들뢰즈의 새로운 이해에 다가가는 것을 어렵게 만드는 또 하나의 난관으로 작용하게 된다. 자신의 정당성을 뒷받침해 줄 수 있는 근거를 대지 못한다면, 성에 대한 들뢰즈의 새로운 생각은 성의 참된 본질에 대한 진정한 통찰이 아니라 사람들을 현혹시키는 한갓 '꿈같은 거짓 이야기'가 될 것이다. 그런데 성에 대한 들뢰즈의 생각이 이처럼 '꿈같은 거짓 이야기'가 아니라 '진정한 통찰'이 될 수 있는 것은 오로지 상식과 과학 그리고 절대다수의 사상들에 맞서 이들 모두를 능가할 수 있을 정도로 강력한 힘을 가진 사상이나 경험이 존재할 수 있을 때뿐일 것이며, 또한 주류 사상들의 득세로 인해 아직 빛을 보지 못하고 있는 이와 같은 사상이나 경험의 가치를 우리가 재발견해 낼 수 있을 때뿐일 것이다. 과연 그러한 사상이나 경험이 존재할 수 있는 것일까? 그러한 사상이나 경험은 어떻게 하면 찾아질 수 있는 것일까? 그러한 사상이나 경험은 무엇에 관해 이야기하는 것이며, 어떤 식으로 성에 대한 들뢰즈의 새로운 생각을 옹호해 줄 수 있는 것일까?

바로 이와 같은 또 하나의 어려움이 첫 번째 난관을 겨우 넘어설 수 있게 된 연구자에게, 첫 번째 난관을 넘기 위해 그가 들인 모든 노력을 다시 허사로 만들어 버리는 듯한 한층 더 깊은 좌절감과 막막함을 안겨 오게 한다. 그는 이 두 번째 난관이 제기하는 깊은 어려움에 부딪혀 '오지 말았어야 할 길을 온 것 같다'는 쓰라린 후회를 맛보게 되는 것이다. 그러므로 대부분의 경우 연구자들은 이 이중의 난관에 부딪혀 한동안 갈팡질팡하다가, 결국에는 자신을 아무 데도 데려다주지 못하는 이 방황의 모든 과정을 기억에서 애써 지워내 버린 채, 다시 성에 대한 보통의 관습적인 생각으로 되돌아오고 만다. 아무 데도 데려다주지 못하는 길은 결국 제자리로 되돌아올 수밖에 없게 만들며, 잘못된 길로 접어든 선택에 대한 후회는 곧 이 실패의 기억을 어서 마음속에서 지워내 버리자는 선택으로 이어지는 것이다. 그러므로 마조히즘에 대한 들뢰즈의 이해를 다루는 대부분의 연구들은 들뢰즈가 마조히즘에 대해 제시하는 증상론과 병인론이 프로이트가 기존에 제시해 온 그것과 비교하여 얼마나 크게 다르며, 또한 어떠한 점에서 그렇게 크게 다른지를 밝히는 데 주력하고 있을 뿐, 이 새로운 증상론과 병인론의 이면에서 그림자처럼 어른거리고 있는 성에 대한 새로운 생각에 대해서는 침묵하고 있다. 성에 대한 들뢰즈의 새로운 생각은 그야말로 실체 없는 그림자가 되어 침묵 속에 숨어 있을 뿐, 그것이 무엇을 이야기하는 것이며 또 어떻게 하면 옳은 것으로 정당화될 수 있는지에 대해서는, 또한 세상의 모든 상식과 과학 그리고 절대다수의 사상들에 의해서 '황당하고 터무니없는 생각'으로 배격될 것이 뻔한 이 새로운 생각이, 만약 그것이 옳은 것일 경우, 이 세상을 얼마나 엄청나게 바꿔 놓을 수 있는지에 대해서는, 거대한 침묵이 이 모든 것을 어둠 속에 숨기고 있는 것이다. 누구의 눈에도 보이는 것이지만, 두려움이 어느 누구도 그것의 실체를 밝히러 함부로 다가가지 못하도록 만들고 있는 것, 그런 것은 여전히 '숨어 있는' 것이다.

    우리 자신 역시 이미 여러 번, 매번 이러한 똑같은 두려움에 부딪혀, 갔던 길을 되돌아와야 하는 경험을 반복해야만 했다. 우리는 들뢰즈가 성에 대해 절대로 저 '황당하고 터무니없는' 생각을 할 리가 없다고 생각하고, 이 '말도 되지 않는' 생각과 만나게 되는 것을 피할 수 있는 새로운 길을 모색하기 위해 매번 다시 되돌아와야 했던 것이다. 그런데 제자리로 되돌아와서 '이제 다시는 길을 잃지 말아야지' 하는 새로운 각오로 정신을 바짝 차리고 다시 출발하게 되더라도, 우리는 계속해서, 매번 똑같은 두려움을 느끼게 하면서 우리를 되돌아서게 만드는 그 동일한 지점에 다시 도달하게 되는 우리 자신을 발견하게 된다. 아무리 조심하고 샅샅이 살피며 나아가더라도 우리는 역시 동일한 지점에서 똑같은 문제와 다시 부딪히게 되는 우리 자신을 발견하게 되는 것이다. 이런 수수께끼 같은 덫에서 벗어날 수 있기 위해서는 어떻게 해야 할 것인가? 우리 자신이 그렇게 심한 바보가 아닌 한, ─ 물론 정말로 그럴지도 모른다 ─ 그렇게 여러 번 다른 길을 시도했는데도 번번이 동일한 지점에 이르게 되는 똑같은 길을 반복해서 다시 가게 된다면, 이는 **혹시** 이 길이 단 하나밖에 없는 **외길**이라는 것을, 즉 마조히즘에 대한 들뢰즈의 논의를 제대로 이해하는 **옳은 길**이라는 것을 말해 주는 것이 아닐까? 우리는 이 '혹시'가 의미하는 것을 한번 진지하게 받아들여 볼 수 있지 않을까? 우리는 들뢰즈가 성에 대해 저 '황당하고 터무니없는' 생각을 하고 있는 것이 **진짜**라는 것을 받아들이고, 이 사실이 무엇을 의미하는지에 대해서, 또한 무슨 이유나 근거에서 들뢰즈가 그렇게 생각할 수 있는지에 대해서, 한번 생각해 볼 수 있지 않을까?

　때로 사람들을 가로막는 것은 지적 이해력의 부족이 아니라 어떤 두려움, 낯선 생각에 부딪혀 과감히 새로운 길을 개척해 나가려고 도전해 보지 못하는 용기의 부족일 수 있다. 하지만 우리는 대체 무엇을 두려워하고 있는 것일까? 우리가 두려워하고 있는 것은, 세상 사람들이 떠받드는 정설에 어긋나는 어떤 '황당하고 터무니없는' 생각을 진지하게 받아들이려 하는 우리의 이해가 역시나 한갓 어리석은 오해인 것으로 드러나게 되지 않을까 하는 것, 그로 인해 우리 자신의 있는 그대로의 모습을 드러낸 대가가 남들의 비판과 비웃음 앞에 우리 자신을 세우게 되는 것이 아닐까 하는 것이다. 하지만 우리는 남들로부터의 이러한 따가운 시선을 모면하기 위해 우리가 하게 될 짓이 우리 자신의 솔직한 생각을 외면하고 속이는 일이 되지 않을까 하는 것이 더 두려웠다. 설령 나의 생각이 어리석은 것이라 할지라도, 그리하여 나의 생각대로 세상을 살아 나가게 될 나의 삶이 보잘것없는 것이 된다 할지라도, 내가 나 자신의 생각을 외면하거나 속이고 산다면 그것이 과연 '나의 삶'일 수 있는 것일까? 그러므로 이것이 '나의 삶'을 살 수 있느냐 하는 문제가 될 수 있다는 이러한 자각으로부터, 사람들의 시선을 염려하는 저 두려움에 맞서고자 하는 용기가 생겨나게 되었다. 그리하여 우리는 한번 과감히, 상식과 과학과 절대다수의 사상의 이름으로 자명하다고 생각되어 온 것이 그어 놓은 경계를 넘어서 보기로 한 것이다. 이 경계 너머에는 과연 어떤 세계가 펼쳐질 수 있을까? 과연 이 새로운 세계가 실은 '세계의 참모습'일 수 있다는 것을 말해 줄 수 있는 어떤 방법을 우리는 정녕 찾을 수 없는 것일까? 흔히 '미친 자'라는 소리를 듣고 있는 마조히스트, 이러한 마조히스트에 대해 (성에 대한 보통의 자명한 생각을 거스르지 않는 정상적인 이해를 하고 있는 프로이트와는 달리) 역시 '미친 듯한' 이해를 하고 있는 들뢰즈, 이런 미친 듯한 마조히스트와 이런 미친 듯한 들뢰즈를 이해하기 위해, 우리 역시 어느 정도 저 정상의 경계를 넘어서 있는 위험한 '광기의 지대'로 들어가 보기로 한 것이다.

우리가 마조히즘에 대한 들뢰즈의 이해에서 발견할 수 있다고 생각하는 '성에 대한 **새로운** 생각'이란 대체 어떤 것일까? 사람들은, 마치 식욕이 무엇인지에 대해 누구나가 자명하게 알고 있듯이, 성(성욕)이 무엇인지에 대해서도 누구나가 자명하게 알고 있다고 생각할 것이다. 사람들은 성이란 그것이 무엇인지를 모르는 것이 오히려 불가능한 것이며, 그것의 실체가 그들이 알고 있는 것과 다른 것이 되는 것이 불가능한 어떤 것이라고 생각할 것이다. 이와 같은 확신을 가질 수 있게 되는 것은 성이란 (식욕이나 호흡 등과 마찬가지로) 생명체인 우리 인간의 근본적이고 본질적인 조건이 되는 것이라는 사실 때문일 것이다. 사람들은 그들의 존재의 근본적이고 본질적인 조건이 되는 이 성이 무엇인지를 항상 직접적으로 생생하게 체험하며 살아가고 있다. 그들이 항상 직접적으로 생생하게 체험하며 살아가는 이와 같은 것에 대해 그들이 대체 어떻게 모를 수가 있단 말인가!

하지만 때로는, 우리가 늘 직접적으로 생생하게 체험하며 살아가는 것이기 때문에, 그것이 무엇인지를 **말로** — 그것을 직접적으로 가리키는 말 이외의 **다른 말로** — 설명하기가 매우 어려워지는 것이 있다. 그것의 자명성으로부터 다른 것을 설명할 수는 있어도, 그것이 무엇인지를 설명해 줄 수 있는 보다 더 자명한 것을 찾아 그것을 설명하기란 무척 어려운 일이 되는 그런 것이 있는 것이다. 아마도 사람들에게 성이란 이와 같이 구태여 다른 말로써 설명되어야 할 필요가 없는 — 혹은 다른 말로써 설명되기가 어려운 — '가장 자명한 것 중의 하나'인 것으로 생각되어 왔을 것이다. 그런데 이제 우리는 성에 대한 보통의 관습적인 생각을 그것과 매우 다른 새로운 생각과 대비시키려 하기 때문에, 이 두 생각 사이의 차이가 무엇인지를 말로써 설명해야 하는 상황과 만나게 된다. 즉 우리는 이 차이를 드러내기 위해, 이제까지 구태여 말로써 설명할 필요가 없는 자명한 것이라고 생각되어 왔던 것을 그보다 더 섬세한 말을 찾아 설명해야 하는 어려운 작업을 해야 하게 되는 것이다. 사람들이 보통 관습적으로 생각해 온 성, 그것이 무엇이라는 것을 어떤 말로써 설명할 수 있을까?

사람들은 성(성욕)이란 어떤 **'감각적이고 관능적인 육욕'**이라고 생각할 것이다. 즉 성이란 적당한 충족이나 해소를 요구해 오는 육체적이고 심리적인, 또한 무엇보다도 생물학적인 욕구나 충동으로서, (식욕이나 호흡과 마찬가지로) 인간이 자신의 **'현실적인 모습'actual form**을 성공적으로 **유지**해 가려 하는 생물학적인 기본적인 욕망이라고 말이다. 그러므로 이렇게 이해되는 성은 그것의 목적이 인간이 자신에게 지금 주어져 있는 '현실적인 모습'을 그대로 무사히 유지해 가는 데 있는 것이 된다. 즉 이렇게 이해되는 성이란, 마치 식욕이 그러하듯, 인간이 자신의 지금 이대로의 모습을 성공적으로 보존해 가려 하는 〈현상 유지〉를 지향하고 있는 것이 되며, 따라서 그것의 요구가 충족되게 될 때는 이러한 〈현상 유지〉에 성공하게 되는 반면, 반대로 이러한 요구가 충족되지 못하게 될 때는 이러한 〈현상 유지〉에 실패하게 되는 결과가 나오게 되는 것이다. 사람들은 흔히 성을 이처럼 개체가 자신의 현실적인 모습을 보존해 가려 하는 성향으로 이해하며, 이러한 성향을 가리켜 흔히 '개체의 **자기보존의 성향**'이라 부른다. 성(성욕)을 개체의 자기보존을 지향하는 성향으로 이해하는 것, 즉 성을 개체가 자신의 현실적인 모습을 성공적으로 보존해 가려 하는 욕망으로 이해하는 것, 이것이 보통의 관습적인 생각으로 성을 이해하는 방식일 것이다. 당신은 혹시 성을 이와 같은 '개체의 자기보존의 성향'과는 다른 어떤 것이라고, 즉 이와 같은 '현실적인 모습의 성공적인 자기보존'을 넘어 **그 이상(以上)의 어떤 것**을 지향하는 것이라고 생각해 본 적이 있는가?

  성을 이와 같이 개체의 자기보존을 지향하는 성향으로 이해하는 것은 경험적인 인상에 충실한 보통의 상식에도, 또한 상식과는 달리 비판적이고 반성적인 사고를 중요시하는 과학에도, 심지어 이러한 상식이나 과학을 지배하고 있는 유물론적인 세계이해에 맞서 인간이란 단지 감각적 육욕에만 머달려서 살아도 좋은 물질적·생물학적 존재에 그치는 것이 아니라 자신의 '현실적인 모습'을 극복하여 '새로운 인간'으로 거듭나야 할 '초월의 과제와 가능성'을 가지고 있는 존재라고 생각하는 종교에게도 별다른 의심 없이 받아들여지고 있는 보편적인 생각일 것이다. 성에 대한 생각에서 상식이나 과학의 입장과 종교의 입장 사이에 차이가 있다면, 그것은 전자는 저러한 초월성에 대한 종교의 주장을 그다지 신뢰하지 않기에, 성을 자연적인 것으로서 긍정하고 기껏해야 사회윤리를 해칠 수 있는 범위 내에서만 제약되어야 할 것으로 보는 반면, 후자는 성을 자신에게 소중한 초월의 과제가 제대로 실현되는 것을 방해하는 부정적인 것으로, 즉 인간이 자신의 고차원적인 진정한 본성을 실현하기 위해서는 극복해야 하거나 부정해야만 하는 저열한 것으로 본다는 데 있을 것이다. 하지만 상식이나 과학처럼 성을 긍정하려 하건 아니면 종교처럼 부정하거나 억압하려 하건, 성과 관련하여 이처럼 서로 대립하게 되는 이 두 입장은 그럼에도 불구하고 성이 무엇이냐는 것에 대해서는 서로 일치하고 있다. 거의 모든 점에서 '자신의 주장에 대한 긍정'이 곧 '상대방의 주장에 대한 부정'이 될 정도로 서로 철저하게 대립하는 것인 이 두 세계이해는, 하지만 성의 정체가 무엇인지를 이해하는 데 있어서는 드물게 서로 간에 일치를 보여 주고 있는 것이며, 한쪽이 성을 긍정하는 반면 다른 쪽이 성을 반대하게 되는 것도 실은 같은 이유로 인해 그렇게 하게 되는 것, 즉 그들 양쪽 다 성을 '개체의 자기보존'을 지향하는 것으로 이해하기 때문에 그렇게 하게 되는 것이다.

    프로이트 역시 인간의 심리를 탐구하는 그의 과학인 정신분석학에서, 성에 대한 이 일반적인 생각을 당연한 것으로, 즉 옳은 것으로 받아들이고 있다. 물론 프로이트는 자신이 그렇게 생각하고 있다는 것을 자신의 입으로 직접 명시적으로 말하고 있지는 않다 —

너무나 당연하고 자명한 것이라고 생각했기에 구태여 그럴 필요성마저를 전혀 느끼지 못했기 때문이 아닐까? — 하지만 그럼에도 불구하고 우리가 성에 대한 프로이트의 생각이 다른 대부분의 사람들의 생각과 같은 것이라고 확언할 수 있는 것은, 앞에서 말한 바와 같이, 마조히즘에 대한 그의 해석이 철저히 성에 대한 이와 같은 생각 위에서만 가능한 것이라고 판단할 수 있기 때문이다. 앞으로 우리는 마조히즘을 그것보다 선행하는 원초적인 사디즘sadism[2]의 방향전환에 의해서 발생하는 것으로 이해하는 프로이트의 해석이란[3] 성에 대한 저 일반적인 생각을 당연한 것으로 받아들이는 한 **필연적으로** 나오게 되는 것이거나, 혹은 적어도, **오직** 성에 대한 이러한 생각을 받아들이는 **한에서만** 나올 수 있는 것이라는 것을 보여 주려 할 것이다. 그러므로 이를 통해 우리는 또한 마조히즘에 대해 프로이트와는 다른 증상론과 병인론을 제시하는 들뢰즈의 해석은 **오직** 성에 대해 프로이트마저도 당연한 것으로 받아들이는 저 일반적인 생각과는 다른 새로운 생각을 할 수 있을 **때에만** 그 가능성이 열릴 수 있게 되는 것이라는 것도 함께 보여 줄 수 있을 것이다.

그렇다면 성에 대한 들뢰즈의 새로운 생각이란 어떤 것일까? 들뢰즈는 어떻게 해서 성에 대해 저 일반적인 생각과는 다른 이 새

---

[2] 사디즘이라는 말은, 마조히즘이라는 말과 마찬가지로, 실존 인물인 사드Sade라는 사람의 이름으로부터 유래해 온 것이다, 우리말로는 한때 '가학성음란증'(加虐性淫亂症)이라는 말로 번역되어 왔으나, 지금은 그냥 사디즘이라고 부르는 것이 훨씬 더 널리 통용되고 있다. 가학성음란증이라는 말에서도 알 수 있듯이, 이 말은 '남에게 고통을 주는 것에서 성적 쾌락을 맛보는 증상'을 가리키기 위해 사용되는 것이다.

[3] 마조히즘에 대한 프로이트의 이러한 해석은 뒤에서 자세하게 논의하게 될 것이다.

서장

로운 생각을 가질 수 있게 된 것일까? 마조히즘에 대한 들뢰즈의 이해 속에 함축되어 있는 이 새로운 생각이 어떤 것인지를 가장 잘 짐작할 수 있게 되는 것은, 마조히즘을 특징짓는 핵심 증상 중의 하나인 '죄책감'에 대해 들뢰즈가 그 의미를 프로이트와는 다르게 해석할 때라고 우리는 생각한다. 그러므로, 나중에 훨씬 더 자세하게 논의하게 되겠지만, 지금 여기서 마조히스트가 느끼는 '죄책감'의 의미가 무엇인지를 이해하는 데 있어서 프로이트와 들뢰즈가 서로 어떻게 다른지를 간략하게나마 이야기해 보도록 하자.

앞에서 말한 바와 같이 프로이트는 성을 오직 '감각적이고 관능적인 육욕'으로만 이해하기에, 그는 이와 같은 성이 자신의 욕구에 대한 충족을 요구하는 과정에서 필연적으로 '아버지에 대한 공격성'으로 자신을 전개해 가게 된다고 주장하며, 바로 이와 같은 '아버지에 대한 공격성'에서 마조히스트가 느끼는 죄책감이 발생하게 되는 것이라고 설명한다. 즉 성은 자신의 욕구를 충족시켜 줄 수 있는 대상을 엄마에게서 찾으려 하지만, 아버지가 바로 이러한 '엄마에 대한 근친상간적 욕망'을 금기시하며 방해하는 존재가 되기 때문에, 성은 자신의 욕구 충족을 방해하는 이러한 아버지에 대한 공격성으로 자신을 나타내게 되고, 그리하여 '아버지에 대한 이러한 공격성'이 결국 마조히스트가 그것에 대해 죄책감을 느끼게 되는 **죄**(마조히스트의 죄)가 된다는 것이다. 하지만 프로이트의 이와 같은 해석에 대해 들뢰즈는 "죄가 되는 것은 '아들 속에 들어 있는 아버지'이지 '아버지에 대한 아들'이 아니다"**4**라는 말로 반박하고 있다. '아들 **속에 들어 있는** 아버지'와 '아버지**에 대한** 아들', 이 미묘한 말의 차이로써 들뢰즈는 무엇을 말하려 하는 것일까? '아버지**에 대한** 아들'이라는 것이 프로이트가 말하는 '아버지**에 대한** 공격성을 가지게 되는 아들'을 말하는 것이라는 것은 틀림없어 보이며, 그러므로 '죄가 되는 것은 (…) 아버지**에 대한** 아들이 아니다'라는 들뢰즈의 주장은, 마조히즘의 발생 원인을 '아버지에 대한 아들의 공격성'에서 찾는 프로이트의 주장을 반박하려 하는 것임은 분명해 보인다. 하지만 '아들 **속에 들어 있는** 아버지'란 무엇이며, 정작 이것이야말로 죄가 되는 것이라는 주장은 대체 무엇을 의미하는 것일까? '아들 **속에 들어 있는** 아버지'라는 말로써 자신이 무엇을 의미하려 하는지에 대해 들뢰즈는 역시 간략하게 다음과 같이 말하고 있다. "속죄되어야 할 것은[즉 죄가 되는 것은] 아버지에 대한 아들의 **닮음**, 즉 아들이 아버지로부터 물려받은 **남성적 성욕(성애성)sexualité génitale**이다."**5** 그러니까 들뢰

---

4 Gilles Deleuze, *Présentation de Sacher-Masoch*, p. 88. 들뢰즈는 주로 '**남성** 마조히스트'에 대해서 논의하고 있다. 하지만 마조히스트에 대한 들뢰즈의 논의는 결국에는, 남성이건 여성이건 혹은 그 밖의 다른 성이건, 생물학적인 성의 차이에 구애됨이 없이 모든 종류의 성의 사람들에게 적용되는 것이다. 이후 들뢰즈의 책『마조히즘』*Présentation de Sacher-Masoch*을 PSM으로 약칭하고, 인용하거나 참조할 경우 불어 원본의 쪽수를 밝혀 놓았다.

5 *PSM*, p. 87. 굵은 글씨체로 강조한 것이나 대괄호로 어떤 내용을 묶어 넣은 것은 모두 (들뢰즈 자신이 아니라) 인용하는 우리가 그렇게 한 것이다. 우리가 여기에서 '남성적 성욕'(성애성)이라는 말로 옮기고 있는 'sexualité génitale'(영어로는 genital sexuality)이라는 말은 그대로 **직역**하자면 '성기기(性器期)적 성욕'이라는 말로 옮겨야 할 것이다. 이 말은 본래 '**전**성기기(前性器期)적 성욕'pregenital sexuality과 대비되어 쓰이는 말이니 말이다. 즉 이 말은 본래, 혀나 입술, 손이나 항문 등 신체의 다른 다양한 부위들이 아니라 **성기(생식기)**가 성적 욕망의 중심이 되는 발달 단계에 접어든 성 발달 국면을 가리키기 위해 쓰이는 말이니 말이다. 그런데 우리가 어떻게 이 말을 이처럼 '남성적 성욕'이라고 **의역**할 수 있는지가 실은 매우 중요한 문제이다. 마조히즘에 대한 들뢰즈의 설명을 제대로 이해한다는 것은 이 말을 이렇게 이해(의역)할 수 있느

즈의 말을 **문자 그대로** 받아들이자면, 마조히스트의 죄가 되는 것, 즉 마조히스트가 그것에 대해 죄책감을 느끼게 되는 것은 아들(남성 마조히스트)인 그 자신 속에 '아버지에 대한 **닮음**'이 들어 있다는 사실(아들 **속에 들어 있는** 아버지)이며, 그러므로 그 자신이 아버지를 닮아 그 자신 역시, 아버지처럼, **남성적인 성욕**을 가지고 있다는 사실이다. 다시 말해, 마조히스트란 자신이 **남성**이라는 사실 자체를, 즉 자신의 '**남성**이라는 **성적·생물학적 정체성**'으로 인해 여성을 **성적으로 탐하는 감각적인 육욕**(즉 남성적인 성욕)을 자신이 가지고 있다는 사실 자체를 **죄**로서 부끄러워하는 존재라는 것이다. 자신이 **남성**으로서 현존하고 있다는 사실 자체가 죄가 된다는 것, 즉 남성으로서 존재하고 있는

냐의 여부에 달려 있는 것이라고 우리는 생각한다. 우리는 나중에 이에 대해 자세히 논의하게 될 것이다. 하지만 지금 여기에서 이 'génitale'(영어로는 genital)이라는 말을 현재의 우리말 번역이 습관적으로 '성기기(性器期)적'이라고 옮기고 있는 것에 대해서는 한마디 이의제기의 말을 해 두고자 한다. 잘 알려져 있듯이, 프로이트에 따르면 인간은 처음에는 그의 온몸의 모든 부위들이 '성감을 발생시킬 수 있는 기관organ'으로, 즉 성기(性器)로 작용하게 되지만, 여러 발달 단계들을 거쳐 마침내 최종적으로는 그의 생식기가 몸의 다른 모든 부위들을 제치고 가장 탁월하게 '성감발생적 작용을 할 수 있는' 주요 성기로서 자리 잡게 되는 단계에 진입하게 된다. 이리하여, 그 이전에는 몸의 온갖 부위(기관)들로 나누어져 있던 성감발생적 능력이 이처럼 생식기로 집중되는 이 시기를 일컬어 'genital phase'라고 부르고 있는 것이다. 그러므로 이 'genital phase'라는 말을 '성기기'(性器期)라고 옮기고 이에 맞춰 이보다 앞선 시기를 가리키는 'pregenital phase'라는 말을 '전성기기'라고 옮기고 있는 것은, 오직 생식기(genital)만이 성기가 될 수 있는 것이라고 잘못 생각하고 있는 구식 이해방식을 반영하고 있는 잘못된 번역이다. 'pregenital phase'에서 'genital phase'로 이행해 가는 것은, '몸의 모든 부위들이 성기로 작용할 수 있는 상태'에서 '생식기가 몸의 다른 부위들을 제치고 가장 탁월한 성기로서 작용하게 되는 상태'로 이행해 가는 것이지, 결코 '성기가 없던 상태', 즉 '아무것도 성기가 아니던 상태'에서부터 '드디어 어떤 것이 성기가 되는 상태'로 이행해 가는 것이 아닌 것이다. 그러므로 'genital phase'라는 말은 '성기기'라고 번역되어야 할 것이 아니라, '생식기'가 '성기'가 되었음을 나타내는 말인 '생식기기'(生殖器期)로 번역되어야 할 것이며, 'pregenital phase'라는 말 또한 '성기가 없는 상태'라는 오해를 불러일으킬 수 있는 말인 '전(前)성기기'라는 말이 아니라 '전(前)생식기기'라는 말로 번역되어야 할 것이다.

자신의 성적·생물학적 **현실적인 모습** 자체를 죄로서 부끄러워한다는 것, 대체 이것이 무엇을 말하는 것일까?

이것이 무엇을 말하는 것인지를 해명하는 것은 지금은 나중의 일로 미루어 두도록 하자. 이것을 해명하는 것은 몇 마디 말로써 그칠 수 없는 문제, 실로 우리가 이 책에서 다루려 하는 가장 중요한 문제 중의 하나이기 때문이다. 여기에서는 다만, 들뢰즈의 이러한 주장을 정말로 **글자 그대로** 받아들여야 한다는 것에 대해서만 말해 두도록 하자. 그리고 이렇게 글자 그대로 받아들이게 된다면, 그의 주장은 다음과 같은 것이 된다. 마조히즘을 특징짓는 죄책감이라는 증상은, 프로이트의 생각처럼 성이 자신의 감각적인 육욕이 원하는 것을 **그대로 밀고 나가** 쟁취하려 하기 때문에 발생하는 것이 아니라, 다시 말해, 엄마를 성적 대상으로 탐하려 하는 성의 **감각적인 육욕**이 그것을 방해하는 아버지에 대한 공격성으로 자신을 나타나게 되기 때문에 발생하는 것이 아니라, 그와 반대로 바로 이러한 **감각적인 육욕** 자체를 오히려 **죄로서 부끄러워하기** 때문에 발생하는 것, 즉 남성 마조히스트의 경우, 엄마를 비롯한 여성을 성적으로 탐하는 자신의 **남성적인 감각적 육욕 자체**를 죄로서 부끄러워하기 때문에 발생하는 것이다. 그러므로 마조히스트의 죄책감이 의기하는 것은, 마조히스트가 자신의 이러한 감각적인 육욕 자체를 죄로서 부끄러워하고 **극복하려 한다**는 것, 다시 말해, 어떤 대상을 **성적으로 탐하는 성적 욕망 자체를 극복하려 한다**는 것이다. 그러므로 들뢰즈에 따르면, 마조히즘을 발생시키는 원인으로서의 **성(성욕)**이란 '감각적인 육욕'으로서의 성이 아니라, 성의 **현실적으로 주어져 있는 모습**인 이와 같은 **자연스러운**

성향('**감각적 육욕**'으로서의 성향)을 극복하려 하는 그것의 **또 다른 성향**으로서의 성이다. 다시 말해, 성은 자신의 현실적으로 주어져 있는 모습인 이 '감각적인 육욕'으로서의 성향을 스스로 극복하려 하는 또 다른 성향을 자신의 **내적 속성**으로 **본래부터** 가지고 있는 것으로서 이해되어야 한다는 것이다.

그런데 성이란, 앞에서도 말했듯이, 우리 인간 존재를 이루고 있는 가장 근본적이고 본질적인 조건이 되는 것이다. 그리고 물론 이러한 성이 우리 인간의 '**현실적인 모습**' 속에서는 저 '감각적인 육욕'의 모습으로 존재하고 있다는 것은 — 즉 그 목적이 우리 인간의 이 '현실적인 모습'의 성공적인 보존에 맞춰져 있는 것으로 존재하고 있다는 것은 — 틀림없는 사실일 것이다. 하지만 마조히즘이 존재하고 있다는 것, 다시 말해 마조히즘이, 그것이 나타내 보이는 죄책감이라는 증상을 통해, 성 속에 자신의 감각적인 육욕의 성향을 극복하려 하는 또 다른 성향이 내재하고 있다는 것을 보여 준다는 것, 이 사실은 우리 **모든** 인간 속에 — 다시 말해, 성이 우리의 존재를 이루고 있는 가장 근본적이고 본질적인 조건이 되고 있는 우리 **모든** 인간 속에 — 바로 우리 자신의 주어진 '현실적인 모습'을 넘어 '새로운 모습'으로 **거듭나려** 하는 성향이 본래부터 내재하고 있다는 것을 말해 주고 있는 것이 아닐까? 마조히즘이 존재한다는 사실, 이 사실은 우리 자신을 지금 주어져 있는 '현실적인 모습'과는 다른 '새로운 모습'으로 **근본적으로 변형**(탈바꿈transformation)**시킬 것**을 지향하는 '초월에의 성향'이 우리 **모든** 인간 자신 속에 본래부터 내재하고 있다는 것을 말해 주는 것이 아닐까? 더구나 성(성욕)이 마조히즘 발생의 원인이라는 사실, 이 사실은 '우리 자신의 근본적인 자기변형'을 지향하는 이와 같은 '초월에의 성향'이 바로 우리 자신의 **성 자체 속에** 내재하고 있다는 것을 말해 주고 있는 것이 아닐까? 실로 들뢰즈는 마조히즘을 발생시키는 성의 운동이 지향하는 목표가 무엇인지 다음과 같이 말하고 있다. "새로운 인간 (…) 성애(性愛)를 극복한 인간….".[6]

중요한 것은 들뢰즈가 이 '새로운 인간'으로 거듭나려 하는 이와 같은 성향을, 즉 '감각적인 육욕'으로서의 성을 극복하려 하는 이와 같은 성향을 결코 '성에 대한 부정이나 승화(昇華)'로서 이해하지 않는다는 것이다. 즉 들뢰즈에 따르면 감각적인 육욕으로서의 성을 극복하려 하는 이와 같은 성향은 성이 아닌 다른 무엇인가가 성에 대해 가하게 되는 작용에 의해서 이루어지는 것이 아니라, 성 자체가 본래적으로 가지고 있는, 성의 **본모습**에 의해서 이루어지는 것이라는 것이다. 그러므로 들뢰즈에게 성의 본모습이란 사람들이 보통 이해하는 그것의 감각적인 육욕의 모습 아래에 비밀스럽게 숨겨져 있는 것이 된다. 성의 본모습이란 그것의 이 한낱 피상적인 모습의 과도한 팽창으로 인해 눈에 보이지 않는 이면 속에 소외되어 있는 것이 되는 것이다. 들뢰즈가 마조히즘에 대한 그 자신의 분석을 통해 발견할 수 있었던 것, 그것은 프로이트가 오직 감각적 육욕에 대한 과도한 기형적인 탐닉만을 볼 수 있었던 이 독특한 성적 활동 속에서 — 물론, 프로이트의 주장처럼, 이 마조히즘이라는 것이 처음부

---

[6] "un nouvel homme … sans amour sexuel…." — *PSM*, p. 87. 여기에서 말하는 "성애(sexual love)를 극복한 인간"에서의 '성애'란 성의 현실적으로 주어진 모습인 '감각적인 육욕'의 상태를 말하는 것으로 이해될 수 있다.

터 끝까지 성(성욕)에 의해 펼쳐지게 되는 **성적 활동**이라는 것은 틀림없는 사실이지만 — 실은 성에 내재되어 있는 가능성을 그 극한까지 밀고 가 마침내 그 현실적인 모습인 감각적인 육욕의 모습을 넘어 **초감각적인 차원의 새로운 모습**으로 자신을 자기변형self-transformation 시키려 하는 성의 노력이 펼쳐지고 있다는 사실이었던 것이다. 성의 이러한 자기변형의 노력, 그것은 또한 자신의 현실적인 모습에 의해 소외되고 있는 자신의 근원적인 본모습을 되찾으려 하는 성 자신의 자기회복의 노력이기도 하다. 성은 자신의 현실적인 모습인 감각적인 육욕의 모습을 넘어설 수 있는 가능성을, 게다가 그렇게 해야 할 필요성(의무, 과제)마저를 본래부터 이미 자신 안에 가지고 있는 것이 되는 것이다. 그러므로 들뢰즈는 성의 자기변형의 노력을 보여주는 이러한 마조히즘의 성격을 '초감각주의'supra-sensualisme라고 규정한다.7 이 '초(超)감각주의'라는 말의 'supra'(초월)라는 말 속에는 'ultra'(극도의)의 의미와 'beyond'(~를 넘어)의 의미가 둘 다 포함되어 있는 것이다. 즉 그것은 감각(관능)sensualisme의 가능성을 그 최고조의 극단에까지 끌어올리는 '극도의 감각주의'이면서도, 동시에, 이처럼 자신이 도달할 수 있는 최고조의 단계에까지 끌어올려진 이 감각(관능)의 운동이, 바로 이를 통해 마침내는 감각(관능)의 경계를 넘어 초감각의 새로운 차원으로 자신을 탈바꿈시켜 간다는 의미를 내포하고 있는 것이다. 그러므로 이 '초감각주의'가 주장하는 것은 성(감각적인 육욕)을 넘어서되, 성이 아닌 다른 어떤 것(처음부터 성에

---

7 *PSM*, p. 21.

대해 초월적인 어떤 것)에 의존해서 그렇게 하는 것이 아니라, 바로 성 자체에 내재하고 있는 가능성을 극단적으로 밀고 나감으로써 그렇게 한다는 것이다.

자기 자신을 초감각적인 모습으로 스스로 변형시키려 하는 성의 이러한 성향, 들뢰즈에 따르면, 성은 자신 속에 본래부터 이러한 성향을 가지고 있는 것이기에, 그러므로 이러한 성이 지향하는 목적은 결코 인간의 '현실적인 모습'의 성공적인 자기보존에 있는 것이 아니게 된다. 성을 감각적인 육욕과 완전히 일치시키는 일반적인 이해가 성이 지향하는 목적을 '개체의 현실적인 모습의 자기보존'에 있다고 생각하는 것과는 달리, 들뢰즈에 따르면 성의 진정한 목적이란 오히려 이러한 현실적인 모습을 넘어 새로운 모습으로 우리 자신을 변형시키고 새롭게 창조하는 데 있는 것이 되는 것이다. 그러므로 성에 대한 이러한 새로운 이해에 따르면, 우리 인간에게 중요한 것은 우리 자신의 현실적인 모습을 가능한 한 오래도록 성공적으로 보존해 나가는 것이 아니다. 즉 우리 자신의 현실적인 모습을 100년, 200년, 아니 영생에 이르기까지 성공적으로 보존해 나가는 것이 중요한 것이 아니라, 오히려 바로 이러한 자기보존에 매달리는 우리 자신의 현실적인 모습을 넘어서는 것이, 다시 말해 성욕을 비롯한 여러 가지 생물학적인 기본적인 욕망들의 성공적인 충족을 통해 우리 자신을 원활히 보존해 나가기를 욕망하는 우리 자신의 현실적인 욕망을 넘어서는 것이 중요한 것이 되는 것이다. 다시 말해 성에 대한 이 새로운 이해는 우리에게, 우리 자신의 현실적인 모습의 성공적인 자기보존에 매달리는 우리의 현실적인 욕망을 넘어설 수 있는 새로운 인간으로 거듭나는 것이 우리에게 중요하다는 것을 일깨워 주는 것이 되는 것이다. 우리 자신의 현실적인 욕망으로부터의 이와 같은 초탈 — 즉 죽음(현실적인 모습의 종말)을 두려워하고 지금 주어져 있는 현실적인 모습의 영생을 바라는, 우리 자신이 가진 가장 현실적인 욕망으로부터의 이와 같은 초탈 — 혹은 자신의 이와 같은 현실적인 모습(현실적인 욕망)으로부터 벗어나 새로운 모습(새로운 욕망)으로 자신을 탈바꿈시키게 되는 욕망의 이와 같은 자기변형, 마조히즘에서 발견되는 욕망의 이와 같은 자기변형이라는 것을 불교에서 말하는 해탈 같은 것과 비교할 수 있는 것일까? 우리에게 중요한 것은 죽음에서 벗어나는 것이 아니라 — 우리가 발을 들여놓고 있는 세계인 이 생사윤회의 세계에서는 우리는 이미 어차피 죽음에서 벗어나 있다(즉 죽음이 끝이 아니라 그다음에 환생에 의한 새로운 삶이 또 펼쳐지게 되어 있다) — 오히려 죽음을 두려워하고 현존하는 삶의 영생에 매달리는 그 욕망에서 벗어나는 것이라고 가르치는 듯한 불교와 말이다. 한 가지만은 분명해 보인다. 욕망의 이와 같은 자기변형, 즉 성(성욕)의 이와 같은 자기변형이란 그것의 현실적인 모습의 지배력에 의해 은폐되고 망각되어 오고 있는 그것 자신의 본래적인 모습을 되찾는 것이기에, 이와 같은 자기변형을 추구한다는 것은 결코 우리 자신에게 어떤 선물처럼 주어지고 있는 '열려 있는 가능성'을 추구한다는 것에만 그치게 되는 것이 아니다. 이러한 자기변형을 추구한다는 것은 오히려 잃어버리고 있는 우리 자신의 본래적인 모습을 되찾기 위해 우리가, 여전히 우리를 강하게 지배하고 있는 현실적인 모습의 관성력에 맞서, 노력과 고통을 대가로 달성해

가야 할 **과제**이자 **의무**이기도 한 것이다.

2.

마조히즘에 대한 들뢰즈의 이해가 성에 대해, 우리가 방금 그 대강의 윤곽을 그려 보인 그러한 이해를 실제로 하고 있는 것이라고, 즉 성을 이해하는 들뢰즈의 방식에 대한 우리의 이해가 옳은 것이라고 생각해 보자. 이로써 첫 번째 난관을 넘어설 수 있게 되는 것 같은 우리에게는, 그렇지만 앞에서 말한 바 있는 또 하나의 다른 난관이 곧바로 다가서게 된다. 즉 성이라는 것이 정말로 이처럼 자기변형 같은 것을 지향하는 '매우 **고상한** 것'일 수 있겠느냐 하는 것, 즉 성에 대한 이와 같은 생각이 과연 정말로 정당한 것일 수 있겠느냐 하는 문제가 우리를 추궁하기 시작하는 것이다. 앞에서 말한 것처럼, 대부분의 사상들에서 성적 본능을 비롯한 모든 자연적 본능이란 '개체의 자기보존'을 지향하는 것이라고 생각되고 있다. 성적 본능이 무엇인지에 대해 가장 권위 있는 말을 해 줄 수 있는 것 같은 현대생물학도 그것을 '하나가 둘이 되려고 하는 것'(프랑수아 자코브)이라고, 즉 개체가 자신의 후손을 생산하는 것을 통해 자기 자신을 **재생산**하려 하는 것이라고 규정하고 있는 것이다.[8] 그런데 들뢰즈는 이러한 대부분의 사상들에 맞서, 성욕이라는 자연적인 본능이, 즉 모든 본능들 중에서도 가장 **강력한** 본능인 것 같으며 또한 가장 **자연적인** 본

---

[8] 프랑수아 자코브François Jacob는 생명 철학 분야의 유명한 고전인 『생명의 논리, 유전의 역사』의 저자이다. 그는 개체의 이러한 자기-재생산을 두고 '하나가 둘이 된다'라고 말하고 있는 것이다.

서장

능인 것 같은 이 성욕이라는 본능이 그 진정한 목적을 개체의 '자기보존'에 두고 있는 것이 아니라 오히려 이러한 자기보존을 넘어서는 자기변형(자신의 현실적인 모습을 넘어서는 초월적인 자기변형)에 두고 있는 것이라고 주장하고 있는 것이다.

무엇이 성에 대한 들뢰즈의 이와 같은 주장을 한갓 헛소리나 망상이 아니라 실제로 옳은 것이 되도록 만들어 줄 수 있을까? 흔히 성욕(성적 본능)이란 우리 인간을 동물의 수준으로 주저앉히는 것으로, 그러므로 우리 자신이 '인간다운 인간'이 되기 위해서는 그것에 대한 어느 정도의 억압이나 부정이 불가피한 것으로 인식되고 있지만, 들뢰즈는 이러한 성욕이야말로 우리 자신을 '인간다운 인간'을 넘어 '인간을 넘어서는 새로운 인간'으로 거듭날 수 있게 해 주는 것이라고 주장하며, 따라서 그것에 대한 억압이나 부정이 아니라 오히려 그것의 본모습에 대한 왜곡 없는 인식과 순수한 긍정이 필요하다고 주장하는 것이다. 우리 자신의 현실적인 모습을 넘어 새로운 모습으로 거듭나려 한다는 것, 사람들은 우리 인간에게서 발견될 수 있는 이와 같은 초월지향적 성향을 보통 '영성'spirituality이나 '종교성'이라는 이름으로 부르는데, 들뢰즈에 따르면 우리 인간에게 이와 같은 영성적인 것을 인식하고 추구할 수 있게 해 주는 것은 과학의 세계이해로 발전해 가는 우리 자신의 이성이 아니라 오히려 우리 자신이 가진 가장 자연적인 본능이라고 할 수 있는 우리 자신의 성욕(성적 본능)인 것이다. 그러므로 들뢰즈는 지금, 우리 자신의 가장 세속적인 욕망인 성적 욕망 속에, 우리 자신의 근본적인 자기변형을 지향하는 가장 성스럽고 영성적인 열망이 내재하고 있다고, 즉 우리 자신에게서 발견될 수 있는 영성적인 열망이란 우리 자신이 가진 가장 세속적인 욕망인 이 성적 욕망과 결코 다른 것이 아니라고 주장하고 있는 것이다. 성(聖)과 속(俗)이 — 혹은 성(聖)spirituality과 성(性)sexuality이 — 결코 서로 대립되는 **둘**이 아니라 실은 서로 조금도 다르지 않은 **하나**라고 말하고 있는 듯한 이 주장, 속(俗)이 아닌 성(聖)이란 결코 있을 수 없으며 오직 속(俗)만이 진정으로 성(聖)이 될 수 있다고 말하고 있는 것 같은 이 위험천만하고 이단적인 주장은 대체 어디에서부터 온 것이며 어떻게 하면 정당화될 수 있는 것일까? 들뢰즈 자신은 이에 대해 아무런 말도 하고 있지 않지만, 들뢰즈가 침묵으로 남겨 놓은 이 빈칸을 채워 줄 수 있는 무엇인가를 우리는 찾아야 한다.

그런데 성이 곧 생명의 자기표현이라는 사실을 고려해 본다면, **성**에 대해 어떤 이해를 갖느냐 하는 것은 곧 **생명**에 대해 어떤 이해를 갖느냐 하는 것과 직결되는 문제라는 것을 생각할 수 있다. 즉 마조히즘에 대한 들뢰즈와 프로이트 사이의 이해의 차이가 성에 대한 들뢰즈의 새로운 이해와 프로이트가 대변하는 보통의 관습적인 이해 사이의 차이로 인해 빚어지게 되는 것이라면, 이 모든 차이는 결국 생명에 대한 서로 다른 이해의 차이로 연결되는 문제라는 것을 생각할 수 있게 되는 것이다. 그런데 우리의 탐구 방향이 이처럼 마조히즘에 대한 들뢰즈의 이해 속에 함축되어 있는 생명에 대한 이해가 무엇인지를 찾는 쪽으로 향해야 한다는 것을 깨닫게 되자, 우리는 우리 앞에 서게 될 어려움의 크기가 무엇인지에 대한 예감으로 인해 긴장하게 된다. 왜냐하면 실로 성에 대한 프로이트의 이해라는 것은 ─ 즉 마조히즘에 대한 들뢰즈의 이해 속에 함축되어 있는 '성에 대한 새로운 이해'가 맞서고자 하는 이 이해라는 것은 ─ 바로 생명을 이해하는 현대과학의 **정설**에 의해 그 정당성을 확보할 수 있는 이론인 것처럼 보이기 때문이다. 즉 성에 대한 들뢰즈의 새로운 이해는 우리로 하여금 생명에 대한 현대과학의 정설에 맞서 자기 자신을 옹호할 수 있는 '생명에 대한 새로운 이해'를 찾도록 하고 있는 것으로 보이기 때문이다. 우리 자신이 과연 그럴 자격이나 능력, 심지어 배포라도 가질 수 있는 것일까? 한낱 철학자 나부랭이, 그것도 시원찮은 철학자 나부랭이가 과학을 앞에 두고 생명에 대해 그것과 맞서려는 이야기를 우스꽝스럽지 않게 떠들어 댈 수 있는 것일까?

생명을 이해하는 현대생물학의 정설, 그것은 신(新)다원주의 neo-darwinism이다. 신다원주의는 물론 진화에 대한 다윈Charles Darwin의 '자연선택설'을 그 모태로 하는 것이지만, **신**다원주의가 성립하는 데 있어서는, 또한 그것이 생명을 이해하는 현대과학의 **정설**로서 자리 잡을 수 있게 되는 데 있어서는 20세기 중반 이후에 이루어진, ─ 즉 다윈 사후 한참이 지나서야 이루어진 ─ 생명체의 **유전** 메커니즘에 대한 현대유전학의 규명(DNA 이중나선 구조의 발견)이 더 중요한 역할을 한 것으로 보인다. 즉 신다원주의란 현대유전학이 발견한 생명체의 유전 메커니즘이, 진화를 설명하기 위해 제시된 서로 경쟁하는 여러 이론들 중에서 오직 다윈의 자연선택설만을 유일하게 옳을 수 있는 이론으로 입증해 준다고 주장하는 이론인 것이다.[9]

---

[9] 이 점에 대해서 자크 모노Jacques Monod의 유명한 고전 『우연과 필연』을 참조하라.

그렇다면 이 신다윈주의는 생명을 과연 어떻게 이해하고 있는가?

생명체를 생명 없는 물질로부터 구분 짓게 해 주는 가장 뚜렷한 특징으로 진화를 꼽을 수 있을 것이다. 그러므로 생명이 무엇인가 하는 것은 이러한 진화가 일어나게 되는 이유나 원인이 무엇인가 하는 것에 의해 규명될 수 있을 것이다. 그런데 진화가 일어나기 위해서는 다음의 두 가지 조건이 반드시 필요해 보인다. 첫째, 진화란 다음 세대가 이전 세대의 것과는 다른 새로운 형질을 갖게 되는 현상이므로, 이러한 형질변화를 일으키는 어떤 조건이 필요할 것이다. 이러한 조건을 생물학에서는 주로 '변이(變異) 조건'이라 부른다. 다른 한편, 진화가 일어나기 위해서는, 이러한 변이 조건에 의해 어떤 형질변화가 발생하는 것도 필요하지만, 또한 이렇게 해서 발생하게 되는 이 변화(변화된 형질)가 다음 세대에게로 **그대로 전달되어 갈 수 있는 것**도 역시 필요하다. 어느 한 세대에서 발생한 변화가 그 세대의 소멸과 더불어 사라지지 않고, 계속되는 세대교체에도 불구하고 매번 다음 세대에게로 **그대로 전달되어 보존되어** 갈 수 있을 때에만, 그리하여 발생한 변화들의 **계속적인 축적**이 이루어질 수 있을 때에만 진화가 가능할 것이기 때문이다. 그러므로 생물학에서 '유전 조건'이라고 불리는 또 하나의 조건이, 즉 한 세대의 형질을 다음 세대로 유전되도록 하여, 발생한 변화가 무위로 사라지지 않고 보존될 수 있게 하는 조건이, 진화를 위한 두 번째 필수조건으로서 필요하게 된다. 그런데, 언뜻 보아, 이 두 가지 조건은 서로 모순되는 듯이 보인다. 첫 번째 조건인 변이 조건이 여러 세대에 걸쳐 일어나는 '형질의 **계속적인 변화**'를 말하고 있는 것인 반면, 두 번째 조건인 유전 조건은 역시 여러 세대에 걸쳐 일어나는 '형질의 **불변적인 보존(전달)**'을 — 즉 '형질의 **불변적인 자기복제**'를 — 말하고 있는 것으로 보이기 때문이다. 생명체에 고유한 특성인 진화를 위해 어느 것 하나 빠질 수 없이 필요해 보이는 이 두 가지 조건이 이처럼 서로 모순되어 보인다는 이 사실을 어떻게 해결할 수 있을까? 진화에 대한 이해는, 그러므로 이러한 진화를 자신만의 고유한 특성으로 가지는 **생명**에 대한 이해는, 바로 모순처럼 보이는 이러한 상황을 어떤 방식으로 해결하느냐에 의해 결정되는 것이라고 말해도 과언이 아닌 것으로 보인다.

그러므로 우리는 진화와 관련하여 모순처럼 보이는 이 상황을 신다윈주의가 어떻게 해결하는지를 살펴봄으로써, 생명에 대한 현대과학의 이 정설에게 생명이 어떻게 이해되고 있는지를 이해할 수 있을 것이다. 간단히 말하자면, 신다윈주의란 유전 조건을 변이 조건보다 더 우선하는 근본적인 원리로서 놓고 진화를 설명하는 이론이라 할 수 있다. 혹은, 다시 말해, 신다윈주의란 유전 조건을 생명체의 **본원적인 내적 속성**을 이루는 것으로 보는 반면, 변이 조건이란 생명체가 가진 내적 속성이 아니라 생명체의 **외부로부터** 가해져 오는 것, 즉 외부에서부터 생명체에 부차적으로 덧붙여지는 것으로 보는 이론이라고 할 수 있다. 즉 신다윈주의에 따르면 생명의 본질은 '자기 자신을 변함없이 그대로 유지해 가는 것'을 지향하는 것이며, 생명의 이러한 본질이 생명체의 세대교체 양상을 통해 나타나게 되는 것이 바로, 앞 세대의 형질이 다음 세대에게로 변함없이 그대로 전달되어 보존되어 가는 현상인 유전, 즉 앞 세대에서 다음 세대로 '형질의 불변적인 자기복제'가 이루어지는 현상인 유전이다. 신다윈주의가 (변이 조건이 아닌) 유전 조건을 생명체의 본원적인 내적 속성으로 본다는 것은 이처럼 생명의 본질을 '자기 자신의 **불변적인 보존**'을 지향하는 것으로 본다는 것을 의미하는 것이다.

물론 생명체가 시간의 장구한 흐름 속에서 끊임없이 새로운 모습으로 진화해 온 것은 틀림없는 사실이다. 하지만 신다윈주의에 따르면 이러한 진화가 이루어져 온 것은 생명체의 내적 속성이 이러한 진화(변화 가능성)를 지향하는 것이기 때문이 아니다. 생명체의 내적 속성은 불변적인 자기보존을 지향하는 것이기에, 따라서 만약 생명체가 자신의 이와 같은 내적 속성에만 따를 수 있었더라면 그것은 어떠한 진화도 겪지 않은 채, 처음에 주어진 모습 그대로를 (유전을 통해) 변함없이 유지해 오며 존재해 왔을 것이라고 신다윈주의는 생각한다. 하지만 신다윈주의에 따르면 생명체는 자신의 이러한 내적 속성이 지향하는 바를 방해하는 **외부 교란**에 시달리게 된다. 이러한 외부 교란이 생명체의 내적 속성이 지향하는 이러한 '불변적인 자기보존'을 실패하게 되도록 만드는 것, 즉 어떤 형질의 변화가 생명체에게 발생하게 되도록 만드는 것이다. 그런데 생명체의 내적 속성이 지향하는 바를 방해하는 이 외부 교란이, 매우 역설적이게도, 생명체의 생존과 번식에 유리한 변화를 순전히 우연에 의해 가져올 수 있으며, 그리하여 결과적으로, 오직 우연의 산물일 수밖에 없는 이러한 운 좋은 변화가 진화의 원동력으로 작용하게 되는 것이다. 이것이 바로 신다윈주의가 진화를 설명하는 방식, 즉 유전 조건과 변이 조건 사이에 있는 듯한 모순을 해소하는 방식이다. 요컨대 신다윈주의에 따르면 진화는 틀림없이 생명체를 생명 없는 물질과는 다른 것으로 특징짓는 고유의 특성이지만, 생명체의 진정한 내적 속성은 그것의 이러한 고유한 특성(진화)을 지향하는 데 있는 것이 아니라 오히려 그 반대로 '불변적인 자기보존'을 지향하는 데 있다. 생명체의 본성은 자기 자신을 어떠한 변화도 없이 그대로 보존해 나가려 하지만, 외부로부터 자신에게 가해지는 어떠한 변화도 거부하지 못한 채, 받아들인 모든 것을 그대로 보존할 수밖에 없게 되는—다시 말해, 받아들인 모든 것을 다음 세대에게로 그대로 전달할 수밖에 없게 되는—그것의 이러한 본성으로 인해 진화라는 원치 않는 결과를 얻게 되는 것이다.[10]

그런데 성에 대한 프로이트의 이해란 정말이지 생명에 대한 이러한 신다윈주의의 이해와 너무나도 잘 맞아떨어질 수 있는 것으로 보인다. 우리는 프로이트 자신 역시 이 사실을 잘 의식할 수 있다고, 그리하여 이 사실을 성에 대한 그 자신의 이해를 옹호해 줄 수 있는 강력한 근거가 되어 줄 수 있는 것으로 받아들일 수 있다고 확언할 수 있다. 왜냐하면 프로이트는 그의 유명한 글 「쾌락원리를 넘어서」에서 그와 동시대인 생물학자인 바이스만August Weismann의 생식질(플라스마plasma) 이론을 성에 대한 자신의 이해와 일맥상통할 수 있는 중요한 생명 이론으로 끌어들이고 있는데, 바이스만의 이 생식질 이론이란 바로 유전 조건이야말로 변이 조건보다 앞서는 생명체의 근본 속성이라고 주장함으로써 신다윈주의의 이론적 초석을 놓은

---

10 생명체의 진화에 대한 신다윈주의의 이상과 같은 설명에 대해서는 앞에서 언급한 자크 모노의 책을 참고하라.

선구적인 이론인 것으로 평가받고 있기 때문이다. 실로 생명체의 본성이 '개체의 불변적인 자기보존'을 지향하는 것이라면, 생명의 자기 표현인 성 역시 이와 같은 목표를 지향하는 것이 되어야 하지 않겠는가?

저「쾌락원리를 넘어서」에서 프로이트가 쾌락이 무엇인지를 정의하면서 내세우는 '항상성(恒常性)의 원리'라는 것을 생각해 보라. 쾌락에 대한 그의 정의, 즉 쾌락이란 생명체가 자신이 지향하는 것을 충족시킬 수 있게 될 때 발생하는 것이라는 그의 정의는 지극히 온당해 보인다. 그런데 프로이트는 모든 쾌락은 자극(흥분)의 **해소**에 의해서, 즉 자극이 요구하는 것을 충족시켜 줌으로써 자극을 **소멸되게 하는 것**에 의해서 발생하는 것이라고 주장한다. 또한 그는 쾌락이 이처럼 자극의 해소에 의해서 발생하게 되는 것은 이러한 자극의 해소가 바로 '항상성의 회복'을 가져다주기 때문이라고, 즉 자극이 흩뜨려 놓기 이전의 평온한 상태를 회복시켜 주기 때문이라고 주장한다. 그러므로 프로이트는 생명체가 본원적으로 지향하는 것은 '항상성의 유지'라고, 즉 그 어떤 자극으로 인한 변화의 동요도 전혀 겪지 않은 채 항상 같은 상태를 그대로 유지해 가는 것이라고 주장하는 것이다. 프로이트가 본능의 본질적인 **보수성**(保守性)을 주장하는 이유도 바로 여기에 있다. 생명체가 본원적으로 지향하는 것, 본능은 바로 그러한 것을 추구할 것이다. 그런데 프로이트는 성적 본능을 비롯해 생명체가 가진 모든 본능이란 본질적으로 보수적인 것이라고 주장한다. 그가 이렇게 주장하게 되는 것은 그가 바로 생명체의 본성을 변화를 지향하는 것이 아니라 같은 상태를 그대로 유지해 가는 것을 지향하는 것으로 보기 때문인 것이다. 그러므로 이 모든 것이, 즉 쾌락을 항상성의 유지나 회복에 연결시키며 생명체의 모든 본능을 본질적으로 보수적인 것이라고 보는 이 모든 주장이 성에 대한 프로이트의 이해가 생명을 이해하는 현대과학의 정설인 신다윈주의에 의해, 즉 생명체의 본성을 '개체의 불변적인 자기보존'을 지향하는 것으로 보는 이 이론에 의해, 언제든 지지받을 수 있는 것임을 말해 주고 있는 것이다.

그러므로 생명에 대한 현대과학의 이 정설을 넘어설 수 없는 한, 성에 대한 들뢰즈의 새로운 이해는 결코 자신을 정당화할 수 없는 것으로 보인다. 그렇지만 어떻게 이 난관을 넘어설 수 있단 말인가? 그런데 우리에게는 아주 가느다란 실마리가 하나 주어진다 — 아니, 우리로서는 사실 이 단 하나의 실마리밖에 찾을 수 없었다고 차라리 말해야 할 것이다. 우리에게 어떤 가능성을 비춰 주는 실마리를 열어 주는 이 이론은, 하지만 만약 이 이론이 마조히즘에 대한 들뢰즈의 해석과, 즉 들뢰즈의 이 새로운 해석이 성에 대해 함축하고 있는 저 새로운 생각이라는 것과 연결될 수 있는 것이라는 생각이 우리에게 들지 않았더라면, 우리가 무엇인가를 기대하고서 그것을 다시 찾게 되는 일이란 결코 일어나지 않았을 그러한 이론이다. 그만큼 이 이론은 그것을 다시 끌어들이려 한다는 것이 무모하고 위태로운 행보로 보일 정도로 현대과학의 역사를 통해 커다란 부정적인 평가의 대상이 되어 온 것이기 때문이다.

베르그송의 '생명의 약동' élan vital 이론은 한때 다윈의 자연선택설을 능가하는 듯한 그 놀라운 통찰력으로 인해 많은 사람들에게 생명에 대한 참된 이해로 추앙받아 온 이론이다. 하지만 유전 메커니즘의 규명을 통한 신다윈주의의 본격적인 확립 이후, 이 이론은 현대과학의 이 정설에 의해 회복 불가능한 타격을 입고 역사의 뒤안길로 패퇴되어 간 것으로 평가받고 있으며, 대다수의 사람들은 여전히 이러한 평가를 재론의 여지가 없는 결정적인 것으로 받아들이고 있다. 하지만 성에 대한 들뢰즈의 새로운 생각은 분명히, 신다윈주의의 위세에 짓눌려 오랫동안 움츠려 있었던 이 이론의 가능성을 다시 한번 진지하게 생각해 보도록 만드는 것이다. 우리는 베르그송의 이 이론을 다시 '진리의 가능성'을 가진 이론으로 재부상시키려 한다는 것이 신다윈주의의 강력한 지배 속에 있는 오늘날의 상황 속에서 얼마나 많은 논란과 비판, 냉소를 불러일으킬 수 있는 것인지를 우리 스스로 잘 알고 있다. 하지만 우리가 알고 있는 한, 베르그송의 이 이론만이 성에 대한 들뢰즈의 새로운 생각과 호응해 줄 수 있는 '생명에 대한 이해'를 담고 있다. 성에 대한 들뢰즈의 기이한 생각을 '생명'이라는 더 넓고 근원적인 문제의 차원에서 지지해 줄 수 있는 것인 베르그송의 이 이론을 정녕 생명에 대해 신다윈주의보다 더 참된 이해를 가져다줄 수 있는 것으로 생각할 수 있는 가능성은 남아 있지 않은 것일까?

  마조히즘에 대한 들뢰즈의 해석을 알지 못했던 오랜 시간 동안, 그리고 또한 이 새로운 해석을 읽고 난 이후에도 그것이 성에 대한 이상한 생각을 함축하고 있다는 사실을 눈치채지 못했던 오랜 아둔함의 시간 — 혹은 이 사실을 확신할 수 없었던 오랜 '용기 없음'의 시간 — 동안, 우리는 베르그송의 '생명의 약동' 이론이 다시 살아날 수 있는 일이 있으리라고는 도저히 생각하지 못했다. 과학자들이 그들의 전문 소관인 이 일에서 신다윈주의를 추종하고 있는데, 한갓 이방인이 뭐라고 여기에 딴지를 걸 수 있단 말인가! 하지만 이제 우리는 우리에게 이 문제를 다시 생각해 보는 용기를 가질 수 있게 하는 한 가지 단서를 가지고 있다. 물론 아직까지는 우리가 가지고 있는 것은 이 단 한 가지 단서뿐인지도 모른다. 하지만 마조히즘이라는 현상, 즉 엄연히 실제로 일어나는 것인 이 마조히즘이라는 현상이 — 따라서 틀림없이 **실증적인 검증**의 차원에 속하는 것인 이 현상이 — 우리로 하여금 우리가 전에는 불가능하다고 생각했었던 것을, 즉 생명에 대해 베르그송의 '생명의 약동' 이론이 제시하는 이해의 **복원**이라는 것을 생각해 볼 수 있게 하는 단서가 되어 주는 것이다. 게다가 우리가 가진 이 단서에서 우리는 제법 유리한 편이다. 마조히즘에 대한 들뢰즈의 새로운 이해는 심지어 프로이트를 따르는 많은 정통적인 정신분석학자들 사이에서도 프로이트가 기존에 제시하는 이해보다 훨씬 더 올바른 것 같다는 평가를 받고 있는 것이다. 우리가 주목하고 있는 것은 마조히즘에 대한 들뢰즈의 이 새로운 이해가 성과 관련하여, 이들 많은 정통적인 정신분석학자들은 미처 그 사실을 인지하지 못하고 있다 할지라도, 프로이트의 이해와는 다른 새로운 이해를 함축하고 있다는 것이며, 이것이 또한 생명에 대한 이해와 관련해서도 현대과학의 정설인 신다윈주의와는 근본적으로 다른 새로운 이해를 모색해 보도록 하는 것으로 번져 나간다는 것이다. 마조히즘이라는 현상, 그것은 혹시 생명에 대한 현대과학의 이해가 생명의 참모습을 제대로 이해하고 있는 것이라기보다는 오히려 그것을 은폐하거나 왜곡하고 있는 것이며, 따라서 생명의 참모습을 되찾기 위해서는 현대과학과는 다른 새로운 이해를 가져야 한다는 것을 우리에게 일깨워 주고 있는 하나의 **징후**, 즉 **실증적** 차원에서 나타나는 하나의 징후가 되어 주는 것이 아닐까?

이렇게 해서, 성의 한 특이한 표현인 마조히즘으로부터 출발한 우리의 논의는 전혀 예기치 않았던 놀라운 방식으로 '생명의 참모습'이 무엇이냐 하는 어마어마한 문제로까지 우리를 이끌어 가게 된다. 누군가에게는 마조히즘이라는 작고 사소한 이야기에서 출발해서 생명의 본질에 대한 근본적인 재성찰이라는 엄청난 문제로까지 비약해 가려 하는 우리의 시도가 터무니없이 허황된 과장으로, 혹은 믿고 따라온 모든 것을 혼란에 빠뜨리는 원치 않는 위험을 가져다주는 불온한 생각으로 받아들여질 것이다. 하지만 우리가 이 혼란과 위험의 끝에서 발견할 수 있다고 믿는 것은, 믿고 따라온 저것들 속에서 살아가는 한은 발견할 수 없다고 생각했던 것, 즉 우리의 삶과 세계의 존재를 위한 새로운 희망이다.

3.

아마도 대부분의 사람들은 세계에 대한 **참된** 이해란 '세계의 모든 것을 **하나의 통일적인 원리**에 의해서 설명하는' **일원론적인** 모습을 가져야 할 것이라고 생각할 것이다. 물질과는 다른 생명의 특이성을 주장하는 이론들은 대개의 경우, 이러한 일원론적 세계이해를 불가능하게 만들거나 성취되기 어려운 것으로 만든다. 이들 이론들은 생명이란 물질로 환원될 수 없는 것이라고 주장함으로써, 세계를 각자

'물질'과 '생명'이라는 두 가지 서로 다른 원리에 의해 지배되는 두 개의 독자적인 영역으로 나눠 놓고 있는 것이며, 그리하여 '세계'란 '하나의 통일된 세계'가 아니라 '서로 다른 두 개의 별도의 세계'로 내적으로 쪼개져 있는 것이 되도록 만드는 것이다. 그런데 신다윈주의는 세계란 '일원론적인 것'일 거라는 보통 사람들의 원초적인 믿음, 즉 세계란 '내적으로 둘로 쪼개져 있는 것'이 아니라 '통일된 하나를 이루고 있는 것'일 거라는 일반적인 믿음을 확신시켜 줄 수 있는 강점을 가지고 있는 것이다. 신다윈주의의 위업은 '생명이 물질로 완전히 환원될 수 있다'는 것을 보여 줌으로써, '세계의 모든 것은 결국 근본적으로 모두 물질이며, 따라서 물질을 설명하는 원리에 의해 세계의 모든 것을 통일적으로 설명할 수 있다'는 유물론적인 일원론적 세계이해가 가능하다는 것을 보여 주는 데 있는 것이다.[11]

그렇지만 생명에 대한 현대과학의 이해는 신다윈주의가 그것에서 차지하고 있는 정설의 지위에도 불구하고 이 하나의 정설의 완전한 지배 아래 모든 것이 일사불란에게 통일되어 있는 것과는 거리가 있어 보인다. 겉으로 보기에는 신다윈주의에 의해 모든 논란이 평정되고 있는 듯한 잠잠한 풍경 아래에, 실은 이 정설과 그에 도전하는 여러 이설들 사이의 다양한 공방(攻防)이 아직도 계속해서 뜨겁게 오가고 있는 열린 논쟁의 무대가 펼쳐지고 있는 것이다. 오늘날까지

---

11 자크 모노는 『우연과 필연』에서 바로 이 점이 신다윈주의가 그것과 경쟁하는 다른 이론들을 물리치고 과학에서 정설의 지위를 차지할 수 있게 되는 결정적인 이유라고 주장하고 있다. 즉 그에 따르면 신다윈주의란 다른 이론들로서는 불가능한 '생명에 대한 **물리학**'이라는 것을, 즉 생명에 대한 완전히 물리학적인 설명이라는 것을 가능하게 해 주는 유일한 이론이다.

도 계속해서 신다윈주의에게는 그것의 정당성을 문제 삼는 비판과 도전이 줄기차게 제기되어 오고 있으며, 이러한 비판과 도전들 중에는 단순히 신다윈주의가 겪는 난점이나 미해결의 문제를 지적하는 것을 넘어, 이러한 어려움을 극복하기 위해서는 진화의 근본적인 원인을 본질적으로 **변화**를 지향하는 생명체의 **자발적인 성향**에서 찾아야 한다고 주장하는 이론들도 있는 것으로 보인다.[12] 분명히 우리는 이처럼 변화를 지향하는 생명체의 자발적인 성향을 강조함으로써 신다윈주의의 **기본** 원칙에 **근본적으로** 맞서려 하는 이러한 이론들에게서 베르그송의 '생명의 약동' 이론과의 긴밀한 친화성을 발견할 수 있다고 생각한다. 하지만 우리는 또한 우리의 이와 같은 생각이 경솔한 아마추어들이 일삼기 쉬운 견강부회의 잘못을 저지르는 것은 아닐까 우려하게 되기도 한다.

우리에게 성에 대한 들뢰즈의 새로운 이해가 옳을 수 있다는 것, 그것은 생명에 대한 베르그송의 '생명의 약동' 이론의 이해가 신다윈주의와의 대결에서 승리할 수 있어야 한다는 것을 의미하는 것이다. 하지만 갈수록 전문화되어 가는 과학의 깊이를 도저히 따라갈 수 없는 우리로서는 이 문제에 대해 확실하고 결정적인 대답을 할 수 있는 능력이 없다. 우리로서는 분명히 신다윈주의와는 다른 길을 가고자 하는 몇몇 현대생물학의 이론들 속에서 베르그송의 '생명의 약동' 이론과 그 본질적인 정신에서 일치하는 이론이 있다고 생각되지만,

---

12 이 점에 대해서는 다음 책을 참고하라: 이블린 폭스 켈러,『유전자의 세기는 끝났다』, 이한음 옮김. 지호, 2002[Evelyn Fox Keller, *The Century of the Gene*, Harvard University Press, 2000]. 우리말 번역본에서 간혹 간과할 수 없는 오류가 발견되기에, 원서를 함께 참조해 볼 것을 권한다.

이러한 우리의 믿음을 과연 어디까지 신뢰할 수 있는 것인지, 설령 이러한 믿음이 옳다 하더라도 그것이 우리가 필요로 하는 저 '승리'를 말할 수 있게 해 주는 것인지 등에 대해 우리로서는 자신 있게 판단할 수 있는 능력이 없는 것이다.

하지만 우리는 그 대신에, 이와는 다른 중요한 문제와 관련해 베르그송의 '생명의 약동' 이론을 신다윈주의의 이론보다 더 신뢰할 수 있게 하는 이유를 발견할 수 있다고 생각한다. 현대 학문의 중요한 문제 중의 하나인 무의식의 문제, 베르그송의 '생명의 약동' 이론은 이 **무의식**에 대해, 사람들에게 익숙한 프로이트의 이론이 제시하는 것과는 다른 이해를 할 수 있도록 해 준다. 무의식이 존재하는 이유나 무의식을 구성하는 내용이 무엇인지에 대해, 또한 무의식과 의식 사이의, 혹은 무의식과 자아 사이의 관계가 무엇인지에 대해, 이 '생명의 약동' 이론은 이런 핵심적인 문제들 하나하나에 대해 프로이트의 이론이 제시하는 것과는 전혀 다른 이해를 할 수 있도록 해 주는 것이다. 그런데 무의식에 대한 프로이트의 이해는 성에 대한 그의 이해를 반영하고 있는 것이며, 따라서 성에 대한 그의 이해와 호응하는 것인 생명에 대한 신다윈주의의 이해를 반영하고 있는 것이다. 즉 생명에 대한 이해의 차이가 무의식에 대한 이해의 차이를 낳고 있는 것이며, 그러므로 무의식에 대한 이해의 차이 속에서 우리는 생명에 대한 이해의 차이가 반영되어 있는 것을 발견할 수 있는 것이다. 무의식에 대한 이러한 이해의 차이는, 구체적으로는, **동일한 하나의 증상에 대해 그 의미를 서로 다르게 설명하는 해석의 차이**로 나타나게 된다. 무의식에 대한 이해가 서로 다르기 때문에, 무의식으로 인해 발생하는 증상에 대해서도 서로 다른 해석을 하게 되는 것이다. 그러므로 우리는 동일한 하나의 증상에 대해 프로이트의 이론이 제시하는 해석과 '생명의 약동' 이론을 기반으로 해서 제시될 수 있는 해석이 서로 어떻게 다를 수 있는지를 살펴보고, — 우리는 이 책에서 마조히즘에 대해 이야기하고 있으므로, 우리가 살펴볼 이 '동일한 하나의 증상'이란 주로 마조히즘의 증상이 될 것이다 — 서로 다른 이 해석들 중 어느 쪽이 더 이 증상의 참모습을 충실히 드러내는지를 판별해 봄으로써, 생명에 대한 서로 다른 이해 중 어느 것이 더 나은 이해인지를 가려낼 수 있을 것이다.

물론 이 방법 역시 우리가 필요로 하는 것을 완전히 다 채워 주기에는 부족한 방법일 것이다. 즉 이 방법 역시 우리가 필요로 하는 것인 저 '생명의 약동' 이론의 분명한 승리를 말해 주기에는 턱없이 부족한 방법일 것이다. 하지만 이 방법은 무의식의 어떤 증상과 관련하여, 무의식에 대한 기존의 프로이트적인 이해에 의해서는 이 증상에 대한 올바른 이해가 불가능한 반면, 오직 베르그송의 '생명의 약동' 이론에 기반한 이해에 의해서만 이 올바른 이해가 가능하다는 것을 보여 줌으로써, 이 '생명의 약동' 이론의 개연성을 크게 높여 주는 방법은 될 수 있을 것이다. 애석하지만 — 그리고 어쩌면 다행인지도 모르지만 — 우리로서는 이것이 우리가 찾을 수 있는 최선의 방법이다. 그리고 무척 다행히도, 우리는 이 방법이 왜 생명의 문제를 — 그리고 더 나아가 자연(생명을 자신의 일부로서 포함하는 더 큰 전체로서의 자연)의 문제를 — 결코 멀리 우회해 가는 것이 아니라 의외로 그것의 한가운데로 바로 들어갈 수 있는 방법일 수도 있는지를 나중에 보여 줄 수 있게 될 것이다.

한 발 더 구체적으로 들어가자면, 무의식에 대한 프로이트의 이해와는 다른 새로운 이해로서 우리가 의미하는 것은 무의식에 대한 융Carl G. Jung의 이해이다. 무의식에 대한 융의 이해가 베르그송의 '생명의 약동' 이론과 직결될 수 있는 것이라는 사실은 그간 잘 인식되지 않아 온 것이지만 그것을 말해 주는 뚜렷한 증거가 있다. 융은 무의식에 대한 그 자신의 새로운 이해를 특징짓는 가장 핵심적인 개념인 '원형'(原形)archetype을 바로 베르그송의 '생명의 약동' 이론에 대한 그 자신의 이해로부터 끌어오고 있는 것이다 — 보다 더 세밀하게 말하자면, 우리가 나중에 이 점에 대해 자세하게 논의하면서 보여 주게 될 것처럼, 융은 이 원형 개념을 '생명의 약동' 이론으로부터 파생되어 나오는 것인 '**본능**에 대한 베르그송의 이해'로부터 끌어오고 있다.[13]

애초에 융이 프로이트에게 가해지는 온갖 비판에 맞서 그를 강력하게 옹호하였던 핵심 지지자 중의 한 사람이었다는 것은 잘 알려져 있는 사실이다. 하지만 그는 바로 이 '원형' 개념의 도입을 통해 '집단 무의식'과 같은 그의 또 다른 핵심적인 개념들을 착안하게 되었으며, 그리하여 무의식의 본성이나 작용방식과 관련해 프로이트

---

[13] C. G. Jung, "Instinct and the Unconscious", in *Structure and Dynamics of the Psyche, Collected Works of C. G. Jung Volume 8*, edited and translated by Gerhard Adler & R. F. C. Hull, Princeton University Press, 1969, p. 179, 184를 참고하라. 융이 자신의 원형 개념을 처음으로 제시하는 것이 바로 이 글에서이다. 그리고 그는 이 개념을 본능을 이해하는 베르그송의 방식에 대한 그 자신의 적극적인 찬동을 밝히면서 도입하고 있다.

에 맞서는 새로운 이해를 전개해 나가게 되었으니, 베르그송의 '생명의 약동' 이론으로부터 전해져 온 영감이 그를 프로이트와의 결별의 길로 이끌게 된 것이라고 말할 수 있을 것이다. 잘 알려져 있듯이, 프로이트는 무의식에 대한 융의 이러한 새로운 이해의 정당성을 전혀 인정하지 않으려 하였으며, 그것을 (프로이트 자신이 그 모범을 보여 주고 있는) 무의식에 대한 **과학적** 이해와는 하등 관계가 없는 '불투명한 몽매주의적 오컬티즘occultism'의 발로일 뿐이라고 일축하려 하였다.[14] 프로이트의 이러한 반응이 말해 주고 있듯이, 프로이트는 무의식에 대한 융의 이해가 결코 무의식에 대한 그 자신의 이해를 기반으로 해서 발전해 나온 것이 아니라, 바로 이 기반 자체를 송두리째 바꿔 놓으려 드는 것이라는 것을, 즉 무의식에 대한 자신의 이해와는 근본적으로 양립 불가능한 새로운 기반을 세우려 하는 것이라는 것을 잘 인식하고 있었던 것이다. 바로 이것이 사람들이 알고 있는, 프로이트와 융 사이의 관계에서 일어난 반전의 이유, 즉 한때는 뜻을 같이하던 진정한 동지였으나 끝내는 서로 화해할 수 없는 깊은 대립과 반목의 길로 들어서게 된 이유일 것이다. 이 대립의 뿌리에 있는 것은 바로 무의식에 대한 융의 이해에 영감을 불어넣고 있는 베르그송의 '생명의 약동' 이론, 즉 프로이트를 뒷받침해 줄 수 있는 것인 신다윈주의와는 생명에 대해 전혀 다른 이해를 하고 있는 것인 '생명에 대한 베르그송의 이론'인 것이다.

14　C. G. Jung, *Memories, dreams, reflecions*, trans. R. Winston and C. Winston, ed. A. Jaffé, London: Fontana, 1967, p. 173을 참고하라.

오늘날 서구의 학계에서 무의식에 대한 탐구의 정설이 되고 있는 것은 프로이트의 이론과 이를 계승하고 있는 라캉Jacques Lacan의 이론이며, 융의 이론은 주로 회의(懷疑)와 비판의 대상이 되어 결코 높은 평가를 받지 못하고 있다. 그런데 서구 학계의 이러한 일반적인 분위기를 거역하듯, 들뢰즈는 마조히즘에 대한 그의 해석에서 융의 이론을 지지하며 따르고 있다. 물론 우리가 이 책에서 주로 다루게 될 『자허-마조흐 소개: 차가움과 잔인함』에서 들뢰즈는 융의 이론에 대해 한 번도 명시적으로 언급하고 있지는 않으며, 심지어 융의 이름조차 한 번도 거론하고 있지 않다. 하지만 우리는 마조히즘에 대한 들뢰즈의 이해라는 것이 어떻게 오로지 무의식을 융과 같이 이해하는 방식을 기반으로 해서만 성립할 수 있는 것인지를 이 책에서 보여 주려 할 것이다.[15]

마조히즘에 대한 들뢰즈의 이해에서 발견될 수 있는 융의 이론과의 이와 같은 깊은 유대 관계, 이것은 마조히즘에 대한 들뢰즈의 이해라는 것이 오로지 생명에 대한 베르그송의 '생명의 약동' 이론의 이해를 통해서만 정당화될 수 있는 것이라는 우리의 생각이 옳다는 것을 다시 한번 확인해 주는 것이 될 수 있을 것이다. 마조히즘에 대한 들뢰즈의 이해와 무의식에 대한 융의 이해, 그리고 생명에 대

---

15 『자허-마조흐 소개: 차가움과 잔인함』에서는 융에 대한 언급이 전혀 부재하지만, 들뢰즈가 이 책보다 몇 년 앞서 마조히즘에 대해 쓴 최초의 글인 「자허-마조흐로부터 마조히즘에로」 De Sacher-Masoch au masochisme에서는 융의 이름과 이론이 명시적으로 거론되고 있다, 이 글에서 들뢰즈는 마조히즘에 대한 올바른 이해를 위해서는 무의식에 대해 프로이트가 제시하는 이해가 아니라 융이 제시하는 이해를 따라야 한다고 명시적으로 주장하고 있는 것이다. 1961년에 쓰인 이 글을 우리가 보게 된 것은 2006년에 나온 『멀티튜드』 25호(Multitudes 25, Été 2006)에 다시 실려 있는 것을 통해서이다.

한 베르그송의 '생명의 약동' 이론의 이해, 이 세 가지는 서로가 서로에게 내속(內屬)하면서 같은 운명의 길을 함께 걷게 되는 하나의 '운명 공동체'을 형성하게 된다. 이들 중 어느 하나의 이론이 옳은 것이라면, 나머지 다른 두 개의 이론도 역시 그럴 수 있겠지만, 어느 하나가 틀린 것으로 판명 난다면, 나머지 다른 두 개도 역시 똑같은 '오류의 오명'에서 벗어날 수 없게 될 것이다. 그런데 앞에서도 말한 바와 같이, 마조히즘에 대한 들뢰즈의 이해는 심지어 프로이트를 추종하는 정통적인 정신분석학자들 사이에서조차도 프로이트의 이해보다 더 옳은 것 같다는 평가를 받고 있는 것이다. 이것은 무엇을 의미하는 것일까? 마조히즘에 대한 들뢰즈의 이해가 프로이트의 이해보다 과연 정말로 더 옳은 것인지를 따지는 문제는 지금 당장에는 불문에 부치도록 해 보자. 그렇지만 적어도, 일개 비정상적인 개인의 지극히 사사로운 성적 일탈에 불과한 것으로 보이는 마조히즘이라는 현상 속에 실은 '생명이란 무엇인가'라는 근원적인 물음이 무의식의 문제를 경유하여 숨어 있다는 우리의 생각은 정녕 옳은 것일 수 있는 것으로 보인다.

그런데 생명이란 자연의 한 모습, 즉 자연이 **자신이 무엇인지를 나타내는** 한 모습이다. 그러므로 생명에 대한 **새로운** 이해란 다만 생명에 대한 이해만을 바꿔 놓는 데 그치는 것이 아니다. 즉 생명은 그것보다 더 큰 전체인 자연의 한 모습, 다시 말해 생명 없는 물질도 생명과 더불어 자신 안에 포함하고 있는 것인 자연이라는 더 큰 전체의 한 모습이므로, 생명에 대한 새로운 이해란 이 생명을 통해 자신을 나타내고 있는 것인 이 **자연 전체**에 대해서도 역시 새로운 이해를 가질 수 있도록 해 주는 것이다. 실제로 사상(思想)의 역사는 생명에 대한 이해와 자연 전체에 대한 이해가 서로 긴밀하게 연동되는 것임을 잘 보여 주고 있다. 즉 생명에 대한 이해가 자연 전체에 대한 이해를 결정짓는 중요한 요인으로 작용해 온 경우도 있으며, 거꾸로 자연 전체에 대한 이해가 먼저 선행하는 가운데 이러한 토대 위에서 생명에 대한 이해가 규정되어 온 경우도 있는 것이다. 우리는 앞에서 생명에 대한 신다원주의의 이해가 자연 전체에 대한 유물론적 이해로 연결되는 것임을 말하였다. 그러므로 생명에 대해 신다원주의와는 다른 새로운 이해를 가진다는 것은 자연 전체에 대해서도 이러한 유물론적 이해와는 다른 새로운 이해를 가질 수 있는 가능성을 열어 주는 것이 될 수 있을 것이다. 실로 생명에 대한 베르그송의 '생명의 약동' 이론의 이해는 우리로 하여금 자연 전체에 대한 이 새로운 이해를 향해 나아가도록 만들고 있는 것이다.

새로운 인간으로 거듭나야 한다는 것, 아마도 사람들은 우리 인간에게 바로 이와 같은 것을 말해 오는 것을 '종교적 사고'라고 부르고 있는 것일 게다. 그러므로 이와 같은 종교적 사고가 성립할 수 있게 되는 것은 우리 인간의 **현실적인 모습**을 그것의 진정한 참모습을 외면하고 있는 어떤 '근본적인 자기소외'의 상태 속에 있는 것으로 파악할 수 있을 때, 그렇지만 또한 이와 같은 자기소외의 상태를 극복할 수 있는 가능성 역시 우리 인간 자신에게 주어지고 있는 것으로 파악할 수 있을 때일 것이다. 하지만 존재하는 모든 것이 다만 물질일 뿐인 '과학의 유물론적인 세계' 속에서는 종교가 말하는 이와 같은 '우리 인간의 근본적인 자기소외'나 이를 극복할 수 있는 가능성 같은 것은 존재하지 않는다. 이러한 유물론적인 세계, "무한한 공간의 영원한 침묵"(파스칼)만이 모든 것을 채우고 있는 것 같은 이러한 세계 속에서는 우리 인간은 다만 이러한 세계의 성격에 걸맞게 물질적 쾌락만을 유일하게 진정으로 실재하는 것으로 좇으며 살면 되는 것이고, 저와 같은 '새로운 인간으로의 거듭남' 같은 것을 추구하는 것이야말로 세계의 참모습이 무엇인지를 모르는 '기만과 허위와 착각의 소외 상태' 속에서 살고 있는 것이 되는 것이다. 과학이 이해하는 자연의 모습, 그것은 우리에게 이러한 거듭남 같은 것을 전혀 요구해 오지 않는 모습, 그러므로 종교를 부정하는, 아니, 종교 같은 것에 대해 아예 본래부터 무관심한 세계의 모습인 것이다. 모든 것이 물질일 뿐이라면, 대체 부처와 중생의 차이가, 자기변형의 길을 걷는 수행의 삶과 질펀하게 쾌락에 젖어 노는 범인(凡人)의 삶의 차이가 어디 있단 말인가?

가끔 종교는 과학과 전혀 다른 것이라고 말하는 것을 듣게 된다. 이 둘은 서로 다툴 필요 없이 각자 서로 다른 영역을 나누어 맡아 사이좋게 지내면 되는 것이라고 말하는 것을 말이다. 하지만 종교가 정말로 과학과 다른 것일 수 있는 것일까? 종교는 정말로 과학이 탐구하는 세계, 즉 우리 자신 밖에 있는 외부 세계에 대해 괘념하지 않아도 되는 것일까? 우리 자신 밖에 있는 외부 세계란 우리 자신보다 훨씬 더 크고 오래되어 보이는 실재, 우리 자신의 삶이라는 것이 그것의 거대한 존재성 속에 일시적으로 끼어든 일개 순간적인 장면에 지나지 않아 보이는 훨씬 더 광대하고 장구한 실재인 것으로 보인다. 그렇다면 우리 자신이 과연 어떤 존재인가 하는 것도 우리 자신의 모태인 이 광대하고 장구한 실재가 진정으로 무엇인가 하는 것에 달려 있는 것이 아닐까? 만약 이 광대하고 장구한 실재가 과학이 말하듯이 유물론적인 실재에 지나지 않은 것이라면, 우리가 아무리 새로운 인간으로 거듭나기 위한 노력을 다한다 한들, 그것은 아무런 소용이 없게 되는 것이 아닐까? 그것은 우리가 만들어 내는 아름다운 음악에도, 우리가 만들어 내는 시끄러운 소음에 대해서와 마찬가지로 역시 무관심한 이 우주 속에서 아무런 의미도 갖지 못한 채, 주관적인 관념의 유희를 넘지 못하는 한바탕의 자조(自嘲)적인 소극(笑劇)으로 끝나게 되는 것이 아닐까?

그러므로 우리는 자연의 참모습 자체가 우리 인간에게 '새로운 인간으로의 거듭남'이라는 과제를 요구해 오는 것이 아니라면 종교란 성립할 수 없는 것이라고 단언할 수 있는 것으로 보인다. 다시 말해, 우주의 참모습 자체가 그것의 본성상 '인간을 넘어서는 새로운 인간'이 되려 하는 우리 인간의 노력을 필요로 하는 것이 아니라면, 종교란 일개 주관적인 관념일 뿐인 것을 객관적인 진실인 양 허위로 투사하는 착각이나 기만일 뿐이라고 생각할 수 있게 되는 것처럼 보이는 것이다. 종교는 과학과 마찬가지로 우리 자신의 〈존재의 모태〉인 자연에 대한 진실한 탐구가 되어야 한다. 종교가 자신의 정당성을 옹호할 수 있게 되는 것은 그것이 과학과는 다른 물음을 가질 수 있어서가 아니라 — 그러므로 과학과 각자 서로 다른 영역을 나누어 맡아 볼 수 있어서가 아니라 — 그것이 과학과 공유하게 되는 물음, 즉 우리가 사는 이 우주의 진정한 본성이 무엇인가라는 물음에 대해, 과학이 내어놓는 유물론적인 대답과는 다른 대답을 내어놓을 수 있을 때인 것이다. 종교는 자신의 정당성을 위해서는 '새로운 인간으로의 거듭남'이라는 과제가 자연 자체에 의해서 우리에게 주어지는 것이라는 것을 말할 수 있어야 하는 것이다.

과학에게는 종교의 정당성의 조건에 대한 우리의 이와 같은 주장이, 즉 종교란 **자연 자체의 이름**으로 우리에게 '새로운 인간으로의 거듭남'이라는 과제가 주어지고 있음을 말할 수 있어야 한다는 주장이 그저 황당한 것으로만 들릴 수 있을 것이다. 과학은 세계에 대한 자신의 이해와 판이하게 다르며, 자신으로서는 결코 용납해 줄 수도 없는 것일 이와 같은 세계이해를 냉소와 경멸 그리고 조롱의 뜻을 담아 '**신비주의**'라고 부를 것이다. 맞다. 바로 그러하다. 실로 우리는 지금 과학의 혁혁한 발전에 의해 몽환적 환상을 그리는 과거의 낡은 미신으로 배척받기에 이른 신비주의의 세계이해의 길로 나아가려고 하고 있는 것이다. 우리 인간에게는 우리 자신의 이성으로서는 알 수 없는 비밀스러운 존재 이유가 주어져 있다는 것, 이러한 존재 이유란 망각되고 있는 우리 자신의 본모습을 되찾음으로써 '우주와 우리 자신 사이의 본래적인 합일(合一)'을 회복하는 데 있다는 것, 종교의 주장에서 주로 발견되는 이와 같은 수수께끼 같은 세계이해를 사람들은 '신비주의'라는 이름으로 불러 왔으며, 이를 이성에 의해 구축되는 과학의 합리주의적 세계이해와 대립시킨다. 이성의 힘에 의해 세계 자체의 있는 그대로의 모습을 정직하고 투명하게 직시할 것을 주장하는 과학의 실재론의 눈으로 보기에는 이와 같은 신비주의란 이성에 의해서는 도저히 그 근거를 찾을 수 없는 달콤하고 불투명한 환술 같은 말로써 사람들을 현혹시키는 '마법적 관념론'쯤인 것으로 보이게 될 것이다. 그런데 성에 대한 들뢰즈의 이해와 생명에 대한 베르그송의 '생명의 약동' 이론의 이해가, 다시 말해 우리들의 성욕(성적 본능)에게서 우리 자신의 현실적인 모습을 넘어서는 새로운 인간으로의 거듭남을 지향하는 모습을 볼 수 있게 하는 것인 이들의 이해가, 과학에 의해 이처럼 혹세무민의 환술로서 단정되고 있는 이와 같은 신비주의를 어쩌면 과학보다 더 참되게 세계를 이해하고 있는 것으로서 생각해 볼 수 있게 해 준다. 마조히즘에 대한 들뢰즈의 이해에서부터 시작하여 그 함축이 가리키는 바를 좇아오게 된 우리의 행보가 세계에 대한 신비주의의 이해를 이성에 의해 배척되어야 할 마법적 관념론으로서가 아니라 오히려 이성을 넘어 과학보다 더 참되게 세계를 이해하고 있는 '진정한 실재론'으로서 생각해 볼 수 있게 해 주는 것이다.

아마도 많은 사람들에게는 아직도 종교란 우리가 지금 살아가고 있는 '이 세계'(此岸)의 **너머**에 있는 완전히 다른 새로운 세계에 대해 말하고 있는 것이며, 그러므로 우리의 '지금 이 세계'란 이처럼 그것의 '너머'에 있는 이 초월적(초자연적) 세계의 한갓 그림자 같은 것일 뿐이라고 말하고 있는 것으로 받아들여지고 있을 것이다. 종교는 종종 자신과 과학의 차이를, 이 한갓 그림자 같은 세계를 탐구하는 데에만 매달리고 있는 과학과는 달리, 자신의 임무는 이 그림자 너머에 있는 진정한 실재를 탐구하는 데 있다고 생각하는 데서 찾으려 해 온 것이 사실이다. 니체는 종교가 종종 보여 줘 온 이와 같은 역사적인 면모를 〈두 세계〉주의라고 부르며, 이를 그가 종교를 비판하게 되는 핵심적인 이유로 삼고 있는 것으로 보인다. 하지만 세계의 참모습이 이처럼 서로 다른 두 개의 세계로 이중화(二重化)되어 있다고 생각하는 것이 종교를 위해 반드시 필요한 것은 아닌 것으로 보인다. 우리 역시 이러한 〈두 세계〉주의를 받아들이지 않는다. 우리 역시 흙과 바람과 함께 우리의 땅으로 우리의 삶을 일구어 나가야 하는 곳인 이 세계를 그것의 배후나 너머에 다른 것을 두고 있지 않은 **궁극적인 실재**로서 받아들이고 있는 것이다. 하지만 우리는 과학과 마찬가지로 우리가 지금 살아가고 있는 '이 세계'의 참모습이 무엇인지를 밝히려고 노력하는 것인 종교가 과학의 이성이 발견해 내는 이 세계의 모습 **아래**에 실은 **더 깊은 모습**이 감추어져 있음을 발견하고 있는 것이라고 생각한다. 종교가 종종 저 너머의 초월적인 세계에 대해 말하고 있는 듯이 보여 온 것이 실은 **지금 이 세계의 감춰진 깊이**에 대해 말해 온 것이라고, 종교가 진정으로 말하려 해 온 것은 '**저 너머의 초월적 높이**'에 대해서가 아니라 이성을 비롯한 우리의 현실적인 모습에 의해서는 잘 접근할 수 없는 '**지금 이곳의 내재적 깊이**'에 대해서라고 우리는 생각하는 것이다.

    그런데 많은 종교들과 그들의 다양한 신비주의적 유파들 중에서도 특별히 우리의 주목을 끌게 되는 것이 있다. 바로 흔히 '밀교'(密敎)라고 불리는, 불교나 힌두교의 **탄트리즘**tantrism이다. 탄트리즘은 우리가 '신비주의의 세계이해'의 공통된 특성이라고 생각하는 것을 잘 갖추고 있다. 그것은, 다른 종교들에 속하는 신비주의적 성향들과 마찬가지로, 우리 인간이 어떻게 살아야 하는지를 저 광대한 우주 전체를 지배하는 '자연의 근본적인 원리' 자체로부터 발견해 낼 수 있다고 주장한다. 즉 그것은 **자연 자체**가 우리 인간에게 '새로운 모습으로의 거듭남'이라는 **삶의 과제**를 부여해 오는 것이라고 주장하는 것이다. 그런데 탄트리즘은 다른 신비주의들로부터 자신을 외따로 구분 짓게 하는 매우 독특한 특성 하나를 가지고 있다. 다른 대부분의 종교와 그 다양한 신비주의적 유파들에서 성(성욕)이란 종교적 과제의 실현을 방해하는 장애물로서 인식되고 있는 것과는 달리, 탄트리즘은 오히려 성을 바로 그러한 과제를 실현하기 위한 가장 효과적이며 필수적인 수단으로 인식하고 있는 것이다. 다른 종교적 사고들에서는 '새로운 인간으로의 거듭남'을 방해하는 저열한 본성의 것으로, 그러므로 이러한 과제의 실현을 위해서는 부정되어야 하며 극복되어야 할 것으로 생각되고 있는 성이, 탄트리즘에게 있어서는 오히려 이러한 과제가 우리 인간에게 주어지고 있음을 일깨워 주고 있는 것이 되며, 또한 그것(성)이 요구하는 것을 실천하는 것을 통해서만 이러한 과제의 실현 또한 가능하게 해 주는 것으로 온전히 긍정되고 있는 것이다. 성이란 분명히 우리 자신의 가장 **자연적인 본능**, 즉 우리 자신을 분명히 **자연**에 속하게 만드는 가장 근본적인 본능이다. 즉 성이란 우리 자신 안에 들어와 있는 '**내적 자연**' inner nature, 다시 말해 우리 자신보다도 훨씬 더 근본적인 실재인 **대자연** Nature이 그것의 피조물인 우리 자신 안에 들어와 활동하고 있는 '자연(대자연) 자체의 모습'인 것이다. 그렇다면 이와 같은 성이 바로 우리 인간에게 '새로운 인간으로의 거듭남'이라는 과제를 일깨워 주는 것이라는 탄트리즘의 주장은 과연 이 대자연의 본성에 대해 무엇을 말하고 있는 것일까?

성에 대한 탄트리즘의 이와 같은 긍정, 그것은 결코 성(聖)에 대립되는 속(俗)의 권리를 주장하고 있는 것이 아니다. 탄트리즘은 이보다 훨씬 더 급진적으로, 앞에서도 말한 바와 같이, 성(性)과 다른 것으로서 구분되어야 할 성(聖)이란 없다는 것을, 그러므로 성(性)과 성(聖)이 실은 서로 조금도 다르지 않은 '**같은 하나**'라는 것을 말하고 있는 것이다. 결코 어떤 방편적이거나 비유적인 의미에서가 아니라 문자 그대로의 직설적이고 본질적인 의미에서 성(聖)과 속(俗)이 같은 하나라는 것을, 번뇌(욕망)와 깨달음(해탈)이 같은 하나이며("번뇌즉보리"煩惱卽菩提 —『섭대승론』) 윤회와 열반이 결코 털끝만큼의 차이도 없이 같은 하나(용수,『중론』, 25:19.20)라는 것을 탄트리즘은 말하고 있는 것이다. 그런데 탄트리즘은 성에 대한 그것의 이와 같은 긍정적인 이해를 우주 전체의 궁극적인 본성이 무엇인지에 대한 그 자신의 우주론을 통해 정당화하고 있다. 즉 성에 대한 탄트리즘의 이와 같은 긍정적인 이해란 우주 전체의 본성에 대한 탄트리즘의 독특한 우주론과 연결되어 있는 것이다. 그런데 탄트리즘이 이해하는 이와 같은 성(性)의 모습, 그것은 놀랍게도 들뢰즈가 마조히즘을 통해서 발견해 내는 성의 모습과 정확하게 일치하는 것으로 보인다. 그렇다면 마조히즘이라는 것도, 들뢰즈가 마조히즘에게서 발견해 내는 **자연주의**라는 것도[16] 이러한 탄트리즘의 우주론을 향해 나아가게 되는 것일까?

이러한 탄트리즘은 그것이 속하는 불교나 힌두교에서조차 주류

---

16 들뢰즈는 마조히즘에게 어떤 독특한 **자연주의**naturalism가 있음을, 즉 자연의 본성이나 순리가 무엇인지를 인식하려 하며 그렇게 발견된 이 본성이나 순리에 따라 살려고 하는 태도가 있음을 발견해 낸다. 우리는 이에 대해 본문에서 살펴보게 될 것이다.

(主流)가 아니며, 그러므로 사람들은 불교나 힌두교에서 이러한 탄트리즘의 모습을 잘 보지 못한다. 탄트리즘은 그것이 속해 있는 이들 종교들에 있어서까지도 그 주류에 의해서 차라리 이단시되고 금기시되기까지 하는 '비밀스럽고 불온한 소수(少數)적 흐름'으로 그치고 있는 것이다. 탄트리즘에 대한 이러한 위험시의 이유가 어디에 있는지는 누구의 눈에나 분명하게 보일 것이다. 성에 대한 그것의 전폭적인 긍정, 성(性)과 다른 성(聖)이란 없으며, 그러므로 성기(性器)야말로 진정한 성소(聖所)이며 성행위야말로 '새로운 인간'으로 거듭나기 위한 성스러운 종교적 행위일 수 있다는 그것의 놀라운 주장, 또한 성(性)과 성(聖)의 이와 같은 완전한 일치가 바로 우주의 근본적인 원리 자체에 의해서 그렇게 되는 것이라는 그 파격과 혁신의 주장을 사람들은 두려워하고 있는 것이다. 그렇지만 만약 우리의 생각이 옳은 것이라면, 그간 사람들의 금기시 아래 은밀한 비밀로서 숨죽이며 지내 와야 했던 이 위험하고 전복적인 사상을 성(性)에 대한 들뢰즈의 새로운 이해가, 또한 이를 뒷받침해 주는 베르그송의 '생명의 약동' 이론이, 어쩌면 그것이야말로 세계의 참모습에 대한 가장 올바른 이해로서 **재발견**할 수 있도록 해 주는 것일 수 있다. 탄트리즘이라는 불가사의한 세계이해, 아직 인지(認知)가 충분히 발달하지 못한 미개한 고대인들이 자신들의 성적 판타지를 감미롭게 포장하여 객관적인 세계의 진실인 양 투사한 것에 불과한 것 뿐이라고 생각되어 온, 혹은 더 나쁘게는, 인간의 속된(혹은 삿된) 욕망에 대한 반도덕적인 자기도취를 부추기는 '타락한 종교'이거나, 하여간 과학의 합리적인 세계이해가 발달한 오늘날의 관점에서 보자면 우리가

살고 있는 이 물리적 우주의 본성과는 아무런 상관이 없는 몽환적인 판타지일 뿐이라고 생각되어 온 이 동양의 오랜 신비주의적 사상이, 그것에게 퍼부어진 이러한 온갖 오명들에도 불구하고, 어쩌면 그것이 가장 진실하게 세계의 참모습을 이해하는 것일 수 있다는 것을, 마조히즘으로부터 시작하는 우리의 이야기가 보여 줄 수도 있는 것이다.

우리가 보기에, 탄트리즘은 **가장 완전한** 종교, 혹은 **가장 완전한** 신비주의이다. 종교가 성립할 수 있는 것은, 앞에서 말한 바와 같이, 우리 인간의 존재가 자기 자신의 본모습을 망각하고 있는 어떤 '근본적인 자기소외'를 겪고 있음을 말할 수 있을 때일 것이다. 그런데 이러한 소외의 이유가 만약 우리 자신의 **섹(성욕) 자체**에 ─ 혹은 성욕을 비롯한 **욕망 일반 자체**에 ─ 있는 것이라면, 이러한 소외의 극복은 오로지 우리가 '지금 이 세계'로부터, 즉 우리가 속해 있는 이 **자연**으로부터 벗어날 수 있을 때에만 가능할 것이다. 왜냐하면, 앞에서 말했듯이, 우리 자신의 성(성욕)이란 우리 자신을 자연에 속하게 하는 것, 바로 우리 자신이 자연에 속해 있기 때문에 가지게 되는 가장 자연적인 본능이기 때문이다. 그러므로 우리 인간이 겪게 되는 근본적인 자기소외의 이유를 성 자체에서 찾는 것은 '지금 이 세계'의 너머에 있는 어떤 '초월적 세계'를 끌어들이는 것이 되며, 자연 너머에 있는 어떤 초자연의 세계를 끌어들이는 것이 된다. 바로 자연 위에 있는 것으로 덧씌워지게 되는 이러한 초자연의 세계의 존재로 인해, 즉 이러한 초자연의 세계에게 자연을 능가하는 더 우월한 실재성을 부여하게 되는 '두 세계 존재론'으로 인해, 우리 자신의 성은 ─ 즉 우리를 자연에 속하게 하는 것인 우리 자신의 성은 — 도저히 긍정될 수 없는 것이 되어 버리게 되는 것이다. 그때 우리 자신의 성은 한갓 그림자에 불과한 것인 '지금 이 세계'에 우리를 묶어 두고 있는 것이 되기 때문이다. 그런데 탄트리즘은 우리의 성을 전폭적으로 긍정하기에, 우리의 '지금 이 세계'를 다른 세계의 그림자가 아닌 유일하게 존재하는 궁극적인 실재로서 긍정한다. 또는, 거꾸로 말해, 탄트리즘은 우리의 '지금 이 세계'를 유일하게 존재하는 궁극적인 실재로서 긍정하기에, 우리의 성을 전폭적으로 긍정하게 되는 것이라고 말해도 좋으리라. 하지만 탄트리즘은 자연 너머에 있는 초월적 세계를 이처럼 부정함에도 불구하고, 그것과 마찬가지로 역시 초월적 세계의 존재를 부정하는 과학이 바로 그로 인해 종교 역시 부정할 수 있다고 생각하는 것과는 달리, 종교가 주장하는 '우리 인간의 근본적인 자기소외'를 여전히 유효하게 주장할 수 있다고 생각한다. 탄트리즘에 따르면, 이러한 소외의 이유는 **성 자체**에 있는 것이 아니라, 성이 가진 본래의 가능성을 은폐하고 왜곡시키고 있는 그것의 **현실적인 모습** 속에, 즉 감각적 육욕으로서의 그것의 현실적인 모습 속에 있는 것이다.

    우리의 성이, 그것의 이러한 현실적인 모습에서는, 우리 자신을 병들게 하는 독(毒)이 되는 것이라는 것을 탄트리즘은 인정한다. 하지만 이 독을 치유하기 위한 약(藥)이 이 독과는 **다른 것**이어야 한다고 생각하는 것에 종교가 흔히 저질러 온 커다란 오류가 있다. 독과 다른 것이어야 한다고 생각되어 온 이 약의 이름이 '(차안에 **대비되는**) 피안'이며 '(욕망과 번뇌, 윤회의 얼룩으로부터 **벗어난**) 해탈이나 열반'

이고, 또한 '(지상 **너머에** 있는) 천국'일 것이다. 독이 곧 약이라는 것을, 독이 아닌 다른 약은 있을 수 없다는 것을 미처 알지 못하는 미숙한 인식이 종교로 하여금 우리의 '지금 이 세계'의 너머에, 우리의 욕망에 의해 전혀 물들지 않은 '초월적 세계'라는 것을 세우도록 하는 것일 것이며, 그리하여 욕망에 물들지 않은 이러한 '초월적 세계'가 되지 못하는 '지금 이 세계'에게, 또한 '지금 이 세계'를 물들이고 있는 우리의 욕망 자체에게, 우리 인간이 겪게 되는 근본적인 자기소외의 책임이 있다고 생각하게 되는 것일 것이다. 종교의 가능성이란 '우리 인간의 근본적인 자기소외'에 대해서 말할 수 있을 때만 열릴 수 있는 것이라는 우리의 주장이 옳은 것이라면, 또한 하지만 이러한 소외를 말하기 위해서 '지금 이 세계' 너머에 있는 '초월적 세계'를 끌어들이는 것은 더 이상 가능하지 않다는 우리의 주장이 옳은 것이라면, 그리고 신비주의란 이러한 '초월적 세계'를 끌어들이지 않으면서도 '지금 이 세계'를 유물론화시키는 것이 아니라 오히려 신성화시킬 수 있는 것에서 성립할 수 있는 것이라는 우리의 주장이 옳은 것이라면, 오직 탄트리즘만이 종교와 신비주의에 대한 우리의 이러한 요구 조건을 모두 일관성 있게 충족시켜 줄 수 있는 유일한 종교, **가장 완전한 종교이자 가장 완전한 신비주의**일 것이다. 탄트리즘이 그렇게 할 수 있는 것은, 다른 종교와는 달리, **욕망(성욕)의 부정**이 아니라 **욕망(성욕)의 긍정**을 말하기 때문이며, 이러한 욕망(성욕)의 긍정이 욕망의 **본래 면목**을 소외시키고 있는 그것의 **현실적인 모습**을 극복하

는 것에 의해서 이루어진다는 것을 말하기 때문이다.[17]

바야흐로 '포스트-휴먼'post-human, 혹은 '트랜스-휴먼'trans-human을 말하는 시대이다. 챗지피티ChatGPT로 대변되는 인공지능 기술의 발달은 인간처럼 스스로 학습하고 논리적으로 사고할 줄 알 뿐만 아니라 미적 감수성을 필요로 하는 예술의 영역에서까지도 인간을 능가하는 감성적 풍요로움과 자유롭고 창의적인 상상력을 갖춘 '인공 인간'의 존재를 현실로 다가오게 하는 한편, 생명과학기술의 발달은 우리 인간을 자연이 본래 만들어 준 생체기관 대신에 '인공 팔', '인공 다리', '인공 창자', '인공 심장', '인공 두뇌' 등을 장착하고 살아갈 수 있는 존재로 만들어 가고 있다. 기계가 점점 더 인간을 닮아 가는 한편, 인간 역시 점점 더 기계를 닮아 가는, 그리하여 인간과 기계 사이의 경계가 점점 더 모호해져 가는 시대가 다가오고 있는 것이다. 인간과 기계가 이처럼 점점 더 서로를 닮아 가고 있다는 것, 다시 말해 인간의 모든 특성을 물질에 대한 기계적인 조작을 통해 구현(具現)해 내는 일이 점점 더 현실화되어 가고 있다는 것, 이러한 사실은 인간 역시 기계와 마찬가지로 본래부터 한갓 물질이라는 것을 말해 주는 것일까? 인간의 다양한 신체적 기능들과 정신적 기능들, 이 모든 인간적인 특성들을 물질에 대한 기계적인 조작을 통해 고스란히 재현해 내는 일이 가능해 보인다는 것은, 우리 인간 역시 모든 것이 결국 물질일 뿐인 이 우주에 대해 결코 예외가 아니며,

---

17 탄트리즘은 우리를 번뇌에 빠뜨리며 병들게 하는 것인 탐, 진, 치의 세 가지 독(3독[毒])이 또한 그것들 자체로서 우리를 깨달음에 이르게 하는 세 가지 비밀스러운 치유제(3밀[密])이기도 하다고 주장한다.

다만 물질의 전개 과정이 어떤 특이점들을 지나 갑자기 놀랄 만큼 복잡해지게 되었을 때 돌연 저처럼 '비물질적인 것인 양 보이는 특성들'을 흉내 내기 시작한 물질일 뿐이라는 것을 — 그러므로 놀랄 만큼 복잡하게 자신을 발전시키게 된 이러한 전개 과정의 결과 드디어, 그냥 물질일 뿐인 자신의 정체성을 그렇지 않은 양 착각하게 되거나 아니면 의도적으로 그러한 거짓말을 지어낼 수 있는 경지에까지 이를 수 있게 된 물질일 뿐이라는 것을 — 확인해 주는 것일까? 그렇지만 복잡하고 대단한 발전 과정의 결과가 이러한 착각이나 거짓을 지어내는 것이라는 것, 이것이 정말로 그럴 수 있는 일일까? 우주는 정말로, 수십억 년을 헤아려 온 그 경이로운 전개의 과정은 정말로, 하나의 거대한 웃픈 농담을 우리에게 던지고 있는 것일까?

종교는 흔히 우리 인간의 **근원적인 유한성**으로 인해 존재하는 것이라고 이야기된다. 누구나 피할 수 없이 겪을 수밖에 없게 되는 생로병사의 고통 같은 것, 인간이 제아무리 어떤 노력을 기울인다고 해도 그 자신의 힘으로써는 도저히 극복할 수 없을 것 같은 이러한 **한계**가 인간의 근원적인 유한성을 형성하게 되는 것이며, 그리하여 자신이 처해 있는 이러한 근원적인 한계로부터 벗어나고자 하는 소망이 인간으로 하여금 종교를 찾게 만든다는 것이다. 그런데 인간으로 하여금 종교를 찾게 만들어 온 것인 이러한 한계(질병, 죽음)가 더 이상 '넘어설 수 없는 장벽'이 아니게 되는 날이 점점 더 현실화하고 있는 것으로 보인다. 자연이 준 생체기관으로는 기껏해야 100년에 미치지 못하는 시간을 병마에 시달리며 살다가 죽어야 하는 한계를 벗어날 수 없었던 인간에게, 인공 창자, 인공 심장 등을 줄 수 있는 과학기술의 발달은 그러한 한계를 넘어 훨씬 더 긴 세월을 병마의 고통 없이 건강하게 살아갈 수 있는 가능성을, 더 나아가 언젠가는 영원한 젊음과 죽음을 모르는 불멸을 누릴 수 있는 가능성을 약속해 주고 있는 것으로 보인다.[18] 게다가 다만 육신이 겪는 고통과 죽음을 넘어서는 것만이 해결될 수 있는 문제의 전부가 아닌 것으로 보인다. 만약 정말로 인간이 물질일 뿐이며, 그리하여 그 논리적 결론으로서, 인간의 마음에서 일어나는 모든 정신적·심리적 상태들 또한 그의 육신에서 일어나는 신체적·물질적 상태들의 **반영**일 뿐이라면, 인간을 그의 신체적 곤란으로부터 해방시켜 줄 수 있는 과학기술의 발달은 또한, 이러한 신체적 곤란의 반영인 정신적·심리적 곤란으로부터도 그를 해방시켜 줄 수 있을 것이다. 즉 과학기술의 발달은 인간이 종교를 통해 그토록 찾고자 염원해 왔던 **영원한 행복** — 항상적인 **정신적** 행복 — 또한 그것이 대신 가능하게 해 줄 수 있는 것처럼 보이는 것이다. 인간이 종교를 통해 간구해 왔던 오랜 꿈, 즉 '모든 신체적·정신적 고통으로부터 완전히 해방된 상태에서 누리는 영원한 삶(해탈)'이라는 꿈을 종교가 아닌 과학이 이루어 줄 수 있는 것처럼 보이는 것이며, 과학이 종교를 대신해 그렇게 해 줄

---

18 생명과학기술이 이대로 발전한다면 앞으로 20년 이내에 '천 년을 살 수 있는 인간'이 나올 수도 있다는 것을 주장하는 과학자들도 있다. 엄청난 과학기술적 지식으로 무장하고 있으며, 그 덕분에 — 과연 그 덕분만인지? — 엄청난 것보다도 더 엄청난 막대한 부를 누리고 있는 테슬라Tesla의 CEO 일론 머스크는 오늘도 자신의 이 엄청난 부와 재능, 그리고 젊음을 영생토록 누리기 위해서 엄청난 부를 이러한 불로장생의 기술을 찾아내기 위해 쏟아붓고 있다. 진시황에게는 불가능했던 이러한 '자기보존'의 꿈, 즉 자신의 현실적인 모습을 영생토록 성공적으로 이어 나가고자 하는 이러한 꿈이 이 현대판 진시황에게는 소원대로 가능할 수 있기를 행운을 빈다 — 그가 현대판 서복에게 사기당하지 않기를!

수 있게 되는 것은 종교가 그어 놓은 — 즉 종교가 자신의 존재 이유를 확보하기 위해 그어 놓은 — '인간의 **근원적인 유한성**'이라는 **한계**를 바로 과학이 자신의 발달로 인해 해체할 수 있기 때문인 것으로 보이는 것이다. 이처럼 현재의 수준에 이른 과학기술의 발달이 드디어 인간을, 그토록 오랫동안 그를 '불완전하고 유한한 존재'로 만들어 왔던 그의 근원적인 한계를 넘어설 수 있게 해 줌으로써, 인간으로 하여금 인간의 **인간됨**을 규정해 오던 이러한 한계(인간=**생로병사**의 존재)를 넘어 '새로운 인간'으로, 즉 '**인간을 넘어서는** 새로운 인간', 혹은 '**인간 이후의** 새로운 인간'으로 거듭날 수 있게 해 준다고 주장하는 것, 바로 이러한 것이 포스트-휴먼(혹은 트랜스-휴먼)의 담론이 말하고 있는 것이다. 포스트-휴먼이 말하는 '새로운 인간', 그것은 우리 인간이 바로 물질일 뿐이기 때문에 가능한 것이며, 또한 우리의 우주가 온통 물질일 뿐인 유물론적인 우주이기 때문에 가능한 것이다.

하지만 포스트-휴먼의 담론이 말하는 이와 같은 '새로운 인간'이란 우리가 지금까지 말해 온 '새로운 인간', 즉 '욕망(성욕)의 자기변형을 통한 거듭남'이 지향하는 새로운 인간과는 전혀 다르다. 우리가 보기에, 포스트-휴먼이 말하는 이러한 '새로운 인간'이란 전혀 '새로운 인간'이 아니다. 왜냐하면 포스트-휴먼의 이 '새로운 인간'이란, 그가 아무리 생로병사의 한계를 기존의 인간과는 비교할 수 없을 정도로 오래도록 늦출 수 있다 하더라도, 그가 이루어 내는 이 모든 것은 단지 인간의 **현실적인 모습**의 보존과 재생산에 그치는 것, 다시 말해, 인간의 **현실적인 모습**이 욕망하는 것인 '개체의 자기보존'을 훨씬 더 성공적으로 달성해 가는 것에 그치는 것이기 때문이다. 그는 '개체의 자기보존'을 100년이 아니라 1000년에 걸쳐서 해낼 수 있을지도 모르지만, 그가 1000년에 걸쳐 해내고 있는 것은 여전히 '개체의 자기보존', 즉 인간의 **현실적인 모습**의 계속적인 연장(延長)일 뿐이다. 그는 인간의 **현실적인 모습**이 욕망하는 것을, 즉 인간의 **욕망의 현실적인 모습**이 요구하는 것을 훨씬 더 잘 충족시킬 수 있게끔 인간이 가진 지적, 감성적, 육체적 조건과 기량을 획기적인 수준으로 발전시킨 '새로운 인간'인지도 모르지만, 이러한 슈퍼맨superman의 이 모든 대단한 발전이 지향하고 있는 것은 여전히 인간의 **현실적인 모습**이 욕망하는 것을 충족시키는 것, 그리하여 인간의 **현실적인 모습**이 성공적으로 자기 자신을 보존해 가는 것이다. 그의 욕망은 기존의 인간이 욕망하는 것과 여전히 **같은** 목표를 지향하고 있으며, 그의 새로움은 그가 다른 새로운 목표를 지향하는 데 있는 것이 아니라, 기존의 인간이 욕망하는 것과 같은 목표를 달성하는 데 있어서 그가 훨씬 더 성공적이라는 데 있는 것이다. 하지만 포스트-휴먼이 말하는 이 같은 슈퍼맨과는 달리, 우리가 말하는 '새로운 인간'이란 기존의 인간이 욕망하는 것과 같은 목표를 지향하지 않는다. 그는 인간의 주어져 있는 **현실적인 모습actual form**의 보존과 재생산이 아니라 이 모습으로부터 환골탈태하는 **변형transformation**을 지향하며, 그러므로 이 현실적인 모습이 욕망하고 있는 것과 같은 것을 욕망하고 있는 것이 아니라, 오히려 이 현실적인 모습이 욕망하고 있는 것을 저버릴 수 있는 다른 것을 욕망하게 되는 것이다. 그는 인간이 가진 **욕망 자체의 변형**을 욕망하는 것이며, 또한 그럼으로써 **인간 자체의 변형**을, 즉 지금 주어져 있는 인간의 현실적인 모습을 넘어서는 새로운 모습으로의 변형을 지향하고 있는 것이다. 요컨대 그는 포스트-휴먼의 슈퍼맨처럼 '**인간으로서** 매우 성공적인 인간'을 지향하는 것이 아니라 '**인간을 넘어서는** 인간'을 지향하고 있는 것이며, 이러한 '**인간을 넘어서는** 인간'이 된다는 것은 어쩌면 '**인간으로서** 성공적인 인간'이 되는 것을 희생하는 고통을 감수해야 하는 일인지도 모른다.

그러므로 우리의 생각으로는, 종교가 추구해야 하는 것은 죽음과 고통의 극복(생로병사의 극복) 같은 것이 아니다 — 그런 것이라면 이제는 종교가 아니라 과학이 해 줄 수 있다. 아니, 그런 것이라면 종교가 못해 주는 것을 과학이 해 줄 수 있다. 우리가 보기에, 인간의 근원적인 유한성이나 그가 겪고 있는 근본적인 자기소외를 증언해 주고 있는 것은 생로병사와 같은 것이 아니며, 그러므로 종교가 말해야 하는 것도 이러한 생로병사의 고통을 넘어선 '영생의 행복' 같은 것이 아니다. 종교는 오히려 생로병사를 넘어선 이와 같은 '영생의 행복'을 욕망하도록 만드는 인간의 **현실적인 모습**(그의 **욕망의 현실적인 모습**)이야말로 인간의 근원적인 유한성이나 근본적인 자기소외의 진정한 이유가 되는 것이라는 것을 말할 수 있어야 하는 것이다. 인간의 근원적인 유한성의 이유를 생로병사의 극복 같은 것을 바라는 그의 욕망의 현실적인 모습에서가 아니라 생로병사의 현상 그 자체에서 찾는 종교가 있다면, 그러한 종교는 참된 종교가 아니라 타락한 종교일 뿐이다.

종교는 우리 인간이 지금 주어져 있는 **현실적인 모습**의 욕망대로 살아가는 한, 설령 포스트-휴먼 시대의 놀라운 과학기술의 발전 덕분에 우리가 아무리 이 **현실적인 모습**이 욕망하는 것을 잘 충족시켜 줄 수 있게 된다 할지라도, 우리는 여전히 근본적인 자기소외의 상태에서 벗어나지 못하게 될 것이라는 것을 말할 수 있어야 하는 것이며, 그러므로 이러한 소외의 상태를 극복하기 위해서는 우리의 **현실적인 모습** 자체를 변형시켜, 즉 우리의 욕망 자체를 변형시켜 '새로운 인간'으로 거듭날 수 있어야 한다는 것을 말할 수 있어야 하는 것이다. 종교란 오직 이와 같은 '욕망의 자기변형'의 필요성과 가능성을 말할 수 있을 때만 정당하게 성립할 수 있는 것이며, 포스트-휴먼 시대의 도래는, 즉 사람들이 그간 종교의 이름으로 추구해 온 '영생의 욕망' 같은 것을 종교가 아닌 과학기술의 발전이 충족시켜 줄 수 있을 것으로 보이는 시대의 도래는 **참된** 종교의 성립조건이 바로 이와 같은 것이라는 것을 우리에게 일깨워 주는 것이다.

그러므로 포스트-휴먼 시대의 도래와 그것이 약속하는 '새로운 인간'(슈퍼맨)의 희망에 도취되는 것은 인간의 근본적인 자기소외를 극복하는 것이 아니라 오히려 그것을 더욱 심화시키는 것이 될 수 있다. 하지만 포스트-휴먼 시대의 위험성에 대한 이와 같은 경종의 언어 역시 종교가 **정당하게** 성립하는 것일 수 있을 때, 즉 우리 자신의 근본적인 자기변형의 필요성이라는 것이 세계의 참모습에 비추어 진정으로 우리 자신에게 주어지는 것이라는 것을 종교가 **정당하게** 말할 수 있을 때, 오직 그러한 때에만 유의미한 것이 될 수 있을 것이다. 그런데 현대과학이 이해하는 세계의 모습, 그것은 이와 같은 우리 자신의 근본적인 자기변형의 필요성 같은 것은 전혀 모르는 유물론적인 세계이다. 이러한 유물론적인 세계에서는, 그저 우리에게 운 좋게 — 아니면 운 나쁘게 — 주어지게 된 것인 우리 자신의 현실적인 모습을 성공적으로 보존해 나가는 것이 능사이지, 이것 이외의 다른 목표를 추구해야 할 이유나 필요란 발견될 수 없게 되는 것이다. 그러므로 종교가 자신의 정당성을 말할 수 있기 위해서는 이러한 현대과학의 세계이해와 싸울 수 있어야 한다. 과연 종교는 이러한 일을 할 수 있을 것인가?

그런데 우리는 마조히즘에 대한 들뢰즈의 이해가 만약 옳은 것이라면, 그것은 생명과 자연 전체에 대해 현대과학의 이해와는 매우 다른 새로운 이해로 우리를 나아가게 하는 것임을 보았다. 마조히즘에 대한 들뢰즈의 이해란 생명에 대한 베르그송의 '생명의 약동' 이론과, 또한 우주의 본성에 관한 탄트리즘의 우주론과 연결될 수 있는 것이며, 그리하여 종교가 우리 인간에게 부여하는 '근본적인 자기변형'의 필요성을 생명과 자연 자체의 본성에 입각하여 정당화해 줄 수 있는 것임을 우리는 본 것이다. 과연 마조히즘은 베르그송의 '생명의 약동' 이론과 탄트리즘의 우주론이 세계에 대한 참된 이해가 될 수 있다는 것을, 즉 이들 반(反)과학적인 이론들이 그것들이 대립하는 현대과학의 세계이해보다 세계의 참모습을 더 참되게 이해하는 것이 될 수 있다는 것을 말해 주는 **실증적** 차원의 증거가 되어 줄 수 있는 것일까?

앞에서 말했듯이, 성과 무의식에 대한 프로이트의 이해와 생명에 대한 신다윈주의의 이해, 그리고 자연 전체에 대한 현대과학의 지배적인 이해 사이에는 서로가 서로를 공그히 해 주며 서로가 서로에 의지하고 있는 '삼각 연대'의 관계가 성립하고 있다. 이러한 삼각 연대의 관계에 의해, 이들은 어느 하나가 성립하게 되면 나머지 다른 것들도 따라 성립하게 되지만, 반대로 이들 중 어느 하나가 쓰러지게 되면 나머지 다른 것들도 따라 쓰러지게 되는 '운명 공동체'를 형성하게 되는 것이다. 그런데 마조히즘에 대한 들뢰즈의 이해는 이 삼각 연대의 한 축인 '성과 무의식에 대한 프로이트의 이해'를 쓰러뜨리려 하고 있다. 그렇다면 이 프로이트의 이해를 따라 함께 쓰러지게 될 저 나머지 두 개의 축이 비워 두게 될 자리, 즉 생명과 자연 전체에 대한 참된 이해라는 두 개의 빈자리에, 마조히즘에 대한 들뢰즈의 이해와 짝할 수 있는 것인 저 두 개의 다른 이론들이 대신 들어설 수 있게 되는 것이 아닐까?

마조히즘이라는 아주 작고 사사로운 현상, 지극히 비정상적인 개인이 겪는 한낱 사소한 주관적인 병리적 사태에 불과할 것 같은 이 현상 속에, 실은 우리가 사는 이 우주 전체의 참된 본성이 무엇인지를 근본적으로 다시 생각해 보게 만드는 거대한 물음이 숨겨져 있을 수 있다는 것, 세계의 본성에 대한 종교의 반(反)과학적인 주장, 즉 세계 자체의 객관적인 본성이 우리 인간으로 하여금 우리 자신의 현실적인 모습을 넘어서는 새로운 인간으로 거듭나기 위한 '근본적인 자기변형'의 노력을 하도록 만들고 있는 것이라는 그것의 반과학적인 주장, '반과학적'이라는 바로 그 이유로 인해 결코 실증될 수 없으리라고 생각되어 온 이러한 종교의 주장이 어쩌면 자신의 정당성을 뒷받침해 줄 수 있는 **실증적인 근거**를 우리가 항상 경험하며 살아가는 우리의 **성(性)** 속에서 발견할 수 있을지도 모른다는 것, 바로 이러한 것이 우리가 이 책을 통해 마조히즘에 대해 이야기하려 하게 된 이유이다. 우리의 은밀한 침실 속에서 행해지는 우리의 성(性)행위가 저 우주 전체의 본성이 우리에게 요구해 오는 '새로운 인간으로의 거듭남'이라는 과제를 실현할 수 있게 해 주는 가장 성(聖)스러운 행위가 될 수 있다는 탄트리즘의 주장, 과연 이 놀라운 주장은 그것을 뒷받침해 줄 수 있는 실증적인 근거를 — 모든 인간에게 그 가능성이 열려 있는 — 마조히즘이라는 기이한 성적 체험에서 찾을 수 있는 것일까? 분명히 우리는 마조히즘에 대한 들뢰즈의 논의를 발판으로 해서 우리의 이야기를 시작하게 될 것이지만, 앞에서도 말했듯이, 성(性)에 대한 그의 이해가 보통의 이해와는 매우 다르다는 것을 우리가 지적하는 곳쯤에서부터, 혹은 성에 대한 그의 이러한 새로운 이해가 과연 어떤 심각한 문제들을 끌어들이게 되는지를 우리가 본격적으로 밝히려 하는 곳쯤에서부터, 우리는 더 이상 이 위대한 철학자로부터의 도움이나 보증 없이 모든 것을 우리 스스로 헤쳐 나가야 될 것이다. 든든한 아비의 손길을 잃어버린 홀로된 고아처럼, 모든 것을 스스로 헤쳐 나가야만 하는 이 위험천만한 가시밭길을 우리는 필시 몹시 비틀거리며 위태롭게 나아갈 수밖에 없을 것이다. 하지만 이 가시밭길 위에서 마주치게 될 것들, 불확실한 혼돈 속에서 허우적거리며 모든 것을 오로지 '무엇을 어떻게 말해야 좋을지 몰라 어쩔 줄 몰라 하는' 서툰 말더듬이의 언어로밖에는 말할 수 없게 될 이것들, 게다가 어쩌면 (스스로 '반과학적임'을 자처하는 우리 자신의 입장으로 인해) 모든 것이 한갓 꿈처럼 사라져 버릴 환상에 불과할지도 모를 이것들을 이야기하기 위해서가 아니었다면, 우리는 이 책을 쓰지 않았을 것이다.

본초불Adibuddha 그림과 조상(彫像)

I. 마조히즘이란 무엇인가?
—마조히즘의 증상론

'엄마의 세 가지 이미지'라는 환상이 들려주는 이야기[1]

1. 마조흐와 마조히즘: 마조흐의 소설들이 갖는 중요성

우리가 누군가가 폐렴에 걸렸다는 것을 알 수 있는 것은 그가 폐렴에 특유한 **증상**symptom을 나타내 보일 때이다. 폐렴은 자신을 나타내는 이 특유의 증상으로 인해 다른 병들로부터 구분되는 폐렴으로 식별되는 것이다. 즉 폐렴을 폐렴이게 하는 것, 다시 말해 폐렴을 그것이 아닌 다른 병들로부터 구분 짓게 해 주는 것, 그것은 폐렴만이 나타내 보이는 특유한 증상이라고 할 수 있는 것이다. 그렇다면 마조히즘을 마조히즘이게 하는 것, 다시 말해 마조히즘을 그것이 아닌 다른 정신병리적 현상들로부터 구분 짓게 해 주는, 마조히즘 특유의

---

[1] '환상'이라는 말의 영어 원어가 phantasm(불어로는 phantasme)임을 눈여겨보고 이를 기억해 주길 바란다. 우리는 들뢰즈가 말하는 이 환상을 프로이트가 말하는 환상과 구분 짓고자 한다. 그리하여 프로이트가 말하는 환상을 영어로 fantasy로 표기하고 이를 '판타지'라는 말로 옮기려 한다. 즉 이제부터 우리는 들뢰즈가 말하는 환상은 '환상'으로, 프로이트가 말하는 환상은 '판타지'로 부르려 한다. 이러한 구분이 왜 필요한지에 대해서는 나중에 설명하게 될 것이다.

증상이란 과연 무엇일까? 그런데 어려움은 바로 여기에서부터 곧장 시작된다. 너무 짙은 안개가 마조히즘의 진짜 증상이 무엇인지를 제대로 알아보지 못하도록 사람들의 시야를 불분명하게 흐려 놓고 있는 것이다. 이 짙은 안개는 마조히즘에 대한 잘못된 **증상론**(症狀論)[2]으로 인해, 즉 사람들이 마조히즘에 대해 오랫동안 가져왔던 잘못된 선입견으로 인해 만들어진 것이다. 사람들의 선입견은 마조히즘과는 실은 무관한 것을 마조히즘을 특징짓는 증상으로 오랫동안 잘못 생각해 오게 만들었으며, 이러한 잘못된 증상론이 계속 유지되어 오는 가운데 마조히즘의 실체는 점점 더 짙어지는 안개 속으로 자신을 감추어 가게 된 것이다.

사람들의 머릿속에서 마조히즘은 자연스럽게 사디즘sadism과 짝지어지게 된다. 이 둘은 서로에 대해, 말하자면, 대칭적인 관계에 있는 것처럼 보인다. 하나는 자기가 남으로부터 고통받는 것을 즐기는 것으로 보이며 — 다시 말해, 남이 자기에게 주는 고통에서 성적 쾌락을 맛보는 것으로 보이며 — 다른 하나는 자기가 남에게 고통을 주는 것을 즐기는 것처럼 — 즉 자기가 남에게 고통을 주는 것에서 성적 쾌락을 맛보게 되는 것처럼 — 보이는 것이다. 고통과 쾌락의 이러한 기이한 동거, 서로에 대해 반대되는 그 성질로 인해 서로 한 곳에서 공존하기 어려워 보이는 이 두 가지가 이처럼 하나로 결합되어 나타난다는 것, 정말이지 여타의 심리적 성향들에서는 찾아

---

[2] 증상론symptomatology이란 말 그대로 '증상에 대한 고찰'을 말하는 것이다. 예컨대, 어떤 병(病)을 그것이 아닌 다른 병들로부터 구분 짓는, 그 병 특유의 증상이 무엇인지를 규명하는 작업을 하는 것을 말하는 것이다.

보기 어려운 이와 같은 기이한 특성을 마조히즘과 사디즘은 마치 한 통속을 이루고 있는 것인 양 그들만이 공유하고 있는 것이다. 이 같은 사실로부터 사람들은 마조히즘과 사디즘이 실은 **같은 하나의 범주**로 묶일 수 있는 것이 아닌지를, 그리하여 어느 하나의 정체를 알게 되면 그로 인해 다른 하나의 정체도 곧바로 자동적으로 알 수 있게 될 정도로 서로 긴밀하게 내적으로 연결되어 있는 것이 아닌지를 생각하게 된다. 많은 연구자들이 이미 이 같은 생각을 가져왔지만, 사디즘이라는 말을 낳은 장본인인 사드 Morguis de Sade의 악명 높은 소설 『소돔 120일』에서 이 같은 생각을 확증해 줄 수 있는 결정적인 증거를 찾을 수 있는 것으로 보인다. 사드에 따르면, 사디스트sadist는 또한 마조히스트masochist이기도 하다. 사디스트는 자신이 고통을 가한 희생자들에게 나중에는 거꾸로 자기 자신(사디스트 자신)이 고문당하고 모욕당하게 되는 것을 즐긴다. 그는 자신이 남에게 고통을 가하는 것을 좋아하는 것만큼이나 남이 자신에게 가하는 고통을 받는 것도 좋아하는 것이다. "나의 변태성으로 인해 결국 더러운 짐승처럼 그 방종에 걸맞은 대가를 치르게 되었으면 좋겠어. 나에게는 교수대라는 섬세한 축복의 옥좌가 어울릴 거야."[3] 사디스트와 마조히스트가 같은 한 사람이라는 것, 즉, 같은 한 사람이 때로는 사디스트가 되기도 하고 또 때로는 마조히스트가 되기도 한다는 것, 이 같은 사실은 마조히즘과 사디즘이라는 것이 실은 **같은 하나의 실체**가 자신을 드러내는 서로 다른 두 가지 방식(측면)이라는 것을 말해 주는

---

3   *PSM*, p. 45에서 재인용.

것으로 보인다. 마치 시소의 양편처럼, 즉 한편이 올라가면(나타나면) 다른 한편이 내려가지만(사라지지만), 결국에는 이 양편이 같은 하나의 몸체를 이루도록 서로 이어져 있는 시소의 양편처럼, 마조히즘과 사디즘은 그렇게 같은 하나로 이어져 있는 것의 두 가지 서로 다른 측면일 수 있다는 것이다.

마조히즘과 사디즘이 실은 같은 하나로 이어져 있는 것이라는 생각을 표현하기 위해 사람들은 '사도-마조히즘'sado-masochism이라는 개념을 사용한다.4 프로이트 역시 많은 사람들이 공유하고 있는 이 '사도-마조히즘'이라는 개념을 받아들이고 있으며, 또한 그 자신의 이론을 통해 이 개념의 정당성을 한층 더 정교하게 가다듬고 확증해 가려 한다. 그의 『성에 대한 세 편의 에세이』(1905)에서 프로이트는 다음과 같이 말하고 있다. "성관계 시(時)에 고통을 가하는 것에서 쾌락을 얻을 수 있는 사람은 또한 자신이 느낄 수 있는 고통 역시 즐길 수 있는 사람이다. 사디스트는 언제나 동시에 마조히스트인 것이다. 물론 이 두 성향 중 어느 한편이 우세하게 나타나 그의 성생활을 그 한편으로 치우치도록 특징지을 수 있기는 하지만 말이다." 10년 뒤에 나온 「본능과 본능의 변화」(1915)라는 논문에서도 똑같은 생각이 더욱 발전되어 이번에는 '사디즘으로부터 마조히즘에로의 전환'이 — 혹은 그 반대 방향에로의 전환이 — 어떻게 이루

---

4 미국심리치료협회American Psychiatric Association에서 발간된 자료(*Diagnostic and Statistical Manual of Mental Disorders*, 2000)를 보면 아직도 주류 의학계에서는 여전히 이 같은 생각을 고수하고 있음을 알 수 있다.

어질 수 있는지를 설명하고 있다.5 이 논문의 주장에 따르면, 사디스트는 자신이 겪는 고통이 쾌락을 가져올 수 있다는 '마조히스트적인 체험'을 먼저 스스로 체험할 수 있었기 때문에, 다른 사람에게 고통을 가하는 것에서 쾌락을 얻을 수 있는 사디스트가 되는 것이다. 물론 저 10년 전의 글에서는 사디즘이 마조히즘보다 앞서는 것이라고 말하고 있는 듯한 반면, 이 10년 후의 글에서는 오히려 마조히즘이 사디즘보다 앞서는 것이라고 말하고 있는 듯한 차이가 있기는 하다. 하지만 프로이트는 두 종류의 사디즘을 구분한다. 즉 '사디즘'이라는 말은 두 가지 의미를 가질 수 있다는 것이다. 첫째, '사디즘'이라는 말은 단순히 다른 사람을 제압하려 하는 '공격성'을 가지거나 내보이는 것을 의미할 수 있다. 둘째, '사디즘'이라는 말은 이와 같은 단순한 '공격성'의 의미가 아니라 다른 사람을 공격하여 고통을 가함으로써 그것에서 성적 쾌락을 얻는 것을 의미할 수도 있다(본연의 의미의 사디즘은 이 두 번째 의미에 가까울 것이다). 사디즘을 이처럼 두 가지의 것으로 구분함으로써, 프로이트는 어떻게 사디즘이 마조히즘보다 선행하며, 또한 이처럼 선행하는 것인 사디즘으로부터 어떻게 마조히즘이 차후에 발생되어 나올 수 있는지를 다음과 같은 순서로 설

---

5 「본능과 본능의 변화」의 독일어 원제목은 "Triebe und Triebsnichsale"이다. 잘 알려져 있는 논쟁적 문제, 즉 프로이트의 Trieb을 '충동'drive으로 옮겨야 할 것인가 아니면 '본능'instinct으로 옮겨야 할 것인가에 대한 논란을 우리도 알고 있다. 라캉의 설득력 있는 지적이 있은 이후로, 이 Trieb은 '본능'이 아니라 '충동'을 의미하는 것으로 이해되어야 한다고 주장하는 견해가 우세하다는 것 또한 우리는 알고 있다. 하지만 영어 표준판 번역자는 이 말을 'instinct'로 옮기고 있으며, 프로이트 전집의 한글 번역본에서도 이 영어 번역을 좇아 '본능'으로 옮기고 있다. 우리는, 필요할 때를 제외하고는, 이 한글 번역본의 번역을 따르려 한다. 나중에 우리는 우리가 '충동' 대신 '본능'이라는 말을 선택하게 된 이유가 무엇인지를 해명할 수 있게 될 것이다.

명한다.

① '공격성'이라는 의미의 사디즘 단계 : 주체는 타인을 공격하려 하는 사디즘의 성향을 갖고 있다.
② 마조히즘 단계 : 주체 자신 밖의 타인에게로 원래 향하는 것이던 이 공격성이 주체 자신에게로 **되돌아와** 주체 자신에게 고통을 가하게 되고,[6] 여기에서 주체는 자신이 겪는 고통이 곧 쾌락이 될 수 있다는 것을 알게 되는 '마조히즘적 체험'을 하게 된다.
③ 본연의 의미의 사디즘 단계 : 이러한 마조히즘적인 체험으로부터, 타인에게 고통을 가함으로써 성적 쾌락을 얻으려 하는 사디즘적 성향이 발생하게 된다.

나중에 우리가 마조히즘의 증상론을 넘어 그것의 병인론(원인론)에 대해 논의하게 될 때, 즉 마조히즘의 증상이 무엇인지를 규명하는 것을 넘어 이러한 증상을 발생시키는 **원인**이 무엇인지를 규명하려 할 때, 우리는 마조히즘을 '사디즘의 **방향전환**'에 의해 — 즉 원래 타인을 향하던 주체의 사디즘적 공격성이 주체 자신에게로 되돌아오는 방향전환에 의해 — 발생하는 것으로 설명하려 하는 프로이트의 논리가 무엇인지를 보다 상세하게 설명하게 될 것이다. 그렇지만 우리가 지금 말한 것만으로도 충분히 다음과 같은 것을 알 수 있

---

6 공격성의 이러한 '되돌아옴'의 이유에 대해서는 나중에 설명하게 될 것이다.

다. 즉 마조히즘을 사디즘의 방향전환에 의해 발생하는 것으로[7] 설명하려 하는 프로이트의 논리는 '고통과 쾌락의 결합'이라는 **같은** 속성을 이 두 가지(사디즘과 마조히즘)가 **공유**하고 있다는 **사실**에 기반하고 있는 것이다. 다시 말해, 마조히즘을 사디즘의 방향전환에 의해 발생하는 것으로 설명하려 하는 프로이트의 논리는 마조히즘에서 나타나는 '고통-쾌락'(고통과 쾌락의 결합)이 사디즘에서 나타나는 '고통-쾌락'과 서로 **같은 것**이라고 **가정**하고 있기 때문에 가능할 수 있게 되는 것이다. 그런데 들뢰즈는 프로이트의 논리를 떠받치고 있는 기반이 되는 바로 이 가정을 의심한다. 사람들은 이 **가정**을 의심의 여지가 없는 확실한 **사실**이라고 생각하지만, 들뢰즈에 따르면 소위 이 **사실**이라는 것이 실은 결코 정당화될 수 없는 잘못된 선입견에 불과한 것일 뿐이다. 소위 이 당연지사로 생각되는 것이 실은 마조히즘에 대한 증상론을 — 그러므로, 더 나아가, 마조히즘에 대한 병인론도 역시 — 그토록 엉터리가 되도록 망쳐 놓고 있는 결정적인 주범인 것이다.

앞에서 언급한 사드의 소설에서 사람들은 '사디스트가 곧 마조히스트가 될 수 있음'을 보았다고, 즉 사디즘의 방향전환에 의해 마조히즘이 발생할 수 있음을 보았다고 생각할 것이다. 사드는 분명

---

7 혹은, 이와는 반대로, 사디즘이야말로 그것보다 선행하는 것인 마조히즘의 방향전환에 의해 발생하는 것으로 보아야 한다고 주장하는 사람들도 있을 수 있을 것이다 — 이러한 주장에 대해서는 라플랑슈 Jean Laplanche와 퐁탈리스 J. B. Pontalis가 함께 쓴 『정신분석 사전』 *Vocabulaire de la psychanalyse*에 나오는 masochisme 항을 참조하라. 하지만 이 문제는 지금은 전혀 중요하지 않으며, 또한 들뢰즈의 이해가 옳은 것이라면 앞으로도 영원히 그럴 것이다. 왜냐하면 사디즘이든 마조히즘이든 어느 한쪽이 다른 한쪽의 방향전환에 의해 발생하는 것이 아니라는 것을 우리는 보게 될 것이기 때문이다.

히, 남에게 고통을 가하는 것을 즐기는 사디스트가 또한 반대로, 남에게 자기가 고통당하는 것을 즐기는 자가 될 수 있음을 보여 주고 있다. 하지만 들뢰즈는 묻는다, 사디스트가 결국에는 남에게 고통당하는 것을 즐기는 자가 된다는 것이 정말로 '그(사디스트)가 **마조히스트**가 된다는 것'을 의미하는 것일까? 사디스트는 왜 나중에 가서, 처음에 자신이 가졌던 태도와는 반대되게, 오히려 자신이 남에 의해 고통당하게 되는 것을 즐기게 되는 것일까? 사드의 소설은 이에 대해 분명히 말한다. 사디스트의 이러한 태도 전환은 결코 그가 남에게 저질렀던 악행(고통을 가했던 것)에 대해 용서받기를 바라는 '속죄의 욕망'을 가지고 있기 때문에 생기는 것이 아니다. 즉 사디스트가 나중에 가서 자신이 남에게 고통당하게 되는 것을 좋아하게 되는 것은, 그것이 그의 저와 같은 '속죄의 욕망'을 충족시켜 주는 것이 되기 때문이 아니다. 사디스트가 이처럼 '고통받는 것'을 좋아하게 되는 것은 오히려 그에게 주어지는 이러한 고통이, 그가 남에게 가했던 고통(악행)이 **'정말로 제대로 된 고통'**이었음을 확인해 주는 증거가 되기 때문이고, 그가 남에게 제대로 된 악행(고통)을 가하였음을 이 증거가 이처럼 확인해 주는 것을 그가 즐거워하기 때문이다. 즉 사디스트는 남이 자신에게 되돌려주는 고통이 크면 클수록, 그가 남에게 가했던 고통이 정말로 큰 고통이었음을 **확신**할 수 있으며, 그렇기 때문에 남이 자신에게 가하는 고통이 크면 클수록 그 고통을 더욱더 즐거워하게 되는 것이다. 그러므로 사디스트는 자신에게 가해지는 고통을 통해 자신의 악행을 **속죄**하고 있는 것이 아니다. 그는 오히려 자신이 제대로 된 악행을 행하였음을 **확신**하고 그것에서 쾌락을 누리고 있는 것이다. 다시 말해, 사디스트는 자신에게 가해지는 고통을 즐기고 있을 때조차도 마조히스트로 전환된 것이 아니라 여전히 사디스트로 남아 있는 것이다. 사드의 소설은 사디스트가 마조히스트로 전환되는 것을 보여 주고 있는 것이 아니라, 사디스트가 '얼마나 불변적으로 철저하게 사디스트적일 수 있는지'를 보여 주고 있는 것이다.

반면, 마조히스트가 남에 의해 자신이 고통받게 되는 것을 즐기는 것은 그 고통이 그가 가진 '속죄의 욕망'을 충족시켜 주는 것이 되기 때문이다 — 마조히스트의 이 '속죄의 욕망'의 정체가 무엇인지에 대해서는 나중에 가서 자세하게 설명하게 될 것이다. 그러므로 사디스트가 설령 그가 받는 고통 속에서 쾌락을 느끼게 된다 할지라도, 그에게서 나타나는 이러한 '고통-쾌락'(고통과 쾌락의 결합)은 마조히스트에게서 나타나는 '고통-쾌락'과 그 **실상**이 전혀 다른 것이다. 사디스트에게 그에게 가해지는 고통이 쾌락이 되는 것은 그가 **속죄하지 않기 때문**이지만, 반면 마조히스트에게 그에게 가해지는 고통이 쾌락이 되는 것은 그가 **속죄하기 때문**인 것이다 — 즉 이 고통이 그(마조히스트)가 가진 '속죄의 욕망'을 충족시켜 주기 때문인 것이다.[8] 마조히즘이 '사디즘의 방향전환'에 의해 발생하게 되는 것이라고 생각하게 되는 것은, 마조히즘과 사디즘이 '고통-쾌락'을 그들이 함께 공유하는 **공통의 중심축**으로 해서 서로에 대해 대칭적인 관계를

---

[8] 사디스트에게서 나타나는 '고통-쾌락'과 마조히스트에게서 나타나는 '고통-쾌락' 사이의 이러한 차이에 대해서는 PSM, pp. 34~37을 참조.

형성하고 있다고 생각하기 때문이다. 하지만 고통이 쾌락이 되는 이유가 사디스트와 마조히스트에게서 이처럼 서로 **다르기** 때문에, 이들을 서로에 대해 이와 같은 대칭적인 관계에 있게 해 줄, 그리하여 어떤 하나의 방향전환에 의해 다른 하나가 발생할 수 있게 해 줄 '고통-쾌락'이라는 **공통의 중심축**이란 실은 **존재하지 않는다**. 마조히즘과 사디즘은 '고통-쾌락'이라는 **같은** 속성(공통적 속성)을 공유하고 있는 것이 아니라, 각자 서로 다른 '고통-쾌락'을 가지고 있는 것이다. 그러므로 마조히즘에 대한 **참된 증상론**을 위해서는, '마조히즘과 사디즘이 함께 공유하는 **공통적 속성**'('고통-쾌락'이라는 **공통적 속성**)이라는 미망으로부터, 이 잘못된 선입견이 걸어 놓은 주술적 마취의 상태로부터 벗어날 수 있어야 한다. 들뢰즈에 따르면, 마조흐의 소설들이 가지는 중요성이 바로 여기에 있다. 그의 소설들이 예술적으로 형상화해서 표현하고 있는 마조히즘에 대한 통찰은 '사도-마조히즘'이라는 잘못된 통일체 아래에 실은 두 개의 서로 전혀 다른 이질적인 세계(마조히즘과 사디즘)가, 그러한 통일체로 통합되는 것이 도저히 불가능할 정도로 서로 전혀 다른 원리를 따르고 있는 두 개의 독립적인 세계가 존재하고 있다는 것을 보여 주고 있는 것이다. 마조히즘의 진실을 밝혀내기 위한 첫걸음이 될 **참된 증상론**, '사도-마조히즘'이라는 선입견으로부터 벗어나지 못하고 있는 주류 의학이 망쳐놓고 있는 이 첫걸음을 의사들의 과학이 아닌 소설가 마조흐의 예술이 오히려 제대로 내딛고 있는 것이다.[9]

---

9 *PSM*, p. 36 참조.

2. 마조흐의 세 여인

마조흐의 소설들에 등장하는 다양한 여주인공들은 하나같이 '신체적으로 풍만하고 근육이 잘 발달된 상태이며, 자신만만하고 도도한 성격 속에 오만한 의지와 잔인한 성향을 지닌, 그러면서도 다른 한편으로는 부드러움과 자연적 순박성을 보여 주는' 공통된 성격을 지니고 있다.[10] "궁중의 공주이든 농부의 여식이든, 고급 담비 모피를 입었건 아니면 싼 양가죽을 뒤집어썼건, 남자를 자신의 노예로 만드는 이 여인, 모피를 두르고 있으며 채찍을 휘두르는 이 여인은 언제나 내가 창조해 낸 나의 피조물이면서 동시에 진정한 사르마트Sarmat 여인이라고 할 수 있다."[11] 그런데 조금 더 깊이 들여다보면, 모두들 이러한 공통된 속성을 소유하고 있는 듯이 보이는 이 여인들 사이에서도 다시 서로 다른 세 가지 유형의 구분이 발견된다.

첫 번째 유형의 여인은 사랑과 미(美)를 위해 살며 영원이 아닌 순간을 위해 산다. 감각적이며 관능적인 이 여인은 자신의 마음에 드는 남자를 사랑하며, 언제든 자신이 사랑하는 남자에게 자신을 내

10　*PSM*, p. 42. 이 여주인공들이 보여 주는 이러한 특성을 잘 기억해 둘 필요가 있다.
11　*PSM*은 전체적으로 3개의 부분으로 구성되어 있다. 본편이라고 생각될 수 있는 가운데 부분에 마조흐의 소설 『모피를 입은 비너스』가 배치되어 있으며, 들뢰즈가 이 본편의 이해를 돕기 위한 장문의 해설서 형식으로 쓴 글이 앞부분에, 또한 다조흐의 행적이나 사상을 이해하는 데 중요하다고 판단되어 들뢰즈가 덧붙인 세 편의 부록이 뒷부분에 자리하고 있다. 뒷부분으로 붙은 이 세 편의 부록은 각각 다음과 같다. 부록 ① 자신의 유년 시절의 체험에 비추어 소설(혹은 소설가)의 정체가 무엇인지를 생각해 보는 마조흐의 회고가 담긴 글(「유년의 기억과 소설에 대한 생각」), 부록 ② 마조흐가 자신의 두 연인과 차례로 맺은 계약서(「마조흐의 2개의 계약서」), 부록 ③ 마조흐의 연인이었던 완다Wanda가 자신과 자신의 남편이었던 마조흐 그리고 외간남자인 루트비히 2세, 이 세 사람 사이에서 벌어졌던 연애모험담을 회상하는 내용의 글(「루트비히 2세와의 모험」). 지금 본문에서 우리가 인용하고 있는 말은 부록 ①로 실린 「유년의 기억과 소설에 대한 생각」에서 마조흐 자신이 직접 하고 있는 말이다.

어 준다. 이 여인은 (남자에 대한) 여자의 독립성과 사랑의 짧음(순간 적임)을 주장하며, 남녀의 평등을 주장한다. 이 여인은 결혼이니 도덕이니 교회니 국가니 하는 것들이란 남자들이 여자들을 억압하기 위해 놓은 덫이며 없애 버려야 마땅할 것들이라고 주장한다. 마조흐의 소설『모피를 입은 비너스』의 여주인공 완다Wanda는 이렇게 말한다. "그리스적인 청명한 관능성이야말로 내게 있어서 어떠한 고통도 없는 완전한 기쁨, 내 삶을 통해 내가 실현하고픈 이상(理想)이에요. 기독교가 설교하는 사랑 같은 건 난 믿지 않아요. 나를 봐요. 이 단보다도 더 지독한 존재인 이 이교도를…." "성스러운 의식이니 설교니 계약이니 하는 것들, 사람의 삶에 있어서 많고 많은 변하는 것들 중에서 가장 쉽게 변하는 것인 사랑 속에 영속성을 들여놓기 위해 시도되고 있는 이 모든 것들, 이것들은 몽땅 실패할 거예요." 이 여인은 남성적인 질서, 즉 부권(父權)적patriarchal 질서와 그것을 나타내는 모든 것을 뒤엎으려 한다. 이러한 여인의 이미지를 마조흐는 '이교도 여인, 그리스적 여인, 창녀, 아프로디테, 혼돈(무질서)을 초래하는 여인' 등으로 부른다. 이 첫 번째 유형의 여인의 반대편에, 즉 가운데 있는 두 번째 유형의 여인을 사이에 두고 첫 번째 유형의 여인을 마주 보고 있는 반대편에, 세 번째 유형의 여인이 있다. 그녀는 사디즘적인 여인으로서, 자신의 연인을 고문하는 것을, 즉 이 연인에게 고통을 가하는 것을 좋아한다. 그런데 그녀가 이렇게 하는 것은 주로 어떤 제3의 남자의 부추김을 받아서이거나, 혹은 적어도 이 제3의 남자와의 긴밀한 관계 속에서 그렇게 하는 것이다. 마조흐는 이 여인으로 하여금 이처럼 자신의 연인에 대해 사디스트적으로 행동하도록 부추기는 이 제3의 남자를 '그리스 남자' 혹은 '아폴론'이라 부른다.『모피를 입은 비너스』의 여주인공인 완다는 처음에는 첫 번째 유형의 여인으로 시작하였다가, 나중에는 이 세 번째 유형의 사디즘적인 여인으로 끝나게 된다. 결국 그녀는 제3의 남자(아폴론)와 함께 떠나게 되고, 그녀의 연인이었던 남자 주인공 세베린은 홀로 남겨지게 되는 것이다.[12]

그런데 들뢰즈에 따르면, 마조흐의 이상적인 여인상을 나타내는 것은 이 두 가지 유형의 여인이 아니라 그들 사이의 가운데에 있는 두 번째 유형의 여인이다. 마조흐의 다른 소설들에서와 마찬가지로 『모피를 입은 비너스』에서도 이 점은 분명하게 나타난다. 이 소설의 여주인공인 완다는 처음에는 첫 번째 유형의 여인으로 시작하였다가 나중에는 세 번째 유형의 여인으로 끝나게 되지만, 핵심적인 것은 완다가 이 두 여인 사이에 있는 두 번째 유형의 여인의 모습을 유지할 수 있는 동안 일어난다. 가운데에 놓인 이 두 번째 여인을 둘러싸고 있는 첫 번째와 세 번째 여인은, 말하자면, 그들 가운데에서 불안정하고 위태로운 중심을 유지하고 있는 이 두 번째 여인이 자칫 자신의 균형을 잃을 때 어느 한쪽으로 빠져들게 되는 양극단(양쪽 가장자리)을 나타내고 있는 것이다. 첫 번째 여인의 단계에서 마조히즘의 세계는 아직 시작되지 않았으며, 세 번째 여인의 단계에서 마조히즘의 세계는 이미 끝나 사라져 버린다.

그렇다면 이 두 번째 여인, 마조히즘의 세계를 성립시키는 데

---

12 첫 번째와 세 번째 유형의 여인에 대한 이상의 논의에 대해서는 *PSM*, pp. 42~44 참조.

핵심적인 역할을 하는 이 여인은 대체 누구인가? 감각과 관능의 창녀(첫 번째 여인)도 아니며, 또한 아폴론의 공모자인 잔인한 사디스트적인 여인(세 번째 여인)과도 다른 이 두 번째 유형의 여인은 어떤 특성을 가지고 있는가? '뚜렷한 용모에 준엄한 기운을 풍기며 차가운 눈빛을 발산하는 위압적인 풍모의 여인. 하지만 자신의 어린 새끼들에 자애로운 여인', '몽골 사막의 타타르 여인이나 인디언 여인을 닮았으며, 비둘기의 부드러운 심장과 고양이과 동물들의 잔인한 본성을 동시에 소유하고 있는 여인', '동물을 고문하거나 학대하는 것을 즐기며 사람의 처형 장면을 보고 싶어 할 뿐만 아니라 집행하는 데 직접 참여하고 싶어 하기도 하는, 그렇지만 이러한 특이한 기호에도 불구하고 결코 난폭하거나 엽기적이지 않으며 오히려 이성적이며 부드럽고 친절하고 섬세하며 순정한 감성을 지닌 sentimental…', '부드럽고 명랑하며 그렇지만 엄격하고 차가우며 고문(학대)의 달인이기도 한 (…) 그녀의 아름다운 얼굴이 분노의 화염으로 붉게 달아오를 때, 하지만 그녀의 깊고 푸른 눈은 부드럽게 빛나고 있었다.' — 이러한 것이 마조흐가 이 두 번째 유형의 여인을 묘사하는 방식이다.[13]

이 두 번째 여인은 엄격하고 잔인하며 차가우면서도 또한 동시에 부드럽고 따뜻하며 관대한 면모를 지닌, 정신적 양면성을 보여주고 있다. 또한 그녀는 아름다운 용모와 자태의 육체적 아름다움을 지녔지만, 그녀의 이러한 육체적 매력은, 이러한 것에 이끌려 그

---

13 *PSM*, p. 45 참고.

녀에게 접근하는 것을 불허(不許)하는 탈육체적이고 탈관능적인 차갑고 순정한 감성적sentimental 차원의 매력으로 변모되고 있다. 그러므로 들뢰즈는 '차가움 – 모성적임(모성적인 부드러움과 따뜻함) – 준엄함'이라는, 혹은 '냉정함 – 순정한 감성 – 잔인함'이라는, 서로 다른 세 가지 특성이 — 어찌 보면 서로 화합하기 어려워 보이는 이 세 가지 특성이 — 하나로 어울려 일체(삼위일체)를 이룬 것 같은 것이야말로 이 두 번째 여인을 특징짓는 특성이라고 주장한다. 바로 이 두 번째 여인의 이러한 차가움과 탈관능적인 순정한 감성sentimentality이[14] 그녀를 첫 번째와 세 번째의 관능적인 뜨거움의 여인들로부터 구분 짓게 만드는 가장 뚜렷한 특징이 되는 것이다. 마조히즘의 세계를 가능하게 하는 진정한 요인인 이 두 번째 유형의 여인, 마조흐가 그의 소설들을 통해 마조히스트가 추구하는 이상적인 여인상으로 그리고 있는 이 두 번째 여인, 그녀가 가진 **차가움**은 그녀에게서 그녀의 육체적·관능적 매력을 지우며 — 즉 그녀의 관능적인 뜨거움을 **식히며** — 또한 그럼으로써, 이 여인의 성적 파트너인 남자(마조히스트)로부터, 이 여인의 육체적·관능적 매력을 감각적으로 탐하려 하는 그의 성적 욕망(육욕) 역시 지워지도록 만든다[15] — 이에 대해서는 나중에 자세하게 살펴보게 될 것이다. 자신의 성적 파트너

---

14 들뢰즈는 첫 번째와 세 번째 여인의 특성인 육체적 관능성과 대비되는 두 번째 여인의 특성을 가리키기 위해 'sentimental'이라는 말을 쓴다. 그는 두 번째 여인의 이 sentimental한 특성이 관능성과 대비되는 성격의 것임을, 즉 탈관능적인suprasensual 성격의 것임을 분명히 말하고 있다. — PSM, p. 45 참고. 이러한 의미를 가진 이 'sentimental'이라는 말을 우리말로 옮기자면 어떻게 해야 할까? 우리는 여기에서 '순정한 감성'이라는 말을 택했다. 하지만 앞으로 필요하다면 그냥 '센티멘털'이라고 말하는 경우도 있을 것이다.
15 이 두 번째 여인의 성적 파트너인 남자가 바로 마조히스트이다.

인 남자(마조히스트)의 성적 욕망을 얼어붙게 만드는 이 여인의 이러한 서슬 퍼런 차가움, 바로 육체적·관능적 차원을 넘어선 이 여인의 순정한 감성적 면모로부터 퍼져 나오는 이러한 차가움이, 그녀에게 아직도 성적 욕망(육욕)으로 접근하려 하는 — 즉 아직도 여전히 성적 욕망(육욕)에서 벗어나지 못하고 있는 — 남자 파트너를 준열하게 질책하는 **엄격함**으로, 그에게서 이러한 성적 욕망이 사라지도록 그를 (채찍을 휘둘러) 고문하고 학대하고 매질하는 **잔인함**으로 나타나게 되는 것이다. '차가움'과 '잔인함'은 이렇게 해서, 다른 한편으로는 틀림없이 부드럽고 자애로운 면모를 지니고 있는 이 여인 속에서 이 따뜻한 면모와 조화로운 일체를 이루도록 서로 결합한다. 이리하여 들뢰즈는 자신의 책에 '차가움과 잔인함'coldness and cruelty이라는 부제를 붙이게 된 것이다.[16]

3. 마조흐의 환상과 바흐오펜의 시대 구분론의 일치
— 이 일치는 무엇을 말하고 있는가?

들뢰즈는 마조흐의 소설이 그려 내고 있는 이러한 세 여인의 이미지가, 마조흐와 동시대인이면서 당대의 지식사회에 커다란 영향을 끼쳤던 바흐오펜의 시대 구분론과 연결되는 것이라고 지적하고 있다. 바흐오펜에 따르면, 인류의 역사는 크게 세 시대로 구분된다.[17] 첫 번

---

16 불어 원어로는 'le froid et le cruel'이다.
17 바흐오펜Johan Jakob Bachofen은 그의 『모권』*Das Mutterrecht*이라는 책에서 이러한 시대구분을 제시하고 있다고 한다.

째 시대는 '아프로디테(자유로운 창녀)의 시대'로서, 육욕이 범람하는 질펀한 늪지대의 원시적인 혼돈이 지배하던 때이다. 이 시대는 남녀 사이에 다중적이고 자유로운 사랑의 관계가 이루어졌으며, 여성 원리가 삶을 지배하였었다 — 아버지란 그야말로 아무런 존재가 아니었던 것이다. (식물, 즉 아직도 여전히 '자연 그대로의 원시적인 존재들'로 남아 있는 것들이라고 할 수 있는 식물들 — 특히 원시적인 늪지대의 식물들 — 을 생각해 보라. 암컷 식물들의 교배방식 즉 사랑의 방식은 정녕 다중적이고 자유로운 것으로 보인다. 그들은 자신들의 씨를 서슴없이 어느 때고 아무에게나 자신들이 원하는 방식대로 널리 퍼뜨린다. 아프로디테의 시대란 인류에게도 이러한 원시적인 자연성이 그대로 살아 있는 시대일 것이다. 물론 오늘날의 문명화된 시대는 이러한 원시적인 자연성을 '부도덕하다'는 이유로 질식시키고 있다 그런데 문명화된 사회의 '위선'과 '억압'이 과연 원시적인 자연성보다 더 '도덕적인 것'일까? 과연 더 '도덕적'이라고 볼 수 있는 이유가 있는 것일까?『모피를 입은 비너스』에서 마조흐는 아직 첫 번째 유형의 여인의 단계에 머물러 있을 때의 여주인공 완다의 입을 빌려, 결혼이니 도덕이니 영원한 사랑이니 교회니 국가니 하는 것들이란 모두 진정한 자연성을 왜곡하여 부당한 파탄에 빠뜨리는 '허위의 덫'일 뿐이라고 말하고 있다.) 두 번째 시대는 '데메테르의 시대'로서,[18] 아프로디테 시대의 질펀한 늪지대를 흥건히 적셔 놓고 있던 물기가 배수(排水)되어 엄격한 농경적 질서가 자리 잡게 된 시대이다. 이 시대는 여전히 여성이 우위에 서서 남성을 지배하는 '여

---

18 데메테르는 그리스 신화에 나오는 농경을 주관하는 여신이다.

성지배 질서'gynocratic가 유지되던 시대이지만, 남자들 역시 이 시대에 들어와서는 일말의 지위를 얻을 수 있게 되었다. 마지막 세 번째 시대가 오늘날의 시대이기도 한 '아폴론의 시대', 즉 '남성지배 질서'의 시대이다. 이 시대에는 여성들은 남성들의 우위 아래에 있는 예속적인 존재로 전락하게 된다.

바흐오펜의 이러한 세 가지 시대 구분론에서 마조흐가 이야기하는 서로 다른 세 여인의 이미지를 찾을 수 있다는 것은 의심의 여지가 없어 보인다. 마조흐가 바흐오펜의 책을 읽은 것일까? 들뢰즈는 그렇다고 주장한다. 들뢰즈에 따르면, 마조흐는 바흐오펜의 책을 읽어 보고서, "마조흐 자신의 **환상**에게 **필요한 것**을 발견하게 된 것이다."[19] 마조흐는 바흐오펜의 책에서 "자신의 환상에게 **이론적 구조**를 부여해 주는 것을, 그리하여 인간과 세계의 본성이 무엇인지라는 근본적인 문제를 다시 생각해 볼 수 있게 하는 **놀라운 가치**를 그의 환상에게 부여해 주는 것"[20]을 발견하게 되었다는 것이다. 마조흐는 소설이 무엇인지를 정의하면서, "예술가는 자신에게 떠오르는 '형상'figure으로부터 '문제'problem를 만드는 데까지 나아갈 수 있어야 한다"[21]고 주장한다. 들뢰즈에 따르면, 마조흐는 자신의 환상 속에서 떠오르는 '세 여인의 이미지'라는 '형상'이 인간과 세계의 본성이 무엇인지를 다시 묻는 '문제'를 제기할 수 있게 하는 **중요한 단서**가 될 수 있다는 것을 바흐오펜의 책을 읽음으로써 발견할 수 있게 되었다

---

19 *PSM*, p. 47(영어본 p. 53).
20 *PSM*, p. 47(영어본 p. 53).
21 *PSM*, p. 47(영어본 p. 53).

는 것이다. 하지만 예술가의 환상 속에 떠오르는 '형상'이 대체 무엇이기에, 그것이 그토록 엄청난 가치를 지닌 것이 될 수 있단 말인가? 어떻게 전적으로 허구일지도 모를 한갓 개인의 주관적인 환상으로부터 — 그것도 마조히스트라는, 정상을 벗어난 일탈적 개인의 병리적 환상으로부터 — 인간과 세계의 본성이라는 객관적이고 과학적인 사실을 탐구하는 '문제'를 만드는 데까지 나아갈 수 있단 말인가? 대개의 경우, 사람들은 자신의 환상을 '환상'이라는 그 이유만으로 무가치하고 무의미한 것으로 간주하여 외면해 버리기 마련이다. 그의 환상이 아무리 그에게 깊고 강렬한 인상을 남기는 것이라 할지라도, 그는 그것이 우연적이고 일시적으로 떠오르는 개인적인 공상 이외의 다른 것이 될 수 있으리라는 생각을, 그 자신이라는 한 개인의 사사로운 특이성과 관련되는 것을 넘어 인간과 세계의 본성을 문제 삼을 수 있게 하는 **보편적인 중요성**을 가질 수 있는 것이 될 수 있으리라는 생각을 결코 가져 보지 않는 것이다. 그렇다면 어떻게 마조흐는 자신의 환상에게 이토록 중요한 의미를 부여할 수 있게 된 것이며, 또한 어떻게 들뢰즈는 이런 마조흐의 주장에 정당성을 인정해 줄 수 있게 된 것일까? 요컨대, 마조흐의 이 **환상phantasm**이란 대체 무엇일까?

아마도 들뢰즈의 주장처럼 마조흐는 바흐오펜의 책을 실제로 읽었을 것이다. 그리하여 그는 자신을 사로잡고 있는 '세 여인의 이미지'라는 환상이 단순히 그의 개인적인 공상에 그치는 것이 아니라 실제로 일어났던 객관적인 역사적 사실을 압축적으로 반영하고 있는 것이라는 생각을 하였을 것이고, 이로부터 오늘날 사람들의 삶의 방식인 '남성지배(부권우위) 질서'가 인간의 본성과 자연(즉 세계)의 참모습을 제대로 구현하고 있는 것인지에 대한 '문제'를 제기할 수 있다고 생각하였을 것이다. (실제로 마조흐는 자기 당대의 정치적 변혁운동에 대해 깊은 관심을 가지고 있었다고 하며, 기존의 지배적인 질서와는 다른 새로운 정치·사회적 질서가 어떤 형태의 것이 되어야 하는지에 대해 — 즉 이 새로운 정치·사회적 질서가 인간의 본성과 자연의 참모습을 올바르게 구현하는 것이 되기 위해서는 어떤 형태의 것이 되어야 하는지에 대해 — 자신의 생각을 적극적으로 피력하였다고 한다. *PSM*의 여기저기에서 들뢰즈는 마조흐의 이러한 '정치철학'에 대해 간헐적으로 논의하고 있다. 하지만 우리의 이 책에서는 마조흐의 이러한 '정치철학'에 대해서는 다루지 않는다.) 그런데 여기에 커다란 문제가 하나 있다. 아마도 많은 사람들이 알고 있을 테지만, 인류학이나 역사학의 보다 최근의 연구성과들은 바흐오펜이 주장하는 것과 같은 원시 모권사회(여성지배 질서의 사회)가 실제로 존재했다는 것을 인정하지 않는다. 바흐오펜의 당대에는, 바흐오펜이나 다른 많은 학자들에 의해 이러한 '아프로디테의 시대'나 '데메테르의 시대'가 인류 역사의 초창기에 실제로 존재했었던 것으로 주장되었지만, 보다 최근에 이루어진 한결 더 진전된 연구들은 인류의 역사는 처음부터 줄곧 부권사회(남성지배 질서의 사회)였으며, 이러한 모권사회란 실제로 존재했던 것이 아니라 근세 역사가들의 상상력이 만들어 낸 허구일 뿐이라고 주장하고 있는 것이다. (물론 이러한 최근의 연구들도 인류 역사의 초창기가 대부분의 경우에서 **모계**사회의 형태로 출발했다는 점에 대해서는 인정하고 있다. 하지만 이러한 모계사회는 바흐오펜이 그리는 것과 같은 **모권**사회와는 전혀 다르다. 실제로 존재했던 이러한 모계사회도 여성 지배 질서의 모권사회가 아니라 남성지배 질서의 부권사회였던 것이다.) 그렇다면 바흐오펜이 인류 역사의 초창기에 놓고 있는 모권사회가 실재했던 것이 아니라 바흐오펜의 상상력이 지어낸 허구일 뿐이라면, 마조흐의 환상이 인류의 역사를 세 시대로 구분하는 바흐오펜의 이론에서 자신에게 필요한 **이론적 구조**를 찾을 수 있었다는 들뢰즈의 주장은 이제 어떻게 되는가? 바흐오펜은 자신의 이러한 이론을 **역사적 사실**에 부합하는 것이라고 믿었을 것이며, 마조흐도 바흐오펜의 이러한 이론이 실제의 역사적 사실을 반영하고 있는 것이라고 믿었기 때문에 자신의 환상이 그저 개인적인 공상에 불과한 것이 아니라, 그의 말마따나, '문제'를 제기할 수 있을 만큼 — 즉 인간과 자연의 본성에 대한 '문제'를 제기할 수 있을 만큼 — 중요한 의미를 지니는 것이라고 생각할 수 있었을 것이다. 그런데 바흐오펜의 이러한 이론이 그저 상상적인 허구일 뿐이라면, 그리고 마조흐 또한 이 허구를 허구인지도 모르고서 진실이라고 믿고 있는 것이라면, 마조흐의 '세 여인의 이미지'라는 환상은 이제 어떻게 되는가? 그가 논의를 어떻게 전개시켜 나가고 있는지를 지켜보건대, 들뢰즈는 바흐오펜의 시대 구분론이 역사적 사실이 아니라 허구적 창작이라는 사실을 아예 모르고 있거나 알면서도 (별로 중요하지 않은 것으로 간주하고) 외면하고 있는 것으로 보인다.²² 그러나 바흐오펜의 이론이 허구라면, 이

---

22 더 솔직히 말하자면, 그의 어투나 관련된 여러 가지 논의들로부터 미루어 보건대, 들뢰즈는 정말로 모르고 있다. 적어도 그가 *PSM*을 쓰던 1967년까지는, 들뢰즈는 바흐오펜의 이론이 역사적 사실과 일치하지 않는 **틀린** 이론이라는 것을 정말로 모르고 있는 것일 수 있는 것이다.

I. 마조히즘이란 무엇인가?—마조히즘의 증상론

모든 것은 대체 어떻게 되는 것일까?

그런데 정말로 흥미로운 것이면서도 또한 매우 중요한 것일 수도 있는 것은, 실제로 있었던 역사적 사실과는 전혀 무관하다는 것이 이제는 밝혀진 이러한 바흐오펜의 이론(인류 역사의 세 시대 구분론)이 마조흐의 '세 가지 여인의 이미지'라는 환상과 서로 **같은** 이야기를, 혹은 적어도 매우 유사한 이야기를 하고 있다는 것이다. 바흐오펜의 이론이 차라리 실제의 역사적 사실을 제대로 반영하고 있는 **옳은 이론**이라면, 바흐오펜의 이론과 마조흐의 환상 사이의 이러한 일치는 오히려 설명되기 쉬운 것이 될 것이다. 그럴 경우, '과거에 실제로 일어났던 사실'(아프로디테의 시대 → 데메테르의 시대 → 아폴론의 시대)에 대한 인류의 경험이 어떤 식으로든 먼 훗날의 개인의 기억 속에 축적되어[23] 환상의 형태로 되살아난 것으로 설명될 수 있을 것이기 때문이다. 하지만 실제로 일어났던 역사적 사실과는 관계없는 두 개의 **거짓** 이야기가 — 즉 바흐오펜의 이론과 마조흐의 환상이 — 서로 **일치한다**는 것은 어떻게 해야 가능할 수 있는 것일까?[24] 소설가 두 사람이 — 마조흐와 바흐오펜[25] — 서로 **똑같은** 이야기를

---

[23] 이런 사태를 설명하기 위해 자주 원용되는 것이 생물학자 헤켈Ernst Haeckel이 제시한 '개체발생은 계통발생을 반복한다'는 주장이다. 물론 생물학의 영역에서는 이러한 주장의 신빙성에 대해 많은 의문이 제기되고 있지만 — 헤켈은 자신의 주장을 옹호하기 위해 많은 증거를 고의적으로 조작하거나 성급한 비약을 서슴없이 저질렀다고 한다 — 프로이트나 융 같은 심층심리학의 대가들은 그들 나름의 이유로 인해 헤켈식의 이러한 주장을 수긍할 때가 있다.

[24] 유럽의 중세 시절로부터 전해지는 다음과 같은 격언이 있다. "참은 **하나**일 수 있지만 거짓은 **여럿**일 수밖에 없다."

[25] 바흐오펜의 이론은 더 이상 객관적인 역사적 사실에 대해 말하고 있는 '이론'이 아니라 바흐오펜 자신의 상상이 어떤 것인지를 말하고 있는 '소설'이다.

각자 독립적으로 창조해 낸다는 것이 과연 가능한 일일까?[26] 그러므로 바흐오펜의 이론이 **역사적 사실**이 아니라 **상상적 허구**라는 사실이 오히려 바흐오펜의 이론과 마조흐의 환상 사이의 일치를 더욱 흥미롭게 만든다. 사실이 아닌 허구인[27] 바흐오펜의 이론이 또 하나의 허구인 마조흐의 환상과 일치할 수 있다는 그 사실이 정녕 놀라운 것이다. 두 개의 독립적인 허구가 서로 똑같은 이야기를 한다는 것, 도저히 가능할 것 같지 않은 이러한 일이 일어난다는 것은 대체 무엇을 의미하는 것일까? 이러한 일은 도대체 어떻게 가능해질 수 있는 것일까? — 나중에 우리는 이 문제로 돌아오게 될 것이다.

4. 엄마의 세 가지 이미지와 두 번째 엄마의 수수께끼

들뢰즈에 따르면, 마조흐의 소설들 속에 등장하는 세 유형의 여인들은 각각 엄마가 보여 주는 서로 다른 이미지들에 대응한다. 즉 이 세 여인 각자의 모습에는 엄마의 서로 다른 세 가지 이미지가 차례차례 반영되어 있다는 것이다. 마조흐 소설의 첫 번째 유형의 여인,

---

[26] 마조흐의 환상은 바흐오펜의 책과 상관없이 이미 그의 유년시절부터 싹트기 시작한 것이다 — *PSM*에 실린 부록 ①「유년의 기억과 소설에 대한 생각」으로부터 이 사실을 확인할 수 있다. 즉 마조흐와 바흐오펜은 서로를 모르는 독립적인 상태에서 각자 따로 자신들의 이야기를 한 것이며, 각자 따로 이루어진 이 두 이야기가 서로 우연치 않게 일치하게 된 것이다. 그러므로 마조흐가 바흐오펜의 책을 실제로 읽었느냐 하는 것은 실은 별로 중요한 문제가 아니다.

[27] 지금 우리는 이 '허구'라는 말을 실제로 일어난 역사적 사실과 무관하다는 의미에서 사용하고 있는 것이지 어느 개인이 자의적으로 아무렇게나 창조해 낸 것이라는 의미에서 사용하고 있는 것이 아니다. 나중에 보게 되겠지만, 마조흐의 환상은, 그러므로 또한 그것과 일치하는 이야기를 하고 있는 바흐오펜의 이론은, 결코 어느 개인이 자의적으로 아무렇게나 창조해 낸 이야기가 아니다.

즉 사랑과 미를 위해서만 사는 창녀적 여인에 대응하는 엄마의 이미지를 들뢰즈는 '원초적 엄마, 자궁-엄마, 창녀-엄마, 배설과 늪의 엄마' 등으로 규정한다. 마조흐 소설의 세 번째 유형의 여인, 즉 제3의 남자의 부추김을 받아서거나 아니면 그와의 긴밀한 공모 관계에 의해서 자신의 연인을 고문하는 것을 즐기는 여인에 대응하는 엄마의 이미지를 들뢰즈는 '오이디푸스적 엄마'라고 규정한다.[28] 이 세 번째 엄마의 이미지가 아버지와의 배타적인 사랑의 관계(성적 관계) 속에 예속되어 있는 — 즉 아버지와 엄마의 관계를 바라보는 주체를 그들의 사랑의 관계에 끼어들지 못하도록 배제하고 있는 — 엄마를 나타내고 있다는 것은 분명해 보인다. 들뢰즈의 지적처럼, 이 '오이디푸스적인 엄마'는 아버지의 공모자이자 동시에 그에게만 예속되어 있는 희생자인 것처럼 나타난다. 이에 반해 첫 번째 엄마의 이미지는, 아버지에게만 예속되어 있는 이 세 번째 엄마의 이미지와는 달리, 자유롭고 분방한 것처럼, 마치 주체 자신에게 원하는 모든 것을 다 내어 줄 수 있을 것처럼 — 그것이 영양 섭취의 욕구를 만족시켜 줄 수 있는 양분(젖)을 제공해 주는 것이든 아니면 사랑의 욕구(성적 쾌락의 욕구)를 만족시켜 줄 수 있는 사랑을 느끼게 해 주는 것이든, 하여간에 그녀의 몸과 마음을 통해 줄 수 있는 모든 것을 언제라도 다 내어 줄 수 있는 것처럼 — 보이지만, 이 세 번째 엄마의 이미지와 마찬가지로 역시 관능적이고 감각적이다.[29] 그리고 이 두 가

---

28 첫 번째와 세 번째 엄마의 이미지에 대한 이상의 내용에 대해서는 *PSM*, p. 49 참조.
29 들뢰즈는 때로, '자궁-엄마'라는 규정에서도 알 수 있듯이, 이 첫 번째 엄마의 이미지를, 인간이 아직 태어나기 전에 엄마의 자궁 속에 들어 있을 때 체험하는 엄마를 나타내는 것으로 이

지 엄마의 이미지에 의해 둘러싸여 있는 가운데에 두 번째 엄마의 이미지가 있다. 이 두 번째 엄마의 이미지는 마조흐 소설의 두 번째 유형의 여인에 대응하는 것이며, 마조흐 소설에서 이 두 번째 유형의 여인이 그러하듯이, 이 두 번째 엄마의 이미지야말로 마조히즘의 성립에 핵심적인 역할을 하는 것이다. 또한, 역시 마조흐 소설의 두 번째 유형의 여인이 그러하듯이, 이 두 번째 엄마의 이미지는 자칫 자신의 균형을 잃고 그것의 주위를 에워싸고 있는 첫 번째나 세 번째 엄마의 이미지로 추락하기 쉬운 존재이다. 다시 말해, 이 두 번째 엄마의 이미지는 첫 번째나 세 번째 엄마의 이미지에 가려 그 존재가 쉽게 눈에 띄지 않는 것이며, 그러므로 첫 번째나 세 번째 엄마의 이미지가 누리는 굳건한 존재성에 비해 잊혀거나 파괴되기 쉬운 불확실한 존재성만을 유지하고 있는 것이다. 여기에서 우리는 조금 과감하고 단순하게 말해 보도록 하자 — 과감하고 단순한 것은 사실이지만, 우리는 우리의 이러한 주장이 옳은 것이라고 생각한다. 우리가 이해하는 한, 프로이트의 정신분석학은, 특히 그것이 '오이디푸스-콤플렉스'를 모든 미래의 심리적 발달을 규정짓는 **가장 결정적인 사태**라고 주장하는 것일 때, 저 세 번째 엄마의 이미지만을 인정하는 것이다. 더 나아가, 설령 이 '오이디푸스적인 엄마'의 이미지에 대비되는 또 다른 '엄마의 이미지'에 대해 말하는 주장이 있다 하더라도,

---

해하는 때가 있다. — *PSM*, p. 54(영어본 p. 61). 하지만 또한 그는 이 이미지를, 탄생 이후의 '전성기기(전생식기)적 단계'pregenital phase에서 체험되는 엄마를 나타내는 것으로 이해하기도 한다. 아마도 이 첫 번째 엄마의 이미지를 '자궁 속에 있을 때부터 시작해서 탄생 이후 전성기기(전생식기)적 단계가 끝나는 데까지 이르는 동안 체험되는 검마'를 나타내는 것이라고 이해하면 무난하리라.

그러한 주장들의 대부분은 기껏해야 저 첫 번째 엄마의 이미지까지만을 인정하는 것이다. 예컨대 정신분석학이 주장하는 '오이디푸스적인 엄마'의 이미지에 대해, 사람들은 흔히 신화적인 '대지모신(大地母神)으로서의 엄마'(위대한 대지로서의 엄마)를 그것과 대비되는 또 다른 엄마의 이미지로서 내세우려 하지만, 이 또 다른 엄마의 이미지는 들뢰즈가 말하려 하는 두 번째 엄마의 이미지가 아니라 첫 번째 엄마의 이미지에 해당하는 것이다. 그렇다면 사람들이 주로 인정하는 이러한 엄마들 말고 아직 어떤 엄마(엄마의 이미지)의 가능성이 남아 있단 말인가?

5. 두 번째 유형의 여인(마조히스트의 이상형)은 어떻게 만들어지는가?
── 계약: 마조히즘적 관계를 성립시키는 본질적인 요건

마조호의 소설은 두 번째 유형의 여인이, 즉 들뢰즈에 따를 때, 두 번째 엄마의 이미지를 반영하고 있는 것인 이 여인이 그녀의 성적 파트너인 남자(마조히스트)를 어떻게 가혹하게 고문하는지를, 어떻게 분노에 찬 준엄한 매질을 통해 그에게 견디기 힘든 가혹한 고통의 시련을 안겨다 주는지를 그리고 있다. 자신의 연인을 가혹하게 매질할 수 있는 이 여인은 이와 같이 할 수 있기 위해서는, 첫 번째 유형의 여인의 관능성을, 즉 남자가 원하는 육감적인 사랑을 위해 자신의 모든 것을 무조건적으로 다 내어 줄 수 있을 것 같은 그녀의 원초적인 뜨거운 열기를 극복할 수 있어야 한다. 하지만 또한 이 여인은 무조건적인 사랑(창녀적 사랑)에 대한 이러한 **거부**와 **절제**가 세 번째 유형의 여인이 보여 주는 것과 같은 사디즘적 **잔혹성**으로 넘어가지 않도록 조심하기도 해야 한다. 자신의 여자를 이 두 번째 유형의 여인이 되도록 만드는 것은 그녀의 성적 파트너인 남자(마조히스트)의 재량에 달린 문제이다. 그러므로 자신의 여자를 언제든 자칫 첫 번째나 세 번째 유형의 여인으로 추락할 수 있는 위험으로부터 벗어나 이 중간자적 존재에게 요구되는 힘든 균형을 유지해 갈 수 있는 존재로 만들기 위해, 마조흐 소설의 남주인공인 마조히스트는 자신의 **연인과 계약을 맺는다**. 마조히스트는 자신의 성적 파트너가 될 여인이 이러한 두 번째 유형의 여인으로서 계속 존재해 나갈 수 있도록, 이 두 번째 유형의 여인의 모습을 벗어나 첫 번째나 세 번째 유형의 여인처럼 행동하면 안 되도록, 그녀의 발밑에 자신을 바치게 될 이 마조히스트에 대해 그녀가 어떻게 행동해야 하는지를 규정하는 '계약'을 체결하는 것이다.

들뢰즈에 따르면, 마조히스트와 그의 연인 사이에 '마조히즘적인 관계'가 성립할 수 있기 위해서는, 즉 마조히스트의 연인이 마조히스트에게 고통의 매질을 가하는 관계가 성립할 수 있기 위해서는, 이와 같은 계약을 체결하는 것이 **필수불가결한 조건**이 된다. 마조히즘적 관계란 오직 이러한 계약 위에서만 성립할 수 있으며, 계약이 없는 마조히즘적인 관계란 성립하지 않는다는 것이다.[30] 계약을 통해

---

30 이에 대해서는 *PSM*, pp. 55, 66 참조. 들뢰즈는 마조히즘에서 계약이 차지하는 이와 같은 중요성을 자신 이전의 연구자들은 제대로 인식하지 못했음을 지적한다. "마조히즘적인 관계에서 계약이라는 형식이 가지는 지대한 중요성을 라이크Theodor Reik와 같은 위대한 분석자나 그 외의 다른 연구자들이 인식하지 못한 것은 이상한 일이다"— *PSM*, p. 55, 66(영어본 p. 75). 오늘날의 연구자들은 이 이상한 일을 바로잡아 마즈히즘의 실체에 한 발 더 가깝게 다가갈 수

그녀가 어떻게 행동해야 하는지를 미리 정해 두지 않으면, 계약을 통해 그녀가 어떻게 해야 할지를 **교육시켜** 두지 않으면, 그녀는 첫 번째나 세 번째 유형의 여인으로 쉽게 추락할 수 있게 되는 것이다.[31] (이러한 계약 체결은 단지 마조흐의 소설 속에서만 행해지는 일이 아니다. 이는 소설 밖의 실제의 마조히즘적인 관계에서도 일어나는 일이다. 그 자신이 마조히스트였던 마조흐도 그의 실제 성애적 생활에서 자신의 연인과 이러한 계약을 체결하였다.[32]) 이러한 계약을 통해 마조히스트는 그의 이상형인 두 번째 유형의 여인으로 행동할 그의 연인에게서, 첫 번째 유형의 여인의 성향과 세 번째 유형의 여인의 성향이 **변형**되어 나타나도록 만든다.[33] 즉 첫 번째 여인이 보여 주는 뜨거운 관능성과 세 번째 여인이 보여 주는 차가운 잔혹성은, 이 두 번째 여인에게서 각각 '순정한 감성의 부드러움'과 '차갑지만 잔혹하지 않은 준엄함'으로 변형되어 한결 정화(淨化)된 모습으로 나타나게 되는 것이다.[34] 마조히스트의 계약은 여인이 가진 원초적인 관능성과 잔혹성이 그의 연인 속에서 보다 순정한 형태로 변형될 수 있도록 그녀를

있도록 해 준 것이 들뢰즈의 공적이라는 것을 인정한다. 마조히즘에서 계약이 왜 이토록 중요한 것이 되는지의 이유를 우리는 곧 보게 될 것이다.

31 "마조흐 소설의 여주인공은 마조히스트가 자신에게 불어넣는 역할을 그녀가 계속해서 잘 수행해 나갈 수 있을지에 대해 결코 확신하지 못한다. 그녀는 자신이 매 순간마다 자칫 원초적 창녀(첫 번째 유형의 여인)나 사디즘적 여인(세 번째 유형의 여인)으로 다시 굴러떨어질 수 있음을 느낀다. 이리하여, 예컨대『이혼한 여자』의 여주인공 안나는 자신이 줄리앙의 이상형을 연기하기에는 너무나 약하고 변덕스러운 창녀적인 여자인 것 같다고 고백한다."— *PSM*, p. 45.

32 *PSM*의 부록 ②로 실린「마조흐의 2개의 계약서」를 통해, 마조흐가 실제로 자신의 연인들과 체결한 계약과 그 내용을 확인할 수 있다.

33 *PSM*, p. 56 참조.

34 *PSM*, p. 56 참조.

교육시키기 위해 맺어지는 것이다.[35]

6. 마조히즘의 '상징적 질서': 엄마의 '상징적 기능'

계약을 통해 **교육**시켜야 한다는 것, 그것은 이러한 두 번째 유형의 여인의 특성이 처음부터 **자연적으로 주어져 있는 것**이 아니라 — 즉 처음부터 **자연의 상태로 주어져 있는 것**이 아니라 — **자연적 상태를 넘어서려 하는 일종의 문화적인(초자연적인) 노력**에 의해 성취되어야 하는 것이라는 것을 말해 주고 있는 것으로 보인다. 즉 이러한 여인의 특성이나, 이러한 특성을 가진 여인을 자신의 이상형으로 추구하는 남자(마조히스트)의 성향은 '자연'에 속하는 것이 아니라 오히려 주어진 자연을 극복해야만 가능한 '문명'(문화)culture[36]에 속하는 것인 것처럼 보이는 것이다. 계약과 교육이란 실로 자연을 극복하는 문명을 만들기 위해 이루어지는 것이 아니겠는가! 실로 사람들은 성(성욕)의 **자연적인** 모습이 발견되는 것은 첫 번째와 세 번째 유형의 여인들에게서이며 — 또한 이러한 유형의 여인들을 자신들의 성적 파트너로서 추구하는 남자들에게서이며 — 또한 성적 관계의 **자연적인** 모습이 발견되는 것도 이러한 유형의 여인들과 맺는 관계에서라고 생각할 것이다. 두 번째 유형의 여인이나 그녀와의 성적 관계는 자연적인 모습이 아니라 오히려 이러한 자연적인 모습을 극복해야지만 가능한

---

35 마조히스트가 자신의 연인을 교육시켜야 할 필요성에 대해서는 *PSM*, p. 36 참조.
36 이하에서 '문명'과 '문화'를 같은 말로 쓸 것이다. 둘 다 culture의 번역어이다.

문화적인 모습일 것이라고 사람들은 생각할 것이다. 실제로 들뢰즈는 마조히즘에게서, 즉 두 번째 유형의 여인을 자신의 이상적인 성적 파트너로서 추구하는 마조히스트의 성향에게서, 자신에게 주어져 있는 **자연 그대로의 상태**를 극복하려 하는 '문화주의'culturalism의 성향을, 즉 자연 그대로를 순리로서 좇으려 하는 '자연주의'naturalism의 성향과는 반대되는 것을 추구하는 성향을 발견할 수 있다고 주장한다.37 "눈(眼)이 정말로 '**인간의 눈**'이 되는 것(감각이 정말로 '**인간의 감각**'이 되는 것)은, 눈이 바라보는 대상이 **인간적인** 대상, 즉 **문화적인** 대상이 될 때이다. 동물(상태)의 눈도 이 대상을 말하자면 **볼 수**는 있을 것이다. 하지만 이 대상은 오직 인간에게만 **진정으로 보이는**, 인간만을 위한 것이다. 대상이 **인간적인** 대상이 되는 것은, 인간이 그 대상을 예술작품으로 대할 수 있을 때이다. 모든 동물은 자신의 감각이 동물적임을 벗어나 인간화되어 가려 할 때 아픔(고통)을 겪는다. 마조흐는 바로 이러한 자기변형이 겪는 고통의 생생한 체험에 대해 말하고 있는 것이다. 그는 감각(관능)의 변형을 통해 도달하게 되는 이러한 문화적 상태를 가리키기 위해, 자신의 주장을 '초감각주의'라는 말로 부른다."38 마조히스트가 자신의 연인의 나체(裸體)를 바라볼 때, 그는 자신의 **자연적인(동물적인)** 성적 욕망이 마음껏 유린해 나갈 수 있는, 즉 자신의 욕망의 **자연적인 상태**를 충족시켜 줄 수 있는, '벌거벗은 암컷'을 보고 있는 것이 아니다. 그의 '**인간적인 눈**'은 이 대

---

37 *PSM*, p. 67 참조.
38 *PSM*, p. 61.

상(자신의 연인의 나체)에게서 오히려 그의 이러한 자연성에 제동을 걸고 그것을 초월하게 만드는 경이로운 **예술작품**을 보고 있는 것이다. 하지만 이럴 수 있기 위해서는, 그는 먼저 자신의 자연적인 동물성으로부터 벗어날 수 있어야 한다. 그는 동물성을 탈피하는 새로운 존재로 변형(변태)되기 위해, 동물성으로부터 벗어나기 위한 격렬한 아픔(고통)을 — 그의 연인이 그에게 가하는 가혹한 매질이 주는 아픔을 — 겪어야 하는 것이다.

그런데 들뢰즈는 마조히즘이 보여 주는 이러한 '문화주의'의 성향 속에 실은 매우 놀라운 함축이 숨겨져 있다는 것을 지적한다.[39] 프로이트에 따르면, 즉 그의 '오이디푸스-콤플렉스' 이론에 따르면, 인간이 자연으로부터 벗어나 문화의 세계를 열게 되는 것은 철저히 아버지의 존재로 인한 것, 아버지가 내리는 **금지의 명령**으로 인한 것이다. 인간의 **자연성**은, 즉 인간 욕망의 **자연적인** 모습은 자신의 성적 쾌락의 욕구를 충족시키기 위한 첫 번째 대상을 엄마에게서 발견하게 되고, 그리하여 엄마와의 **근친상간**을 욕망하게 되지만, 아버지의 존재가 이러한 자연적 욕망이 자신을 **자연 그대로** 밀고 나가는 것을 금지하게 되고, 이로 인해 인간은 '자연이 요구하는 것을 따르는 세계(자연)'로부터 벗어나 오히려 '자연이 요구하는 것을 억압하는 새로운 질서를 따르는 또 하나의 세계(문화)' 속으로, 즉 '자연의 질서'와는 다른 '상징적 질서'symbolic order 속으로, 들어가게 된다는 것이

---

39 *PSM*, p. 56 참조.

다.⁴⁰ 즉 프로이트에 따르면, 인간으로 하여금 **자연적 존재**로서만 살아갈 수 없도록 제동을 거는 것, 자연을 따르는 '쾌락원리'에 대해 오히려 자연을 억압하는 '현실원리'를 내세우게 하는 것, 그리하여 모든 것에 다 적용되는 보편적인 자연의 질서로부터 벗어나 인간에게만 해당되는 — 즉 자연은 그런 것을 모르는 — 문화의 질서를 창조하게 하는 것, 그것이 바로 아버지의 존재이다. 그러므로 아버지가 없이는, 그의 금지의 명령 없이는, 인간은 결코 자연으로부터 벗어날 수 없다. 자연과 법(法)의 대립, 즉 자연을 멈춰 세우게 하는 법의 존재, 즉 자연의 효력을 정지시키며 그리하여 인간으로 하여금 자연으로부터 벗어나 그것과는 다른 문화의 세계 속에서 살아가도록 만드는 법의 존재, 이러한 법의 존재는 오로지 아버지의 존재로 인해 가능해지는 것이며, 그러므로 이러한 '아버지의 법'이 없이는 문화란 성립할 수 없게 되는 것이다. 그런데 마조히즘은 문화란 오직 아버지에 의해서만 가능하다는 이러한 프로이트의 주장을, 많은 사람들에 의해 우리 인간이 구축한 문화의 깊은 진실로서 인정받고 있는 이러한 주장을 완벽하게 뒤엎어 버리고 있지 않은가? 마조히즘에서 자연으로부터 벗어난 문화의 세계를 여는 것은 남자가 아니라 **여자**의 역할이, 즉 아버지의 역할이 아니라 마조히스트를 매질하는 여자 속에 반영되어 있는 **엄마**의 역할이 되고 있다. 마조히스트에게 동물성을 벗어나 정말로 **인간적인** 인간이 되기 위해 겪어야 할 고

---

40 *PSM*에서 들뢰즈는 '자연의 질서'와는 다른 이러한 새로운 질서를, 구조주의자들을 좇아, '상징적 질서'라고 부른다. — *PSM*, p. 56 참조.

통(아픔)을 겪도록 하는 것, 그것은 그를 매질하는 **엄마**의 역할인 것이다. 마조히스트를 동물적인 자연성으로부터 벗어나 문화적인 존재로 변형될 수 있도록 만드는 고통, 그것은 프로이트의 '오이디푸스-콤플렉스' 이론에서처럼 엄마에 대한 근친상간적 욕망을 '거세의 위협'으로 금지시키고 있는 아버지로부터 오고 있는 것이 아니라, 그를 매질하는 여인 속에 반영되어 있는 엄마로부터 오고 있는 것이다. 그러므로 "마조히스트란, (아버지가 아니라) 엄마에 의해서 구축되는 '상징적 질서'의 세계 속에서, (아버지가 아니라) 엄마가 법과 동일시되는 세계 속에서 살고 있는 존재이다".[41] 이 상징적 질서 속에서는, 아버지는 아무런 역할도 하지 못하도록 처음부터 철저히 배제되고 있다. 이 상징적 질서 속에서는 "아버지는 아무것도 아니다. 그는 그 어떤 상징적 기능도 할 수 없도록 모든 권한을 박탈당한 채 쫓겨나 있다".[42]

    과연 아버지를 완전히 배제한 채 오로지 엄마에 의해서만 수립되는 이와 같은 상징적 질서라는 것이 정말로 가능한 것일까? 이와 같은 상징적 질서라는 것이 정말로 가능하다면, 그것은 프로이트 정신분석학의 가장 핵심적인 주장인 '오이디푸스-콤플렉스' 이론을 그야말로 '완전히 뒤집어 버리는 것'이 될 것이다. 이러한 상징적 질서가 정말로 가능하다면, 이 '뒤집어 버린다'는 우리의 말은 결코 과장이 아닐 것이다. 라캉에 따르면, **정신분석학**이라는 **학문**은 '오이디

---

[41] *PSM*, p. 56.
[42] *PSM*, p. 57.

푸스-콤플렉스'를 모든 인간들이 겪어야 하는 **가장 근본적이고 보편적인 사태**라고 주장하는 데서 성립하는 것이다.[43] 즉 정상인이건 신경증자이건 도착증자이건 정신병자이건, 서로 다른 심리적 유형의 모든 인간들이 누구도 예외 없이, 그들의 이러한 심리적 차이를 낳는 모태가 되는 것으로서 보편적으로 겪어야 하는 것이 '오이디푸스-콤플렉스'라고 주장하는 것에서 정신분석학이라는 학문이 성립한다는 것이다. '오이디푸스-콤플렉스'의 이러한 근본성과 보편성을 주장하는 것이 의미하는 것, 그것은 인간을 자연으로부터 벗어나 '상징적 질서'의 세계로 들어가게 하는 것이 오로지 아버지의 역할(라캉의 '아버지의 이름')이라고 주장하는 것이다.[44] 그것은 인간이 취할 수 있는 서로 다른 모든 심리적 유형들이 — 정상인의 유형, 신경증, 도착증, 정신병 등등이 — 모두 바로 이 '오이디푸스-콤플렉스'라는 공통의 모태로부터 나온 것이며, 이 공통의 모태에 어떻게 대응하느냐에 의해 그들의 차이가 생기는 것이라고 주장하는 것이다.[45] 그런데 들뢰즈에 따르면, 마조히즘이 보여 주는 증상 즉, 마조히스트가 **여인**에게 매질당한다는 것은, 마조히스트를 자연으로부터 벗어나게 하는 **법**을 세우는 것이 아버지가 아니라 **엄마**라는 것을, 즉 마조히즘에서 성립하는 '상징적 질서'란 **아버지와 무관하게** 성립한다는 것을 말해 주는 것이다. 다시 말해, 들뢰즈에 따르면, 마조히즘이 보여 주

---

43 Jacques Lacan, *Le séminaire, Livre V : Les formations de l'inconscient*, Paris: Seuil, 1998, p. 162 참조. 정신분석학의 정체성이 무엇인지에 대한 — 혹은 무엇이어야 하는지에 대한 — 이러한 주장은 무엇보다도 라캉 자신의 입장을 옹호하기 위한 것일 게다.
44 *PSM*, p. 57의 각주 17에 나와 있는, 라캉의 주장에 대한 들뢰즈의 논평을 참조하라.
45 Lacan, *Le séminaire, Livre V*, p. 162를 참고하라.

는 이와 같은 증상은 마조히즘이라는 심리적 유형이 '오이디푸스-콤플렉스'와는 **무관하게** 발생하는 것이라는 것을, 즉 '오이디푸스-콤플렉스'라는 것이, 정신분석학의 믿음과는 달리, 모든 심리적 유형을 발생시키는 보편적인 모태가 되는 것이 **아니**라는 것을 말해 주고 있는 것이다.[46] 그러므로 여기 이 마조히즘 속에는, 그것이 보여 주는 저 이상한 증상 속에는, '오이디푸스-콤플렉스'의 보편성을 자신의 학문적 정체성의 기반으로 삼고 있는 정신분석학의 정당성을 붕괴시킬 수 있는 도전이 도사리고 있는 것이다.

물론 프로이트는 마조히즘이라는 도착증이 어떻게 **실은**, 그것이 보여 주는 '**여인**으로부터 매질당한다'는 증상에도 불구하고, '오이디푸스-콤플렉스'의 보편성으로부터 체계적으로 연역되어 나올 수 있는지를, 어떻게 인간의 모든 심리적 유형들을 만들어 낼 수 있는 이 보편적인 모태가 이 이상한 도착증의 발생 역시 자신으로부터 설명해 줄 수 있는지를 보여 주려 한다. 우리는 이에 대한 프로이트의 설명을 자세히 살펴보는 일을 마조히즘의 병인론(발생론)을 논의하게 될 다음 장으로 미루어야 할 것이다. 그러나 한 가지 점만은 지금 이곳에서 미리 짚어 두고 가도록 하자. 마조히즘이라는 도착증 역시 '오이디푸스-콤플렉스'의 보편성을 거스르거나 부정하는 것이 아니라는 것을 보여 주려 하는 프로이트의 시도에서, 우리는 정신분석학이 펼치는 가장 현란한 논리적 곡예 중의 하나를 보게 될 것이다. 누군가에게 이 곡예의 현란함은 정신분석학의 논리가 얼마나 깊고 심

---

46 마조히즘은 흔히 사디즘과 함께 도착증의 하나로 분류된다.

오하며 정교한 것인지를 보여 줄 수 있는 것이 될 수 있겠지만, 그러나 다른 누군가에게 그것은 자신의 편향된 도그마를 교묘하게 포장할 수 있는 정신분석학의 술수가 어디에까지 이를 수 있는지를 보여 주는 것이 될 수도 있다. 프로이트는 마조히즘의 증상이 보여 주는 **표면**과 그 **이면의 숨은 진실**을 구분할 것을 주장한다. 프로이트는 마조히스트를 매질하는 여인이란 실은 진짜로 여인인 것이 아니라 여인으로 위장한 남자(아버지)이며, 그러므로 표면에 드러나고 있는 엄마란 실은 그 안에 숨어 있는 아버지를 대신하고 있는 것일 뿐이라고 주장한다. 나중에 우리가 그 현란한 논리가 어떻게 전개되는지를 구체적으로 살펴보게 될 프로이트의 이러한 주장은 결국, 자연을 벗어나는 '상징적 질서'란 엄마가 아니라 오로지 아버지에 의해서만 수립되는 것이라는 정신분석학의 근본적인 믿음이 그 정당성을 마조히즘에 대한 분석을 통해서도 다시 한번 재확인받을 수 있게 된다는 결론으로 향하게 된다. 실로 정신분석학은 이처럼 마조히스트를 매질하는 '여인'(엄마)을 '여인(엄마)으로 위장하여 나타난 남자(아버지)'로 바꿔 놓아야지만 마조히즘을 사디즘의 방향전환에 의해 발생하는 것으로 설명할 수 있을 것이며, 그리하여 '사도-마조히즘'이라는 통일체에 대한 그것의 믿음을, 또한 더 나아가 '오이디푸스-콤플렉스'야말로 (마조히즘을 포함한) 모든 심리적 유형을 낳는 보편적인 모태가 되는 것이라는 그것의 믿음을 지켜 나갈 수 있을 것이다.

    우리는 마조히즘의 증상이 **표면적으로** 보여 주고 있는 것을, 즉 마조히스트를 매질하는 것은 (아버지가 아니라) 엄마이며, 그러므로 마조히즘이란 (아버지가 아닌) 엄마에 의존해서 상징적 질서를 수립하려 하는 것이라는 것을 **그냥 그대로** 받아들이기로 해 보자 — 나중에 우리는 이처럼 표면이 보여 주고 있는 것을 받아들이기를 거부한 채 그 이면에 아버지가 숨어 있음을 보려 하는 프로이트의 논리가 왜 부당한 것인지를 보게 될 것이다. 그렇다면 마조히즘의 상징적 질서를 가장 잘 특징짓고 있는 것은 **아버지의 완전한 부재**, 즉 아버지가 마조히스트에게 아무런 권리나 역할을 가지지 못하도록 이 상징적 질서로부터 완전히 추방되어 있다는 사실이 될 것이다. 마조히즘의 상징적 질서란 "아버지의 존재를 이미 그리고 영원히 지워 버리고 있는 상징적 질서"47인 것이다. 그러나 이것이 대체 무엇을 의미하는 것일까? 들뢰즈에 따르면, 마조히즘의 이러한 상징적 질서가 의미하는 것은 마조히스트가 **아버지 없이 오르지 엄마에만 의존해서 다시 한번 새롭게 태어나려 하는 욕망**을 가지고 있다는 것, 즉 엄마와 아버지 둘 다에 의존하는 '양성생식'(兩性生殖)의 방법에 의해서 이미 한번 태어난 적이 있는 사람(마조히스트)이 이번에는 아버지를 배제한 채 오로지 엄마에만 의존하는 '**단성생식**'(單性生殖)의 방법에 의해서 다시 한번 새롭게 태어나려고 하는 욕망을 가지고 있다는 것이다.**48** 그렇지만 '아버지 없이 오로지 엄마에만 의존해서 다시 한번 새롭게 태어난다'는 것이 대체 무엇을 의미하는 것일까? 인간이면 누구나 엄마와 아버지 **양편**의 결합에 의해서만 태어나는 것일 텐데, 엄마 한

---

47 *PSM*, p. 56.
48 "마조히스트는 자신을 아버지로부터 해방시킨다. 아버지가 아무런 역할을 하지 못하는 가운데 다시 새롭게 태어나기 위해서 말이다." — *PSM*, p. 59. "아버지와 무관하게 이루어지는 재탄생, 즉, 단성생식…." — *PSM*, p. 82.

편에만 의존하는 '단성생식에 의한 재탄생'이라는 것이 어떻게 가능할 수 있는 것이며, 설령 그런 것이 가능하다 한들 대체 무엇을 위해 그런 것을 욕망하는 것일까?[49]

마조히스트가 엄마에 의해 수립되는 상징적 질서를 통해 '아버지 없는 엄마만의 자식'으로 존재하려 한다 해도, 또한 그가 그렇게 존재하는 것이 이 **상징적** 질서 속에서는 설령 가능하다 해도, 그렇지만 **실제**에 있어서는(in reality)[50] — 즉 이러한 **상징적** 질서 속에서가 아니라 '**자연의 실제 질서**'(혹은, 더 간단히 말해, **자연**) 속에서는 — 인간은 누구나 엄마에 의존해서 태어나는 것과 동시에 또한 아버지에 의존해서도 태어나는 것이지, 어느 누구도 엄마 혼자에만 의존해서 태어날 수는 없다. 마조히즘의 **상징적** 질서가 성공적으로 수립되고 유지될 수 있다면, 아버지의 완전한 추방에 의해 특징지어지는 그러한 **상징적** 질서 속에서는 아버지가 완전히 부재할 수 있겠지만, 그리하여 마조히스트는 '아버지 없는 엄마만의 자식'으로 존재할 수도 있겠지만, **자연**의 질서 속에서는 — 즉 **실제**에 있어서는 — 다른 어느 누구와도 마찬가지로 마조히스트 역시 엄마와 아버지 양편 공동의 자식인 것이다. 다시 말해, 이 **상징적** 질서 속에서 사는 존재(**상징적** 존재)로서의 마조히스트는 '아버지 없는 엄마만의 자식'으로 존재하는 것이 가능할 수도 있겠지만, **자연**의 질서 속에서 사는 '**자연적** 존재'로서의 마조히스트는, 즉 자연적으로 주어져 있는 그의 **현실**

---

49 지금 이 물음에 대한 최종적인 대답은 우리가 탄트리즘을 본격적으로 다루게 될 이 책의 마지막 장에까지 가서야 이루어질 수 있을 것이다.
50 'in reality'라는 영어 표현에 주목해 주기 바란다.

적인 모습에[51] 있어서의 마조히스트는 (엄마 현편만의 자식이 아닌) 엄마와 아버지 양편의 자식인 것이다. 그러므로 들뢰즈의 말처럼 "상징적 질서 속에서 추방된 아버지는, 그렇지만 '실제의 질서'the order of the real 속에서는 — 즉 여기에서의 우리의 표현으로는, '자연의 질서' 속에서는 — 끊임없이 계속해서 활동(존재)하기를 멈추지 않는다."[52] 아버지의 존재는 **실제의** 질서 속에서는 — 다시 말해, 마조히스트의 **자연적 존재**(즉 자연적으로 주어져 있는 그의 **현실적인 모습**)에 있어서는 — 끊임없이 계속해서 활동(존재)하기를 멈추지 않고 있기에, 그러므로 그는 자신을 내쫓아 내려 하는 이 **상징적** 질서의 성립을 방해하는 **저항**으로, 즉 그를 아무런 활동도 하지 못하도록 배제하려 드는 이 **상징적** 질서의 지배를 무력화시키려 드는 **위협**으로, 끊임없이 **되돌아올 수 있는 것이다**.[53] 그러므로 마조히즘의 상징적 질서는, 즉 마조히스트가 아버지 없는 엄마만의 자식으로 다시 태어날 수 있게 되는 이 질서는, 자신의 존재를 언제든 위협할 수 있는 실제의 질서(자연)와의 대립 속에서 존재한다. 이 상징적 질서는 자신을 위협하는 자연의 질서를 극복할 수 있을 때에만, 즉 마조히스트가 자신의 현실적인 모습을 극복할 수 있을 때에만 성립할 수 있게 되는 것이다.

---

51 우리가 이 책의 서장에서 자주 언급하였던 그 '현실적인 모습'을 말하는 것이다.
52 *PSM*, p. 57. 이 인용문 속의 '실제의 질서'의 영어 번역이 본문 중에서 밝혀 놓은 것처럼 'the order of the real'이다 — 불어 원어인 'l'ordre réel'를 조금 더 그대로 옮겼다면, 'the real order'라고도 옮길 수 있었을 것이다. 우리가 앞의 각주에서 **실제**에 있어서는'이라는 말의 영어 표현인 'in reality'에 주목해 달라고 부탁한 것은 이 때문이다.
53 여기에서 들뢰즈는 라캉의 유명한 주장을 원용한다. "라캉은 상징적으로 내쫓긴 것은 언제나 실제의 차원에서 되돌아온다는 심오한 법칙을 주장하였다." — *PSM*, p. 57.

7. 마조히즘: 환상을 좇는 이상주의

마조히즘의 상징적 질서는 이처럼 실제의 질서와 **대립**하는 것, 즉 실제의 질서에 대한 **부인**을 통해 성립하는 것이다. 그러므로 이 상징적 질서는 실제의 질서에 속하는 것이 아니라는 의미에서, 즉 **실제로 존재하는 것**이 아니라는 의미에서 **환상적인**phantasmatic 것이다. "마조히즘은 환상의 기술art이다."[54] "마조히스트는 자신이 꿈꾸고 있다고 믿어야 한다. 심지어 그가 실제로는 꿈꾸고 있지 않을 때조차도 꿈꾸고 있다고 믿어야 한다."[55] 꿈은 각성 시(時)에 만나게 되는 것과는 전혀 다른 세계를, 각성 시(時)에 만나게 되는 '실제로 존재하는 현실'과는 전혀 다른 환상적인 세계를 만나게 만든다. 꿈의 세계는 실제로 존재하는 현실을[56] 그대로 반영하고 있는 것이 아니라 그것과는 전혀 다른 '비현실적인' 세계를 보여 주고 있기 때문에 '환상적인' 것이다. 들뢰즈에 따르면, 마조히즘의 상징적 질서는 이와 같이 오로지 꿈꾸는 것과 같은 '의식의 상태'를 통해서만 만날 수 있다. "마조히스트의 환상적이고phantasmatic 상징적인 세계"[57]는 오로지 **의식의 변성(변형)**'transformation of consciousness을 겪는 것을 통해서만, 즉 실제로 존재하는 현실의 모습을 만나게 되는 각성 시의 의식의 상태와는 전혀 다른 '의식의 상태'가 되도록 **의식의 변화**'를 겪는 것을 통해

---

54 *PSM*, p. 59.
55 *PSM*, p. 64.
56 '실제(實際)의 질서', '현실'(現實), '실제(實際)로 존재하는 것', 이 말들은 모두 서로 동의어로 쓰일 수 있는 것이다. 우리는 이 말들 모두를 영어 표현 'the real'에 대응할 수 있는 것으로 사용한다.
57 *PSM*, p. 58.

서만, 만날 수 있는 것이다. 마조히즘의 **상징적** 질서가 '상징적'이라는 이름을 달게 되는 이유도 여기에 있다. 그것은 '**현실**에 대한 직시'에 의해서가 아니라 현실로부터 이탈하는 '**환상**을 꿈꾸는 것'에 의해 만나게 되는 것이라는 의미에서, 그리하여 '실제로 존재하는 것과는 다른 것'을 나타내고 있는 것이라는 의미에서 상징적인 것이다.[58]

그렇지만 마조히즘의 상징적 질서가 이처럼 환상적인 세계라는 것은, 이러한 환상적인 세계를 좇는 마조히스트가 환상과 현실을 서로 구분하지 못한 채 혼동하고 있다는 것을 말하는 것이 아니다. 마조히스트가 환상을 추구하는 것은 그가 현실이 어떤지를 모르고서 환상을 현실로 착각하고 있기 때문이 아니다. 마조히스트는 현실을, 즉 인간은 누구나 아버지와 엄마 양편의 결합에 의해서만 태어날 수 있다는 사실을 제대로 모르고 있는 것이 아니라, 자신이 잘 알고 있는 이러한 **실제의 사실(자연의 사실)**을 다만 **인정**하고 싶어 하지 않을 뿐이다. 현실을 인정하고 싶어 하지 않는다는 것, 그것은 '**현실이 완벽하지 않다**'고 생각한다는 것이다. "마즈히스트는 이 현실의 세

---

58 그러므로 마조히즘의 이러한 상징적 질서l'ordre symbolique는, 그 내용이나 위상에 있어서, 라캉이 말하는 상징계l'ordre symbolique와 전혀 다른 것이라는 것에 유의해야 한다. 이 둘의 불어 원(原)표현이 같지만, 이 둘을 같은 것으로 혼동해서는 안 된다. 이 둘을 같은 것으로 혼동하는 것은 매우 위험한 오류를 불러일으킬 것이다. 라캉이 말하는 상징계란 많은 사람들이 공유하고 있는 '인간적인 **현실**'을 구성하고 있는 것, 그러므로 사람들이 (각성 시의 의식의 상태에서) 항상 구체적으로 경험할 수 있는 '실제로 존재하는 것'이다. 하지만 마조히즘의 상징적 질서는 많은 사람들이 공유하고 있는 이러한 '인간적인 **현실**로부터 **이탈하는** 환상적인 세계이다. 마조히즘의 상징적 질서는 사람들이 각성 시의 의식의 상태에서 구체적인 경험을 통해 만날 수 있는 것이 아니라 '의식의 변성(변형)'을 통해 이와 같은 각성 시의 의식의 상태를 벗어날 수 있어야만 만날 수 있는 것이다. 마조히즘의 'l'ordre symbolique'는 경우에 따라서는 '상징계'라고 번역하는 것이 훨씬 더 좋은 때가 있다. 하지만 우리는 라캉의 상징계와의 혼동을 피하기 위해 굳이 계속해서 '상징적 질서'라고 말하게 되었구.

I. 마조히즘이란 무엇인가?—마조히즘의 증상론

계가 **완벽하다**perfect는 것을 믿기를 거부하며, 차라리 날개를 달고서 이 세계로부터 벗어나 꿈의 세계 속으로 달아나려 한다."[59] 마조히스트는 현실의 세계가 **완벽하다**는 것을 믿기를 거부하기에, 마조히스트 자신이 그 모습이 어떤지를 잘 인식하고 있는 이 현실의 세계가 그에 대해 행사하고 있는 지배력을 **중지**시키고 싶어 하며, 그리하여 "현실의 세계의 지배력을 이처럼 **부인(否認)**하는 것을 통해, 환상 속에서만 가능한 새로운 **이상(理想)적인 세계**를 열려고 하는 것이다".[60] 그러므로 여기에 마조히즘의 이상주의적인 면모가 발견될 수 있게 된다.[61] 마조히즘에서는 "이상을 향해 나아가는 어떤 상승의 운동"[62]이 펼쳐지고 있는 것이다.

하지만 중요한 것으로 강조되어야 할 것은 마조히즘의 이러한 이상주의라는 것이 현실의 세계에 대한 **부정(否定)**의 태도에 의해서가 아니라 **부인(否認)**의 태도에 의해서 성립하는 것이라는 것이다. 마조히스트는 현실의 세계를 **부정**하고 있는 것이 아니라 **부인**하고 있는 것이다. 즉 그는 현실의 세계의 모습이 어떠한지를 모르고서, 자신의 이러한 무지(비인식) 속에서 그와 같은 모습의 현실의 세계가 **존재한다**는 것을 부정하고 있는 것이 아니라, 자신이 그것의 모습

---

59 *PSM*, p. 30.
60 *PSM*, p. 30.
61 들뢰즈가 마조히즘을 '이상주의'Idealism로 규정하는 데 대해서는, *PSM*, p. 30을 참고하라. 실로 마조히즘을 규정하는 이 '이상주의'라는 말은 앞에서 우리가 마조히즘을 규정하는 들뢰즈의 표현으로 소개한 '초감각주의'supersensualism라는 말의 다른 이름일 뿐이다.
62 *PSM*, p. 21. '이상을 향해 나아가는 어떤 상승의 운동'의 불어 표현은 'ascension vers l'Idéale'이다. 이 'ascension'이라는 말은 예수나 성모 마리아가 하늘로 승천하는 것을 가리키기 위해서도 사용되는 말이다.

이 어떠한지를 잘 알고 있는 이 현실의 세계의 존재 **위**에, 이 현실의 세계와는 다른 새로운 이상적인(환상적인) 세계를 **드리우고** 있는 것이며, 이러한 이상적인(환상적인) 세계 — 엄마가 (아버지 없이) 혼자서 새로운 탄생을 줄 수 있는 세계 — 에 대한 자신의 추구를 통해, 현실의 세계가 자신의 존재에 대해 행사해 온 지배력을 **부인**하고 있는 것이다. 다시 말해, 마조히스트는 자신이 원하지 않는 모습을 가진 현실의 세계가 **존재한다**는 것을 **부정**하고 있는 것이 아니라 — 즉 이러한 현실의 세계의 **존재**를 자신의 무지(비인식) 속에서 **없애고 있는 것**이 아니라 — 그러한 현실의 세계가 존재한다는 것을 온전히 받아들이면서도 다만 자신이 그것의 지배력에 따라야 한다는 것을 **부인**하고 있는 것이며, 그리하여 현실의 세계와는 다른 새로운 이상적인 세계를 추구하고 있는 것이다.[63]

8. 죄책감(죄의식)이라는 마조히스트 특유의 증상의 이유

그러므로 현실에 대한 (부정이 아닌) 부인과 이상(환상)에 대한 추구, 이것이 마조히스트를 규정짓는 특징이다. 마조히즘의 특징은 이상을 추구하게끔 하는 마조히스트의 **환상**이 — 엄마에만 의존하는 '단성생식'에 의한 재탄생이라는 환상이 — 현실에 대한 그의 **사실적인 (과학적인) 인식**을 **압도**하는 데 있는 것이다. 마조히스트는 현실이 어

---

[63] 들뢰즈는 현실의 세계에 대한 마조히즘의 태도를 특징짓는 것이 '부정'이 아니라 '부인'이라는 것을 매우 강조하며, 이 점을 제대로 인식하는 것이 마조히즘에 대한 올바른 이해를 위해 매우 중요하다고 역설한다.

떤 모습인지를 잘 알고 있으며, 또한 이 현실에 속해 있는 자신의 **자연적 존재**가 오로지 엄마와 아버지 양편의 결합에 의해서만 존재할 수 있다는 것을 잘 알고 있으나, 이 현실을 부인하게 만드는, 또한 이 현실에 속해 있는 자신의 이러한 **자연적 존재**(그의 **현실적인 모습**)를 부인하게 만드는 자신의 강렬한 이상(환상)에 사로잡혀 있는 것이다.

그런데 마조히스트를 사로잡고 있는 이와 같은 환상은 마조히스트 자신이 자신의 **의식**의 능동적인 주도하에 자발적으로 꾸며 내고 있는 것이 아니다. 꿈에서 만나게 되는 환상의 세계가 꿈을 꾸는 주체가 자신의 의식의 능동적인 사용을 통해서 자발적으로 꾸며 내는 것이 아니듯이, 각성 시의 의식의 상태(즉 통상적인 의식의 상태)와는 다른 의식의 상태로 변화되는 '의식의 변형'을 겪음으로써 만나게 되는 이러한 마조히스트의 환상의 세계 역시 의식의 작용의 소산이 아니라 오히려 의식의 작용에 **반(反)하는** 알 수 없는 원천으로부터 생겨나 거역할 수 없는 힘으로 마조히스트의 존재를 사로잡는 것이다.

마조히스트의 **의식**은 현실이 어떤지를 정확하게 인식하고 있으며, 그러므로 이러한 환상이 오로지 **환상일 뿐**이라는 것 역시 잘 인식하고 있지만, 이러한 환상은 그의 이러한 **의식적 인식에도 불구하고** 그를 도저히 빠져나갈 수 없는 힘으로 사로잡고 있다. 그러므로 마조히스트는 자신을 일종의 **이중적 존재**로서 체험한다. 그의 **의식**은 그 자신이 **현실에 속해 있는 존재**라는 것을, 즉 자신을 사로잡고 있는 환상과는 너무나도 다른 이 현실 속에 살고 있으며 이 현실의 지배력에 구속되어 있는 존재라는 것을 잘 인식하고 있다. 하지만 그는 또한 그의 의식의 이 모든 인식에도 불구하고 이 현실을 부인하는 자신의 강렬한 환상에 사로잡혀 있다. 그는 자신을 사로잡고 있는 이 환상의 강렬한 힘에 의해 자신의 자연적 존재가 속해 있는 이 현실의 **정당성**을 부인하게 되며,[64] 그리하여 이 현실의 지배력으로부터 벗어나려 하는 또 다른 존재로서 자신을 발견하게 되는 것이다.

그러므로 마조히스트의 환상은 그의 자연적 존재가 살고 있는 이 현실을, 그를 사로잡고 있는 강렬한 이상(환상)에 **도저히 미치지 못한다**는 것을 그가 잘 인식하고 있는 이 현실을, 온통 '무엇인가가 근본적으로 잘못되어 있는 **죄스러운** 세계'가 되도록 만든다. "범죄가 자연과 역사의 도처에 퍼져 있다."[65] **범죄**, 즉 무엇인가를 근본적으로 잘못되어 있는 것으로 만드는 중대한 결함이 자연의 모든 곳에, 또한 인간의 삶이 펼쳐지는 역사의 모든 과정에, 널리 퍼져 있는 것이다. "범죄와 그로 인한 시련이 인간성humanity(혹은 인류)을 짓누르고 있다."[66] 그러므로 마조히스트는 이 현실의 이러한 죄스러움에 대해, 자신의 자연적 존재가 몸담고 있는 이 현실이 이처럼 **온통 죄로 물들어 있음**에 대해 **죄의식**을 갖게 된다. 그리하여 그는 그의 자연적 존재를 짓누르고 있는 이 죄로부터 풀려나기를 바라는, 죄로 가득 찬 이 현실을 극복할 수 있기를 바라는 **속죄(贖罪)의 욕망**을 갖게 되는 것이다.[67] 그에게 (단성생식에 의한) **재탄생**을 줄 수 있는 존재, 즉 그를 지

---

64 "마조히스트는 현실의 정당성에 대해 이의를 제기한다." — *PSM*, p. 30.
65 *PSM*, p. 84.
66 *PSM*, p. 9.
67 속죄의 욕망에 대해서는 *PSM*, p. 84 참고.

금 주어져 있는, 죄로 물든 그의 **자연적 모습**과는 다른 — 즉, 아버지와 엄마 양편의 양성생식에 의해 태어난 그의 자연적 모습과는 다른 — **새로운 모습**으로 거듭날 수 있게 해 줄 수 있는 엄마(두 번째 엄마)의 존재, 바로 이 엄마에 의해서 그에게 주어질 수 있는 매질의 고통이 이러한 속죄를 위한 수단이 되는 것이다. 그가 이 엄마에게서 겪는 이러한 고통이 그로 하여금 죄로 물든 그의 자연적 모습으로부터 벗어나, 그가 원하는 이상적인 새로운 모습으로 거듭날 수 있게 해 주는 것이다. 마조히스트란 그의 자연적 존재로부터 벗어나게 하는 이와 같은 고통을 겪는 한에서만 그가 원하는 이상적인 존재로 거듭날 수 있는 존재이다. 그는 오직 고통을 겪는 것을 통해서만 자신이 바라는 것을 성취하는 **쾌락**을 얻을 수 있는 존재인 것이다.

9. 마조히즘의 가장 핵심적인 증상

그러므로 사람들이 흔히 마조히즘의 놀라운 특성으로 이야기하는 '고통과 쾌락의 결합(일치)'이라는 현상이, 즉 마조히스트가 오로지 고통 속에서만 쾌락을 얻는 자인 것 같다는 현상이, 마조히즘에서 발견되는 것은 사실이다. 또한 마조히스트의 심리적 특성이 죄책감과 속죄욕망이 두드러지게 나타나는 데 있다는 것도 사실이다. 즉 고통을 통해서 쾌락을 찾는 듯한 이러한 **감각적 차원**의 특이성, 그리고 죄책감과 속죄욕망의 과도한 범람이라는 **심리적 차원**의 특이성이 마조히즘을 규정짓고 있는 중요한 증상이라는 것은, 즉 마조히즘 이외의 다른 유형의 정신병리적 현상들에게서는 찾아볼 수 없는, 마조히즘 특유의 증상이라는 것은 분명한 사실인 것이다. 하지만 그럼에도 불구하고 마조히즘을 이러한 감각적 차원의 특이성이나 이러한 심리적 차원의 특이성**으로부터** 이해하려 하는 것은 잘못된 것이다. 즉 고통과 쾌락의 결합이나 죄책감과 속죄욕망을 마조히즘을 규정하는 **가장 핵심적인 증상**으로 생각하는 것은, 그리하여 이 증상들을 **중심**에 놓고 이것들로부터 출발해서 마조히즘이 무엇인지를 해명하려 하는 것은 마조히즘을 잘못 이해하게 만드는 것이다. 마조히즘에 대한 기존의 몰이해는 — 프로이트를 비롯한 많은 사람들이 저지른 이 몰이해는 — 마조히즘을 바로 이처럼 이러한 감각적 차원의 특이성이나 이러한 심리적 차원의 특이성**으로부터** 이해하려 했기 때문에 생기게 된 것이다. 마조히즘을 사디즘의 방향전환에 의해 발생하는 것으로 설명하려 하는 프로이트의 잘못된 이해는, 이러한 감각적 차원의 특이성이나 이러한 심리적 차원의 특이성을 마조히즘을 규정하는 **가장 핵심적인 증상**이라고 잘못 생각했기 때문에 생겨난 것인 것이다.

'고통과 쾌락의 결합'이라는 감각적 차원의 특이성이나 죄책감과 속죄욕망이라는 심리적 차원의 특이성, 이 모든 것은 바로, 이제까지 보아 왔듯이, 엄마에 대한 마조히즘의 저 **환상**으로 인해 생겨나는 것이며, 따라서 마조히즘의 가장 핵심적인 증상이 되는 것도 마조히스트가 엄마와 관련하여 들려주는 바로 저 **환상적인 이야기**, 즉 그가 그의 성관계에서 이루어지는 행위를 통해 몸소 실연(實演)해 보여 주고 있는 바로 저 **환상적인 이야기**이다. 즉 세 가지 유형의 여인(엄마의 세 가지 이미지)이 있으며, 이 중 두 번째 여인이 나머지 여인들을 제압하는 이상적인 여인으로 군림하며, 이 여인과의 계약을 통해 아버지를 철저히 배제한 채 오로지 이 여인으로 하여금 마조히스트 자신을 벌하는 법을 세우고 집행하도록 하며 — 즉 마조히스트 자신에게 고통을 주는 매질을 가하도록 하며 — 그리하여 이 모든 과정을 거친 후에야 비로소 이루어질 수 있게 되는 이 여인과의 성적 교합(交合)에 의해 마침내 마조히스트 자신의 재탄생이, 아버지를 배제한 채 오로지 엄마에만 의존하는 '단성생식'의 방법에 의해 이루어질 수 있게 되는 '새로운 인간으로의 재탄생'이 이루어지게 된다고 들려주는 마조히스트의 환상적인 이야기 말이다. 마조히스트란 '고통과 쾌락의 결합'이라는 그의 감각적 차원의 특이성이나 죄책감과 속죄욕망 같은 그의 심리적 차원의 특이성에 의해서가 아니라 바로 그의 이와 같은 **환상**에 의해서 압도되고 있는 자로서 규정되어야 한다. 그는 자신의 이러한 환상이 현실과는 너무나도 다르다는 것을 잘 인식하고 있음에도 불구하고 이러한 환상에 사로잡혀, 그것이 가리키는 방향을 좇아 이 현실로부터 벗어나려 하는 강렬한 충동에 시달리고 있는 자인 것이다. 마조히스트를 특징짓는 '쾌락과 고통의 결합'이라든가 죄책감과 속죄욕망 같은 것은 모두 그가 이러한 환상에 사로잡혀, 그의 자연적 존재가 속해 있는 이 현실로부터 벗어나 이 환상과 일치하는 새로운 존재로 거듭나려 하기 때문에 생기게 되는 것이다. 그러므로 이러한 감각적 차원의 특이성이나 이러한 심리적 차원의 특이성은 모두 오로지 이러한 환상적인 이야기의 구조 **안**에서만 의미를 가질 수 있게 된다. 마조히스트에게 이러한 감각적 차원의 특이성이나 이러한 심리적 차원이 특이성이 존재하도록 만드는 것이 바로 이러한 환상인 것이며, 그러므로 이러한 감각적 차원의 특이성과 이러한 심리적 차원의 특이성이 내포하고 있는 의미가 무엇인지를 규정하는 것도 역시 이러한 환상인 것이다. 그러므로 이 환상을 배제한 채, 이 환상이 들려주는 이야기를 도외시한 채, 오로지 그 안에 들어 있는 내용물들에 의해서, 즉 '고통과 쾌락의 결합'이라는 감각적 차원의 특이성이나 죄책감과 속죄욕망이라는 심리적 특이성에 의해서, 마조히즘을 이해하려 하는 것은 내용물들을 의미 있게 해 주는 바로 그 구조를 내다 버린 채 오로지 그 내용물들만을 건져 내는 것과 똑같은 짓을 하고 있는 것이 된다. 원래의 구조로부터 빼내어진 이 내용물들은 아무렇게나 원하는 대로 다른 구조를 이루도록 재조합될 수 있을 것이며, 바르 이러한 자의적인 재조합의 결과가 '사도-마조히즘'이라는 것, 즉 마조히즘과 사디즘을 '고통과 쾌락의 결합'이라는 공통의 중심축을 통해 하나의 방향전환에 의해 다른 하나가 얻어질 수 있는 관계에 있는 것으로 생각하는 방식인 것이다.[68]

---

[68] "마조히즘에 대해 '고통과 쾌락의 일치'라는 질료적인(감각적인) 정의를 내리는 것은 불가능해 보인다. 마조히즘에게서 고통의 감각과 쾌락의 감각이 결합되는 것은 먼저 어떤 형식적인 조건을 전제하고 있다. 이 형식적인 조건을 간과하게 되면 모든 것은 뒤죽박죽이 된다. (…) 또한 마조히즘에 대해 '죄책감을 갖는다'와 같은 정신적(심리적) 정의를 내리는 것도 역시 불충분한 것이기는 마찬가지이다. (…) 이 점에서도 역시 과연 어떤 조건에서 그러한 죄책감이 체험되는 것인가를 아는 것이 중요한 것이다. (…) 마조히스트가 느끼는 감각과 마조히스트가 체험하는 심리적 상태 너머에, 마조히스트가 들려주는 이야기가 있다. 이 이야기에 마조히스트는 사로잡혀 있는 것이다. 이 이야기는 어떻게 두 번째 엄마가 승리하며 어떻게 아버지가 배제되는지, 어떻게 이 모든 것으로부터 **새로운 인간**이 나오게 되는지를 이야기하고 있다. (…) 감각적인 마조히즘(즉 몸으로 고통과 쾌락의 일치를 체감하는 마조히즘)에 앞서, 또한 정신적인 마조히즘(죄책감과 속죄욕망을 느끼는 마조히즘)에도 앞서, 형식적인formal 마조히즘(환상적인 이야기의 형식을 가진 마조히즘)이라는 것이 있는 것이다." — *PSM*, pp. 87~88.

10. 마조히즘의 자연주의

앞에서 우리는 자연주의와 대비되는 듯한 마조히즘의 **문화주의적 면모**에 대해서, 즉 자연의 질서를 그대로 따르려 하는 것이 아니라 그것의 지배력을 중지시키고 그것과는 다른 새로운 문화적인 세계를 열려 하는 듯한 마조히즘의 면모에 대해서 말하였다. 마조히즘의 '상징적 질서'는 '자연의 질서'(실제의 질서)에 대한 **부인**을 통해 성립하는 것이며, 마조히스트는 자신의 '자연적 존재'를 넘어, 즉 자신의 연인을 감각적으로 탐하려 하는 자신의 자연적인(동물적인) 관능성을 넘어, 그러한 자연적인 육욕에서 벗어난 새로운 존재로 자신을 변형시키는 것을 추구하는 자로서 이해되었던 것이다.[69] 마조히스트가 보여 주는 이러한 모습, 즉 자신의 '자연적 존재'가 속해 있는 **현실**의 정당성을 부인하고, 이러한 현실의 지배력으로부터 벗어나기 위해 자신의 자연성을 부인하는 매질의 고통을 겪음으로써 환상적이고 이상적인 새로운 세계를 열려 하는 그 모습은 마조히즘이라는 것이 자연의 질서를 발견하고 그것을 따르려 하는 '자연주의'를 지향하고 있는 것이 아니라 오히려 자연의 흐름에 반대하고 저항하여 그것이 주는 것과는 다른 새로운 것을 창조해 내려 하는 '문화주의'를 지향하고 있다는 것을 말해 주고 있는 것처럼 보였던 것이다.

그런데 들뢰즈는 '자연의 질서'를 부인하는 '상징적 질서'를 세우려 하는 이러한 마조히즘이 그렇다고 해서 단순히 '문화주의'인 것

---

[69] "새로운 인간 (…) 성애(性愛)를 극복한 인간…" — *PSM*, p. 87.

만은 아니라고 주장한다.[70] 모든 문화주의는, 즉 자연과 무관한 새로운 질서의 수립을 표방하는 모든 노력은 자신이 그렇게 애써서 세우려 하는 이 문화라는 것이 어떤 **궁극적인** 가치를 지닐 수 있는 것인지를 설명하는 데 있어서 어려움을 겪게 될 것이다. 만약 마조히스트가 추구하는 이상적인(환상적인) 세계가 자연과 **무관한 것**이라면, 만약 마조히즘의 특징인 '현실에 대한 부인과 이상(환상)에 대한 추구'가 그런 것에 대한 자연의 완전한 **무관심** 속에서 이루어지는 것이라면, 앞에서 우리가 지적하였듯이, 설령 마조히즘의 이상이 아무리 숭고하고 아름다운 것으로 보인다 할지라도, 그런 것에 대해 **전혀 모르는** 이러한 자연의 무관심 속에서 이루어지는 이러한 '이상의 추구'라는 것이 대체 무슨 소용이 있을 수 있는 것일까? 이러한 문화주의가 맞게 될 **궁극적인** 운명이란, 그러므로 그것이 지닐 수 있는 **진정한** 가치란 이 우주의 시간 속에 잠시 왔다가 사라지게 될 인간이라는 종(種)의 소멸과 함께 모든 것이 아무런 흔적도 없이 다시 '허무' 속으로 사라지게 되는 그런 것이 아닐까? 이러한 문화주의란 자신 밖의 객관적인 세계가 어떤 것인지에 대해서는 전혀 신경 쓰지 않은 채 그저 자신이 자의적으로 생각해 낸 것만을 따르려 하는 어느 고집스러운 개인이 만들어 낸 주관적인 몽상의 세계가, 그것을 만들어 낸 이러한 개인이 소멸할 때 맞게 될 그러한 운명과 똑같은 운명을 맞게 되는 것이 아닐까?

그런데 들뢰즈에 따르면, 마조히즘의 이러한 상징적 질서와 그

---

70 *PSM*, p. 67 참조.

것의 환상적이고 이상적인 세계란 결코 자연과 무관한 비자연의 인위적인 세계를 만들어 내는 것이 아니다. 들뢰즈에 따르면, 자연적인 관능성의 뜨거운 열기를 식히는 '순정한 감성의(센티멘털한) 차가움', 즉 '자연의 질서'(실제의 질서)를 부인하는 ─ 이 '자연의 질서'(실제의 질서)에 속하는 자연적인 관능성을 부인하는 ─ '상징적 질서'에 의해 이루어지는 이러한 차가움은 바로 **자연 자체**가 지닌 차가움이다. "마침내 『달빛』이 자연의 비밀을 우리에게 넘겨준다. 자연 자체가 차갑고 모성적이며 준엄하다."[71] 그러므로 자연적인 관능성으로부터 벗어나 '순정한 감성의(센티멘털한) 초감각적인 상태'로 승화되도록 자기변형을 이룬다는 것은, 다시 말해 '자연의 질서'(실제의 질서)로부터 벗어나 그것을 부인하는 '상징적 질서'를 세운다는 것은, 실은 결코 자연으로부터 벗어난다는 것을 의미하지 않는다. 이러한 상징적 질서를 세운다는 것은 오히려 **숨겨져 있는** 자연 자체의 **깊은 본모습**에로 되돌아간다는 것을, 즉 우리가 흔히 '자연의 질서'(실제의 질서)라고 생각하는 것에 의해서 그 이면 속에 숨겨져 있도록 **은폐되고** 있는 자연 자체의 깊은 본모습을 되찾는다는 것을 의미하는 것이다. 자연은 '실제의 질서'라는 그것의 조야한 겉모습 아래에, 이러한 '실제의 질서'를 부인하고 극복해야지만 되찾을 수 있게 되는 그것의 **깊은 비밀** ─ "자연의 비밀, (…) 차갑고 모성적이며 준엄한 그것의 비밀" ─ 을 숨기고 있는 것이다.

---

71 *PSM*, p. 45. '차갑고 모성적이며 준엄하다'는 이 술어는 또한 두 번째 엄마의 이미지를 서술하는 술어라는 것을 우리는 앞에서 보았다.

그러므로 마조히스트를 사로잡고 있는 환상이란, 즉 그로 하여금 '실제의 질서'의 정당성과 지배력을 부인하도록 만드는 그의 환상이란 이러한 '실제의 질서'에 의해 은폐되고 있는 자연의 깊은 비밀을 계시(啓示)해 주고 있는 것이 된다. 자신의 환상을 좇고 있는 마조히스트, 이 환상에 의해서 자신의 자연적 존재를 — 즉 자신의 **현실적인 모습**을 — 부인하고 있는 마조히스트, 그는 '현실을 부인하고 이상을 추구하는' 그의 이러한 이상주의를 통해 실은 자연의 깊은 비밀을 실현하려 하는 '진정한 리얼리즘realism'을 추구하고 있는 것이다.[72] 마조히즘의 이상주의가 '실제의 질서'의 지배력을 부인하고 중지시키려 하는 것은 결코 자연을 배척하기 위해서가 아니라 오히려 이러한 표면적인 '실제의 질서'에 의해 가려지고 있는 자연의 비밀스러운 본모습을 되찾기 위해 그렇게 하는 것이다. "조야(粗野)한 자연, (…) 이러한 자연이 끝나는 곳에서 (…) 센티멘털하고 초감각적인 대(大)자연이 시작된다."[73]

그러므로 마조히즘이란 결코 남들과 유별나게 다른 어떤 이색적인 개인이 **자연과 무관하게** 자신의 개인적인(사적인) 취향을 표현하고 있는 것이 아니다. 마조히즘이란 인간이 자연의 질서에 아랑곳하지 않는 자신의 **문화적인** 취향을 자유롭게 도현하고 있는 것이 아니라, 인간보다 앞서 있는 자연의 진리를, 인간의 개인적인(사적인) 취

---

[72] 보통의 리얼리즘을 뛰어넘어, 실재의 이면 속에 감추어져 있는 그 진정한 본모습을 추구하려 하는 것이라는 의미에서 이를 '초(超)리얼리즘'이라고, 즉 '초현실주의'surrealism라고 부를 수도 있을 것이다.
[73] *PSM*, p. 49.

향을 넘어서 있는 **보편적이며 객관적인 '자연의 진리'**를 따르려 하고 있는 것이다. 그러므로 자연의 깊은 진리에 대한 **존재론적 탐구**가 진행되고 있는 것인 이러한 마조히즘을 '문화주의'라는 좁은 틀 속에 가둬 둘 수는 없다. 마조히즘은 자연의 진리를 발견하려 하고 그것에 따르려 하는 '자연주의'이다.74 마조히즘의 저 문화주의적 면모란 자연 자체에 대한 존재론적 탐구인 마조히즘의 '자연주의' 안에 용해될, 이 자연주의의 일부 모습일 뿐이다. 하지만 자연이라는 것이 정말로 마조히즘이 그리는 이와 같은 것이 될 수 있을까? 마조히즘의 '자연주의'는 과연 정당화될 수 있는 것일까?

11. 마조히즘의 증상론에서 병인론으로

이로써 우리는 마조히즘이 **무엇인지**를 알게 되는 듯이 보인다. 우리는 마조히즘의 정체가 하나의 **환상**을 중심으로 형성되어 있는 것이라는 것을 보았다. 마조히즘의 이 환상은 '**차갑고 모성적이며 준엄한**' 엄마에 대해서 이야기하는 것이다. 이 환상은 우리에게 다음과 같은 이야기를 들려주고 있다 : **차갑고 모성적이며 준엄한** 이 엄마가, 즉 첫 번째 엄마에게서 발견되는 자연적인 관능성과 세 번째 엄마에게서 발견되는 아버지에의 예속성(혹은 아버지의 부권적 질서에 대한 공모성)을 극복한 '순정한 감성의'(센티멘털한) 이 두 번째 엄마가, 마조

---

74 "마조흐의 '문화주의'를 사드의 '자연주의'에 대립시키는 것에 만족해서는 안 된다. 사드에게서와 마찬가지로 마조흐에게도 '자연주의'가 있다." — *PSM*, p. 67.

히스트에게 그의 자연성을 벌하는 매질의 고통을 가함으로써 그로 하여금 (아버지를 완전히 배제한 채) 오로지 엄마에만 의존해서 이루어지는 단성생식의 방법에 의해 새로운 인간으로 거듭나도록 해 준다. 마조히즘이 보여 주는 결코 이해하기 쉽지 않은 기이한 증상들, 즉 '쾌락과 고통의 일치'라든가 죄책감이나 손죄욕망 같은 강렬한 감정들은 모두 이 환상을 중심에 놓고 볼 때 그것들이 왜 발생하게 되며 또한 무엇을 의미하고 있는지를 제대로 이해할 수 있게 되는 것으로 보인다. 아마도 많은 사람들이 마조히즘의 정체가 이러한 것으로 밝혀지는 것에 대해 무척이나 놀라워하게 될 것이다. 마조히즘의 이러한 정체는 사람들이 일반적으로 생각해 온 것과는 너무나 다른 것처럼 보일 것이기 때문이다. 그런데 사람들에게 널리 퍼져 있는 뿌리 깊은 오해를 불식시켜 주는 듯한 마조히즘의 이러한 정체는 그럼에도 불구하고 마조히즘에 대한 의문을 말끔히 해소시켜 주기보다는 오히려 더 크고 심각한 새로운 의문을 불러일으키는 것처럼 보인다. 대체 마조히스트는 왜 이런 환상을 갖게 되는 것일까? 이 환상은 대체 무엇을 의미하는 것이며 왜 생기게 되는 것일까? 엄마에만 의존하는 단성생식의 방법에 의해 이루어지는 '새로운 인간으로의 재탄생'이라는 **환상**, 현실과는 너무나도 동떨어진, 무언가 무섭고 기이하기까지 한 이러한 환상은 대체 무엇을 말하는 것일까? 결코 **현실**일 수 없는 이 환상은, 마조히스트 자신이 '결코 **현실**일 수 없다'는 사실을 잘 인식하고 있는 이 환상은, 그럼에도 불구하고 왜 그토록 강렬한 힘으로 마조히스트를 사로잡게 되는 것이며, 또한 바흐오펜과 같은 사람에게서는 역사의 실제 사건인 듯한 외피를 쓰고 나타나게 되는 것일까? 과연 이러한 환상은 오직 마조히스트에게만 있는 것일까? 아니면 깊은 망각 속에 파묻혀 있을지언정 실은 우리 모든 인간들의 그 심층적 의식 속에 현존하고 있는 것일까? 이와 같은 새로운 의문들이 제기되는 것과 함께 우리는 마조히즘이 무엇인지를 규명하려 하는 증상론을 넘어 그것이 왜 발생하게 되는지를 규명하려 하는 병인론(病因論)으로 나아가게 된다. 마조히즘이 왜 발생하게 되는지를 규명하려 하는 병인론(발생론), 그것은 결국 마조히스트를 사로잡고 있는 이 환상이 왜 발생하게 되는지, 그것이 어디에서부터 오는 것이며 무엇을 말하려 하는 것인지를 해명하는 문제가 될 것이다. 마조히즘의 정체가 무엇인지를 밝히려 했던 이 장을 전개해 오면서 우리는 몇 번의 중요한 고비를 거치며 여러 가지 의문들과 마주쳐야 했다. 이 장을 끝내는 지금의 마지막에 이르러서도 우리는 대답 없이 남겨 놓은 저 의문들 위에 다시 또 다른 크고 중요한 새로운 의문들을 겹쳐 놓는 것에 그치고 있다. 하지만 마조히즘의 병인론을 다루려 하는 다음 장의 논의에서부터는 이 모든 의문들에 대한 대답을 하나씩 풀어 나가기로 해 보자.

II. 마조히즘은 왜 발생하는가?
— 마조히즘의 병인론

　마조히즘에 대한 들뢰즈의 이해는 새로운 사유를 개척해 가려는 철학이 어떻게 문학과의 조우를 통해 자신의 이러한 사명을 실행해 나갈 수 있는지를 모범적으로 보여 준다. 예술과의 긴밀한 공조를 통해 이루어진 들뢰즈의 이러한 철학적 작업에서, 우리는 철학과의 공조가 가능하게 되는 예술의 효용이 무엇인지에 대해, 또한 예술로부터 그토록 큰 도움을 얻을 수 있음에도 불구하고 철학은 어떻게 해서 — 혹은 어떻게 해야지만 — 결코 예술로 환원되지 않을 자신만의 고유한 가치를 확보할 수 있는지에 대해 알 수 있게 되는 것이다.

　마조히즘을 이해하는 일반적인 방식을 지배해 온 것은 정신분석학이 제공하는 개념이다. 그런데 들뢰즈는 마조히즘의 세계를 문학적으로 형상화한 마조흐의 소설 작품들에서, 마조히즘을 구성하는 핵심 증상들의 실상이 이러한 정신분석학적 개념에 저항한다는 사실을 **발견해 낸다**. 마조흐의 작품들과 이 작품들의 대상이 되는 실제 마조히즘의 증상들은 들뢰즈의 발견이 이루어지기 전까지는 오히려 마조히즘을 이해하는 정신분석학적 개념의 정당성을 확인해 주는 것들로 간주되어 왔기에, 들뢰즈의 발견이 있게 된 이후에야 비로소 마조히즘의 세계가 실은 정신분석학적 개념의 이해방식에 저항하고 있다는 사실이 **사실**이 된 것이라고 말할 수 있을 것이다.

들뢰즈에 따르면 예술의 힘은 그 현상학적 정직성과 자유로움에 있다. 대개의 경우 우리는 '사태 자체'를 그것의 있는 그대로의 모습대로 직시하지 못한다. 사태에 대한 우리의 인식은 부지불식간에 우리를 지배하고 있는 기존의 이론과 관점의 선입견에 얽매여 있어, 자기 자신도 모르는 새 편향된 시선으로 사태를 바라보게 된다. 그런데 들뢰즈에 따르면, 어떤 선입견에도 얽매이지 않고 자유롭고 솔직하게 '사태 자체'를 직시할 것을 주장하는 현상학의 기치를 가장 잘 구현할 수 있는 것이 예술의 특권이자 의무이다. 들뢰즈는 마조흐의 작품들을 이러한 예술의 힘을 성공적으로 구현하고 있는 모범적인 사례들로 높이 평가하며, 그의 작품들에서 묘사되고 있는 마조히즘의 증상들이 정신분석학적 개념과 일치하지 않는다는 사실을 이 후자의 정당성을 의심할 수 있게 하는 이유로 받아들인다. 예술과 과학(학문)의 분리, 혹은 진리와 미(美)의 분리는 서양 근대 이후 확고하게 정립되어 온 일반적인 전통으로 군림해 오고 있지만, 또한 이 분리의 속뜻이 의미하는 것은 예술이라는 것이 제아무리 대단한 가치를 가진 것인 양 굴어도 사태에 대한 과학적 인식(참된 인식)에는 하등 참여할 수 있는 권한이나 능력이 없다는 것이지만, 들뢰즈가 볼 때 예술의 효용은 과학적 인식에 개입하여 그것의 정당성을 문제 삼는 데까지 나아갈 수 있다. 예술은 단순히 '미(美)의 추구'일 뿐인 것이 아니라 '진(眞)에 대한 소명'도 과학과 함께 공유할 수 있는 것이다.

하지만 예술의 역할은 여기까지이다. '사태 자체에로'라는 현상학적 기술(記述)의 방법을 자유롭고 정직하게 구사하는 것, 즉 선입견에 의한 왜곡 없이 증상들을 있는 그대로의 모습대로 드러내는 '참된 증상론'이 되는 것, 그러한 것은 분명히 예술의 소관이지만,[1] 그다음부터는 철학이 나서야 한다. 즉 증상들의 진실한 기술에 그치는 것이 아니라 그렇게 기술된 증상들의 의미를 이해할 수 있게 하는 개념을 제공하는 일, 그리고 기존의 이론이 제공하는 개념에게는 이 의미를 결코 참되게 이해할 수 없게 만드는 근원적인 결격 사유가 있음을 입증하는 일, 따라서 새로운 개념의 창조를 통해 사태의 진실에 대한 체계적인 해명에 더 가까이 다가가도록 하는 일, 이것들은 이제 철학이 책임져야 하는 일인 것이다. '증상론으로서의 예술'이 사태에 대한 왜곡 없는 진실한 기술을 할 수 있는 것은 그것이 '설명의 부담'을 지지 않는다는 사실과 깊은 관계가 있다. 예술은 자신이 보는 사태를 이론적으로 설명해야 할 책임으로부터 자유롭기 때문에, 이러한 자유가 예술로 하여금 그것이 보는 모든 것을 숨김 없고 가감 없이 말할 수 있도록 해 주며, 그리하여 사태에 대한 가장 진실한 기술을 할 수 있는 가능성을 열어 주게 되는 것이다. 하지만 이러한 자유와 진실에의 힘을 얻기 위해 예술이 내려놓은 저 '설

---

[1] "증상론은 언제나 예술의 소관이다." — *PSM*, p. 11.

명의 책임'을 다시 지는 것, 그것이 철학이 감당해야 할 일이다. 요컨대, 예술이 증상론이라면, 즉 미리 설정된 논리에 따라 증상들을 억지로 꿰맞추는 일 없이 그것들의 있는 그대로의 모습을 적나라하게 드러내려 하며, 그리하여 이 증상들을 왜곡시키거나 자유롭게 말하지 못하게 만들던 선입견들을 폭로하고 정화(淨化)시키는 것이 예술의 역할이라면, 철학의 역할이란 이 증상들이 발생하는 원인과 과정의 체계적인 해명을 통해 이 증상들이 진정으로 말하고자 하는 숨은 의미가 무엇인지를 밝히는 원인론aetiology이 되는 데 있는 것이다. '거짓된 원인론'은 그것의 개념의 경직성으로 인해 증상론의 입을 틀어막고 질식시키려 하겠지만, '참된 원인론'은 증상론이 자유롭게 말한 모든 것을 자신 속에 끌어안을 수 있을 것이다. 마조히즘에 대한 들뢰즈의 새로운 이해는 바로 이러한 '참된 원인론'이 될 것을 지향한다. 마조흐의 예술이 수행한 증상론의 도움을 받아, 정신분석학의 개념이 마조히즘에 대해 낡고 거짓된 원인론을 제시하고 있음을 폭로하고 이에 대비되는 새롭고 참된 원인론을 제시하려 하는 것, 그것이 마조히즘에 대한 들뢰즈의 새로운 이해가 지향하고 있는 목표인 것이다. 우리는 들뢰즈가 제시하려 하는 이 참된 원인론을 프로이트의 정신분석학이 제시해 온 거짓된 원인론과 대비시키는 방식으로 이야기를 풀어 나가려 한다.

1. 마조히즘의 병인론에 대한 프로이트의 이해

쾌락을 좇고 고통을 피하려 하는 것, 그것은 보편적인 인지상정일 것이다. 프로이트에 의해 인간의 심리적 삶 전반을 지배하는 가장 기본적인 원리(쾌락원리)로까지 높여진 이러한 인지상정에 비추어 볼 때, 사디즘이나 마조히즘이란 참으로 기묘한 현상이다. 이러한 인지상정이 하나의 원리로까지 격상될 때, 그것은 하나는 추구되고 다른 하나는 회피되는, 쾌락과 고통 사이의 배타적인 관계에 어떠한 예외(위반)도 있을 수 없다는 것을 선언하고 있지만, 사디즘과 마조히즘에서는 이처럼 서로 배타적이라고 선언되는 쾌락과 고통이 한 몸을 이루며 서로 같은 것이 되고 있는 것처럼 보이기 때문이다. 나아가, 사디즘보다는 마조히즘이 한층 더 기이해 보인다. 자신의 쾌락을 추구하는 것이 타인의 고통을 수반하는 것이 될 수 있다는 것은 상식적으로도 이해 가능한 일이며, 이로부터 '타인에게 가하는 고통을 곧 자신의 쾌락으로 삼는' 사디즘의 성향이 발달되어 나올 수 있는 것은 '사태의 자연스러운 진행'으로 일어날 수 있는 일인 것처럼 보인다. 하지만 남의 고통을 자신의 쾌락으로 삼는 것이 아니라 자신이 겪는 고통에서 쾌락을 찾는 마조히즘의 기이한 열정은 정말이지 불가사의하지 않은가? 이러한 마조히즘은 심지어 저 쾌락원리마저, 인간의 심리적 삶의 모든 것을 지배하는 가장 기본적인 원리라고 선언되는 이 원리의 정당성마저를 부인하고 있는 것이 아닐까?

고통과 쾌락이 곧 일치하는 기이한 현상('고통-쾌락'), 정상인의 심리적 유형에서는 물론이거니와 다른 병리적 심리적 유형들에서도 찾아볼 수 없는 이 기이한 현상을 사디즘과 마조히즘이 공유하고 있다는 사실은 무척 인상적이다. 이 사실은 이 두 심리적 유형이 동일한 하나의 뿌리로부터 발생한 것이거나 혹은 동일한 하나의 원리에 의해 설명될 수 있는 것이라는 생각을 가지게 해 준다. 이에 더해, 사디즘이 마조히즘보다 더 자연스럽게 발생할 수 있는 듯이 보인다는 사실은, 같은 하나의 원리에 의해 설명될 수 있을 것으로 보이는 이 두 가지 사태 중에서 사디즘이 일차적인 것이며 마조히즘은 사디즘의 일차성에 몇몇 부가적인 요인들이 더해져 파생되어 나오는 것일 수 있겠다는 생각을 갖게 만든다. 마조히즘에 대해 프로이트의 정신분석학이 제시하는 병인론, 즉 마조히즘을 그것보다 선행하는 사디즘의 변형에 의해 발생되어 나오는 것으로 설명하려 하는 이 원인론은 바로 이런 식의 생각에 의해 착안된 것일 게다.

프로이트에 따르면, 오이디푸스-콤플렉스야말로 서로 다른 모든 심리적 유형들을 발생시키는 보편적인 모태가 되는 것, 다시 말해, 장차 서로 다른 심리적 유형들로 발전해 나가게 될 단초들이 배태되는 근원적인 온상이 되는 것이다. 그러므로 프로이트는 사디즘을 발생시킬 단초 역시 — 따라서 그의 논리에 따르면 이 사디즘의 변형에 의해 발생하게 되는 것인 마조히즘을 발생시킬 단초도 역시 — 바로 이곳 오이디푸스-콤플렉스의 삼각 구도 안에서 찾는다. 프로이트에 따르면 주체가 자신의 성적 본능을 충족시켜 줄 대상을 외부 대상에게서 찾게 되는 성적 발달의 단계에 접어들게 될 때,[2] 이

---

2 성적 발달의 초기 단계에서 주체는 자신의 성적 본능을 충족시켜 줄 대상을 외부 대상에서가 아니라 우선 자기 자신에게서, 즉 자기 자신의 몸의 이곳저곳에서 찾게 된다. 이와 같은 '자가성애적(自家性愛的) 단계'가 지양되고 난 다음에야 비로소 성적 본능을 충족시켜 줄 대상을 외

최초의 외부 대상이 되는 것은 바로 엄마이다. 그런데 성적 본능은 자신 안에 공격성을 내포하고 있다. 성적 본능은 자신의 목적을 달성하기 위해서는 상대방을 자신의 의지에 따라 제어할 수 있어야 하며, 이처럼 상대방을 제어할 수 있기 위해서는 자신 안에 공격성을 내포하고 있어야 하는 것이다. 그러므로 주체는 그의 성적 본능이 향하게 되는 엄마에게 이러한 공격성을 발휘함으로써, 엄마가 그의 성적 대상이 되는 데 순종하도록 굴복시키려 한다. 말하자면 주체는 아버지가 엄마에 대해 발휘하는 힘과 엄마에게서 누리는 성적 향락을 그 자신의 것으로 하려 하며, 그러므로 간단히 말해, 자신이 아버지의 자리를 대신 차지하려 하는 것이다. 프로이트에 따르면, 타인(엄마)을 향하는 이러한 공격성이 바로 사디즘을 낳는 원천이 된다.[3]

그러므로 이제 주체는 동일한 대상(엄마)을 두고 아버지와 경쟁하는 관계에 들어가게 된다. 주체는 아버지를 대신해 그의 자리를 차지하려 들기 때문이다. 주체의 성적 본능 속에 내포되어 있는 공격성은 그러므로 이제 주체와 경쟁의 관계 속에 있게 되는 아버지를 향하게 되고, 이는 그를 제거하고자 하는 '살부(殺父)충동'으로 전개된다. 아버지의 존재는 엄마에 대한 주체의 성적 욕망을 금지하고 방해하는 장애물이 되기 때문이다. 하지만 자신보다 훨씬 더 거대한 힘을 가진 듯한 아버지의 존재는, 그(아버지)를 향하던 주체의 공격

부 대상에게서 찾게 되는 단계가 도래하게 되는 것이다.
[3] Freud, "Triebe und Triebschicksale"(1915), *Psychologie des Unbewußten, Studienausgabe, Bd. III*, S. Fischer, 1989, p. 90 ;「본능과 그 변화」,『정신분석학의 근본 개념』, 윤희기·박찬부 옮김, 열린책들, 1997, 114쪽. 참고.

성과 엄마를 향하던 주체의 근친상간적 욕망을 동시에 좌절시키는 거대한 위협으로 다가오게 된다. 그러나 아버지로부터 오는 이러한 위협이란 실은 아버지 측에 그 책임이 있는 것이 아니다. 다시 말해 아버지로부터 오는 이러한 위협이란 아버지가 적극적으로 그러한 위협을 내보이기 때문에 생기는 것이 아니다. 주체가 아버지로부터 오는 것이라고 느끼는 이러한 위협이란 실상, 애초에 아버지를 향했던 주체의 공격성을 그대로 **반영(反影)하고** 있는 것, 다시 말해 아버지에게 향했던 주체의 공격성이 그대로 **반사(反射)되어** 주체 자신에게로 되돌아오는 것이다. 즉 아버지를 향했던 주체의 공격성이 강력한 힘을 가진 듯한 아버지의 존재가 만드는 거대한 벽에 부딪쳐 그 뜻을 이루지 못하게 되자, 자신의 에너지를 해소하지 못하게 된 이러한 공격성이 주체 자신에게로 되돌아와 그 에너지를 해소하려 하는 것이 이러한 '아버지로부터 오는 위협'이라는 형태로 나타나게 되는 것이다.

    주체의 공격성이 아버지를 향하게 되는 것은 주체가 엄마에 대한 성적 욕망을 가지기 때문이며, 또한 아버지의 존재가 주체의 이러한 근친상간적 욕망을 막고 있기 때문이다. 그러므로 주체의 이러한 근친상간적 욕망을 막고 있는 아버지로부터의 위협이 향하게 되는 곳은 바로 주체의 페니스penis(성기), 즉 그의 성적 욕망을 일으키는 진원지인 바로 그의 페니스이다. 즉 주체가 아버지로부터 오는 것이라고 느끼는 위협은 주체에게 그의 페니스를 거세하려 하는 형태로 나타나게 되는 것이다(거세 콤플렉스). 그러므로 아버지의 이러한 거세의 위협 앞에 이제 주체의 **성적 본능**은 위축되게 되고, 대신에 이 성적 본능에 대립하는 또 하나의 본능인 **자아 본능**이 전면에 나서게 된다. 자아 본능이란 자기 자신을 무사히 보존하려 하는 '자기보존 본능'이며, 프로이트는 이러한 자아 본능과 성적 본능을 그 종류에 있어서 본래부터 서로 이질적인 것으로, 즉 본래부터 서로 대립되는 목표를 좇고 있는 이원론적인 것으로 놓고 있다.4 그러므로 이제 이 자아 본능의 우위에 의해 지배받게 된 주체는 아버지에 의해 거세당할 위험에서 벗어나 자기 자신을 무사히 보존하려 하며, 이를 위해 아버지를 향하던 그의 공격성과 엄마를 향하던 그의 성적 욕망을 거둬들이게 된다. 성적 본능의 거침없는 추구가 초래하게 될 불행한 결과(거세)를 피하기 위해, 자아 본능은 성적 본능의 무분별한 자기추구에 제동을 걸며 그것과 대립하게 되는 것이다. 또 성적 본능이 아버지에 대한 공격성으로 전개되듯이, 이러한 성적 본능에 **대립하는** 자아 본능은 아버지에 대한 이러한 공격성에 맞서 — 즉 성적 본능이 불러일으킨 이러한 '아버지에 대한 공격성'에 맞서 — 역시 이러한 공격성과 **대립하는** 죄의식(아버지에 대한 죄의식)의 감정을 주체에게 불어넣는다. 주체는 아직 아버지의 사랑과 보호 없이는 **자기 자신을 보존해 갈 수 없는** 어린 상태이기에, 자기보존 본능인 자아 본능이 자기를 보호해 줄 수 있는 아버지를 해치려 한 데 대한 죄책감을 주체에게 갖게 하는 것이다. 하지만 프로이트에 따르면, 이러한 죄책감의 실상은, 원래 아버지를 향하는 것이던 주체의 공격성이

---

4 자아 본능에 대한 이러한 정의 그리고 성적 본능과 자아 본능의 대립에 대해서는, 위와 같은 글, p. 87(한글본, 110쪽)을 참고하라.

이 아버지에게서 해소되지 못한 채 주체 자신에게로 되돌아와 주체 자신을 공격하는(질책하는) 것에 지나지 않는다. 다시 말해, 주체가 아버지에 대해서 느끼는 죄책감이란 원래 아버지를 향하는 것이던 주체의 공격성이 정작 이 아버지에게서 자신의 에너지를 해소할 수 있는 출구를 찾지 못한 채 주체 자신에게 되돌아와 그 출구를 찾게 되는 것에 지나지 않은 것이다. 바로 이것이 프로이트가 마조히즘의 핵심 증상인 죄책감이 어떻게 발생하게 되는지를 설명하는 방식이며, 그러므로 마조히즘이 어떻게 그것보다 선행하는 사디즘(사디즘적 공격성)의 방향전환에 의해 발생하는지를 설명하는 방식이다.[5]

    아버지에 대한 죄책감은 주체로 하여금 그가 저지른 죄(아버지에 대해 공격성을 가졌던 죄)의 무게에 값할 수 있는 만큼의 엄중한 벌을 받음으로써 이 죄를 씻고자 하는 속죄욕망을 갖게 한다. 죄에 합당한 벌을 받음으로써, 주체는 자신의 죄로 인해 잃어버릴 뻔한 아버지의 사랑을 되찾으려 하는 것이다.[6] 말하자면 주체는 종전의 사디즘의 단계에서 아버지의 자리를 차지하려 했던 것과는 반대로, 이제는 아버지의 사랑을 받는 자리를, 즉 엄마의 자리를 차지하려 하는 것이며, 그러므로 엄마가 되려 하는 것이다. 즉 엄마가 그렇게 하듯이 주체는 자신을 아버지의 성적 욕망을 충족시켜 주는 사랑의 대

---

5 성적 본능과 자아 본능의 이원론적 구분에 입각하여 사디즘(사디즘적 공격성)의 방향전환에 의해 마조히즘의 발생을 설명하려 하는 프로이트의 시도에 대해서는, 위와 같은 글, pp. 87~92(한글본, 110~116쪽)를 참고하라.

6 아버지의 사랑을 잃게 되지 않을까 하는 두려움, 혹은 아버지의 사랑을 다시 받고자 하는 욕망, 이것들 역시 자기 자신을 보존하려 하는 자아 본능에 의해 설명될 수 있는 것들이다.

상으로 아버지에게 바치려 하는 것이다.7 죄와 벌은 서로 균형이 맞아야 한다. 아버지의 사랑을 다시 받을 수 있는 것은 오직 그의 사랑을 잃을 뻔하게 만들었던 죄만큼이나 무거운 벌을 받는 것을 통해서만 가능하다. 주체의 죄는 그의 성적 욕망으로 인해 저질러지는 것이었으므로, 이 죄를 씻을 수 있을 만큼의 충분한 벌이란 성적 욕망의 진원지인 주체의 페니스가 거세당하는 것이다. 하지만 자아 본능의 자기보존 추구는 이러한 거세가 실제로 행해지는 것을 허용할 수 없다. 그러므로 '거세당함'을 대신할 수 있는 보다 완화된 벌의 방법이, 하지만 지은 죄의 무거움에 값할 수 있을 만큼의 충분히 엄중하고 가혹한 벌의 방법이 필요해지는 것이다. 마조히스트가 자청해서 매질당하고 가혹한 고통을 받는 것, 이러한 '매질당함'은 바로 '거세당함'을 대신하고 있는 것이다. 자청해서 매질당하기를 원하며 또한 이러한 매질의 고통 속에서 성적 쾌락을 찾는 듯한 마조히스트의 기이한 욕망, 이는 아버지에 대해 저지른 죄를 씻어 내고자 하는 속죄욕망의 표현이며, 또한 이러한 죄책감의 불안으로부터 벗어나는 쾌락을 얻고자 하는 욕망의 표현인 것이다.

그런데 주체가 죄를 짓는 것은 아버지에 대해서이므로, 이 죄로부터 해방시켜 줄 속죄의 벌도 역시 아버지로부터 와야 할 것처럼 보인다. 하지만 마조흐의 소설에서나 실제 마조히즘의 사례들에서 마조히스트를 매질하는 것은 남자(아버지의 이미지)가 아니라 여

---

7 프로이트는 그의 『늑대인간』에서 다음과 같이 말한다. "사디즘에서 주체는 애초에 이루어졌던 아버지와 자신의 동일시를 굳건히 지켜 나가려 한다. 반면 마조히즘에서 주체는 아버지를 자신의 성적 대상으로 선택한다." — *PSM*, p. 53에서 재인용.

자(엄마의 이미지)이다. 그렇다면 왜 죄가 저질러진 대상인 아버지가 아니라 엄마가 대신 주체를 매질하는 것일까? 이 문제에 대한 프로이트의 해결책은 매우 절묘해 보이는데, 그는 세 가지 정도의 이유를 제시하고 있다.[8] 먼저, 방금 보았듯이, 마조히스트가 누군가에게 자청해서 매질당하기를 원하는 것은 실은 그 누군가의 사랑을 받기 위한 것, 다시 말해 그 누군가의 사랑의 대상(성적 대상)이 되기 위한 것이다. 그러므로 마조히스트를 매질하는 사람이 남자(아버지)가 될 경우, 아들(마조히스트)과 아버지라는 같은 남성 사이의 동성애적 관계가 성립될 수 있다. 프로이트에 따르면, 바로 이러한 동성애적 관계가 이루어지는 것을 피하기 위해, 아버지(남자)가 아닌 엄마(여자)로 하여금 아버지를 대신해서 매질하는 사람이 되도록 한다는 것이다. 두 번째 이유는 주체의 성적 욕망이 애초에 탐했던 사랑의 대상이 실은 엄마라는 것이다. 그러므로 누군가에게 매질당하고자 하는 욕망이 실은 그 누군가와 사랑의 관계(성적 관계)를 맺고자 원하는 것이라면, 매질하는 사람이 여자(엄마)가 된다는 것은 주체가 애초에 가졌던 성적 욕망의 소망을 들어주는 것이 된다. 세 번째로, 주체는 엄마에게 매질당하는 자신의 모습을 아버지에게 보여 줌으로써, 아버지의 자리를 위협할 수 있는 공격성과 힘을 내보이는 것이 자신(매질당하는 자신)이 아니라 엄마(매질하는 엄마)임을 아버지에게 보이려 한다는 것이다. 주체는 엄마에게 매질당하는 자신의 무력한 모습을 아버지에게 보임으로써, 아버지를 공격하려 하는 의사나 힘이

---

8   이 세 가지 이유에 대해서는 *PSM*, p. 51 참고.

자신에게 없음을, 즉 아버지에게 죄를 지은 적이 없음을 보이려 하며, 그리하여 아버지에 대한 죄책감으로부터 벗어나려 한다는 것이다.

그러므로 프로이트에 따르면 마조히스트를 매질하는 엄마란 실은 이러한 여러 가지 이유들로 인해 아버지가 자신을 엄마의 모습으로 **위장하여** 나타난 것이다. 마조히스트를 매질하는 자는 겉으로 보기에는 엄마인 것처럼 보이지만, 실은 이 엄마의 모습은 그 이면에 숨어 있는 아버지를 감추고 있는 것이다. 프로이트는 마조히스트를 매질하는 여인이 보여 주는 독특한 신체적·정신적 특성을 자신의 이러한 주장을 뒷받침해 주는 근거로서 지적한다. 마조히스트를 매질하는 여인이 가지고 있는 특성, 즉 근육이 잘 발달되어 있으며 "뚜렷한 용모에 준엄한 기운을 풍기며 차가운 눈빛을 발산하는 위압적인 풍모의 타타르 여인"9 같은 그 신체적 특성, 또한 자신만만하고 도도하며 남자인 마조히스트를 냉정하고 잔인하게 매질할 수 있는 그 엄격한 정신적 특성, 이러한 신체적·정신적 특성들은 분명히 여성보다는 남성을 연상시키는 것이며, 그러므로 이 사실은 마조히스트를 매질하는 여인이 실은 여자로 위장하여 나타난 남자라는 것을, 엄마처럼 보이는 그 겉모습 속에 실은 아버지가 숨어 있다는 것을 말해 주고 있는 것처럼 보인다.10 그러므로 프로이트에 따르면 마조히즘의 본질은 — 엄마에게 매질당한다는 그것의 겉모습에도 불

---

9 *PSM*, p. 45.
10 마조히즘에 대해 깊은 연구를 수행한 라이크는 다음과 같이 말한다. "우리에게 마조히즘의 사례들을 연구할 기회가 있을 때마다, 우리는 매질하는 여자라는 이미지 속에 아버지(혹은 그의 대리자)가 숨어 있음을 발견할 수 있다." — *PSM*, p. 51.

구하고 — 엄마가 아니라 아버지에 의해 매질당한다는 데 있다. 마조히스트가 당하는 벌(매질)이란 그가 지은 죄가 반사되어 되돌아오는 것이며 또한 그가 죄를 지은 것은 분명히 아버지에 대해서이므로, 지은 죄가 반사되어 되돌아오는 것인 이 벌(매질)도 오로지 아버지로부터만 올 수 있는 것이다.

이것이 프로이트가 마조히즘을 사디즘의 **방향전환**에 의해 발생하는 것으로 설명하는 방식, 즉 원래 아버지를 향하던 주체의 공격성(**사디즘적 공격성**)이 아버지라는 벽에 부딪혀 주체 자신에게로 **되돌아와(방향전환)** 주체 자신을 공격하게 되는 것에서 마조히즘이 발생하게 된다고 설명하는 방식이다. 이러한 프로이트의 설명은 마조히스트를 매질하는 것이 정말로 (엄마가 아니라) 아버지이어야지만 성립할 수 있다. 우리는 또한 마조히스트를 매질하는 것이 실은 엄마가 아니라 아버지라는 프로이트의 이러한 주장이 단지 마조히즘의 병인론만을 위한 주장에 그치는 것이 아니라는 것을 알고 있다. 마조히즘을 아버지를 향하던 주체의 사디즘적 공격성의 방향전환에 의해 발생하는 것으로 설명하는 것, 그것은 바로 '오이디푸스-콤플렉스'야말로 모든 심리적 유형들을 발생시키는 근원적이고 보편적인 모태가 되는 것이라고 주장하는 정신분석학의 근본적인 교의를 지키는 길이기도 한 것이다.

이상에서 우리는 프로이트가 어떻게 성적 본능과 자아 본능의 이원론적 구분을 통해 사디즘의 방향전환에 의해 마조히즘의 발생을 설명하는지를, 그리하여 또한 어떻게 오이디푸스-콤플렉스의 근원성과 보편성에 대한 그의 믿음으로부터 마조히즘의 발생을 설명하는지를 살펴보았다. 그런데 잘 알려져 있듯이, 프로이트의 사상이 후기로 성숙되어 가게 됨에 따라 그가 애초에 성적 본능과 자아 본능 사이에 두었던 근본적인 구분과 대립은 더 이상 유지될 수 없는 것으로 판명나게 된다. 자아 본능은 더 이상 성적 본능과 본래부터 구분되는 독자적인 것으로서가 아니라, 성적 본능이 현실원리의 압력 아래 자신의 욕망을 보다 우회적인 방식으로 추구해 나가는 모습으로 이해되게 되었으며, 그리하여 애초에 이 두 본능 사이에 놓였던 절대적이고 본질적인 구분과 대립은 동일한 본능이 때와 상황의 가변적인 사정에 맞춰 자신의 모습을 그때마다 다르게 나타내는 현상적인 차이로 완화되게 된다.[11] 그러므로 사디즘과 마조히즘의 발생과 관련해서도 성적 본능과 자아 본능의 이원론적 구분에 입각하여 이루어진 기존의 것과는 다른 새로운 이해를 하는 것이 필요하게 된다. 하지만 그럼에도 불구하고 프로이트의 이원론적인 구도는 그의 후기 사상에서도 여전히 계속해서 유효한 것으로 남아 있게 된다. 물론 자아 본능은 성적 본능 속으로 포섭되어 하나의 더 큰 본능으로 단일화되지만, 그리하여 **생명 본능(에로스Eros)**이라는, 자아 본능과 성적 본능이 하나로 합쳐진 단일한 본능이, 즉 자기보존을 추구하면서도 또한, **보다 영속적인** 자기보존을 위해, 자기 재생산을 위한 ― 즉 **자손**을 통한 자기 재생산을 위한 ― 성적 결합 역시 추구하는 보다 확대된 외연의 본능이 등장하게 되지만, 생명 본능의 이 거대한

---

[11] 프로이트는 「쾌락원리를 넘어서」에서 성적 본능과 자아 본능 사이의 관계에 대한 이러한 인식의 변화가 어떻게 이루어지게 되었는지를 간략하면서도 핵심적으로 서술하고 있다.

외연으로도 포섭할 수 없는 또 다른 본능이 이 생명 본능에 맞서는 독립적인 원리로서 등장하게 되는 것이다. 바로 「쾌락원리를 넘어서」를 통해 소개되고 있는 **죽음 본능(타나토스Thanatos)**이 바로 그것이다.[12] 그리하여 사디즘과 마조히즘에 대한 프로이트의 이해는 이제 생명 본능과 죽음 본능의 대립이라는 새로운 이원론적 구분을 기반으로 하여 다시 새롭게 이루어지게 된다.

잠시 막간의 논의를 하기 위한 괄호를 열어 이 죽음 본능과 관련된 문제에 대해 이야기해 보기로 하자. 우리가 여기에서 '죽음 본능'이라고 말하고 있는 것을 가리키는 프로이트의 독일어 원어는 Todestrieb이다(이 말은 '죽음'을 뜻하는 Tod와 '충동'을 뜻하는 Trieb이 합쳐진 것이다). 이미 정신분석학의 많은 권위 있는 전문가들이 프로이트의 이 말을 '죽음 본능'death-instinct으로 옮기고 있는 영어 표준 번역판의 이해가 문제가 있는 것임을 지적해 왔다.[13] 이 말은 '**죽음 본능**'death-**instinct**이 아니라 '죽음 **충동**'death-**drive**으로 옮겨져야 한다고 이들은 주장하고 있는 것이다.[14] 죽음 본능과 죽음 충동이 구분되어야만 하는 이유, 프로이트가 말하는 Todestrieb이 죽음 본능이 아니라 반드시 죽음 충동으로 이해되어야만 하는 이유, 이러한 이유를 가장

---

12 Freud, "Jenseits des Lustprinzips"(1923), *Psychologie des Unbewußten, Studienausgabe, Bd. III*, S. Fischer, 1989, pp. 244~252 참고; 「쾌락원칙을 넘어서」, 『정신분석학의 근본 개념』, 304~316쪽 참고.
13 바로 위의 각주를 통해서 참고하도록 소개한 우리말 번역본 역시 — 프로이트 전집에 수록되어 있는 — 영어 표준 번역판을 따라 이 말을 '죽음 본능'으로 옮기고 있다.
14 단지 'Todestrieb'이라는 말뿐만 아니라 프로이트가 사용하는 Trieb이라는 말 자체가 모두 '본능'이 아닌 '충동'으로 옮겨져야 한다고 이들은 주장한다. 그러므로 예컨대 프로이트 전집의 우리말 번역본에서 「본능과 그 변화」라고 번역되고 있는 프로이트의 글 'Triebe und Triebschicksale'는 「충동들과 그것들이 겪는 변화」 정도로 옮겨져야 할 것이다.

잘 설명하고 있는 것은 역시 누구보다도 가장 권위 있는 프로이트주의자라고 할 수 있는 라캉일 것이다. 라캉에 따르면 프로이트가 말하는 충동Trieb은 본능과는 전혀 다른 것이다. 본능이란 생명체가 자신의 **자연성** 속에서 **본래부터 타고나는 것**으로서, 같은 종(種)에 속하는 모든 생명체들은 그들의 개체적 차원의 차이에 상관없이 — 즉 각 개체들이 서로 어떤 다른 삶의 경험을 겪게 되건 상관없이 — 모두 동일하게 갖고 있는 것이며, 바로 그것으로 인해 생명체가 생명의 모태인 자연과 '미리부터 주어지는 조화'pre-established harmony를 이루어 나갈 수 있게 되는 것이다. 즉 본능이란 자연이라는 생명의 모태에 의해 생명체에게 그의 자연성으로서 처음부터 주어지고 있는 것이며, 그러므로 생명체를 **자연에 속하도록** 만드는 것, 다시 말해 생명체를 **자연의 일부로서** 존재하도록 만드는 것이다. 반면 라캉에 따르면, 프로이트가 말하는 충동Trieb이란 인간이 자신의 어린 시절에 겪을 수 있었던 만족의 경험을 다시 반복하려 하는 성향이며, 이 예전의 만족의 경험이 어떤 것인지는 같은 종에 속하는 모든 개체들에게 공통적인 것이 아니라 — 그러므로 같은 종인 인간에 속하는 모든 개인들에게 공통적인 것이 아니라 — 각 개인이 겪은 역사적 경험의 차이에 따라 서로 달라지게 되는 것이다. 실로 라캉에 따르면, 프로이트는 그가 'Trieb'이라고 부르는 것에 대한 논의를 통해, 인간의 이러한 Trieb(충동)이 어떻게 그가 겪게 된 우연적인 역사적 **경험**의 우여곡절에 따라 가변적으로 형성되는 것인지를 설명하고 싶어 한다는 것이다. 그러므로 이러한 Trieb이란 본능과는 다른 것으로서 구분되어야만 한다. 이러한 Trieb이란, 본능과는 달리, 인간을 자연이 아닌 **역사**에 속하도록 만드는 것이며, 인간이 자신의 자연성으로서 본래부터 타고나는 것이 아니라 그가 겪는 가변적인 역사적 경험(삶의 경험)을 통해 형성되는 것이다.[15]

프로이트가 논의하는 충동Trieb이라는 것이 흔히 본능이라고 불리는 것과 왜 명백히 다른 것으로서 구분되어야 하는지에 대한 라캉의 이러한 논의는 대부분의 정신분석학자들에게 프로이트의 Todestrieb을 죽음 본능이 아니라 반드시 죽음 충동으로 이해해야만 하는 이유가 무엇인지를 결정적으로 밝혀 주는 탁견으로 받아들여지고 있다. 들뢰즈 역시 프로이트가 말하는 충동을 본능과 구분할 것을 주장하는 라캉의 이러한 논의를 모르지 않는다. 하지만 라캉의 이러한 강력한 논의에도 불구하고, 또한 정신분석학의 수많은 전문가들이 라캉의 이러한 논의를 타당한 것으로 지지하고 있음에도 불구하고, 들뢰즈는 프로이트가 말하는 Todestrieb은, 적어도 그 순수한 상태에 있어서는, '죽음 **충동**'이 아니라 반드시 '죽음 **본능**'을 의미하는 것으로 이해되어야 한다고 주장한다. 들뢰즈는 무엇 때문에 라캉을 비롯한 정신분석학의 수많은 권위자들의 주장에 정면으로 맞서는 이와 같은 도발적인 주장을 하는 것일까?

들뢰즈가 제시하는 이유는 다음과 같다. "죽음 충동과 죽음 본능을 서로 다른 것으로서 구분할 수 있어야 한다. 죽음 충동은 우리

---

15 프로이트가 말하는 충동Trieb이 왜 본능과 다른 것으로서 구분되어야 하는지에 대한 라캉의 이러한 논의에 대해서는 다음을 참고하라. Lacan(1954~5), *Seminar II : The Ego in Freud's Theory and in the Technique of Psychoanalysis*, trans. Sylvana Tomaselli, ed. Jacques-Alain Miller, London: W. W. Norton & Co., 1991, p. 86.

에게 **경험적으로 주어질 수 있는 것**이다. 하지만 우리에게 경험적으로 주어질 수 있는 것이 되기 위해서는 죽음 본능은 반드시 생명 본능과 섞여야 한다. 에로스(생명 본능)와 섞이는 것만이 죽음 본능(타나토스)이 우리에게 경험적으로 나타날 수 있게 되는 조건이다."[16] 즉 들뢰즈에 따르면, **죽음 본능 자체**는 결코 우리의 경험 속에 주어지지 않는다.[17] 우리의 경험 속에 주어질 수 있는 것은 언제나 오직 죽음 **충동**일 뿐이고, 이 죽음 충동이라는 것은 죽음 본능 자체인 것이 아니라 이 죽음 본능이 그것과 대립되는 것인 생명 본능과 혼합되어 있는 상태일 뿐이다. 죽음 본능 자체는, 즉 생명 본능과 혼합되지 않은 **순수한 상태**로서의 죽음 본능은 결코 우리의 경험에 나타나지 않는다. 그런데 들뢰즈에 따르면, 프로이트가 Todestrieb이라는 말로 무엇보다도 말하려 하는 것은 생명 본능과 섞이지 않은 순수한 상태로서의 죽음 본능이라는 것이, 설령 우리의 경험 속에 그러한 것이 주어지지 않는다 할지라도, 틀림없이 실제로 **존재하고 있다**는 것이다.[18] 들뢰즈는 우리의 경험 속에 주어지지는 않으나 그럼에도 불구하고 틀림없이 존재하고 있는 이러한 것을 가리키기 위해서는, 즉 이러한 것이 가지고 있는 **경험-초월적인 성격** — 즉 경험의 가능성을 넘어서 있는 성격 — 을 가리키기 위해서는,[19] '충동'이 아니라 반드시 '본능'

---

16 *PSM*, p. 27.
17 '우리의 경험 속에 주어지지 않는다'는 말이나 '우리에게 경험적으로 주어지지 않는다'는 말 등등은 모두 같은 것을 말하고 있는 것이다. 즉 이 말들은 모두 '우리가 결코 경험할 수 없다'는 것을 말하고 있는 것이다.
18 *PSM*, p. 27 참조.
19 철학에서는 이 '경험-초월적인'을 간단히 줄여 '초월적'transcendent이라고 자주 말한다. 즉 '초월적'이라는 말은 '경험적'이라는 말과 대립되는 것이다.

이라는 말을 사용해야 한다고 주장한다. 이것이 바로 들뢰즈가 프로이트의 Todestrieb은 '죽음 충동'이 아니라 반드시 '죽음 본능'으로 이해되어야 한다고 주장하는 이유이다. "이러한 것을 가리키기 위해서는 본능이라는 말을 사용해야 한다. 오직 '본능'이라는 말만이 이러한 것이 가진 초월성(경험-초월성)을 나타내 줄 수 있기 때문이다."[20]

그러므로 들뢰즈는, 예컨대 그러한 구분이 필요하다는 것을 인식하지 못하고 있는 영어 표준 번역본의 번역자들과는 달리, 충동과 본능이 서로 다른 것으로서 구분되어야 한다는 것을 잘 알고 있다. 그는 이 두 가지가 구분되어야 한다는 것을 **잘 알고 있음에도 불구하고** 프로이트의 Todestrieb을 '죽음 충동'이 아니라 '죽음 본능'으로 이해할 것을 주장하고 있는 것이다. 더 나아가, 우리의 생각으로는, 어쩌면 그는 충동과 본능을 서로 다른 것으로서 구분해야만 하는 이유가 무엇인지에 대한 라캉의 논의를 잘 알고 있기에, **오히려 바로 그 때문에** 프로이트의 Todestrieb을 죽음 충동이 아니라 반드시 죽음 본능으로 이해할 것을 주장하는 것이다. 들뢰즈가 이해하는 대로의 프로이트의 죽음 본능Todestrieb은 우리의 경험 속에 주어지는 것이 아니기 때문에, 따라서 우리 각 개인이 겪는 우연적인 역사적 경험에 따라 형성되는 것이 아니게 된다. 우리의 경험 속에 주어지는 것, 즉 죽음 본능이 생명 본능과 섞여 나타나는 것인 죽음 **충동**은 우리가 겪는 우연적인 역사적 경험에 따라 가변적으로 형성되는 것일 수 있겠지만, 하지만 경험-초월적인 것인 죽음 **본능**은 우리가 겪는 역사적 경험에

---

20 *PSM*, p. 28.

따라 형성되는 것이 아니라 이러한 역사적 경험에 상관없이, 즉 이러한 역사적 경험**에 앞서서**, 우리에게 본래부터 주어지고 있는 것이 되며, 따라서 우리를, 우리가 겪는 개인적·역사적 경험에 상관없이, 역사보다 더 근본적인 **자연**에 속하도록 만드는, 우리의 타고난 **자연성**을 이루고 있는 것이 된다. 들뢰즈는 프로이트의 Todestrieb의 이러한 **초월성(경험-초월성)**을 나타내기 위해, 즉 그것이 우리가 겪는 역사적 경험에 의해 형성되는 것이 아니라 이런 역사적 경험에 좌우되지 않는 우리의 타고난 **자연적인 본성**을 이루고 있는 것이라는 것을 나타내기 위해, '죽음 충동'이 아닌 '죽음 본능'이라는 말을 의도적으로 사용하고 있는 것이다.

죽음 본능은 우리의 경험 속에 주어지는 것인 죽음 충동을 가능하게 하는 것이지만, 따라서 우리의 경험 속에 주어지는 것을 근거 짓는 **근거**가 되는 것이지만, 그것 자체의 순수한 상태에 있어서는 결코 우리의 경험 속에 주어지지 않는다. 그러므로 죽음 본능 자체는 우리가 겪는 역사적 경험에 상관없이 자연이 처음부터 준 본래의 모습 그대로로 언제나 우리 속에 항존(恒存)해 있는 것이 된다. 즉 죽음 본능은 우리에게 경험되는 것을 근거 짓는 근거가 되는 것이지만, 자신이 근거 짓는 이것들이 겪는 변화에 의해 변화되는 일 없이 언제나 본래 그대로의 모습대로 존재하고 있는 것이 되는 것이다. 그러므로 들뢰즈는 이러한 죽음 본능을, 우리의 경험 속에 주어지는 것을 근거 짓는 **근거**이기도 하면서도 또한 동시에 '**근거 이상의 것**'이기도 하다고 주장한다.[21] 죽음 본능은, 그것이 근거 짓는 것들에 대한 근거의 모습으로는, 우리의 경험 속에 주어지는 것들 속에 항상 **내재하고 있지만(근거)**, 또한 자신이 근거 짓고 있는 이것들이 겪는 변화에 의해 어떠한 영향도 받지 않는 것으로서의 모습으로는, 이 경험적인 것들에 대해 항상 **초월해 있기도(근거 이상의 것)** 한 것이다. 그러므로 죽음 본능은 우리의 경험 속에 주어지는 것이 아니라 우리의 경험 속에 주어지는 것을 초월해 있는 것이기 때문에, 우리의 경험 속에 주어지는 것들은 이러한 죽음 본능의 존재를 우리에게 말해 주지 못한다. 우리의 경험 속에 주어지는 것들이 우리에게 말해 주는 것은 오히려 이러한 죽음 본능의 존재를 우리에게 **은폐하는** 것이 될 수 있다. 죽음 본능은 자신이 근거 짓는 경험적인 것들에 의해 아무런 영향을 받지 않은 채 단지 숨어서 그것들에 **잠재해** 있기만 하는 것이기 때문에, 이 경험적인 것들은 자신들을 근거 짓는 이 근거의 존재를 오히려 은폐하고 있는 것이 될 수 있는 것이다. 죽음 본능이 가진 이러한 초월성, 즉 자신이 근거 짓는 것들에 의해 전혀 영향을 받지 않은 채 단지 그것들에 숨어서 잠재해 있기만 하는 그것의 이러한 존재방식, 바로 여기에 대부분의 사람들이 죽음 본능의 존재를 인식하지 못한 채 단지 죽음 충동의 존재만을 인정하게 되는 이유가, 그리하여 라캉을 비롯한 많은 사람들이 프로이트의 Todestrieb을 '죽음 본능'으로서가 아니라 단지 '죽음 충동'으로서만 이해하게 되는 이유가

---

[21] "죽음 본능은 우리의 심리적 삶의 근거이자 또한 이러한 근거 이상의 것으로 규정될 수 있다." — *PSM*, p. 28.

있게 되는 것이다.

　　우리의 경험 속에 주어지는 것을 통해서는, 다시 말해 우리의 **경험**을 통해서는, 그 존재를 인식할 수 없는 이러한 죽음 본능, 하지만 이처럼 경험을 통해서 만나지 못하는 것이라면, 우리는 정녕 이러한 죽음 본능을 도저히 만나지 못하는 것일까? 만약 그렇다면 우리는 어떻게 죽음 본능에 대해서, 그것이 존재한다는 것에 대해서 말할 수 있는 것일까? 들뢰즈는 PSM과 비슷한 시기에 쓰인 그의 대작 『차이와 반복』에서 우리가 보통의 평범한 의식 상태를 통해 하게 되는 '보통의 경험'과는 다른 '**초월적 경험**'transcendental experience이라는 것에 대해서 말한다. 이 초월적 경험이란 그 이름 그대로 바로 저 **초월적인 것**에 대한 경험을 가리킨다. 그것은 우리의 경험 속에 주어지는 것들을 근거 짓는 근거가 되는 것이면서도 또한 자신이 근거 짓는 이것들에 의해 은폐되고 있는 저 초월적인 것에 대한 경험을 말하는 것이다. 이 초월적 경험은 우리가 보통의 의식 상태를 통해 친숙하게 경험하며 살아가는 보통의 세계를, 이 보통의 세계 속에 젖어 사는 우리의 평범한 존재를 뒤흔들게 된다. 자신이 근거 짓고 있는 것들에 의해 은폐되고 있는 이 근거가 자신을 드러내게 될 때, 그것은 자신이 근거 짓고 있는 이것들이 만들어 내는 '우리의 보통의 평범한 세계'를, 다른 세계의 가능성이란 찾아볼 수 없을 정도로 단단해 보이는 그 구조를 돌연 붕괴시키는 듯한 충격으로 다가오게 되는 것이다(종말론적 경험). 그것은 우리의 보통의 경험이 인정하고 좇고 있던 삶의 가치를 단 한 순간에 무의미한 것으로 무력화시킨다. 그러나 그것은 그렇게 함으로써, 보통의 경험이 이해하는 세계의 구조 속에서는 가능하리라 믿을 수 없었던 새로운 삶의 가능성을 열어 보이며, 또한 이 새로운 삶의 가능성을 실제로 실현하기 위해서는, 보통의 경험이 지향하는 삶의 관성적인 방향으로부터 급선회하는 것이 필요하다는 것을 일깨워 준다. 그러므로 저 초월적인 것은 우리의 경험 속에 주어지는 것들을 근거 짓는 '근거'이면서도 또한 자신이 근거 짓는 이것들에 의해 은폐되고 있는 '근거 이상의 것'이며, 나아가 『차이와 반복』에서 말하듯이, 그것이 이러한 은폐를 뚫고 자신의 초월성을 드러낼 때, 자신이 근거 짓고 있는 이 경험적인 것들의 타당성을, 이것들이 우리에게 평소에 행사하고 있는 그 효력과 지배력을 일거에 붕괴시킬 수 있는 '**근거 와해**'를 가져올 수 있는 것이기도 하다. 그러므로 저 초월적인 것은 우리가 어떤 경험적인 삶을 살게 되든, 즉 우리의 평소 삶이 어떤 속악하고 지리멸렬한 경험들로 온통 채워져 있는 것이 되든, 이러한 우리의 경험에 의해 **결코 지워지지 않는** 우리의 본원적인 가능성으로 항존하고 있다. 그것은, 우리의 삶의 경험이 그것을 어떻게 은폐하고 훼손시키고 있든, 항상 다시 본래의 모습 그대로 언제든 복원될 수 있는 영원한 가능성으로서 우리에게 주어지고 있는 것이 되는 것이다. 초월적 경험은, 우리가 어떤 경험적·역사적 삶을 살게 되든, 우리가 경험하는 이 모든 삶의 우여곡절에도 불구하고 언제든 변함없이 우리에게 그대로 남아 있는 우리의 타고난 **자연적 본성**을, 우리의 생명의 모태인 자연이 우리에게 본래부터 주고 있는 우리의 **근본적인 자연성**을 만나게 해 주는 것이다. 들뢰즈에 따르면, 우리는 이러한 초월적 경험을 통해 — 또한 오직 이러한 초월적 경험을 통해서만 — 죽음 본능을 만날 수 있다. 물론 이러한 초월적 경험은 그것이 이루어지는 양상(樣相)에 있어서, 보통의 경험이 이루어지는 양상과는 분명히 다를 수밖에 없을 것이다. 우리는 우리의 보통의 경험을 통해 만나는 것들을 인식하는 데 익숙하며 이것들에 대해 안정적이고 확실한 인식을 얻을 수 있다. 반면 초월적 경험은 우리가 이처럼 안정적이고 확실한 인식을 얻을 수 있는 이것들이 은폐하고 있는 것을 드러내려 하는 것이며, 그러므로 이러한 초월적 경험의 출현 앞에서, 우리에게 익숙한 안정적이고 확실한 인식은 모든 유효성을 상실한 채 와해되고 만다. 초월적 경험은 우리에게 익숙한 안정적이고 확실한 인식과는 반대되는 깊은 불확실성과 불투명한 의혹에 싸여 이루어지는 것이며, 그러므로 우리가 명료하게 인식할 수 있는 '분명한 해답'의 양상으로서가 아니라 우리가 그 해답을 우리 스스로 찾기 위해 끊임없이 깊은 불확실성을 감내하며 풀어 가야 할 **'거대한 문제(물음)'** 의 양상으로 주어지는 것이다.[22] 들뢰즈에 따르면 마조히즘은 죽음 본능과의 만남이 이루어지는 이러한 초월적 경험이다.[23] 마조히즘은 우리에게 익숙한 보통의 표상적인 인식의 유효성을 와해시키는 이러한 초월적 경험이 '신화적이고 상상적인' 방식으로 이루어지는 것이다.[24] 앞에서 우리가 언급한 마조히스트의 **환상phantasm**이란 바로 죽음 본능과 만나는 마조히스트의 초월적 경험이 이루어지는 이

---

[22] 문제(물음)와 해답의 이와 같은 대비에 대해서는, 같은 책, pp. 106~107, p. 141 등을 참고하라.
[23] *PSM*, p. 28 참고. 물론 마조히즘만이 죽음 본능과의 만남이 이루어지는 유일한 초월적 경험이라는 말이 아니라, 죽음 본능과의 만남이 이루어지는 여러 가지 초월적 경험 중의 하나가 마조히즘이라는 뜻이다.
[24] *PSM*, p. 28, 32 참고.

러한 '신화적이고 상상적인' 방식, 즉 보통의 표상적인 인식의 한계를 넘어서는 방식인 것이다.

하지만 이러한 죽음 본능이라는 것이 과연 정말로 존재할 수 있는 것일까? 생명체가 자신의 본능에 의해, 즉 자신의 **근본적인 자연성(타고난 자연적 본성)**에 의해, 자기 자신의 죽음을 적극적으로 지향하고 있다는 것이 정말로 가능한 일일까? 과연 표상적인 인식의 한계를 넘어선다고 주장하는 이러한 현기증 나는 소리를 정말로 믿을 수 있는 것일까? 죽음 본능이라는 것이 존재한다는 프로이트의 주장에 대해서는 심지어 그를 추종하는 많은 전문적인 정신분석학자들 사이에서조차도 회의적인 시각이 지배적이다. 그렇지만 들뢰즈가 프로이트를 가장 높이 평가하는 것은 바로 이 대목, 즉 프로이트가 보통의 표상적인 인식 방식이 도달할 수 있는 한계 너머에 있는 이러한 죽음 본능의 존재를 발견해 내고 그 불가해한 정체 앞에서 끊임없이 의혹과 불확실성에 시달리면서도 끝내 죽음 본능의 존재에 대한 자신의 주장을 철회하지 않는 용기와 통찰력을 보여 준 것에 대해서이다.[25] 하지만 마조히즘에 대한 들뢰즈의 논의를 보면, 그가 이 죽음 본능의 정체가 무엇인지를 두고 실은 프로이트가 이해하는 것과는 매우 다른 것을 이해하고 있다는 것을 알 수 있다. 들뢰즈는 프

---

25 「쾌락원리를 넘어서」를 읽는 사람이라면 누구나 프로이트가 죽음 본능의 존재에 대한 자신의 주장을 계속 밀고 나갈지 아니면 철회하고 말지를 두고 얼마나 거듭해서 고심하여 우왕좌왕하고 있는지를 확인할 수 있을 것이다 그럼에도 불구하고 죽음 본능에 대한 최종적인 확신을 거두지 않는 이 글에 대해 들뢰즈는 다음과 같이 평하고 있다. "그의 모든 저작 중에서 최고의 걸작일 「쾌락원리를 넘어서」에서 프로이트는 가장 직접적인 방식으로, 또한 엄청난 천재성을 보이며, 진실로 철학적이라고 할 만한 사색 속으로 파고들어 가고 있다." — PSM, p. 96.

로이트가 죽음 본능의 존재를 발견해 내고 그것에 대해 '경험을 넘어서 있는 **초월적인 것**'으로서의 위상을 부여한 데 대해서는 — 그리하여 '역사적인 경험의 우여곡절에 의해 훼손되거나 변경되지 않는 **근본적인 자연성**'으로서의 위상을 부여한 데 대해서는 — 높이 평가하지만, 이 죽음 본능이 무엇을 의미하는 것이며 그것이 존재하는 이유가 무엇인지에 대해서는 프로이트와 전혀 다른 생각을 하고 있다. 우리는 나중에 죽음 본능에 대한 들뢰즈와 프로이트 사이의 이러한 이해의 차이가 그들이 서로 다르게 가진 '생명과 우주에 대한 이해'의 차이로 인해 생기게 되는 것이라는 것을 살펴볼 것이다.

이제 막간으로 죽음 본능에 대해 이야기해 온 이 긴 괄호를 닫고, 다시 본래의 논의로 복귀해 보자. 이제 프로이트는 예전에 그가 성적 본능과 자아 본능 사이에 세웠던 대립의 관계를 지양하고, 생명 본능과 죽음 본능으로 하여금 새롭게 이 이원론적 대립의 관계를 대신하도록 만들고 있다. 이 새로운 이원론적 이해에 따르면, 모든 생명체에게는 자기 자신의 소멸(죽음)을 스스로 지향하는 죽음 본능이 본래부터 내재하고 있으며, 또한 이러한 죽음 본능과는 반대로, 생명체가 자신의 자기보존을 지향하는 생명 본능 역시 본래부터 생명체에 내재하고 있다. 서로 반대되는 목적을 지향하는 이 두 가지 본능이 같은 하나의 생명체 내에서 이처럼 서로 맞서는 가운데, 생명체의 생명 본능은 이제 자신과 대립하는 이러한 죽음 본능에 맞서 자신의 목적을 달성하기 위해, 이 죽음 본능을 생명체 자신의 외부에 있는 다른 대상을 향해 **밖으로 빠져나가도록** 만들게 된다. 즉 생명체 자신 내에 계속 머물러 있는 한 생명체 자신의 자기 파괴를 가져올 수 있는 것인 이러한 죽음 본능을 이처럼 외부 대상을 향해 밖으로 빠져나가도록 내보냄으로써, 생명체의 생명 본능은 생명체의 자기보존을 지향하는 자신의 임무를 달성하려 하는 것이다. 외부 대상을 향해 밖으로 빠져나가도록 내보내진 이러한 죽음 본능, 바로 이것이 외부 대상을 향한 공격성으로 나타나게 되는 것이며, 그리하여 이로 인해 외부 대상이 되는 타인을 지배하려 하거나 파괴하려 하는 사디즘이 발생하게 되는 것이다.

그런데 프로이트에 따르면, 생명 본능은 생명체에 내재하고 있는 죽음 본능의 **대부분**을 이처럼 외부 대상을 향해 밖으로 내보내는 데 성공하지만, 이러한 외부로의 유출에 동참하지 않은 일부(죽음 본능의 일부)가 여전히 생명체의 내부에 남아 있게 된다. 그러므로 생명 본능은 생명체의 내부에 여전히 남아 있는 이러한 죽음 본능이 생명체 자신을 해치게 되는 것을 막기 위해, 죽음 본능의 이 잔여(殘餘)를 — 프로이트의 표현대로 말하자면 — **리비도적으로 묶게 된다**. 즉 '리비도적으로 묶게 된다'는 프로이트의 이러한 표현이 말하고자 하는 것은, 생명체의 생명 본능(리비도)이, 생명체 내부에 남아 있는 죽음 본능의 이 잔여가 생명체 자신을 해치는 파괴적인 활동을 하게 되는 것을 막기 위해, 죽음 본능의 이 잔여에 결합하여(달라붙어) 그것을 꼼짝 못 하도록 포박함으로써 순치(馴致)하게 된다는 것이다.[26]

---

[26] 생명 본능과 죽음 본능의 새로운 이원론에 입각하여 마조히즘의 발생을 설명하려 하는 프로이트의 이러한 논의는 그의 논문 「마조히즘의 경제적 문제」 *Das ökonomische Problem des Masochismus*(1924)에 나오는 것이다. 이 논문 역시 앞에서 우리가 언급한 *Psychology des Unbewußten, Studienausgabe, Bd. III*에 그 전문이 실려 있다. '리비도적으로 묶게 된다'는 것에 대한 프로이트의 정확한 표현은 이러하다. "유기체 내부에 남아 있는 죽음 본능의 잔여가, 성적 흥분의sexuel-

그리고 프로이트에 따르면 생명 본능이 생명체의 내부에 남아 있는 죽음 본능의 잔여에 결합하여 그것을 리비도적으로 묶게 되는 것에서 바로 **원초적인 마조히즘**이, 즉 흔히 '성감(性感)발생적 마조히즘'이라 불리는 원초적인 형태의 마조히즘이 발생하게 되는 것이다.[27]

프로이트가 여기에서 말하는 '성감발생적 마조히즘'이란 고통에서 쾌락을 느끼는 **심리적** 성향이 바로 우리 자신의 **몸의 물리적·생리적 조건 자체** 속에 이미 그 기반(기질)을 — 즉 이러한 심리적 성향을 가능하게 하는 물리적 기반(기질)을 — 가지고 있다는 것을 말하는 것이다. 다시 말해 고통에서 쾌락을 느끼는 심리적인 성향이 실은 우리의 **몸 자체**가 고통을 느끼는 것에서 쾌락을 느낄 수 있기 때문에 가능하게 되는 것이라는 것을 말하는 것이다. 우리의 몸 자체가 그것이 느끼는 고통에서 쾌락을 느낄 수 있게 되다니, 이런 일이 정말로 있을 수 있는 일일까? 프로이트는 이런 일이 왜 일어날 수 있게 되는지를 다음과 같은 논리로 설명한다. "많은 내적 과정들(생명체의 내부에서 일어나는 과정들)의 경우에, 그 과정들의 강도가 일정한 양적 한계를 넘어서게 되면, 바로 그 순간, 이 과정들에 필수적

---

len Miterregung 도움으로, 리비도적으로 묶이게 된다(libidinös gebunden)." — Freud, Das ökonomische Problem des Masochismus, p. 347(한글본, 423쪽). 여기 '(죽음 본능의 잔여를 리비도적으로 묶는) **성적 흥분의 도움**'이라는 것이 바로, 곧 성적 본능이기도 한 생명 본능이 죽음 본능을 무마하기 위해 (성적 흥분을 일으키는 방식으로) 개입한다는 것을, 즉 생명 본능이 죽음 본능의 잔여에 결합하여 이 죽음 본능이 자신의 파괴적인 활동으로 날뛰지 못하도록 묶게 된다는 것을 말하는 것이다. 죽음 본능에 대해 생명 본능(리비도)이 행하게 되는 이러한 **묶기**, 들뢰즈의 『차이와 반복』에 익숙한 사람이라면 누구나 '시간의 종합' 이론이 논의될 때 나오는 '묶기'의 **반복** 작업이라는 것을 여기에서 떠올리게 될 것이다.

[27] 위와 같은 곳. '성감발생적 마조히즘'이란 독일어 'erogene Masochismus'(영어로는 erogenous masochism)를 번역한 것이다.

으로 따라붙게 되는 〈동시 발생적인 효과(부수효과)Nebenwirkung〉로서 성적 흥분이 발생하게 된다. (…) 고통이나 불쾌의 자극 같은 내적 과정도 이러한 결과(효과)를 가져오는 것임에 틀림없다."[28] 즉, 프로이트의 말을 풀어 보자면, 생명체가 느끼는 고통의 강도(强度)가 ― 프로이트는 생명체가 느끼는 **고통**을 생명체에 내재하는 **죽음 본능**(의 파괴성)이 생명체 자신을 공격하는 현상으로 이해한다 ― 어떤 임계치 이상에 다다르게 되면, 생명체의 자기보존을 위협하는 이러한 죽음 본능이 더 이상 준동하는 것을 막기 위해, 생명 본능(성적 본능, 에로스)이 이러한 죽음 본능에 결합하여 그것을 리비도적으로 묶게 되고, 바로 죽음 본능에 대한 생명 본능의 이러한 결합에서 〈**고통에 대한 쾌락의 결합**〉이,[29] 즉 생명체가 느끼는 고통에 필수적으로 따라붙는 〈동시 발생적인 효과〉로서의 쾌락이 발생하는 일이 일어나게 된다는 것이다. 우리의 몸이 자신이 느끼는 고통에서 실은 쾌락을 느낄 수 있는 경우가 있음을 실은 누구나 수긍할 수 있을 것이다. 여성들에게 이러한 체험은 결코 낯설지 않을 것이다. 성교 시의 여성은 자신의 성기가 벌어지는 아픔을 겪는 것이 곧 황홀한 쾌락을 체험케 하는 것임을 모르지 않을 것이다. 또한 목을 졸라매는 교수형을 당하는 사형수들이 그들의 고통이 극에 달하는 최후의 순간 예외 없이 사정(射精)을 한다는 사실도 ― 그들이 강렬한 쾌락을 체감

---

28 위와 같은 글, pp. 346~347.
29 생명체가 느끼는 **고통**이 생명체에 내재하는 **죽음 본능**이 발현하는 현상인 것으로 이해되듯이, 마찬가지로 생명체가 느끼는 **쾌락**은 생명체에 내재하는 **생명 본능**(성적 본능, 에로스)이 발현하는 현상인 것으로 이해된다.

하고 있음을 보여 주는 이 징표도 — 잘 알려져 있다. 고통이 어떤 한계치를 넘어서게 될 때, 이 고통이 곧 쾌락의 문을 열게 되는 이러한 일들이, 이상한 일이기는 하지만 실제로 일어난다는 것을 사람들은 각자 자기 자신의 체험을 통해 발견할 수 있을 것이다. 프로이트에게 이것은 사람이면 누구나 각자 자신의 체험을 통해 명백하게 확인할 수 있는 틀림없는 사실이다. 그에게는 단지, 이상하기는 하지만 틀림없는 사실인 이 사실을 설명해 줄 수 있는 논리가 무엇인지를 찾는 것만이 중요한 문제로 남아 있는 것이며, 그는 이 사실을 설명해 줄 수 있는 논리를 우리 자신 속에 내재하고 있는 죽음 본능과 생명 본능의 작용에서 찾고 있는 것이다.

생명 본능과 죽음 본능의 이원론에 입각한 이와 같은 새로운 이해에서는 이처럼 성감발생적 마조히즘의 존재가 강조된다. 그런데 이러한 성감발생적 마조히즘이란 사디즘의 방향전환에 의해 발생하는 것이 아니라 그러한 방향전환과는 상관없이 존재할 수 있는 것으로, 즉 사디즘과는 무관하게 독립적으로 존재할 수 있는 것인 것으로 보인다. 생명 본능과 죽음 본능의 이원론에 입각한 이 이해에서는, 사디즘은 생명체 자신의 밖으로 내보내진 죽음 본능에 의해 발생하는 것으로 이해되고 있는 반면, 마조히즘은 생명체의 내부에 여전히 남아 있는 죽음 본능에 생명 본능이 결합하는 것에 의해 발생하는 것으로 설명되고 있는 것이지, 사디즘을 발생시키도록 밖으로 내보내진 죽음 본능이 생명체 자신에게로 되돌아오는 것에 의해서 마조히즘이 발생하는 것으로 설명되고 있지 않은 것이다. 바로 이러한 이유 때문에 프로이트는 이러한 성감발생적 마조히즘을 '**원초적**

인 마조히즘'이라고, 즉 다른 어떤 것으로부터 — 즉 그것보다 선행하는 사디즘으로부터 — 파생되어 나오는 것이 아니라 그것 자체가 이미 원래부터 독자적인 기원을 가지고 있는 것인 '원초적인 마조히즘'이라고 부르고 있는 것일 게다.

그러나 프로이트는 이러한 원초적인 마조히즘에 대한 발견이 마조히즘의 발생을 이해하는 데 필요한 충분한 설명을 제공해 줄 수는 없다고 주장한다. 그는 이러한 불충분성의 이유가 어디에 있는지에 대해 다음과 같이 말하고 있다. "이러한 설명은 마조히즘이 그 반대쌍인 사디즘과 맺고 있는 정규적이고 밀접한 관계를 이해할 수 있게 해 줄 수 있는 어떠한 빛도 던져 주지 못하고 있다."[30] 그러므로 프로이트에 따르면, 마조히즘의 발생을 이해하는 데 필요한 **충분한** 설명이란 마조히즘을 사디즘과 무관한 독자적인 기원을 가진 것으로서 설명하는 것이 아니라 오로지 사디즘과의 긴밀한 관계 속에서 발생하는 것으로 설명하는 것이어야 한다는 것이다. 즉 프로이트는 원초적인 마조히즘인 성감발생적 마조히즘이란 그것 자체로 이미 진정한 마조히즘이 아니라 단지 이 진정한 마조히즘으로 발전해 나갈 수 있는 예비적 소질(물리적·생리적 기반)이 되고 있는 것일 뿐이라고, 이 진정한 마조히즘으로의 발전이 이루어질 수 있기 위해서는 사디즘과의 정규적이고 밀접한 관계가 이루어질 수 있어야 한다고, 다시 말해 사디즘의 방향전환에 의해 주체 자신에게로 되돌아오게 된 죽음 본능이 이러한 예비적 소질을 현실적으로 일깨워 줄 수 있

---

30 위와 같은 글, p. 347 (한글본, 422쪽).

어야 한다고 생각하고 있는 것이다. 그러므로 프로이트는 여기에서 진정한 마조히즘이란 오로지 사디즘의 방향전환에 의해서만 발생할 수 있는 것이라는 생각을 명시적으로 표방하고 있다. "어떤 특정한 관계하에서는, 외부로 나갔던 사디즘(혹은 파괴 본능)이 다시 내부를 향해 되돌아오는 일이 일어날 수 있다. 이러한 되돌아옴에 의해 이차적인 마조히즘이, 즉 원초적인 마조히즘에 덧붙는 이차적인 마조히즘이 생겨난다."[31] 원초적인 마조히즘에 덧붙는 이 이차적인 마조히즘, 밖으로 나갔던 사디즘이 방향전환에 의해 다시 주체 자신에게 되돌아오게 됨으로써 발생하게 되는 이 이차적인 마조히즘이야말로 원초적인 마조히즘이 제공하는 소질을 발전시킨 진정한 마조히즘인 것이다. 그러므로 생명 본능과 죽음 본능의 이원론적 구분에 입각한 새로운 이해에서도 마조히즘은 여전히 그것보다 선행하는 사디즘으로부터 파생되어 나오는 것으로, 즉 사디즘의 방향전환에 의해 발생하는 것으로 이해되고 있는 것이다.

  그러므로 이제 마조히즘이 어떻게 발생하는지를 설명하기 위해 프로이트가 제시하는 병인론에 담긴 핵심적인 사고를 정리해 보자. 정신분석학이 마조히즘을 사디즘의 방향전환에 의해 발생하는 것으로 이해한다는 것은 다음과 같은 것을 의미한다. 주체의 성적 본능은 엄마에 대한 근친상간적 욕망을 갖지만, 이 욕망은 아버지의 존재에 부딪혀 좌절된다. 아버지란 주체의 욕강이 요구하는 바를 금지하는 **법**을 세우는 존재, 즉 주체의 욕망이 자신을 포기하도록 억압

---

[31] 위와 같은 글, p. 348(한글본, 424쪽).

하는 존재인 것이다. 정신분석학이 볼 때, 법과 욕망은 정확히 길항(拮抗) 관계에 있다. 법은 욕망 **덕분에** 존재하는 것이지만, 즉 법은 욕망이 있기 때문에 존재하는 것이고 만약 욕망이 없었더라면 존재하지 않을 것이지만, 욕망이 이처럼 법의 존재를 가능하게 하는 것은 법이 욕망을 **억압하기 위해서** 존재하는 것이기 때문이다. 서로에 대해 이처럼 길항 관계에 있는 법과 욕망의 힘은 서로에 대해 정비례한다. 욕망이 크면 클수록, 그것을 억압하려 하는 법의 힘 또한 커지게 될 것이며, 따라서 욕망이 외부(아버지)를 향해 내보내는 공격성이 강하면 강할수록, 욕망을 억압하려 하는 법의 힘이 주체에게로 되돌려 보내는 공격성 역시 더욱더 강해지게 될 것이다. 하지만 이러한 정비례 관계는 근본적으로는 이 두 힘이 실은 **같은 하나**이기 때문에 생기게 되는 것이다. 주체의 성적 욕망이 '아버지의 법'이라는 장벽에 부딪혀, 이 욕망이 본래 가진 그 힘 그대로가 (해소되지 않은 채) 고스란히 주체 자신에게로 되돌아오는 것, 그것이 이 욕망을 억압하려 하는 법의 힘으로 나타나게 되는 것이다. 프로이트가 말하는 **초자아superego**, 즉 주체의 성적 욕망과 공격성을 스스로 통제하려 하는 '도덕의식'(양심)을 가진 초자아란 이러한 〈아버지의 법〉이 **내면화**되어 만들어진 것이다. 초자아(도덕의식)가 처음부터 먼저 존재하고 있고, 이처럼 먼저 존재하고 있는 초자아에 의해 성적 욕망에 대한 억압이 일어나게 되는 것이 아니라, 아버지의 법에 의한 욕망의 억압이 먼저 있고, 이 억압을 피할 수 없는 운명으로 받아들여야 하는 데서 자아는 자신 속에 초자아를 만들어 내게 되는 것이다. 다시 말해 주체는 초자아를 가지고 있기 때문에 성적 욕망을 포기하는 것이 아니라, 성적 욕망을 포기해야 했기 때문에 초자아를 갖게 되는 것이다. 자아**이면서도** 동시에 자아가 **아닌** 것 같은, 자아의 일부이면서도 자아 위에 군림하며 명령하는 것 같은 초자아의 **애매한** 위상, 다시 말해 자아가 가진 성적 욕망을 자기 스스로 억제하게 만드는 초자아의 **이중적** 위상이란 그것이 자아 속의 일부가 된 타자(아버지)이기 때문에 생겨난 것이다. 그러므로 성적 욕망을 억압하는 — 즉 성적 욕망을 질책하는(공격하는) — 초자아의 강력한 도덕의식이란 실은 아버지의 법에 부딪혀 주체 자신에게로 되돌아온 성적 욕망의 사디즘적 공격성에 다름 아니다. 아버지를 향하던 사디즘적 공격성이 아버지에게서 그 뜻을 이루지 못한 채 주체 자신에게로 되돌아와 주체 자신을 공격하게 되는 것이 주체의 성적 욕망을 억압하는 초자아의 도덕의식인 것이다. 정신분석학은 마조히즘의 발생 원인을 바로 **초자아의 과잉**에서 찾는다. 즉 마조히즘이란 자아의 성적 욕망을 억압하려 하는 초자아의 도덕의식이 성적 욕망이 가진 사디즘적 공격성을 자아 자신에게로 되돌리기 때문에 발생하는 것이라는 것이다. 그러므로 마조히즘을 특징짓는 죄책감이란 자아의 성적 욕망을 **억압되어야 할 죄**로 보는 초자아의 강력한 도덕의식에서 비롯되는 것이 된다. 하지만 이를 한 꺼풀 더 벗겨 보면, 이 죄책감이란 아버지를 향하던 주체의 사디즘적 공격성이 아버지의 법이라는 벽에 부딪혀 주체 자신에게로 되돌아올 수밖에 없게 됨으로써 주체 자신을 공격하는 방식으로만 쓰일 수 있게 되기 때문에 생겨난 것이다. 마조히스트는 자신이 지은 죄를 씻기를 원하며(속죄욕망), 그러므로 이 죄를 씻어 줄 수 있는 벌로서 고통(매질)이 자신에게 주어지기를 원한다. 그에게 주어지는 고통은 그의 이러한 속죄욕망을 충족시켜 줌으로써 그에게 쾌락을 — 즉 '욕망(속죄욕망)의 충족'이라는 쾌락을 — 가져다줄 수 있는 것이다. 하지만 마조히스트가 자청해서 겪는 이러한 고통은 실은 주체 자신에게로 되돌아온 사디즘적 공격성이 무엇인가를 공격하려는 자신의 욕망을 성취하는 것이며, 바로 이 공격성이 이처럼 자신의 욕망을 성취하는 것에 의해서, 또한 이 공격성이 성감발생적 마조히즘이라는 우리 자신의 몸의 예비적 소질을 일깨우는 것에 의해서, 쾌락이 발생하게 되는 것이다. 이것이 바로 프로이트가 마조히즘에게서 발견되는 '고통과 쾌락의 일치'를 설명하는 방식이다.

그러므로, 정신분석학이 보기에 마조히즘이란 아버지의 법에 대한 주체의 절대적 복종을 나타내는 태도이다. 아버지의 법은 주체가 언제나 죄인임을 말하며 — 왜냐하면 주체는 언제나 성적 욕망을 가지고 있기 때문이다 — 주체가 이러한 아버지의 법에 충실하려 하면 할수록, 그의 죄는 오히려 더욱더 깊어져만 가게 된다. 왜냐하면 주체는 결코 성적 욕망으로부터 완전히 벗어날 수 없으며, 벗어나려고 하면 할수록 그는 자신을 옭아매는 성적 욕망의 강력한 힘을 더욱더 강하게 느끼게 될 수밖에 없기 때문이다. 그러므로 그가 그의 죄로 인해 받게 되는 고통이 크면 클수록, 즉 그가 더욱더 가혹한 매질을 당하게 될수록, 아버지의 법에 대한 마조히스트의 복종은 더욱더 완전한 것이 되며, 그는 이로부터 더 큰 쾌락을 얻을 수 있게 된다. 혹은 다시 말해, 마조히스트는 아버지의 법에 대한 그 자신의 복종을 더욱더 완전한 것으로 만들기 위해, 더욱더 가차 없는 죄책감과 고통(매질) 속으로 자신을 몰아넣게 되며, 그럴수록 더욱더 큰 쾌락을 얻게 되는 것이다. 이것이 바로 정신분석학이 어떻게 마조히 즘의 발생이 '아버지'라는 축을 중심으로 해서 이루어지는 사디즘적 공격성의 방향전환에 의해 이루어지는지를 설명하는 방식이다.

2. 마조히즘의 병인론(원인론)에 대한 들뢰즈의 이해

마조히즘의 발생을 설명하는 프로이트의 방식에 대한 들뢰즈의 비판은 프로이트의 설명이 별다른 문제점을 발견하지 못한 채 그대로 받아들이고 있는 일반적인 통념, 즉 마조히즘에서는 '쾌락과 고통의 일치(결합)'가 발견된다고 믿는 일반적인 통념을 비판하는 것에서부터 시작된다. 마조히스트가 자신의 성적 파트너와의 관계에서 쾌락을 누리기에 앞서, 먼저 이 파트너에 의해 가혹한 고통(매질)을 당하는 의식(儀式)을 치른다는 사실은, 즉 그가 오직 이러한 고통을 먼저 겪는 것을 통해서만 자신이 원하는 성적 쾌락에 이를 수 있다는 사실은 보통 사람의 성생활과는 너무나도 다른 특이한 것이기에, 사람들은 이러한 특이성을 곧 '마조히스트란 고통 자체를 쾌락으로 느끼는(고통과 쾌락의 일치) 사람'이라는 것을 말해 주는 것으로 이해하고 있다. 하지만 이는 대중(大衆)의 피상적인 이해가 낳은, 그렇지만 그것을 그대로 받아들이고 있는 정신분석학의 학문적 권위가 그 위에 더해져서 마치 '사실'인 양 굳어져 버리게 된 한갓 오해에 지나지 않는다. 들뢰즈에 따르면 마조히스트 역시 보통 사람들과 전혀 다르지 않게 고통을 오직 고통으로만 느끼며 또한 오직 쾌락만을 쾌락으로 느끼는 사람이다. 그는 결코 이 둘을 같은 것으로 느끼지 않는다.

다만 그의 특이성이란 자신이 원하는 성적 쾌락을 느낄 수 있기 위해서는 그보다 먼저 자신의 연인으로부터 매질당하는 고통을 반드시 겪어야만 한다는 데 있다. 마조히즘을 '고통과 쾌락의 일치'로서 생각하는 오해는 "이러한 **시간적 선후 관계를 논리적 인과 관계**로 혼동하는 것에서 비롯된다. 고통은 결코 쾌락을 낳는 **원인**이 아니라 단지 쾌락의 도래를 위해 반드시 필요한 **선행 조건**일 뿐이다."

물론 고통 자체에서 쾌락을 느낄 수 있는, 그러므로 고통과 쾌락 사이에 정말로 논리적 인과 관계(일치의 관계)가 성립할 수 있는 그러한 경우가 실제로 있을 수도 있을 것이다. 프로이트의 성감발생적 마조히즘이란 이와 같은 경우를 설명해 줄 수 있는 개념일 것이다. 하지만 이런 경우가 실제로 가능하다 할지라도, 그것은 마조히즘이 아닌 다른 경우이다. 마조히즘은 '고통성애증'algolagnia이라는 새로운 이름으로 불릴 수 있는 이러한 경우와는 무관한 것으로 구분되어야 한다. "고통성애증이 없는 마조히즘의 경우가 있으며, 마조히즘이 없는 고통성애증의 경우도 있다."[32] 이 같은 사실은 고통성애증이 — 즉 고통과 쾌락의 일치가 — 마조히즘을 위한 충분조건이 아니며 또한 필요조건도 되지 못한다는 것을, 즉 마조히즘이 고통성애증과 무관하게 발생하는 것이라는 것을 보여 준다. 그러므로 마조히즘이란 프로이트의 성감발생적 마조히즘이라는 개념에 의해 설명될 수 있는 것이 아니다. 이 개념은 '고통과 쾌락의 일치'라는 증상이 어떻게 발생할 수 있는지를 설명해 줄 수 있는 이유를 제공해 주

---

[32] *PSM*, p. 16.

는 것이지만, 마조히즘은 이러한 증상을 보이는 것이 아니며, 따라서 이러한 이유(원인)에 의해서 발생하는 것이 아니기 때문이다.[33][34] 프로이트는 성감발생적 마조히즘이라는 개념에 힘입어, 마조히즘을 사디즘의 방향전환에 의해 발생하는 것으로 설명하려 하는 자신의 주장을 정당화할 수 있었다. 하지만 프로이트가 마조히즘에서 발견되는 '사실'이라고 생각하고 있는 '고통과 쾌락의 일치'라는 것은 실은 사실이 아니라 정신분석학의 구미에 맞게 가공(加工)된 '추상'일 뿐인 것이다.[35] 이 추상은 마조히즘의 핵심을 비워 내 버린 채 오직 그 껍데기만을 남기고 있는 것이지만, ─ 그나마 이 껍데기마저 그것을 지탱해 주고 있던 이 내부 핵심을 이렇게 비워 내게 됨으로써 원래의 모습과는 다르게 이미 크게 뒤틀려 있는 것이지만 ─ 정신분석학은 오히려 이 껍데기를 마조히즘의 진실을 설명해 주는 핵심인 양 생각하고 있는 것이다. 정신분석학이 오이디푸스-콤플렉스의 근원성과 보편성에 대한 자신의 믿음을 통해, 그리하여 '아버지'라는 벽에 부딪히는 사디즘의 방향전환이라는 논리에 의해, 그 발생을 설명해 내고 있는 것은 이러한 **추상**이지 마조히즘의 **사실**이 아니다. 마조히즘의 **사실**은, 즉 마조히즘이 정말로 어떤 원인(이유)에 의해서 발생하는 것인가 하는 문제는, 정신분석학이 제시하는 이러한 병인

---

33 즉 이러한 이유(원인)에 의해 발생하는 것은 마조히즘이 아니라 고통성애증일 뿐이다.
34 그러므로 프로이트의 성감발생적 마조히즘이라는 개념은 들뢰즈의 입장에서 볼 때 잘못된 개념이다. 그것은 '성감발생적 **마조히즘**'이라는 이름을 달고 있지만, 정작 마조히즘과는 무관한 것을 설명하는 개념이기 때문이다.
35 "문제는 이 '사실'이라고 하는 것이 실은 한갓 '추상'이 아닌지를 아는 데 있다. 사람들은 여기에서 고통과 쾌락의 연관을, 그러한 연관을 성립하게 만드는 구체적인 조건들을 부당하게 내버린 채, 왜곡해서 추상해 내고 있다." ─ *PSM*, p. 41.

론과는 다른 병인론이 제시될 수 있을 것을 요구하는 것이다.

　하지만 마조히스트가 고통에서 쾌락을 느끼는 자가 아니라면, 그는 도대체 **왜** 자신이 원하는 성적 쾌락을 얻기 위해 그보다 먼저 반드시 고통을 겪어야만 하는 것일까? 이러한 기이한 특성은 무엇을 의미하는 것일까? 마조히스트가 겪는 이 고통이 그가 짓고 있는 **어떤 죄**에 대한 **대가(벌)**라는 것은, 즉 그가 짓고 있는 죄를 씻어 내기 위한 속죄의 의식(儀式)을 나타내고 있는 것이라는 것은 분명하다. 죄의식과 속죄욕망이 마조히즘에서 두드러지게 나타나는 중심적인 증상이라는 것은 틀림없는 **사실**이며, 프로이트는 이 사실을 자신의 오이디푸스-콤플렉스 이론의 정당성을 확인해 주는 것으로, 즉 마조히스트가 짓고 있는 죄란 엄마에 대한 그의 근친상간적 욕망을 가로막고 있는 아버지에 대해 그가 **사디즘적 공격성을 나타내는 데** 있는 것으로 설명하고 있는 것이다.[36] 그런데 들뢰즈는 마조히스트가 짓고 있는 죄의 의미와 또한 그가 이 죄로 인해 겪게 되는 고통의 의미가 무엇인지를 알기 위해서, 이 고통이 마조히스트에게 가져다주게 되는 **묘한 결과**에 주목해 볼 것을 주장한다. 마조히스트는 고통을 겪지만, 그가 겪는 바로 이러한 고통의 **결과**로서, 그가 원하던 성적 쾌락을 향유하는 데 성공적으로 도달하게 된다. 즉 그가 겪는 고통은 그의 성적 욕망에 대한 벌(罰)로서 주어지는 것이므로, 따라서 이 벌의 **원래 목적**은 그의 성적 욕망을 단념케 하는 데 있는 것이겠지만, 그는 이 벌이 주는 고통을 **먼저 자청해서** 받게 됨으로써, 그 **결과**로, 이

---

36 즉 프로이트에 따르면 '마조히스트의 죄'란 '아버지에 대해 사디즘적 공격성을 나타낸 죄'다.

벌의 이러한 원래 의도와는 **거꾸로**, 이 벌이 단념시키려 하는 그의 성적 욕망의 충족에 — 즉 성적 쾌락의 향유에 — 도달하게 되는 것이다.37 이러한 역전(逆轉), 벌의 기능(혹은 의미)을 완전히 거꾸로 뒤집어 버리는 듯한 이러한 역전, 이것이 대체 어떤 논리에 의해 일어나게 되는 것인지를 다시 한번 설명해 보자. 아버지의 법은 주체에게 그가 법을 어길 시 받게 될 고통(벌)의 위협(주체의 페니스의 거세라는 위협)을 가함으로써, 주체의 성적 욕망(엄마에 대한 근친상간적 욕망)이 쾌락(욕망의 충족)을 추구하는 것을 금지하려 한다. 즉 고통(벌)의 **원래 기능**은 성적 욕망이 쾌락을 맛보려 하지 못하도록 **예방하는** 데 있는 것이다. 그런데 마조히스트는 이 고통(벌)을 **먼저 자청해서** 받음으로써, 이 고통(벌)이 가지고 있던 위협의 힘을 미리 다 소진(消盡)시켜 버리게 되며, 그리하여 이 위협의 힘에 의해 지탱되고 있던 고통(벌)의 저 예방적인 기능을 **무력화시키게** 된다. 즉 쾌락을 추구하면 그에 대한 대가(결과)로 고통(벌)을 받게 될 것이라는 것이 아버지의 법이 세우는 원래의 논리이지만, 마조히스트는 **선제적으로** 고통(벌)을 먼저 자청해서 받음으로써 이 논리의 앞뒤 순서를 뒤집는다. 즉 먼저 자청해서 매질(거세를 대신하는 매질)의 고통(벌)을 당함으로써, 이 고통(벌)의 위협이 금지하고 있던 쾌락을 맛볼 수 있는 **면**

---

37 "마조히스트가 치르는 고통의 의식(儀式)을 볼 때마다 사람들은 다음과 같은 사실에 놀라게 된다. 법의 엄격한 적용이 마조히스트에게서는 사람들이 통상적으로 이러한 법의 적용이 가져올 것으로 기대하는 것과는 반대되는 결과를 가져오게 된다. 예컨대, 마조히스트가 겪는 채찍질 — 법의 엄격한 적용 — 은 그의 성기가 발기(勃起)하는 것을 벌하는 것이 되거나 발기하지 못하도록 막는 것이 되는 것이 아니라, 오히려 그러한 발기를 조장하는 것이 되고, 그러한 발기가 확실하게 일어나도록 만드는 것이 된다." — *PSM*, p. 78.

죄부를 미리 얻게 되는 것이다.³⁸ 마조히즘에서 나타나는 '고통과 쾌락의 연관'이 논리적 인과 관계(일치의 관계)가 아니라 시간적 선후 관계인 것은, 즉 마조히스트가 그의 파트너와의 성적 관계에서 먼저 고통을 겪고 난 연후에야 비로소 쾌락을 맛볼 수 있게 되는 것은, 아버지의 법을 뒤집는 마조히스트의 이와 같은 반전의 논리를 나타내고 있는 것이라고 들뢰즈는 주장하고 있는 것이다.

정신분석학은 자청해서 고통(벌)을 받는 마조히스트의 성향에서 아버지의 법에 대한 절대적인 복종의 태도를 보려 한다. 실로 마조히스트가 자청해서 고통을 받을 때, 그의 이러한 태도는, 쾌락을 맛보려 하면 벌을 받게 되리라고 명하는 아버지의 법에 대한 가장 충실한 복종의 태도를 보여 주고 있는 것으로 보일 수도 있을 것이다. 하지만 들뢰즈에 따르면 그가 실제로 하고 있는 것은 이와 정반대되는 일이다. 그는 그의 성적 욕망으로 인해 받아야 할 모든 고통(벌)을 가장 충실히 **미리** 다 받음으로써, 실은 이러한 고통(벌)이 가지고 있던 금지의 효력을 **소진시키고** 있는 것이며, 그리하여 아버지의 법이 이러한 고통(벌)을 통해 금지하고자 했던 쾌락을 맛볼 수 있는 자유(아버지의 법으로부터의 해방)를 얻고 있는 것이다. 누군가의 명령을 **곧이곧대로** 따르는 것이 실은, 그 명령이 원하지 않는 결과를 가져옴으로써, 그 명령을 배반하게 되는 경우가 있다. 명령에 처음

---

38 "법은 원래, 벌의 고통이 그 대가(결과)로 **뒤따를 것**이라고 위협함으로써, 성적 욕망을 금지시키는 것이다. 그런데 이 법이 이제는 벌의 고통을 **먼저 앞세움으로써**, 그러한 벌의 고통을 **먼저** 겪은 주체로 하여금 오히려, 그 **결과**로, 성적 욕망의 충족을 맛볼 수 있게 만든다." — *PSM*, p. 78.

부터 맞서는 것이 아니라, 그것에 고분고분 복종하는 척함으로써 **결과적으로** 그것이 결코 원하지 않았던 **결과**를 가져와 그것을 **우스꽝스러운 것**으로 만드는 방법, 들뢰즈는 이러한 전복의 방법을 **유머(풍자, 조롱)**라 부른다.39 죄를 지으면 그 대가로 벌을 받게 되리라고 위협하는 아버지의 법의 논리를, 먼저 한껏 벌을 받았으니 이제 죄를 지어도 괜찮게 되었다는 논리로 역전시키는 마조히스트는 이러한 유머의 방법을 가장 탁월하게 구사하는 자일 것이다. 아버지의 법에 대한 가장 충실한 복종을 나타내는 듯이 보이는 태도가 오히려 이 법이 금지하는 쾌락을 맛보기 위한 수단으로 반전된다. 정신분석학이 '아버지의 법에 대한 절대적 복종'을 발견하는 그곳에서 들뢰즈는 아버지의 법을 **비꼬고 조롱하는** 마조히스트의 유머를 보고 있다. 아버지의 법에 대한 절대적 복종이 아니라 아버지의 법을 뒤엎으려는 가장 과격한 전복의 태도, 들뢰즈에 따르면 이것이 마조히즘의 진실이다.

마조히즘의 이와 같은 유머는 마조히스트의 죄가 '아버지를 공격하려 한 것'에 있는 것이 아님을, 즉 그가 죄책감을 가지게 되는 것이 이런 이유 때문이 아님을 보여 준다. 그러므로 당연히 그가 겪는 고통의 의미도 '오이디푸스적인 살부(殺父)충동을 가진 것에 대한 속죄의 대가(벌)를 치르는 것' 같은 것이 아니게 된다. 프로이트의 오이디푸스-콤플렉스 모델은 마조히스트의 이와 같은 유머를 설명해 주지 못하며, 아버지의 법에 대해서는 그처럼 그것을 **비꼬고 조롱하는 유머**로 대응하는 마조히스트가 그럼에도 불구하고 무엇과 관련하여

---

39 유머에 대한 들뢰즈의 이러한 논의에 대해서는 *PSM*, pp. 71~79 참조.

Ⅱ. 마조히즘은 왜 발생하는가?—마조히즘의 병인론

무슨 이유로 인해 그토록 심한 죄책감을 느끼게 되는지에 대해서 설명해 주지 못한다. 마조히즘의 진실이 오이디푸스-콤플렉스 모델로서는 설명될 수 없다는 것을 보여 주는 이와 같은 유머와 밀접하게 관련되는 것이 바로 마조히스트에게 매질의 고통을 가하는 사람이 **여자(엄마)**라는 사실이다. 마조히스트에게 그의 죄를 묻고 이 죄에 대한 고통의 벌을 내리는 사람은 **여인**인 그의 연인, 즉 이 여인을 통해 자신의 이미지를 나타내고 있는 그의 **엄마**이다. 정신분석학이 한사코 마조히스트를 매질하는 엄마를 '아버지의 위장된 모습'으로 보려 할 때, 그것은 자신의 금과옥조인 오이디푸스-콤플렉스 이론을 지켜 내려 하는 최선의 노력을 다하고 있는 것이지만, 이는 또한 한 이론이 자신의 주장을 정당화하기 위해 얼마나 사실을 교묘하게 왜곡할 수 있는지를 보여 주는 증좌이기도 할 것이다. 정신분석학의 이러한 노력은 마조히즘이 보여 주는 증상을 — '엄마에게 매질당한다'는 증상을 — **있는 그대로** 보고 있는 것이 아니라 그것에 없는 것을 허구적으로 덧씌워서 보고 있는 것이며, 그러므로 자신이 덧씌우고 있는 것을 보고 있음으로 인해 정작 실제로 있는 것은 보지 못하고 있는 이중의 오류를 저지르고 있는 것이다. 정신분석학으로서는 그 사실을 도저히 있는 그대로 받아들일 수 없는 마조히즘의 이 특징적인 증상, 즉 마조히스트를 매질하는 것이, 그의 죄를 묻고 이 죄에 대해 고통의 벌을 내리는 것이 아버지가 아니라 엄마라는 이 사실, 바로 여기에 마조히스트의 죄가 무엇이며 그가 겪는 고통의 의미가 무엇인지를 해명할 수 있게 해 주는 열쇠가 숨어 있을 것이다.

마조히스트가 매질당하는 것은 설령 그를 매질하는 사람이 아버지가 아니라 엄마라 할지라도 그의 **자연성**을 극복하기 위한 것임을, 보다 구체적으로 말해 그의 **성적 욕망의 자연적인 모습**을 극복하기 위한 것임을 우리는 앞에서 보았다. 마조히스트가 엄마에 의해 매질당하는 것은, 들뢰즈에 따르면, 성(성적 욕망)의 **자연적인 모습**으로부터 벗어나, 즉 여인을 **감각적으로 탐하는** 그 자연적인 관능성(동물적인 수성獸性)의 상태로부터 벗어나, 초감각적인 존재로 자신을 변형시키기 위해 감수해야 할 고통을 겪는 것임을 우리는 앞에서 본 것이다. 그런데 정신분석학이 말하는 상징적 질서, 즉 아버지의 법에 의해 수립되는 상징적 질서란 주체가 가진 **성적 욕망의 자연적인 모습**이 엄마에 대한 근친상간을 추구하는 것으로 나아가기 때문에 이를 억압하기 위해 수립되는 것이었다. 그러나 마조히스트를 매질하는 것이 아버지가 아니라 엄마라면, 다시 말해 마조히즘의 상징적 질서를 수립하는 것이 '아버지의 법'이 아니라 '엄마의 법'이라면, 이러한 엄마의 법이 벌하고자 하는 **성적 욕망의 자연적인 모습**이란 아버지의 법이 벌하고자 하는 이것(엄마에 대한 근친상간의 추구)과는 다른 것이 되어야 할 것이다. 그렇다면 이러한 엄마의 법이 벌하고자 하는 **성적 욕망의 자연적인 모습**이란 대체 무엇일까? 마조히스트가 엄마에게 매질당할 때 그는 무엇 때문에 매질당하고 있는 것일까? 그가 매질당하는 것이 엄마에 대한 그의 근친상간적 욕망 때문이 아니라면, 그는 무엇 때문에 매질당하는 것일까? 그는 무엇에 대해 죄책감을 가지고 있는 것이며 무엇을 위해 속죄의 고통을 치르고 있는 것일까?

들뢰즈는 마조흐의 작품들에서 나타나는 다양한 고통의 의식(儀式)들, 즉 마조히스트인 주인공이 그의 연인에 의해 매질당하는 상황이 연출되는 다양한 의식들에 대한 분석을 통해, '엄마에게 매질당한다'는 사실이 의미하는 것이 무엇인지를 다음과 같이 말하고 있다. "이 모든 것은 우리에게 단성생식에 대해 말해 주고 있다."[40] 즉 들뢰즈에 따르면, 앞의 1장에서 말한 바와 같이, 마조히스트가 엄마에게 매질당하는 이유는 그가 아버지와 엄마 둘 다에 의존하는 양성생식의 방법에 의해서 태어난 자신의 '자연적 존재성'을 부인하고 그 대신에 오로지 엄마에만 전적으로 의존해서 다시 새롭게 태어나게 되는 것을 — 즉 엄마에만 의존하는 단성생식의 방법에 의해서 재탄생하게 되는 것을 — 추구하기 때문이다. 마조히스트가 추구하는 이러한 단성생식에 의한 재탄생의 진정한 의미가 무엇인지, 마조히스트는 왜 이러한 것을 추구하는지, 우리는 이에 대해 대답하는 것을 적절한 기회를 찾을 수 있을 때까지 계속 늦출 수밖에 없을 것이다. 하지만 마조히스트가 엄마에게 매질당하는 이유가 이와 같은 단성생식에 의한 재탄생이 이루어지도록 하기 위한 데 있는 것이라면, 이러한 매질의 고통이 벌주려 하는 마조히스트의 **죄**가 무엇인지에 대해서는 지금 분명히 이해할 수 있게 된다. 정신분석학은 이 매질을 '주체가 아버지에 대해 죄를 지었기 때문에' 주어지는 것으로, 그러므로 매질의 고통(벌)을 받아야 할 주체(마조히스트)의 죄는 '그가 아버지에 대해 사디즘적 공격성을 나타낸 데' 있는 것으로 이해하려 하지만, 만약 이 매질이 아버지가 아니라 엄마에 의해 주어지는 것이며 또한 마조히스트가 이러한 매질의 고통을 겪게 되는 이유

---

[40] *PSM*, p. 83.

가 엄마에만 의존하는 단성생식의 방법에 의해 다시 새롭게 태어나기 위한 데 있는 것이라면, 이 매질은 매질당하는 마조히스트의 **자연적 존재**에게서 **아버지가 본래 차지하고 있는 몫**을 제거하기 위해, 즉 아버지와 엄마의 결합(양성생식)으로 생겨난 마조히스트의 **자연적 존재**에게서 **아버지로부터 비롯된 부분**을 지워 버리기 위해 행해지는 것이게 된다.[41] 아버지와 엄마의 결합이라는 양성생식을 통해서 본래 태어난 마조히스트의 **자연적 존재** 속에서 **아버지가 차지하고 있는 몫**을 제거해 낼 수 있을 때, 바로 그런 때에만 엄마에만 의존하는 단성생식의 방법에 의해서 다시 새롭게 태어나는 것이 가능해질 수 있을 것이기 때문이다. 그러므로 이 매질은 매질당하는 주체 속에 자리 잡고 있는 '아버지의 모습'(매질당하는 주체의 자연적 존재 속에서 아버지가 차지하고 있는 몫)에 대해서 — 즉 이 '아버지의 모습'을 몰아내기 위해서 — 가해지는 것이며, 따라서 주체는 아버지**에 대해서** 죄를 지었기 때문이 아니라 주체 자신의 모습 **속에** 아버지가 **들어 있기** 때문에 매질당하게 되는 것이다. 다시 말해 매질당해야 할 그의 죄는 아버지에 대해서 저질러진 그의 공격성에 있는 것이 아니라 그의 속에 들어 있는 '아버지의 모습'에 있는 것이다.[42] "죄인은 아들 속에 들어 있는 아버지이지, 아버지에 대한 아들이 아니다."[43] 그러므로 마조히스트가 엄마에게 매질당할 때 진정으로 매질당하고 있는 것

---

41 이 문장과 이어지는 이하의 몇몇 문장들이 무엇을 갈하고 있는 것인지에 대해서는 곧 이어지는 다음 문단에서 조금 더 상세하게 해명되게 될 것이다.
42 "그의 죄는 아버지에 대해서 저질러진 것이 아니다. 그 반대로, 죄가 되는 것은 그의 속에 들어 있는 '아버지에 대한 닮음'la ressemblance du père이다." — *PSM*, p. 88.
43 *PSM*, p. 88.

은 '아버지에 대해 죄를 지은 **아들**'이 아니라 '아들 속에 들어 있는 **아버지**'이다. 마조히즘의 진실은 정신분석학이 믿듯이 '(아버지에게 죄를 지은) 아이가 매질당한다'는 데 있는 것이 아니라, '(아이 속에 들어 있는) 아버지가 매질당한다'는 데 있는 것이다.**44** 마조히즘에 대한 정신분석학의 이해는 마조히스트를 매질하는 엄마 속에 숨어 있는 아버지의 존재를 찾아내려 하지만, 실은 아버지가 숨어 있는 곳은 마조히스트를 매질하는 엄마 속이 아니라 엄마에 의해 매질당하는 마조히스트 속인 것이다. 그러므로 엄마의 법이 벌하려 하는 마조히스트의 **죄**가 되는 것, 다시 말해 마조히스트가 엄마로부터 주어지는 매질의 고통을 겪음으로써 극복하려 하는 그의 **자연성**을 이루고 있는 것, 그것은 바로 마조히스트가 ― 그의 **자연적 존재**가 ― 아버지와 엄마의 결합에 의한 양성생식의 방법에 의해 태어난 존재라는 사실 자체, 다시 말해 그의 **자연적 존재** 속에 **아버지가 들어 있다**는 사실 자체이다.

그러므로 마조히스트가 죄책감을 가지게 되는 것은 정신분석학이 믿듯이 '아버지에 대한 그의 공격성' 때문이 아니라 '그의 속에 들어 있는 아버지' 때문이며, 따라서 그의 속죄욕망이 희구하는 것도 아버지로부터 벌을 받고 그에게 복종하려는 것이 아니라 오히려 아버지(자신 속에 들어 있는 아버지)를 벌주고 그로부터 벗어나려 하는 것이다. 그런데 주체 속에 들어 있는 이 '아버지의 모습'이란 대체 무

---

44 "매질이 실제로 향하는 대상은 아버지, 혹은 아들 속에 들어 있는 '아버지의 이미지'이다." ― *PSM*, p. 86.

엇인가? 마조히스트의 자연적 존재에서 본래 아버지가 차지하고 있는 몫이란 대체 무엇인가? 아들 속에 들어 있는 아버지란 아들이 아버지로부터 **자연적으로** 물려받고 있는 **남성성**을, 즉 마조히스트가, **남자**로서의 그의 자연적 존재로 인해, 본래부터 가지고 있는 그의 **자연적인 남성성**을 의미하는 것임이 틀림없다. 그러므로 아들 속에 들어 있는 아버지란 또한 이 자연적인 남성성이 가지고 있는 **남성적인 성적 욕망**을, 즉 **여자**를 — 최초의 여자는 엄마이다 — **감각적으로 탐하는** 남성적인 성적 욕망을 의미하는 것이다. 그러므로 마조히스트가 엄마로부터 주어지는 매질의 고통을 겪는 것은 그의 자연적 존재가 가지고 있는 이러한 남성적인 성적 욕망을 내쫓기 위한 것이다. "매질당하는 것은, 이러한 매질의 의식(儀式)을 통해 부인되고 내쫓기고 있는 것은, 아버지에 대한 닮음, 즉 아버지로부터 물려받고 있는 남성적인 성적 욕망이다."[45] 그러므로 이러한 매질의 고통을 겪음으로써 새롭게 다시 태어나게 되는 **새로운 인간**이란, 다시 말해 엄마에만 의존하는 단성생식의 방법에 의해 다시 새롭게 태어나게 되는 이 새로운 인간이란 더 이상 **남자**가 아니게 된다. 즉 이 새로운 인간이란 더 이상 **여자와 구분되고 대비되는 것**으로서의 남자가 아니게 된다. 이 새로운 인간이란 그의 자연적 존재가 본래 가지고 있던 자연적

---

[45] *PSM*, p. 87. 그러므로 마조히스트가 매질의 벌(고통)을 겪게 되는 것은 정신분석학이 믿듯이 그의 성적 욕망이 금기시되는 특정 대상(엄마)을 향하게 되기 때문이 아니다. 오히려 그는 그의 성적 욕망이 어떤 대상을 향하느냐 하는 것과 상관없이 — 즉 그의 성적 욕망이 금기시되는 대상인 엄마를 향하게 되든 혹은 정당하게 허용될 수 있는 대상인 다른 여자를 향하게 되든, 그런 것과 상관없이 — 아예 처음부터 그의 성적 욕망 자체로 인해, 즉 여자를 감각적으로 탐하려 하는 그의 남성적인 성적 욕망 자체로 인해 매질당하고 있는 것이다.

인 남성성으로부터 벗어난 존재, 더 이상 여자를 감각적으로 탐하는 남성적인 성애(性愛)의 방식으로부터 벗어난 존재, 그러므로 여자와 구분되는 남자로서의 자연적인 정체성을 탈피하여 남자와 여자 사이에 그어져 있는 자연적인 구분을 넘어서게 된 새로운 존재인 것이다. "마조흐의 소설 속에서 끊임없이 계속 반복되고 있는 이 주제, 즉 '내(엄마)가 너(아들)를 새로운 인간으로 만들었다'는 이 주제는 무엇을 의미하는 것일까? '새로운 인간(남자)'이란 무엇을 의미하는 것일까? 그것은 아버지처럼 한다거나 아버지의 자리를 대신 차지한다는 것을 의미하는 것이 전혀 아닌 것으로 보인다. 그 반대로, 그것은 아버지의 자리나 아버지에 대한 닮음을 지워 없애 버림으로써 전혀 다른 새로운 인간(남자)으로 태어난다는 것을 의미한다."[46]

그러므로 마조히스트가 매질의 고통을 당할 때, 이 매질은 정신분석학이 믿듯이 엄마에 대한 그의 근친상간의 욕망을 **억압하기 위해서** 행해지는 것이 아니라 오히려 이 근친상간의 욕망을 **실현시켜 주기 위해서** 행해지는 것이 된다. 마조히스트가 엄마에만 의존하는 단성생식의 방법에 의해 다시 새롭게 태어나는 것을 추구한다는 것, 그것은 그가 **엄마의 몸을 빌려** 다시 새롭게 태어나고자 한다는 것을, 그러므로 그가 엄마의 몸을 빌리기 위해, **엄마와 한 몸(同體)이 되고자** 한다는 것을 의미하는 것이다. 즉 엄마에만 의존하는 단성생식의 방법에 의해 다시 새롭게 태어나고자 하는 마조히스트의 욕망은 엄마와

---

[46] *PSM*, p. 86. 이 인용문에서 '새로운 인간(남자)'으로 옮긴 말의 원표현은 'a new man'(un nouvel homme)이다. 영어의 man과 마찬가지로 불어 homme 역시 '인간'과 '남자' 둘 다를 나타내는 중의적인 말이다.

한 몸이 되고자 하는 근친상간의 욕망을 꿈꾸고 있는 것이다. 그런데 마조히스트가 엄마로부터 겪는 매질의 고통이 바로 마조히스트가 꿈꾸는 이와 같은 근친상간의 욕망을 실현시켜 줄 수 있는 수단이 되어 준다. 어떻게 말인가? 실로, 엄마와의 근친상간을 금지하는 아버지의 법은 주체의 '남성적인 성적 욕망'을 억압하기 위해 존재하는 것이었다. 그런데 앞에서 보았듯이, 이 '남성적인 성적 욕망'과 그것을 억압하는 이 '아버지의 법' 사이에는 서로에 대한 **적대적인 공생의 관계(길항 관계)**가 성립하고 있는 것이다. 즉 아버지의 법은 ─ 즉 엄마와의 근친상간을 금지하는 이 법은 ─ 이 '남성적인 성적 욕망'을 억압하기 위해 존재하는 것이지만, 그렇기 때문에 바로 이 '남성적인 성적 욕망'이 존재하는 **덕분에만** 존재할 수 있는 것이다. 그러므로 이 둘은 하나(남성적인 성적 욕망)가 사라지면 나머지 다른 하나(아버지의 법)도 따라서 자동적으로 무력화될 수밖에 없는 관계에 있다. 억압되어야 할 항이 없어지면, 억압하는 항 역시 더 이상 존재의 이유를 가질 수 없게 되는 것이다. 그런데 다조히스트에게 가해지는 매질은 바로 마조히스트 자신 속에 들어 있는 이 남성적인 성적 욕망을 제거하기 위해 행해지는 것이다. 그러므로 마조히스트에게 가해지는 매질은 바로 이 남성적인 성적 욕망을 제거함으로써, 바로 이 남성적인 성적 욕망을 억압하기 위해 존재하고 있는 아버지의 법마저, 엄마와의 근친상간을 가로막고 있는 이 법마저 무력화되게 만든다. 마조히스트에게 가해지는 매질은 이처럼 아버지의 법을 무력화시킴으로써, 바로 이것이 가로막고 있던 '엄마와의 근친상간'이 실현될 수 있도록 만드는 것이다.47 그러므로 마조히스트에게 그의 연인과의 성적 결합이란, 즉 오로지 이 연인으로부터 먼저 가혹한 매질의 고통을 당한 다음에야 비로소 이루어질 수 있게 되는 이 성적 결합(이 연인과의 **한 몸 됨**)이란, 그가 꿈꾸던 엄마와의 근친상간적 결합이 — 먼저 자신의 자연성 속에 들어 있는 '남성적인 성적 욕망'을 극복할 수 있는 연후에야 이루어질 수 있는 이 근친상간적 결합이 — 실현되는 것을 상징하는 것이다. 마조히스트가 그의 연인과 맺는 이 성적 결합은 그가 엄마와의 근친상간을 통해 — 즉 엄마와 **한 몸**이 되는 것을 통해 — 오로지 엄마에만 의존하는 단성생식의 방법에 의해 다시 새롭게 태어나게 된다는 것을 상징하고 있는 것이다.48

일견, 프로이트와 들뢰즈는 엄마에 대한 근친상간적 욕망을 갖게 되는 것이 성적 욕망의 **자연적인** 발전 방향이라고 생각하는 데 있어서 서로 일치하는 견해를 가진 듯이 보인다. 이 둘의 차이는 프로이트가 마조히즘을 성적 욕망의 이 자연적인 발전 방향이 **억압되기** 때문에 발생하는 것으로 이해하는 반면, 들뢰즈는 마조히즘을 이 자연적인 발전 방향이 자신을 **그대로 밀고 나가기** 때문에 발생하는 것으로 이해하고 있다는 데 있는 것으로 보이는 것이다. 하지만 중요한 것은 이 둘의 이러한 차이가 실은 성에 대한 그들의 근본적으로

---

47 "거세(거세를 상징하는 매질)는 보통 근친상간을 가로막는 위협이지만, 매질하는 사람이 엄마일 경우 그것은 반대로 근친상간의 성공을 위한 조건이 된다." — *PSM*, p. 81.
48 "이리하여 마조히스트는 자신의 성적 행위(자신의 연인과의 성적 행위)를 엄마와의 근친상간적 결합과 같은 것으로 동일화시키며, 또한 동시에 새로운 탄생(두 번째 탄생)과도 같은 것으로 동일화시킨다." — *PSM*, p. 81.

서로 다른 이해로부터 비롯되는 것이라는 데 있다. 프로이트는 엄마에 대한 근친상간적 욕망을 통상적인 '남성적인 성애적 욕망'으로 — 즉 여자를 감각적으로 탐하는 욕망으로 — 이해하는 반면, 그리하여 엄마에 대한 이러한 성적 욕망을 마땅히 억압되어야 할 것으로 보는 반면, 들뢰즈는 마조히즘에서 발견되는 엄마에 대한 이 근친상간적 성적 욕망이란 오히려 이러한 남성적인 성애적 욕망을 초월하려 하는 것이라고 이해하고 있는 것이다. 그렇기 때문에 들뢰즈는 엄마와의 근친상간적 결합을 추구하는 마조히스트의 이 욕망을 때로 '**탈성애화(脫性愛化)된**'desexualised 성격의 것으로 — 즉 '성적 욕망으로부터 벗어난' 성격의 것으로 — 말하기도 한다.[49] 하지만 이 '탈성애화'라는 말의 의미를 주의 깊게 이해해야 한다. 이 말은 그 축자적(逐字的) 의미에도 불구하고, 결코 '성(성적 욕망)으로부터 벗어난다'는 것을 의미하지 않는다. 즉 들뢰즈가 마조히즘에 대해서 말하고 있는 이 '탈성애화'란 결코 '성이 아닌 다른 것에 의존해서 성(성적 욕망)을 극복한다는 것'을 — 즉 '성적 욕망을 성적 욕망이 아닌 다른 욕망이 되도록 만든다는 것'을 — 의미하지 않는다. 프로이트에게 탈성애화란 언제나 '성이 아닌 다른 것에 의해서 성을 부정하는 것'을, 다시 말해 '성적 욕망으로 하여금 성적 쾌락이 아닌 다른 목표(사회적으로 권장받을 만한 비非성애적인 목표)를 추구하도록 함으로써 대리만족을 얻을 수 있도록 하는 것'을 의미한다.[50] 하지만

---

[49] "(마조히즘 같은) 도착증에서는 탈성애화가 더욱 분명하게 발생한다." — *PSM*, p. 101. "성애를 탈피한 인간" — *PSM*, p. 87.
[50] 잘 알려져 있듯이, 프로이트는 이러한 대리만족을 '승화'(昇化)라 부른다.

들뢰즈가 마조히즘에 대해 말하고 있는 이 '탈성애화'란 '성이 아닌 다른 것에 의해 성(성적 욕망)을 극복한다는 것'이 아니라 단지 성이 자신의 자연적으로 주어져 있는 현실적인 모습인 '감각적 욕망'의 모습을 스스로 극복한다는 것을 의미하는 것이며, 그리하여 이 감각적 욕망의 모습과는 다른 새로운 모습으로 성 자체가 자기 자신을 변형시킨다는 것을 의미하는 것이다. 마조히즘에서 나타나는 탈성애화가 '성이 아닌 다른 것에 의한 — 혹은 성이 아닌 다른 것으로의 — 성의 극복이나 부정'이 아니라 '**성의 자기변형**'이라는 것을 결정적으로 말해 주는 중요한 사실이 있다. 그것은 마조히스트가 이러한 탈성애화의 과정을 통해 최종적으로 도달하려 하는 목표가 바로 '**성적 쾌락**'이라는 사실, 즉 마조히스트가 이러한 탈성애화를 통해 궁극적으로 추구하는 것이 자신의 '**성적 욕망의 충족**'이라는 사실이다. 앞에서도 보았듯이, 마조히스트는 자신의 연인에 의해 매질당하는 과정을 겪지만 — 즉 탈성애화의 과정을 겪지만 — 바로 이 과정을 거치는 것을 통해 (엄마와의 근친상간적 결합의 성공을 상징하는) 자신의 연인과의 성적 결합을 이룰 수 있게 되고, 이를 통해 자신의 성적 욕망을 충족시키는 성적 쾌락을 얻을 수 있게 된다. 즉 마조히즘의 최종적인 목표는, 들뢰즈가 그 사실을 여러 차례 강조하고 있듯이, 탈성애화에 있는 것이 아니라 이러한 탈성애화의 과정을 거쳐 최종적으로 도달하게 되는 '**재(再)성애화**'resexualization에 있는 것이며,[51]

---

51 "(마조히즘 같은) 도착증에서는 탈성애화가 더욱 분명하게 발생한다. (…) 하지만 이러한 탈성애화에 뒤이어 곧 재성애화가 따라붙는다." — *PSM*, p. 101. "모든 것이 마치 탈성애화에서 곧바로 재성애화가 이루어지는 것처럼 일어난다. — *PSM*, p. 101. "탈성애화란 재성애화가 그것

이러한 재성애화란 이처럼 탈성애화의 과정을 거쳐 새로운 모습으로 자기변형을 이루게 된 성적 욕망이 그렇게 변형된 자신의 욕망을 — 감각적(성애적) 욕망이 아닌 초감각적인 욕망으로 변형된 욕망이지만 그럼에도 불구하고 여전히 **성적 욕망**인 이 욕망을 — 충족시켜 주는 **성적 쾌락**에[52] 도달하게 되는 것을 의미한다. 탈성애화가 그것보다 더 궁극적인 목표인 재성애화를 이루기 위한 한 과정이라는 이러한 사실은, 즉 탈성애화가 성적 욕망의 궁극적인 목표인 성적 쾌락에 도달하기 위해 도중에 거쳐 가야 할 한 과정이라는 사실은 이 탈성애화 역시 성이 자신의 욕망(성적 욕망)을 실행해 가는 한 과정이지 결코 성(성적 욕망)이 아닌 다른 것이 되는 과정이 아니라는 것을 말해 주는 것이다. 그러므로 들뢰즈에 따르면 마조히즘을 발생시키는 원인이 되는 것은 오이디푸스-콤플렉스의 삼각 구도 안에서 펼쳐지는 사디즘의 방향전환이 아니라 정신분석학의 이러한 구도가 전혀 설명해 줄 수 없는 방식으로 자기 자신을 근본적으로 새롭게 변형시키려 하는 '**성의 자기변형 운동**'인 것이다.

　이상에서 우리는 마조히즘의 발생 원인에 대한 들뢰즈의 설명을 살펴보았다. 마조히즘의 병인론과 관련하여 우리가 *PSM*에서 발견할 수 있는 들뢰즈의 설명은 이것이 전부이다. 아마도 들뢰즈는 이것으로써 충분히 마조히즘에 대한 자신의 병인론이 어떤 것인지를, 또 그것이 프로이트의 병인론과 어떻게 다른지를 잘 설명하고

　　에 뒤이어 순간적으로 이루어지기 위한 조건이라는 것이 발견된다." — *PSM*, p. 101.
52 마찬가지로, 이 성적 쾌락 역시 감각적 쾌락이 아닌 초감각적 쾌락으로 변형된 쾌락이지만 그럼에도 불구하고 그것은 여전히 일종의 성적 쾌락이다.

있다고 생각하고 있는지도 모른다. 하지만 우리는 여전히 풀리지 않는 깊은 의문 속에 빠져드는 우리 자신을 발견하게 된다. 마조히스트가 엄마에 대한 근친상간적 욕망을 품는다는 것, 그리고 이러한 근친상간의 실현을 통해, 엄마에만 의존하는 단성생식의 방법에 의해 새로운 인간으로 다시 태어나려 한다는 것, 이 새로운 인간이 여자와 구분되는 남자가 아니라 그러한 자연적 구분을 넘어서는 제3의 새로운 인간이라는 것, 이러한 것이 PSM이 우리에게 직접적으로 말해 주는 것들이다. 그리고 이것들을 바탕으로 해서 우리는 이 모든 것의 기저에 실은 자기변형을 지향하는 성적 욕망의 운동이 펼쳐지고 있다는 것을 생각할 수 있게 된다. 하지만 이러한 것들이 진정으로 의미하는 것은 대체 무엇일까? 무엇 때문에 마조히스트는 엄마와의 근친상간을 추구하는 것이며, 그러한 근친상간을 통해 남자와 여자 사이의 자연적 구분을 넘어선 제3의 새로운 인간으로 단성생식의 방법을 통해 다시 태어나려 하는 것일까? 성의 이러한 자기변형 운동은 왜 일어나는 것이며, 성은 정말로 그러한 자기변형 운동을 하고 있는 것일까? 무엇보다도, 마조히즘에서 발견되는 이 모든 것들의 중심에 있는 마조히스트의 환상, 이 환상을 우리는 도대체 어떻게 이해해야 하는 것일까? 이 환상은 무엇이며, 무엇으로 인해 발생하는 것일까? PSM은 우리의 이러한 의문들에 대해 별다른 이야기를 해 주고 있지 않지만, 우리는 PSM이 밝혀 주고 있는 사실들로 인해 오히려 이러한 더 깊은 의문들을 갖게 되고, 그리하여 이 의문들을 풀어 줄 '더 나아간 설명'을 요구하게 된다. 이 '더 나아간 설명'을 찾는 것, 이것이 이제부터 우리가 하려 하는 것이다.

III. 무의식에 대한 새로운 이해

 그러므로 들뢰즈에 따르면 마조히즘이란 어떤 임계치 이상을 넘어서게 된 고통은 곧 쾌락으로 느껴지게 된다는 '성감발생적 마조히즘'의 가설에 의해서 설명될 수 있는 것이 아니며, 또한 아버지에 대한 죄책감에서 그 원인을 찾으려 하는 오이디푸스-콤플렉스 모델에 의해서 설명될 수 있는 것도 아니다. 물론 고통과 쾌락 사이의 긴밀한 연관이, 또한 고통을 통한 속죄를 열망하는 깊은 죄책감이 마조히즘에서 발견된다는 것은 틀림없는 사실이지만, 이런 감각적 차원의 특성(고통-쾌락 연관)이나 이런 정서적 차원의 특성(죄책감)을 중심에 놓고 마조히즘을 설명하려 하는 것은 마조히즘의 진실을 밝혀주지 못한다. 마조히즘을 참으로 마조히즘이게 만들어 주는 중심적인 증상이 되는 것은 마조히스트가 사로잡혀 있는 환상적인 이야기, 즉 두 번째 유형의 엄마가 그에게서 '아버지의 모습'을 몰아내기 위한 매질을 가하며 이 매질의 고통을 통해 그를 오로지 엄마에만 의

존하는 단성생식의 방법에 의해 '새로운 인간'으로 다시 태어나게 해준다는 이야기인 것이며, 이 환상적인 이야기가 전개시켜 가는 이러한 서사 구조 속에서만 저 감각적 차원의 특성이나 정서적 차원의 특성이 마조히즘의 증상으로 자리 잡을 수 있게 되는 것이다. 그런데 이 사실은 매우 중요한 함의를 갖는다. '고통-쾌락 연관' 같은 감각적 사실이나 죄책감 같은 **정서적** 사실은 마조히스트 **각 개인**이 저마다 **개인적으로personally** 체험하는 것, 즉 저마다 서로 다른 각 개인이 각자의 '**개인적 차원**'에서 체험하는 것이다. 다시 말해 이 감각적 사실과 이 정서적 사실은 개별 마조히스트 각자에게 다른 사람들과 공유될 수 없는 그들 각자만의 고유한 '**사적(私的) 체험**'으로 존재하는 것이다. 반면에 마조히스트 각 개인에게 이러한 사적 체험을 안겨다 주는 것인 저 환상적인 이야기는 모든 마조히스트들에게 **공통된 것**이다.[1] 즉 모든 마조히스트들 각자에게 공통적으로 주어지는 것인 이 환상적인 이야기가 서로 다른 마조히스트 각자로 하여금 그들 각자의 개인적인 몸과 마음을 통해 그들 각자의 '고통과 쾌락의 연관'이나 죄책감을 각자 개인적으로 체험하도록 만들고 있는 것이다. 그러므로 이 환상적인 이야기, 즉 이 이야기의 내용과 구조는 서로 다른 마조히스트들 각 개인이 각자 서로 다르게 가지고 있는 것일 그들 각자의 개인적인 삶의 역사적 경험이나 주관적인(개인적인) 상상력으로부터 꾸며 내어질 수 있는 것이 아니다. 저마다 서로 다른 것일 수밖에 없는 이런 '사적(私的)인 것들'은 결코 마조히즘의 이

---

[1] *PSM*, p. 89.

환상적인 이야기가 가지고 있는 공통성을 설명해 주지 못한다. 오히려 이 환상적인 이야기야말로 서로 다른 마조히스트들 각자가 그들 각자의 개인적인 차원에서 겪게 되는 '고통과 쾌락의 연관'이라는 감각적 사실이나 '죄책감'이라는 정서적 사실을 가능하게 해 주는 **형식적 구조**가 되고 있는 것으로서, 이러한 개인적인 체험에 앞서 **선행하고 있는 것이다.**[2] 이 환상적인 이야기는, 한때 동유럽(오스트리아-헝가리 이중 제국)에서 살았던 마조흐나 그와 다른 시기에 독일에서 살았던 바흐오펜이 거의 똑같이 이 환상적인 이야기를 늘어놓고 있는 데서도 알 수 있듯이, 때와 장소를 서로 달리해서 존재하는 여러 개인들에게, 그들이 각자 서로 다르게 가지고 있는 것인 사적 체험의 개인적인 차이에도 불구하고, 공통적으로 나타나는 것이며, 그러므로 우리는 여기에서 틀림없이 개인에게 떠오르는 것으로서 나타나는 것이기는 하지만 그럼에도 불구하고 그 개인에 의해서 창조되는 것이 아니라 그 개인의 주관성을 넘어서는 어떤 것으로서 존재하고 있는 **환상**이라는 것이, 즉 '**초(超)개인적인superpersonal(혹은 비개인적인impersonal) 환상**'이라고 부를 수 있는 것이 존재하고 있다는 것을

---

[2] "마조히즘에서 고통의 감각과 쾌락의 감각이 결합되는 것은 먼저 어떤 형식적인 조건을 전제하고 있다. 이 형식적인 조건을 간과하게 되면 모든 것은 뒤죽박죽이 된다. (…) 또한 마조히즘에 대해 '죄책감을 갖는다'와 같은 정신적(심리적) 정의를 내리는 것도 역시 불충분한 것이기는 마찬가지이다. (…) 이 점에서도 역시 과연 어떤 조건에서 그러한 죄책감이 체험되는 것인가를 아는 것이 중요한 것이다. (…) 마조히스트가 느끼는 감각과 마조히스트가 체험하는 심리적 상태 너머에, 마조히스트가 들려주는 이야기가 있다. 이 이야기에 마조히스트는 사로잡혀 있는 것이다. (…) 감각적인 마조히즘(즉 몸으로 고통과 쾌락의 일치를 체감하는 마조히즘)에 앞서, 또한 정신적인 마조히즘(죄책감과 속죄욕망을 느끼는 마조히즘)에도 앞서, 형식적인 formal 마조히즘(환상적인 이야기의 형식을 가진 마조히즘)이라는 것이 있는 것이다." — *PSM*, pp. 87~88.

확인하게 된다.3

    초개인적인 차원의 것인 이러한 환상, 그것은 천차만별로 서로 다를 수밖에 없는 것인 개인의 주관적인 상상에 의해서 만들어질 수 있는 것이 아니라 어떠한 개인보다도 앞서서 먼저 존재하고 있는 아주 오래된 이야기이며, "아주 오랜 옛날에 늪지대나 스텝(초원)에서 살았던 마조히스트에서부터 지금 이 시각에 자신의 침실에서 연인과 뒹굴고 있는 현대의 마조히스트에 이르기까지"4 모든 마조히스트들에게 공통적으로 나타나는 영원하고 원형(原型)적인 이야기이다. 그러므로 마조히스트란, 즉 마조히스트 **개인**이란 그 자신의 **개인적인** 몸에 의해 고통과 쾌락 사이의 깊은 연관을 직접 체험하며 또한 그 자신의 **개인적인** 마음에 의해 깊은 죄책감의 정서를 직접 체험하게 되지만, 그렇지만 그가 이 모든 감각적·정서적 사실들을 이처럼 직접 **개인적으로** 생생하게 체험하고 있음에도 불구하고, 그는 자신에게 이러한 생생한 사적 체험을 안겨 주고 있는 이 환상적인 이야기를 '**그 자신의 이야기**'(즉 다른 사람들의 것과는 다를 그 자신만의 **개인적인** 이야기)로서가 아니라 그 자신보다 먼저 존재하고 있는 어떤 영원하고 원형적인 이야기의 **재연(再演)**으로서 체험하게 된다. 즉 그는, 분명히 그 자신이 직접 고통과 죄책감을 생생하게 **개인적으로** 체험하고 있지만, 이처럼 고통과 죄책감을 직접 생생하게 체험하고 있는 그 자신을, 그 자신보다 먼저 존재하고 있는 어떤 영원하고 원형

---

3 들뢰즈는 마조히즘의 환상의 특징을 가리키기 위해 '초개인적'이라는 말과 함께 '비개인적'이라는 말도 쓰고 있다. 이에 대해서는 PSM, pp. 88~89를 참고하라.
4 PSM, p. 89.

적인 이야기가 그에게 부여하고 있는 어떤 **배역(配役)**을 **연기(演技)**하고 있는 존재인 것으로 느끼게 되는 것이다 — 그렇지만 이처럼 연기를 하고 있는 것으로 느낀다고 해서 그가 겪는 생생한 고통의 강도나 죄책감의 강도가 줄어드는 것은 아니다. 그에게 그 자신과 그의 연인은, 그들의 개인적인 실존에 앞서 항상 먼저 존재하고 있는 어떤 드라마drama가 그들에게 부여하고 있는 어떤 역할을 — '엄마에게 매질당하는 아들'의 역할과 '아들을 매질하는 엄마'의 역할을 — 충실히 연기하고 있는 배우인 것처럼 나타난다. 그는 그 자신의 **개인적 실존의 삶**(마조히스트로서의 삶)을 하나의 **연극**으로, 이미 쓰여져 있는 어떤 각본에 따라 미리 정해져 있는 하나의 배역을 연기하고 있는 하나의 연극으로 체험하게 되는 것이다. 마조히즘에서 발견되는 이상한 연극적인 분위기, 많은 연구가들이 마조히즘이 보여 주는 미스터리한 특성으로 자주 지적해 왔던 그 연극적인 분위기란 마조히즘을 발생시키는 환상의 이러한 초개인적인 성격으로부터 비롯되는 것이다.5

하지만 이러한 초개인적인 환상, 즉 우리가 흔히 개인이 주관적으로 창작해 내는 것으로 생각하는 보통의 환상과는 전혀 다른 것인 이러한 환상이란 대체 무엇일까?6 그런 것이 존재한다는 것은 과연 무엇을 말해 주는 것일까? 개인의 실존적 삶을 일종의 연극이 되도록 만드는 이와 같은 것이 존재한다는 것을 우리는 어떻게 이해해야

---

5 마조히즘의 연극적인 분위기에 대해서는 *PSM*, p. 88 참고.
6 프로이트에게 fantasy는 개인이 주관적으로 창작해 내는 이러한 보통의 환상을 가리키는 것이다.

하는 것일까? 그것은 우리들 각자의 삶이 단독자의 외로운 여정이 아니라 초개인적인 어떤 **운명**을 짊어지고 있는 것임을 말해 주는 것일까? 이러한 초개인적인 환상이 존재할 때, 우리들 각자의 개인적인 삶은 초개인적인 어떤 운명과 연결될 수 있는 것이 되는 것일까? 우리들 각자의 삶은 우리들 각자의 개인적인 삶이면서도 또한 동시에 그러한 개인적인 삶을 통해 초개인적인 운명을 펼쳐 나가게 되는 '이중(二重)의 이야기'가 될 수 있는 것일까? 마조히즘에서 발견되는 초개인적인 환상이라는 문제는 우리를 한순간 이와 같은 신비로운 상념 속에 빠져들게 만든다. 하지만 다음 순간, 우리는 곧 다시 냉철한 이성의 고개를 저으며 이런 물거품 같은 생각으로부터 빠져나오려 하는 우리 자신을 발견하게 된다. 이성의 눈으로 볼 때, 이 같은 생각들은 참으로 실소를 자아내는 병리적 망상으로 보일 뿐일 것이다. 하지만 실로 들뢰즈는, 비록 단 한 번 그렇게 말하고 있는 것이 전부이긴 하지만, 이와 같은 초개인적인 환상이 개인의 우연적 삶을 넘어서는 초개인적인 운명으로 마조히스트를 이끌어 가는 것이 **정말로 사실**이라는 것을 분명히 말하고 있다. "마조히스트는 (그의 연인과 맺는 계약을 통해) 어떤 운명과, 이 운명의 비개인적 요소와 재회하게 된다."[7] '재회하게 된다'는 말에서도 알 수 있듯이, 이 초개인적인 운명은, 설령 그 사실이 의식되지 못하고 있거나 망각되고 있다 할지라도, 한시도 떠남 없이 마조히스트의 주위를 맴돌고 있는 것이다. 또한 — 그렇게 생각할 수 있는 이유가 무엇인지를 우리는 나중에

---

[7] *PSM*, p. 89. 괄호 안의 말은 이해를 돕기 위해 인용하는 우리가 적어 넣은 것이다.

말하게 되겠지만 — 이 초개인적 운명은 마조히스트뿐만 아니라 우리 모든 인간 각자의 개인적 삶에 항상 따라붙고 있다. 더 나아가, 들뢰즈는 우리의 개인적 삶이 이처럼 우연을 넘어 초개인적 운명과 연결되는 것이 가능하게 되는 **이유**가 무엇인지에 대해서도, 즉 무엇이 우리의 삶을 정말로 초개인적인 운명과 연결시켜 주는 것인지에 대해서도 언급하고 있다. 들뢰즈에 따르면 마조히스트는 "무의식의 영역으로, 세 가지 엄마의 이미지의 드라마가 펼쳐지는 무의식의 영역에로 이끌려 간다".[8] 즉 들뢰즈는 마조히스트를 초개인적인 운명으로 이끄는 환상(초개인적인 환상)의 출처가 **무의식**임을 말하고 있는 것이며, 이 사실을 마조히스트의 개인적 삶이 어떻게 정말로 초개인적 운명과 연결될 수 있는지를 설명해 주는 이유로 내세우고 있는 것이다. PSM에 관한 한, 들뢰즈가 마조히스트의 삶이 초개인적인 운명과 연결될 수 있는 이유가 무엇인지를 밝히고 있는 것은 마조히즘의 초개인적인 환상의 출처가 무의식임을 말하고 있는 이 한 마디가 전부이다. 하지만 들뢰즈는 대체 무의식으로 무엇을 생각하고 있기에, 무의식에 대해 많은 이야기를 하고 있는 다른 사람들(프로이트주의자들)은 결코 생각해 보지 못할 이러한 주장을 하고 있는 것일까? 그가 이해하고 있는 무의식이란 대체 어떤 것이기에 마조히스트에게 — 또한 우리들 모든 인간 각자 자신에게 — 초개인적인 운명을 일깨워 줄 수 있는 것이 되는 것일까? PSM은 마조히스트에게 — 또한 우리들 각자 자신에게 — 초개인적인 운명을 일깨워 주는 것이

---

8 *PSM*, p. 89.

무의식의 역할이라는 것을 이처럼 단지 단 한 차례 지나가는 듯이 언급하는 것으로 그치고 있을 뿐, 왜 무의식이 그러한 역할을 수행할 수 있는지에 대해서는, 또한 왜 의식이 아니라 오직 무의식만이 그러한 역할을 수행할 수 있는지에 대해서는 전혀 아무런 이야기도 해 주지 않고 있다.[9]

그런데 PSM보다 약 7년 앞서 쓰인, 마조히즘에 대한 들뢰즈의 최초의 글에서 우리는 PSM에서 생략되고 있는 이 문제를 풀 수 있는 실마리를 발견할 수 있게 된다. 놀랍게도 이 최초의 글에서 들뢰즈는 무의식에 대한 융의 이론을 마조히즘에 대한 자신의 이해를 뒷받침해 주는 배후로 등장시키고 있다. 우리의 놀라움은, 일차적으로는, PSM에서는 융과 그의 이론에 대해 전혀 일언반구의 언급도 이루어지지 않고 있다는 데서 오는 것이다. 하지만 이 놀라움의 더 근본적인 이유는 융의 이론이라는 것이, 들뢰즈 자신도 그 한 주역으로 흔히 (다른 많은 사람들에 의해) 포함되고 있는 현대 유럽 철학의 지배적인 성향 속에서는, 프로이트와 라캉의 정신분석학이 장악한 헤게모니에 밀려 이미 무대 밖으로 퇴출된 지 오래인 것으로 — 즉 그 가치와 정당성에서 심각한 결함을 지니고 있는 잘못된 이론인 것으로 — 간주되고 있는 이론이라는 데 있다. 들뢰즈는 실은 현대 유럽 철학의 이 지배적인 성향을 이끌어 가는 주역인 것이 아니라 그것

---

9   PSM에서는 '무의식'이라는 말 자체가 잘 나오지 않으며, 따라서 들뢰즈는 그가 무의식으로 무엇을 이해하고 있는지에 대해서 전혀 논의를 하지 않고 있다. 무의식이라는 말 자체가 이 책 전체를 통틀어 단 네 차례 정도 나오고 있을 뿐이며, 이 말이 우리가 지금 논의하고 있는 이 문제와 관련해서 쓰이는 경우는 우리가 방금 본문에서 소개한 인용문을 통한 단 한 차례 뿐이다.

에 대한 은밀한 저항과 반전을 꿈꾸는 이단자인 것일까? 거의 전혀 알려져 있지 않은 이 7년 전의 글을 읽지 않고서는, 마조히즘에 대한 들뢰즈의 논의가 무관심과 외면 혹은 적극적인 배척 속에서 잊혀 가고 있는 융의 이론에 대한 재발견을 통해 이루어지고 있는 것이라는 것을 거의 어느 누구도 상상하기 어려울 것이다.[10] 이 최초의 글은 마조히즘에 대한 들뢰즈의 논의가 실은 단지 마조히즘이라는 하나의 병리적 사례에 대한 새로운 이해를 제시하려는 데 그치는 것이 아니라, 무의식의 본성이 무엇인가라는 훨씬 더 크고 중요한 문제에 대해 현대 유럽 철학의 근본적인 믿음을 뒤흔들 수 있는 전혀 다른 새로운 이해를 모색하고 있는 것임을 보여 주고 있다. PSM에서 논의되고 있는 초개인적인 환상의 문제, 그리고 이러한 초개인적인 환상의 존재와 연결되는 초개인적인 운명의 문제는 이 최초의 글이 가리키고 있는 무의식에 대한 융의 이론을 배경으로 할 때, 아직 석연치 않게 남아 있는 그 비밀을 풀 수 있는 실마리를 서서히 드러내게 된

---

10 앞의 서장에서도 잠깐 언급하였듯이, 이 글은 「자허-마조흐로부터 마조히즘에로」De Sacher-Masoch au masochisme라는 제목으로 1961년에 *Arguments*, '5ᵉ année, no. 21, 1er trimetre'을 통해 발표되었다. 우리가 이 글을 본 것은 2006년에 발간된 한 잡지(*Multitude*, numéro 25, Été 2006)에 재수록된 것을 통해서이다. 이 글은 들뢰즈의 초기 짧은 글들을 거의 모두 모아 놓았다고 이야기되는 *L'île déserte*에도 들어 있지 않으며, 또한 현재까지는, 들뢰즈가 쓴 다른 짧은 글들을 모아 놓은 다른 모음집들에도 들어 있지 않다. 이 글의 중요성이, 심지어 어쩌면 그 존재마저도 아직 제대로 인식되지 못하고 있다는 것을 말해 주는 것일 게다. 그렇기 때문에 우리는 이 글의 존재를 오랫동안 모르고 있었으며, 지금도 여전히 많은 사람들이 그러하리라 생각한다. 설령 이 글의 존재를 알고 있는 이가 있다 하더라도, 그가 이 글을 직접 읽어 보기 전에는, 그는 — 우리가 그러했듯이 — 이 글을 PSM에서 상세하게 전개된 내용의 대략적인 밑그림 정도가 그려져 있는 것으로 생각하고 있을 것이다. 그는 이 글의 내용이 실은 PSM만 보아서는 도저히 알 수 없는 이야기를 하고 있다는 것을, PSM을 전혀 새롭게 이해할 수 있게 해 주는 중요한 실마리를 담고 있다는 것을 알 수 없을 것이다.

다. 마조히즘에 대한 들뢰즈의 모든 논의는 이 최초의 글에서 논의되고 있는 융의 이론과 연결될 때 비로소 그것이 함축하고 있는 본래의 의미를 드러낼 수 있게 되는 것이다. 그리고 우리는 또한 마조히즘에 대한 들뢰즈의 논의가 함축하고 있는 이 본래의 의미가 바로 베르그송의 생명의 약동 이론을 향해 나아갈 수 있게 해 주는 것임을 역시 이 최초의 글을 통해 확인할 수 있다.

어쩌면 마조히즘이란 프로이트에게 자신이 제창한 정신분석학의 정당성을 가장 확실하게 입증해 주는 모범적인 사례가 될 수 있는 것으로 보일 수도 있었을 것이다. 마조히즘은 자신의 발생 원인이 엄마와 관련된 환상이라는 것을, 즉 마조히스트를 지배하는 숨은 동기가 엄마에 대한 근친상간적 욕망이라는 것을 너무나도 분명하게 드러내고 있는 듯이 보이기 때문에, 오이디푸스-콤플렉스 모델의 정당성을 그 어느 정신병리적 현상들보다도 더 확실하게 입증해 줄 수 있는 것으로 보일 수도 있었을 것이다. 그리고 이 오이디푸스-콤플렉스 모델의 정당성만 확보된다면, 이로부터 프로이트는 그가 원하는 모든 것을 다 순조롭게 이끌어 낼 수 있게 될 것이다. 무의식이란 엄마에 대한 이러한 근친상간적 욕망이 억압됨으로 인해 존재하게 되는 것이라는 것, 그러므로 한때 의식적 표상의 형태로 존재하였으나 이러한 억압으로 인해 의식의 이면으로 숨어들게 되어 망각의 늪 속에 파묻히게 된 이러한 성적 욕망이 무의식의 내용을 채우고 있는 것이라는 것, 또한 이러한 성적 욕망이 의식의 세계에 의해 거부당한 자신의 금지된 욕구를 (대리)충족시키기 위해 의식의 감시를 피해 가며 은밀하게 펼쳐 가는 복잡한 활동들이 ─ 전위(傳

位)와 압축 — 무의식의 작용을 이루고 있는 것이라는 것 등 무의식과 관련된 프로이트의 이와 같은 핵심적인 주장들이 오이디푸스-콤플렉스의 확립과 더불어 자동적으로 따라 나올 수 있게 되는 것이다. 그러므로 오이디푸스-콤플렉스 모델에 따른 무의식에 대한 프로이트의 이해는 무의식의 존재 이유나 발생 원인을 '**개인이 겪게 된 어떤 체험에 대한 억압**'에서 찾는다. 억압당해야 하는 체험은 그것이 의식의 기준으로서는 도저히 용납될 수 없을 만큼 너무나 불미스러운 것(엄마와의 근친상간)을 욕망하는 것이기 때문에 그렇게 억압당하게 되는 것이다. 그렇지만 이렇게 억압당하게 된 성적 욕망은 그것으로 인해 그냥 포기되는 것이 아니라 의식의 이면 아래에 존재하는 무의식의 성향으로 잠재적으로 존재하기 되며, 이러한 무의식적 성향은 해소되지 못한 자신의 욕구를 충족시키기 위해, 자신을 감시하는 의식의 검열을 피할 수 있는 **위장된 모습**으로 자신을 드러내게 되는 것이다. 억압된 성적 욕망인 무의식적 성향이 자신을 드러내는 이러한 위장된 모습, 이것이 바로 프로이트가 말하는 환상이다. 즉 프로이트에 따르면 우리의 무의식이 우리에게 자신을 드러내는 것인 이 환상은, 이처럼 무의식적 성향으로 자신을 연명(延命)해 가게 된 억압된 성적 욕망이 의식의 검열을 피하기 위한 복잡하고 은밀한 변형(전위와 압축)의 과정을 거쳐 위장된 모습으로 자신을 표현하고 있는 것이다. 그러므로 이러한 무의식적 환상을 이해한다는 것은, 그와 같은 위장된 겉모습으로 드러나기까지의 변형의 과정을 되짚어 억압당한 본래의 성적 욕망으로 그 환상을 되돌려 놓는다는 것을 의미한다. 즉 프로이트에게 무의식적 환상이란 개인이 언젠가 그의 개인적인 삶 속에서 겪게 된 어떤 체험이나 사건을 가리키는 것으로 이해되어야 하는 것이 되는 것이다. 개인에게 떠오르는 무의식적 환상을 그 개인이 과거에 겪게 된 어떤 **사적(私的)인 체험**으로 환원시켜 이해하는 것, 다시 말해 이 무의식적 환상의 발생 원인을 개인의 사적인 체험에서 찾는 것, 이것이 프로이트의 정신분석학이 무의식적 환상을 이해하는 방식이며, 엄마와 관련된 마조히스트의 환상 역시 정신분석학은 마찬가지의 방식으로 이해하는 것이다.[11]

이미지image들 중에는 자신이 가리키고 있는 것과 모종의 인과 관계를 통해 연결될 수 있는 것들이 있다. 우리가 흔히 알고 있는 이미지들은 대개 이러한 것들로서, 이들은 그들이 가리키고 있는 것과 이처럼 모종의 인과 관계를 통해 연결될 수 있기 때문에, 그들이 가리키고 있는 것을 가리킬 수 있게 되는 것이다. 이와 같이 자신이 가리키고 있는 것과 모종의 인과 관계를 통해 연결될 수 있는 것을 우리는 흔히 '기호'sign라고 부른다. 프로이트에게 무의식적 환상이란 그것이 가리키고 있는 것인 개인의 사적 체험과 — 혹은 이러한 사적 체험을 일으키는 것인 성적 욕망과 — 모종의 인과 관계를 통해 연결되는 것이다. 무의식적 환상은 이 사적 체험이 자신을 매우 복잡하고 은밀한 방식으로 변형시킴으로써 나타나게 된 **결과**이며, 이

---

11 곧 논의하게 되겠지만, 무의식적 환상에 대한 융의 이해방식은 프로이트의 이러한 이해방식과는 크게 다르다. 아마도 프로이트가 이해하는 식대로 이해되어야 할 무의식적 환상도 있고 융이 이해하는 식대로 이해되어야 할 무의식적 환상도 있을 테다. 즉 프로이트와 융은 '환상'이라는 같은 말을 사용하고 있지만, 그들이 같이 사용하고 있는 이 말은 실은 서로 다른 것을 가리키고 있는 것일 수도 있다. 그렇기 때문에 우리는, 앞에서 제의한 것처럼, 프로이트가 말하는 '환상'fantasy과 융이 말하는 '환상'phantasm을 서로 다른 말로써 구별해 주고자 한 것이다.

결과는 자신의 배후에 숨어 있도록 은폐하고 있는 이 사적 체험을 자신을 낳은 **원인**으로 하고 있는 것이다. 그러므로 무의식적 환상을 개인의 사적 체험을 가리키고 있는 것으로 이해하는 프로이트의 이해는 무의식적 환상을 일종의 **기호**로서 이해하고 있는 것이다.[12]

하지만 이미지들 중에는, 이와 같은 기호와는 달리, 자신이 가리키고 있는 것과 어떤 인과 관계에 의해서 연결되는 것이 **아닌 것**이 있다. 자신이 가리키고 있는 것과 어떤 인과 관계에 의해서 연결되는 것이 아니면서도, 그것은 자신이 가리키고 있는 것을 가리킬 수 있는 것이다. 우리가 흔히 '상징'symbol이라고 부르는 이미지가 바로 이러한 경우에 해당하는 것으로서, 예컨대 '하얀색'은 '(정신적) 순결함'을 가리키는 **상징**으로 흔히 사용되고 있으나, 하얀색(상징)과 그것이 가리키고 있는 것(상징되는 것)인 순결함 사이에는 어떠한 인과 관계도 성립하지 않고 있는 것이다.[13] 기호가 기호로 기능할 수 있기 위해 필요한 것은 그것이 자신이 가리키고 있는 것과 인과 관계로 연결되어 있어야 한다는 것이다. 반면 상징과 상징이 가리키고 있는 것

---

12 기호와 그것이 가리키고 있는 것 사이에 있는 모종의 인과 관계에 대해서 들뢰즈는 『차이와 반복』에서 다음과 같이 말하고 있다. "기호는 정말이지 어떤 것의 결과이다. 그러나 이 결과는 두 가지 모습을 가지고 있다. 첫 번째 모습에서 그것은 자신을 낳는 생산적인 비대칭성을 표현하고 있다. 하지만 다른 하나의 모습에서 그것은 자신을 낳는 이 비대칭성을 사라지게 하려는 경향을 보인다. 기호는 상징symbol과는 완전히 다른 차원에 속한다." — Deleuze, *Différence et Répétition*, PUF, 1968, p. 31. 프로이트의 기호는 정말이지 그것을 결과로 낳고 있는 원인을, 한편으로는 드러내고 있는 것이면서도 다른 한편으로는 은폐하고 있는 것이다.

13 '순결함'이라는 정신적 특성이 '하얀색'이라는 물질적 현상을 낳는 원인이 되는 것도 아니며, 거꾸로 이 물질적 현상이 저 정신적 특성을 낳는 원인이 되는 것도 아니다. 하얀색은 이처럼, 그와 반대되는 색인 검은색이나 그 밖의 다른 많은 색들과 마찬가지로, 순결함이라는 정신적 특성과 어떤 인과 관계에 의해서 연결되는 것은 아니지만, 그럼에도 불구하고 그것은, 검은색이나 다른 색들과는 달리, 순결함을 가리키는 상징으로 기능하는 것이다.

사이의 연결은 어떤 인과 관계에 의해 설명될 수 있는 것이 아니다.

마조히즘에 대한 그의 최초의 글에서 들뢰즈는 마조히스트의 환상 속에 나타나는 엄마의 이미지는 기호가 아니라 상징으로 이해되어야 한다고 주장한다. 마조히스트의 환상 속에서 나타나는 엄마의 이미지가 기호가 아닌 상징이라면, 그것은 그것이 가리키고 있는 어떤 것을 원인으로 해서 생겨나는 결과가 아니게 된다. 그렇게 되면 이 엄마의 이미지는 마조히스트가 언젠가 그의 삶에서 겪게 된 과거의 어떤 사적 체험을 원인으로 해서 생겨나는 것이 아니게 되며, 따라서 이러한 사적 체험을 가리키고 있는 것이 아니게 된다. 그러므로 들뢰즈는 "이러한 상징을 이해하는 데에는 프로이트의 분석적 방법은 부적합하다"[14]라고 주장한다. 프로이트의 분석적 방법, 즉 **정신분석학적** 방법이란 무의식적 환상을 상징으로 이해하지 않고 언제나 기호로 환원하는 것, 다시 말해 무의식적 환상의 이미지를 언제나 개인이 겪게 된 과거 체험의 한 장면으로 환원시켜 이해하는 것이기 때문이다. 하지만 자신과는 다른 어떤 것을 원인으로 해서 발생하는 것인 기호와는 달리, 그러므로 이 다른 것으로 환원되어서 설명되어야 할 것이 되는 이 기호와는 달리, 상징은 "그것 자신이 아닌 다른 것에 의해서 설명될 수 있는 것이 아니며, 오히려 그것 자체가 사건들을 설명해 주는 해석의 원리가 된다"[15]라고 들뢰즈는 주장한다.

상징이 오히려 사건들을 설명해 주는 해석의 **원리**가 된다는 들

---

14 Gilles Deleuze, "De Sacher‑Masoch au masochisme", p. 12. https://www.cairn.info/article_p.php?ID_ARTICLE=MULT_025_0019
15 위와 같은 곳.

뢰즈의 이러한 주장은 무엇을 말하는 것일까? 원리란 다른 것보다 앞서 있는 것, 그렇기 때문에 다른 것의 이유를 설명해 줄 수 있는 것일 것이다. 그런데 프로이트에게서는 개인의 사적 체험이 무의식적 환상의 이미지보다 앞서 있으면서 이 무의식적 환상을 발생시켜 주는 것이기 때문에, 이 개인의 사적 체험이야말로 이 무의식적 환상의 이미지를 설명해 주는 원리(해석의 원리)가 된다. 하지만 들뢰즈는 지금 개인이 체험하는 사건이 상징을 설명해 주는 원리가 되는 것이 아니라 오히려 거꾸로 상징이야말로 개인이 체험하는 사건을 설명해 주는 원리가 되는 것이라고 말하고 있는 것이다. 그러므로 들뢰즈가 지금 말하고 있는 것은 엄마의 이미지라는 마조히스트의 **상징**은 개인의 사적 체험에 의해 발생되고 설명될 수 있는 것이 아니라 오히려 그 반대로 이 상징이야말로 마조히스트가 겪는 사적 체험을 발생시키고 설명해 주는 것이 된다는 것이다. 다시 말해 들뢰즈는 지금 엄마의 이미지라는 상징이야말로 마조히스트 개인의 사적 체험에 **앞서서 존재하고** 있는 것이며, 그리하여 마조히스트가 겪게 되는 사적 체험이라는 경험적인 사태가 왜 일어나게 되는지를 설명해 주는 **선험적(先驗的)apriori 원리**가 되는 것이라고 말하고 있는 것이다.

그러므로 들뢰즈에 따르면, 프로이트가 믿는 것과는 달리, 마조히스트의 환상 속에서 나타나는 엄마의 이미지(상징)는 엄마에 대한 근친상간을 꿈꾸는 성적 본능에 의해서, 즉 이 성적 본능이 일으키게 되는 억압의 사건(억압의 체험)에 의해서 발생하는 것이 아니다. 즉 이 엄마의 이미지란 이 성적 본능이 일으키게 되는 이러한 사건(체험)으로 환원되어서 설명될 수 있는 것이 아닌 것이다. 이 상징은 개인이 겪게 되는 이와 같은 사적 체험이 원인이 되어 발생하는 것(결과)이 아니며, 따라서 이와 같은 사적 체험을 가리키고 있는 것도 아니다(즉, 한마디로, 이 상징은 기호가, 즉 어떤 사적 체험을 가리키고 있는 기호가 아닌 것이다). 즉 이 상징은 이와 같은 사적 체험으로부터 발생한 **경험적 산물**이 아니라 오히려 이와 같은 사적 체험보다 앞서 존재하면서 그것의 경험적 발생을 가능하게 해 주는 **선험적 원리**로서 작용하고 있는 것이다.

그러므로 들뢰즈는 성적 본능으로 인한 욕망이 ― 그리하여 이 욕망이 일으키게 되는 사건이 ― 상징을 발생시키고 설명해 주는 것이 아니라 오히려 그 반대로 상징이 이러한 욕망을 발생시키고 설명해 주는 것이라고 주장한다. 상징의 배후에 욕망이 (상징을 설명해 주는) 보다 궁극적인 것으로서 존재하고 있는 것이 아니라, 오히려 상징 자체가 가장 궁극적인 것으로 존재하면서 상징 자신을 좇아 욕망이 일어나도록 일깨워 주는 것이라고 주장하는 것이다. "상징은 다른 것으로 환원되거나 다른 것으로부터 구성되는 것이 아니다. 오히려 그 반대로 상징이야말로 욕망과 욕망의 대상이 구성되도록 만들어 주는 궁극적인 규칙이 된다. 상징이야말로 무의식 속에 있는 궁극적인 소여(所與)datum, 더 이상 다른 것으로 환원되지 않는, 무의식의 궁극적인 소여이다. 더 이상 다른 것으로 환원 불가능한, 무의식의 궁극적인 소여가 되는 것은 상징 자신이지, 이 상징에 의해 상징되고 있는 다른 것이 아니다."[16] 무의식의 **궁극적인 소여**인 이 상징,

---

16 위와 같은 곳. 이 인용문이 말하고 있는 중요한 내용에 대한 독자들의 이해를 돕기 위해 크리

즉 그것보다 먼저 주어져 있는 다른 어떤 것으로 환원되는 것이 아니라 그것 자신이 가장 먼저 주어지는 것(소여)인 이 상징, 이 상징은 개인이 겪는 사적 체험보다 먼저 존재하면서 결코 이 사적 체험으로 환원되지 않는 것이므로, 개인적인 것을 넘어서는 **초개인적인 (비개인적인) 것**이다. 또한 그것은 우리가 흔히 '실재적인 것'the real이라고 생각하는 경험적인 세계 속에 그것의 존재를 두고 있는 것이 아니므로, 그런 의미에서 '실재적인 것'은 아니지만, 그럼에도 불구하고 실재적인 것인 개인의 욕망(개인의 사적 체험을 만들어 내는 욕망)을 일깨우는 힘으로 작용하면서 자신의 부인할 수 없는 존재성을 드러내는 것이므로, 그것은 '실재적인 것'을 넘어서는 '**초현실적(초실재적)인 것**'the surreal이다.[17] 이 초현실적인 것(초실재적인 것)이 실재적인 것(현실적인 것)을 지배하는 힘을 갖고 있는 것이다.

무의식의 궁극적인 소여인 이러한 상징, 다시 말해 그것보다 더 깊이 숨어 있는 다른 어떤 것으로 더 이상 환원되지 않는 무의식의 가장 깊은 심층을 이루고 있는 것이며, 그러므로 무의식이 자신이 무엇인지를 표현하는 가장 근본적인 표현방식이 되는 것일 이러한 상징, 우리가 우리의 삶에서 겪게 되는 경험에서부터 연원해 오는 것이 아니면서도 우리의 개인적 삶에 말을 걸어와 그것의 욕망

스천 컬레이크Christian Kerlake의 영어 번역을 함께 소개한다(한글 번역은 아직 없다). "Symbols do not allow themselves to be reduced or composed; on the contrary, they are the ultimate rule for the composition of desires and their object, they form the only irreducible data of the unconscious. The irreducible datum of the unconscious is the symbol itself, and not an ultimate symbolised." ― Kerlake의 영어 번역본은 "From Sacher-masoch to masochism"이라는 제목으로 검색하면 찾을 수 있다.

17 "치료의 문제는 상징을 해체시켜 실재적인 것the real에로 환원되도록 하는 것이 아니라, 그 반대로, 상징 안에 들어 있는 초현실적인 것the surreal을 활용하는 것이다." ― 위와 같은 곳.

을 일깨우며 또한 이러한 욕망이 지향하는 목적과 대상을 ― 그러므로 욕망의 성격을 ― 주도적으로 조형(造形)하는 역할을 하는 이러한 상징, 우리는 이러한 상징을 어떻게 이해해야 하는 것일까? 그것은 어떻게 삶의 경험으로부터 유래해 온 것이 아님에도 불구하고 그렇게 ― 마조히스트의 사례에서 볼 수 있듯이 ― 그토록 강렬한 힘으로 한 개인의 온 존재를 사로잡을 수 있게 되는 것일까? 과연 이와 같은 초개인적·초현실적인 상징이라는 것이 정말로 존재할 수 있는 것일까? 우리의 무의식은 정말로 이러한 상징을 내포하고 있는 것일까? 우리의 무의식이 정말로 이러한 상징을 내포하고 있다면, 그러한 우리의 무의식의 정체는 대체 무엇이 되는 것일까? 무의식에 대한 프로이트의 이해는 무의식의 존재 이유나 발생 원인을 오로지 개인이 겪게 되는 사적 체험에서 찾으려 하기 때문에, 무의식적 환상을 모두 기호로 환원시키려 할 뿐, 이와 같은 상징의 존재를 이해할 수도 없으며 인정해 줄 수도 없다. 프로이트에게 무의식이란 오로지 개인이 겪게 되었던 과거 체험의 망령이 들어앉아 있는 곳일 뿐, 초개인적이고 초현실적인 상징이 자신을 나타낼 수 있는 곳이, 우리의 개인적 삶과 욕망을 이와 같은 초월적인 차원에서 이끌어 줄 수 있는 신비적인 힘이 간직되어 있는 곳이 아닌 것이다. 하지만 마조히즘에 대한 들뢰즈의 이해가 옳다면, 그것은 이러한 상징의 존재를 부인할 수 없는 상황과 마주하도록 우리를 이끌게 된다. 우리는 무의식에 대해 근본적으로 새로운 이해를 가져야 할 필요성과, 기호가 아닌 상징을 자신 속에 내포할 수 있는 무의식의 존재 이유나 발생 원인을 프로이트와는 다른 방식으로 이해해야 할 필요성과 마주치게 되는 것이다.

들뢰즈는 이 상황을 헤쳐 나갈 수 있게 하는 열쇠가 어디에서 발견될 수 있는지를 다음과 같은 말로 가리키고 있다. "마조히즘을 구성하는 것은 엄마의 이미지이며 이 이미지를 향한 퇴행이다. 단 이 원초적인 이미지(상징)는 융의 방식대로 이해되어야 한다. 즉 융이 말하는, 무의식의 깊은 심층으로부터 나오는 원형(原型)archetype 으로 이해되어야 하는 것이다."[18] 즉 들뢰즈에 따르면 이러한 상징이란 바로 융이 말하는 원형이다. 이러한 상징이 무엇인지를 이해할 수 있게 해 줄 수 있는 것이며 또한 그것이 왜 존재하는지를 설명해 줄 수 있는 것은 바로 융의 '원형' 개념이라는 것이다. 마조히즘에 대한 들뢰즈의 이해는, 즉 마조히즘에서 나타나는 무의식적 환상(즉 엄마의 이미지)을 기호가 아닌 상징으로 이해하는 그의 이해는 그러므로 융의 '원형' 개념과 그 성패를 같이하는 것이 된다. 그런데 융의 이 '원형' 개념이 무의식에 대해 가져오는 새로운 이해라는 것은 정말이지 놀라지 않을 수 없는 것이다. 왜냐하면 이 개념은 단지 무의식을 이해하는 문제를 두고 이 분야의 지배적인 정설인 프로이트의 이론과 충돌하는 것에 그치는 것이 아니라. 바로 이를 통해 생명과 자연 전체를 이해하는 문제에 있어서까지도 오늘날의 지배적인 세계관과는 전혀 다른 새로운 이해를 가질 것을 요구하는 데까지 나아가는 것이기 때문이다. 무의식에 대한 융의 '원형' 개념의 이해가 이미 무대 밖으로 퇴출된 지 오래인 이론으로, 즉 그 정당성과 가치에

---

18 위와 같은 글, p. 11.

있어서 심각한 결함을 가지고 있는 이론으로 간주되고 있는 것은 그것이 이처럼 오늘날의 지배적인 세계관이 용납할 수 없는 새로운 세계이해를 요구하는 것이라는 사정과 무관하지 않을 것이다. 마조히즘에 대한 들뢰즈의 이해는 바로 이처럼 이단적인 성격의 것인 융의 '원형' 개념과 운명을 같이하게 되는 것이다.

융이 그의 '원형' 개념을 처음으로 논의하고 있는 곳은 「본능과 무의식」이라는 그의 글에서이다. 이 글에서 융은 그 제목에서도 알 수 있듯이 본능과 무의식을 어떻게 이해해야 할 것인지의 문제를 다루면서 그의 '원형' 개념을 도입하고 있는 것이다. 융은 본능을 "그렇게 해야 하는 동기나 이유가 무엇인지를 의식하지 못하면서도 어떤 내적 필연성에 이끌려서 하게 되는 어떤 특정한 행동방식"[19]이라고 규정한다. 융이 말하고자 하는 것은 본능이란 어떤 특정한 행동을 하게끔 이끄는 거부할 수 없는 어떤 자연적 충동을 불러일으키는 것이지만, 그러한 행동을 하게 되는 당사자 자신은 정작 자신이 왜 그러한 행동을 하게 되는지를, 혹은 어떻게 자신이 그러한 행동을 할 수 있게 되는지를 **의식하지 못하면서** 그러한 행동을 하게 된다는 것일 것이다. 본능의 특징이란 실로 바로 이와 같은 **무의식성**에, 즉 당사자 자신은 자신이 그러한 행동을 하게 되는 동기나 이유가 무엇인지를 모르고 있으며 또한 어떻게 자신이 그러한 행동을 할 수 있게 되는

---

19 CW 8, p. 175. 융의 「본능과 무의식」Instinct and the unconscious은 *The collected works of C. G. Jung, volume 8, Structure Dynamics of the Psyche*, edited and translated by Gerhard Adler & R. F. C. Hull, Bollingen Series XX에 실려 있다. 우리는 이 책에서 융의 글을 인용할 경우, 지금처럼 그의 저작집을 CW로 약칭한 후, 인용문이 실려 있는 책의 번호(저작집상의 번호)를 밝힐 것이다.

지에 대해서도 모르고 있지만 그럼에도 불구하고 까다롭고 어려운 절차를 요구하는 복잡하고 정교한 행동을 문제없이 잘 수행해 낼 수 있다는 데 있는 것으로 보이며, 바로 이와 같은 무의식성이 의식적 행동으로부터 본능(본능적 행동)을 구분 짓는 가장 결정적인 차이인 것으로 보인다. 그러므로 문제는 이처럼 무의식적으로 수행되는 것 같은 이러한 본능(본능적 행동)이 그럼에도 불구하고 복잡하고 까다로운 행동을 정확하고 효과적으로 수행해 낼 수 있게 되는 것이 어떻게 가능한가 하는 것이다.

사람들은 그 이유를 '경험적 학습과 반복적 실습'이라는 논리에서 찾으려 할 수 있을 것이다. 즉 본능이란 처음에는 의식적 노력의 형태로 시작되었으나 능란해질 때까지 수없이 반복적으로 실습됨으로써 마침내는 자동적으로(무의식적으로) 수행될 수 있게 된 특정 행동방식이라고 말이다. 물론 사람들이 흔히 본능이라고 생각하는 것들 중 많은 것들이 이런 식으로 설명될 수도 있을 것이다. 하지만 융은 정말로 본능다운 본능이란, 다시 말해 생명체들에게서 발견되는 가장 중요하고 기본적인 본능이란 결코 이와 같은 식으로 설명될 수 없다고 주장한다. "어떤 경우에는 경험적 학습이라는 것이 완전히 부재하는 경우가 있다. 그러한 본능이 경험적 학습과 반복 실습에 의해 얻어질 수 있다고 생각하는 것이 도저히 불가능한 경우가 있다."[20] 융은 Pronuba yuccasella라는 학명을 가진 유카 나방이 보여 주는 번식 본능을 예로 든다. "이 유카 나방이 자신의 알을 낳는 유카 꽃

---

20 *CW 8*, p. 177.

은 1년 중 단 하룻밤 동안만 피어 있다. 유카 나방은 어느 한 유카 꽃에서 꽃가루를 떼어 낸 다음, 그것을 작은 덩어리 모양이 되도록 반죽한다. 그런 다음 유카 나방은 이 덩어리를 다른 유카 꽃으로 가져가, 이 두 번째 꽃의 암술을 절개하여 개방한 다음, 이 꽃의 꽃나무의 밑씨에다 자신의 알을 낳는다. 그러고는 작은 덩어리로 반죽한 꽃가루를 이 암술의 깔때기 모양의 입구에 쑤셔 넣는다. 유카 나방은 그것의 전 생애에서 오로지 단 한 번만 이 복잡한 작업을 수행한다."[21]
이 예가 말해 주는 핵심은 유카 나방은 그것이 수행하는 이와 같이 대단히 복잡하고 까다로운 작업을 그것의 전 생애에 있어서 오직 **단 한 번만** 수행한다는 데 있다. 그러므로 유카 나방은 이 복잡하고 까다로운 작업을 어떻게 수행해야 하는지를 여러 번 되풀이되는 '경험적 학습과 반복 실습'에 의해서 터득하고 있는 것이 아니다. 유카 나방은 그전에 한 번도 해 본 적이 없는 이 복잡하고 까다로운 작업을 자신이 어떻게 수행해야 하는지를 '마치 처음부터 완전히 다 알고 있는 것처럼' 행동하는 것이며, 그것의 생애에서 단 한 번 해 보는 이러한 행동을 놀라울 정도로 능숙하게 성공적으로 수행해 내고 있는 것

---

[21] *CW 8*, p. 177. 융이 들고 있는 이 유카 나방의 예를 잘 음미해 주기 바란다. 나중에 우리는 본능에 대한 베르그송의 이해에 대해 논의하게 될 것이고, 거기에서 베르그송이 들고 있는 본능의 사례 또한 보게 될 것인데, 융이 들고 있는 이 사례와 베르그송이 들고 있는 사례 ― 베르그송이 들고 있는 사례는 유명한 파브르의 『곤충기』에서 온 것이다 ― 를 서로 비교해 보면, 우리는 본능에 대한 융의 이해와 베르그송의 이해가 그들의 서로 다른 개념화 방식에도 불구하고 결국에는 공통의 정신으로 수렴되는 것이라는 것을 알 수 있게 될 것이다. 이 공통의 정신이 무엇인지는 본능에 대한 베르그송의 이해를 논의함으로써 밝혀질 수 있을 것이다. 사실상 우리는 본능에 대한 융의 이해란 ― 즉 이제 곧 소개될 '원형' 개념에 의한 본능의 이해란 ― 그것보다 한층 더 깊이 심화된 것인 '본능에 대한 베르그송의 이해'를 풀이하는 하나의 방식이라고 생각한다.

이다. 마치 처음부터 이미 모든 것을 다 알고 있다는 듯이 복잡하고 까다로운 행동을 능숙하게 수행해 내는 이 놀라운 능력, 본능이 보여 주는 이와 같은 기적을 설명하기 위해서는 '경험적 학습과 반복 실습'이라는 평범한 논리와는 다른 설명이 필요해지는 것이다.[22]

융이 원형 개념을 끌어들이게 되는 것은 바로 이러한 맥락 속에서이다. 융에 따르면, 본능적 행동이란 어떤 이미지에 대한 지각으로 인해 촉발되는 것이다. 융은 본능적 행동이 일어나도록 촉발시키는 이러한 이미지를 '원형'이라 부른다. "나는 이러한 요인을 원형, 혹은 원초적 이미지primordial image라 부른다. 이 원초적 이미지란 '본능의 자기 자신에 대한 지각'(즉 본능이 자기 자신에 대해 갖는 지각)instinct's perception of itself으로나, 혹은 '본능의 자기 초상'self-portrait of the instinct으로 생각되어도 좋을 것이다."[23] 원형에 대해 이처럼 '본능의 자기 자신에 대한 지각'이라거나 '본능의 자기 초상'이라고 말하는 것, 그것은 바로 본능이 이 원형에 대한 지각을 통해 자기 자신을 알아보게 되고, 바로 이로 인해 발동하기 시작한다는 것을 말하기 위해 그렇게 말하는 것일 것이다. 그런데 유카 나방의 예가 보여 주듯이, 본능을 발동시키는 이 원형은 같은 — 혹은 비슷한 — 경험이 여러 번 반복됨으로써 얻어지게 되는 인상(경험적 인상)이 아니다. 유카 나방의 본능적인 번식 행동이 이와 같은 어떤 원형에 대한 지각으로 인해 촉발되는 것이라면, 이 원형은 오히려 유카 나방이라

---

22 *CW 8*, p. 178. 참고.
23 *CW 8*, p. 183. 이 책의 편집자의 말에 따르면, 융이 '원형'이라는 용어를 처음으로 사용하는 것이 바로 이 논문 「본능과 무의식」에서이다.

는 같은 종에 속하는 서로 다른 여러 개체들이 각자 개별적으로 수행하게 되는 각자의 번식 행동을 통해, 그것 자신(원형 자신)을 스스로 여러 차례 반복되도록 만들고 있는 것이라고 보아야 할 것이다. 즉 이 원형은 같은 경험의 반복으로부터 얻어지게 되는 **결과**가 아니라 오히려 같은 경험(서로 다른 개체들이 각자 수행하게 되는 **같은** 번식 행동)의 반복을 일어나게 만드는 **원인**이 되는 것으로 이해되어야 할 것이다. 즉 원형은 서로 다른 개체들이 각자 개별적으로 수행하게 되는 본능적 행동을 불러일으키는 것이며, 자신이 불러일으키는 이러한 본능적 행동들을 통해 자신을 수없이 반복하는 것이 되는 것이다. 그러므로 융은 이러한 원형을 일러 "선험적이고apriori 타고난 inborn 것"[24]이라고, 즉 경험으로부터 얻어진 것이 아니라 오히려 경험보다 앞서 존재하면서 경험을 가능하게 해 주는 것이라고 주장한다. 융에 따르면 선험적인 것인 이러한 원형이 개체의 경험적 삶(사적 체험)을, 즉 개체가 그의 삶에서 경험적으로 수행하게 되는 본능적 행동을 조형하는 역할을 하게 되는 것이다.[25]

융은 또한 본능의 문제를 무의식과의 관련하에서 고찰하는 것이 필수적임을 주장한다. "그러므로 무의식에 대한 고려 없이 본능의 문제를 다루려 하는 것은 불완전할 수밖에 없다. 본능적 과정 자

---

24 "…직관의 선험적이고 타고난 형식, 즉 원형…." — *CW 8*, p. 179.
25 앞에서 인용한 바 있는, 융의 상징에 대한 들뢰즈의 다음과 같은 언급을 상기해 보라. "상징이야말로 욕망과 욕망의 대상이 구성되도록 만들어 주는 궁극적인 규칙이 된다." 즉 상징(원형)은 (번식 행동과 같은) 본능적 행동으로 이어지는 욕망을 불러일으키는 것이며, 또한 이러한 욕망이 어떻게 자신을 실행할 수 있는지를 구성(조형)하는 규칙(선험적 규칙)이 된다.

체가 무의식이라는 개념을 필요로 하기 때문이다."[26] 그리하여 그는 본능와 무의식 사이의 연결에 대해 다음과 같이 말한다. "본능적 행동이란 어떤 무의식적인 내용이, 갑작스러운 어떤 아이디어나 직감이 불쑥 의식 속으로 뛰어 들어오게 됨으로써 일어나는 것이다."[27] 즉 융은 본능적 행동을 촉발시키는 것인 원형을 무의식의 내용이라고, 즉 우리의 무의식 속에 간직되어 있는 내용이라고 말하고 있는 것이다. 그런데 이 원형은, 방금 살펴보았듯이, 개체의 경험(사적 체험)에서부터 얻어지는 것이 아니라 오히려 그러한 개체의 경험에 앞서 존재하고 있는 선험적인 것이다. 그러므로 이러한 원형을 자신 속에 담고 있는 것인 무의식은 결코 개체의 경험(사적 체험)으로부터 형성되는 것이 아니다. 원형을 담고 있는 무의식, 그것은 무의식의 발생 원인이나 존재 이유를 개체의 경험(사적 체험)으로부터 찾는 프로이트의 무의식이 아닌 것이다. 물론 무의식의 내용 중에는 잊어버린 과거의 기억들이나 억압당한 불미스럽거나 고통스러운 욕망과 같이 개체의 경험(사적 체험)으로부터 비롯되는 것으로 설명될 수 있는 것이 있음을 융은 부인하지 않는다. 하지만 이러한 '개인적(사적) 무의식'personal unconscious 이외에, 결코 개체의 경험(사적 체험)으로 환원될 수 없는 것인 원형을 담고 있는 또 다른 무의식이 이러한 개인적 무의식보다 더 깊은 심층적 무의식으로 자리 잡고 있다. 융은 원형을 담고 있는 이 심층적 무의식을 '집단 무의식'collective

---

26 *CW 8*, p. 178.
27 *CW 8*, p. 179.

unconscious이라 부른다. 왜냐하면 이 심층적 무의식은 개체의 사적 체험으로부터 형성되는 것이 아니라, 같은 종(種)에 속하는 모든 개체들이, 즉 같은 본능적 행위를 할 수 있는 모든 개체들이, 그들 각자의 서로 다른 삶의 경험의 차이가 무엇이건 상관없이, 이러한 개체적인 차이를 넘어 그들 모두가 함께 집단적으로 공유하고 있는 것이기 때문이다. "보다 깊은 이 심층 속에서 우리는 선험적이고 타고난 것을, 즉 원형을 발견한다. 이 원형은 모든 심리적 과정을 결정짓는 필수적인 선험적 조건이다. (…) 본능과 원형은 '집단 무의식'이라고 부를 수 있는 것을 형성한다. 내가 이것을 '집단 무의식'이라고 부르는 것은 그것이 개인적(사적) 무의식과는 달리 결코 개인적인 것으로부터 형성되는 것이 아니기 때문이다."[28]

  융이 말하는 이 집단 무의식은 프로이트가 말하는 무의식을 배제하는 것이 아니다. 그것은 심층적 무의식인 자기 자신보다 의식에 더 가까이 있는 표층적 무의식으로 프로이트의 무의식을 포용할 수 있는 것이다. 융에게 무의식이란, 프로이트에게서와는 달리, 깊이를 달리하는 여러 층위로 분화되어 있는 것이며, 따라서 무의식과의 만남 역시, 이 만남이 도달하게 되는 깊이가 어디까지인가에 따라 그 의미가 달라질 수 있게 되는 것이다. 반면, 무의식의 존재 이유를 오직 개인적 체험에 대한 억압에서 찾으려 하는 프로이트의 이론은, 다시 말해 모든 무의식적 환상을 오로지 기호로서 취급하려 하는 프로이트의 이론은 융이 말하는 이러한 집단 무의식의 존재를 인

---

28 *CW 8*, p. 179.

정해 줄 수가 없는 것이다. 프로이트에게 두의식이란 여러 겹의 층위로 분화되어 있는 것이 아니라 자신의 논리로 그 존재 이유를 설명할 수 있는 오직 단 하나의 층위로 단일화되어 있는 것이기 때문이다. 프로이트는 융이 말하는 더 깊은 무의식의 존재를 끝내 인정하지 않으려 하였으며, 그런 것에 대해 이야기하려 하는 것을 엄밀한 과학인 정신분석학의 합리적 사유 내부로 덜떨어진 '몽환적 오컬티즘occultism'을 끌어들이려 하는 미신적인 시도라고 생각하였다. 융은 다음과 같이 회고한다. "아직도 생생히 프로이트가 내게 했던 말을 기억할 수 있다. '친애하는 융, 성(性)sexuality에 대한 이론을 절대 포기하지 않겠다고 내게 약속해 주게. 성에 대한 이론이야말로 모든 것 중에서 가장 중요한 것이야. 알겠나? 우리는 이 이론을 아예 교리(敎理)dogma로 만들어야 하네. 결코 흔들리지 않을 방벽으로서 말이야.' 그는 자신의 말에 매우 심취되어 마치 '친애하는 아들아, 내게 한 가지만 약속해 다오. 매주 일요일마다 교회에 다닐 것이라고 말이야' 하고 말하는 아버지처럼 내게 그렇게 말했다. 나는 다소 놀라서 그에게 물었다. '방벽이라니요? 무엇에 맞서는 방벽 말입니까? 이에 대해 그는 '더러운 진흙 뻘이 몰려오는 것을 막을 방벽이지'라고 대답했다. 그러고는 잠시 머뭇거리더니 다음과 같이 덧붙였다. '몽환적 오컬티즘이라는 더러운 진흙 뻘 말이야.'"[29] 프로이트는 자신의 선명한 **과학적** 이론인 정신분석학이 **몽환적 오컬티즘**의 색채를 띠는

---

[29] C. G. Jung, *Memories, Dreams, Reflections*, 1961, trans R. F. C. Hull, ed A. Jaffe London: Fontana, 1967, p. 173.

것 같은 융의 이론에 의해 더럽혀지는 것을 참을 수 없었던 것이다. 프로이트와 융의 대립, 지금까지 진행되어 온 사상사(史)의 대세는 몽환적 오컬티즘의 길로 빠져드는 듯한 융의 이론을 배척한 채 과학적 엄정성의 길을 꿋꿋이 지켜 가는 듯한 프로이트의 이론에게 승리의 손을 들어 주고 있는 것으로 보이지만, 마조히즘에 대한 들뢰즈의 이해는 이제 이 판정의 결과를 뒤집으려는 시도를 하고 있는 것으로 보인다. 하지만 그럴 수 있기 위해서는, 이러한 집단 무의식이 정말로 존재하는 것이 될 수 있는 이유가 무엇인지를 규명할 수 있어야 하며, 또한 이러한 집단 무의식이 정말로 존재하는 것일 때, 이 심층적 무의식과의 만남이 우리 인간에게 어떤 예기치 못한 대단한 의미를 가져다줄 수 있는 것인지도 함께 규명할 수 있어야 한다. 설령 그것이 과학이 이 세계에 대해 말하는 것에 위배되는 어떤 신비주의적 전망으로 우리를 이끌어 가게 되는 것이라 할지라도….

그런데 원형이 이처럼 그것의 자기 모습(이미지)을 보이는 것에 의해 본능으로 하여금 매우 복잡하고 까다로운 행위를 무의식적으로 수행할 수 있게 하는 것이라면, 이 원형은 개체에게 개체 자신이 처한 **지금 현재의 상황**에서 무엇을 어떻게 해야 할지에 대해서 말해 주고 있는 것이지, 결코 개체가 **과거에** 겪은 어떤 체험을 상기시켜 주고 있는 것이 아니다.[30] 무의식의 내용인 원형은 개체가 겪은 과거

---

[30] 우리는 여기에서 먼저 이러한 심층적 무의식과의 만남이 우리 인간에게 어떤 중요한 의미를 가질 수 있는지의 문제부터 간략하게 논의해 보고자 한다. 지금 여기에서 간략하게 논의하는 것으로 그치게 될 이 문제를 우리는 베르그송의 생명철학을 논의하는 다음 장에서 보다 더 소상하게 다루게 될 것이다.

의 어떤 체험을 가리키고 있는 것이 아니라 개체가 **지금 현재에** 무엇을 어떻게 해야 할지에 대해 말해 오고 있는 것이며, 지나온 어떤 체험이 벌어졌던 과거의 시간으로 그를 데려가고 있는 것이 아니라 현재 진행 중인 지금 이 시간에서 그가 풀어 나가야 할 문제가 무엇인지에 대해, 또한 그가 이 문제를 어떻게 풀어 나가야 할 것인지에 대해 가르쳐 주고 있는 것이다. 원형(상징)이 "그것 자신이 아닌 다른 것 — 즉 과거의 어떤 사건 — 에 의해서 설명될 수 있는 것이 아니라, 오히려 그것 자체가 사건들을 설명해 주는 해석의 원리가 되는 것"은, 다시 말해 원형(상징)이 "다른 것 — 즉 욕망 — 에로 환원되는 것이 아니라 오히려 그 반대로 그것이야말로 욕망이 구성되도록 만들어 주는 궁극적인 규칙이 되는 것"은 바로 원형의 이와 같은 성격 때문일 것이다. 즉 원형은 과거의 체험(과거의 사건)에 대해서 말하고 있는 것이 아니기 때문에 자신이 아닌 이 다른 것(과거의 체험)에 의해 설명될 수 있는 것이 아니게 되며, 개체로 하여금 지금 현재의 상황에서 무엇을 어떻게 해야 할지를 가르쳐 주는 것이기 때문에 개체가 지금 현재 겪게 될 사건(개체의 행위에 의해서 일어나게 될 사건)을 설명해 주는 해석의 원리가, 즉 지금 현재의 상황에 대응하기 위한 개체의 욕망을 구성해 주는 궁극적인 규칙이 되는 것일 게다. 선험적인 것이며 초개인적인 것인 원형, 무의식의 이 내용은 개체를 과거의 망령에 붙들어 놓고 있는 것이 아니라 그로 하여금 현재의 상황에 능동적으로 대응하도록 하는 것이며, 그럼으로써 새로운 미래를 열어 갈 수 있도록 해 주는 것이다.

그러므로 무의식은 이미 주어져 있는 것을 단지 수동적으로 저장하고만 있는 것이 아니다. 무의식은 과거에 이미 벌어진 어떤 경험을 저장하고 있다가 (위장 작업을 통해 단지 그것의 형태만 바꿔) 다시 현재에 재생해 내는 것으로만 존재하는 것이 아니다. 무의식은 개체가 처하게 되는 '지금 현재'라는 독특하고 새로운 상황에 대해 개체가 무엇을 어떻게 해야 할지에 대해 말해 줄 수 있는 것이며, 그러므로 이미 벌어진 과거의 경험으로 결코 환원되지 않을 **새로운 내용**을 자율적으로 창조해 낼 수 있는 능력을 가지고 있는 것이다.[31] 그러므로 무의식에 대한 융의 이해는 단지 무의식이 포함하고 있는 것들의 외연(外延)을 프로이트의 사적(私的) 무의식이 이해하는 것보다 더 크게 넓혀 놓는 것에 그치는 것이 아니다. 즉 원형이나 집단 무의식 같은 융의 개념은 단순히 무의식 속에는 프로이트의 사적 무의식이 이해하는 것보다 더 많은 것들이 들어 있다는 것을, 즉 개인의 사적 체험으로부터 연원하는 것뿐만이 아니라 초개인적이고 선험적인 것들이 들어 있다는 것을 말하는 것으로 그치는 것이 아니다. 융의 이러한 개념은 무의식의 성격을 프로이트로서는 인정할 수 없는 방식으로 근본적으로 바꿔 놓게 되는 것이다. 프로이트에게 무의식이란 단지 과거에 좌절된 자신의 욕구를 다시 충족시키려 하는 맹목적인 충동에 시달리는 것이다. 반면 융은 무의식에게 이미 주어져 있는 것으로 환원될 수 없는 새로운 것을 창조해 낼 수 있는 능동적이고 자율적인 활동성을, 개체가 지금 현재 당면하고 있는 복잡하

---

[31] "한 걸음 더 나아가서 우리는 다음과 같이 말할 수 있으리라. 무의식은 실제로 **새로운 내용**을 창조한다." — "Analytical psychology and Weltanschauung", *CW 8*, p. 471.

고 어려운 상황이 요구하고 있는 것이 무엇이며 어떻게 하면 그러한 요구에 제대로 부응할 수 있는지를 미묘하게 감지해 낼 수 있는 놀라운 지혜의 능력을 부여하게 된다. 융은 무의식에서 자신의 욕구를 억압하는 의식에 대한 원한과 불만으로 가득 차 있는 어떤 복수의 화신이 아니라 개체의 삶의 중요한 문제와 관련하여 의식이 미처 알지 못하는 것을 가르쳐 줄 수 있는 지혜로운 현자의 모습을 보고 있는 것이다. 개체가 무의식적으로 수행하게 되는 본능적 행위가 그것이 그처럼 **무의식적으로** 수행되는 것임에도 불구하고 매우 복잡하고 까다로운 행위를 그토록 정확하고 능숙하게 수행해 낼 수 있게 된다는 사실, 융은 본능이 보여 주는 이와 같은 놀라운 사실을 무의식에 대한 자신의 이러한 이해를 정당화해 주는 것으로 받아들인다. 무의식이 자신의 이러한 지혜의 능력을 나타내는 방식, 무의식이 자신 속에 잠재되어 있는 이러한 지혜의 능력을 개체의 의식에게 적극적으로 알리기 위해 자신의 능동적이고 자율적인 활동성을 발휘하는 방식, 융에 따르면 그것이 바로 원형(상징)인 것이다. 원형에 대한 지각을 통해 개체는 자기 자신이 지금 현재의 상황 속에서 무엇을 어떻게 해야 하는지를 **본능적으로** 알 수 있게 된다. 개체는 **의식적 학습**을 통해서는, 즉 경험적 학습과 반복 실습을 통해서는 알지 못하는 것을 원형에 대한 지각을 통해 본능적으로 알 수 있게 되는 것이다. 융에게 무의식이란 의식은 알지 못하는 것을 알 수 있는 것이며, 자신의 이러한 앎(지혜)을 원형의 출현을 통해 의식에게 일깨워 줄 수 있는 것이다. 융에게 무의식은 의식보다 더 지혜로운 것일 수 있는 것이다.

들뢰즈는 그의 책 『니체와 철학』에서 무의식과 의식의 관계에 대해 다음과 같이 말하고 있다. "의식은 그것 외부의 것과의 관계에 의해서 정의되는 것이기보다는 가치의 측면에 있어서 그것보다 **우월한 것**과의 관계에 의해서 정의되는 것이다. 이러한 구분은 의식과 무의식을 이해하는 데 있어서 본질적으로 중요하다. (…) 의식은 언제나 자기보다 우월한 어떤 것과의 관계 속에 있는 것, 즉 의식 자신이 그것에게 종속되고 그것 속으로 병합되어 들어가야 할 어떤 것과의 관계 속에 있는 열등한 것이다. (…) 의식은 한갓 '자아'ego의 의식, 즉 '자기'self라는 우월한 것과의 관계 속에 있는 '자아'의 의식일 뿐이며, 우월한 것인 이 자기는 무의식적인 것이다."[32] 무의식과 의식의 관계에 대한 통상적인 — 즉 프로이트적인 — 이해에 따르면, 비록 사람을 은밀하게 지배하는 **힘**의 측면에 있어서는 무의식이 의식보다 더 우월할 수도 있겠지만, **가치**의 측면에 있어서는 의식이 무의식보다 훨씬 더 우월한 것이다. 즉 맹목적이기만 한 것인 무의식의 충동은 반드시 의식이 세우는 규범의 통제를 따라야 하는 것으로 이해되고 있는 것이다. 그런데 들뢰즈는 지금 무의식이 의식보다 **가치**의 측면에 있어서 더 우월한 것이라고 주장하고 있다. 무의식이 이처럼 가치의 측면에서 의식보다 더 우월한 것이 될 수 있는 경우란 우리의 삶에서 매우 중요한 것을 의식은 알고 있지 못한 가운데 오직 무의식만이 우리에게 그것을 일깨워 줄 수 있을 때, 그리하여 무의식이 의식을 이끌고 의식이 무의식을 따라야 할 때일 것이다. 융이 생

---

[32] Gilles Deleuze, *Nietzsche et la philosophie*, PUF, 1962, p. 44. 이해를 돕기 위해 다소 의역하였다.

각하는 무의식과 의식의 관계가 바로 이와 같은 것이다. 무의식과 의식의 관계에 대한 통상적인 이해의 방식을 벗어나고 있는 들뢰즈의 저와 같은 주장은 바로 융의 이해를 따르고 있는 것이다.

하지만 우리 인간들에게 있어서는 여느 다른 생명체들에게서와는 달리 본능의 능력이 매우 약화되어 있다. 인간 이외의 다른 생명체들에게 있어서는 그들의 의식은 곧 본능과 일치하는 것일 게다. 즉 그들에게는 본능과 의식 사이의 괴리 같은 것이란 존재하지 않을 것이다. 하지만 인간에게 있어서는 이 둘 사이에 깊은 괴리가 존재한다. 왜냐하면 인간의 의식을 특징짓는 것은 본능으로부터 분화(分化)differentiation되어 나온 이성의 발달이며, 이 이성의 발달은 인간의 의식을 탈(脫)본능화되도록 만드는 것이기 때문이다. 인간의 의식은 바로 이성의 발달에 의한 점진적인 탈본능화의 소산인 것이다. 그러므로 인간의 의식은 그것의 원초적인 모태인 본능에 대한 결별과 대립에 의해 특징지어지며, 그렇기 때문에 이와 같은 의식이 인간의 자아의 주된 정체성으로 자리 잡아 가게 됨에 따라 본능의 능력은 돌이킬 수 없이 퇴화되어 의식의 빛이 미치지 못하는 무의식의 깊은 어둠 속으로 숨어들게 된 것이다. 본능의 능력이 이처럼 깊이 무의식화했다는 것, 이것이 본능의 자기 인식인 원형이 왜 우리 인간에게 있어서는 '상징'이라는 이상한 모습으로, 즉 이해하기 어려운 수수께끼와 같은 모습으로 나타나게 되는지의 이유를 설명해 주는 것이다. 다른 동물들에게서와는 달리, 인간에게서는 원형에 대한 인식이 곧바로 주저 없이 시행되는 본능적 행동의 확신에로 연결되지 않는다. 탈본능화된 이성적 의식이 발달한 우리 인간에게는 원형이 말해 오는 의미가 여타의 동물들에게서처럼 곧바로 무엇을 어떻게 해야 할지를 분명하고 확실하게 말해 주는 '선명한 **해답**'의 모습으로서가 아니라 그가 아무리 그의 이성적 인식의 노력을 다한다 하더라도 도저히 그 의미를 선명하게 이해할 수 없는 '불가해한 **문제**'의 모습으로 나타나게 되는 것이다. 인간의 의식은 이성적으로 인식할 수 있는 것만을 투명하게 인식할 수 있도록 특화되어 있으며, 자신이 투명하게 인식할 수 있는 이것만을 믿고 따를 수 있는 '참된 인식'으로 받아들이도록 습성화되어 있다. 그렇기 때문에 이러한 인간의 의식에게 본능의 자기 인식인 원형과의 조우는 그가 투명하게 인식할 수 있는 것의 범위를 넘어서는 '불가해한 수수께끼'의 체험으로 다가오게 되는 것이다. 그러므로 설령 우리의 무의식(혹은 본능) 속에 우리의 의식은 알지 못하는 중요한 것을 우리에게 일깨워 줄 수 있는 능력이 숨어 있다 할지라도, 우리에게 익숙한 방식으로 이해될 수 없는 그것의 불확실한 언어를 우리는 알아듣지 못하거나 믿지 못한다. 우리의 이성적 의식에 의해 이해될 수 없는 그것의 언어를, 따라서 우리를 확실한 행동 속으로 전진할 수 있게 하기보다는 불확실한 의문에 부딪혀 방황하게 만드는 그것의 불확실하고 혼돈스러운 언어를 우리는 무의미하거나 무가치한 것으로 묵살해 버리고 쉽게 외면해 버리게 되는 것이다.

이른바 보통의 정상적인 사람들과 마조히스트 같은 정신병리자(이상심리자) 사이의 차이란 바로 여기에 있는 것일 수 있다. 대개의 인간은 그의 의식(이성적 의식)이 투명하게 인식하는 세계에 대한 신뢰와 안주에서 벗어나지 않는다. 그의 '자아'ego란 그가 신뢰할 수 있는 이 세계에 대한 적응에 초점을 맞추고 있는 것이며, 그는 자신의 정체성을 이러한 자아에 완전히 일치시킨 채 이러한 자아를 방어하고 보존하고 확장하는 데 그의 삶의 모든 노력을 기울이고 있는 것이다. 그의 이 완강한 자아는 그가 투명하게 이해할 수 없는 어떤 심리적 교란이나 혼돈이 그의 이 안정적이고 확실한 세계를 침범해 오는 것을 허용하지 않으려 한다. 그는 자신의 전(全) 존재와 일치하는 것이 된 이 자아를 무의식으로부터 오는 정체불명의 교란으로부터 지켜 내려 하며, 자신의 이러한 자아와 이 자아가 인식하는 세계를 '유일하게 참된 현실'로서 체험하며 살아가게 되는 것이다. 하지만 마조히스트와 같은 정신병리자란 더 이상 제어-불가능한 것이 된 무의식의 압도적인 위력 앞에, 그의 자아를 수호하는 이러한 방어태세가 파괴되어 있는 자인 것처럼 보인다. 그는 그의 자아와 이러한 그의 자아가 인식하는 세계의 모습을 더 이상 지켜 내지 못한 채, 그의 존재를 여과 없이 무의식의 위력 앞에 노출시키고 있는 것으로 보이는 것이다. 정신병리자가 겪는, 보통 사람으로서는 이해할 수 없는 심리적 불안과 고통, 누구나 힘들이지 않고 성공할 수 있을 것 같은 삶의 평범한 현실에 대한 적응에의 실패, 보통 사람들이 경험하는 것과는 다른 세계를 경험하고 있는 듯한 그의 환상적인 세계인식과 이러한 세계인식으로부터 결코 벗어나지 못하고 있는 듯한 그의 격렬한 시달림이나 광적인 몰입과 도취 등등, 이 모든 것이 그에게 일어나고 있는 일이 그의 '자아'의 파괴임을, 즉 '보통 사람들'에게 '보통의 세계'를 만들어 주고 또한 이 '보통의 세계'에 적응할 수 있게 만들어 주는 저 '자아'의 파괴임을 말해 주고 있는 것으로 보이는 것이다. 보통 사람들이 그들의 '자아'가 인식하는 세계를 그들이 감당하고 적응해 나가야 할 '생생한 현실'로서 체험하는 반면, 정신병리자는 그의 이 '자아'가 파괴된 곳에서 그가 만나게 되는 세계를, 즉 무의식에 대한 이 자아의 경계태세가 해제됨으로 인해 그가 직접 무의식과 대면하게 됨으로써 만나게 되는 세계를 그의 '생생한 현실'로서 체험하며 살아가게 되는 것이다. 그리하여 무의식을 형성하는 가장 근본적인 소여인 상징(원형)이 '자아'로부터 오게 되는 어떤 견제에 의해 제어됨이 없이 그의 존재를 직접 사로잡게 되며, 이로 인해 그의 삶을 보통 사람들은 이해할 수 없는 '비현실적인 환상에 사로잡힌 미친 듯한 삶'으로 조형할 수 있게 된다. 이리하여 그가 체험하는 모든 사건들이 이 상징으로부터 설명되어야 할 것이, 즉 이 상징으로 인해 발생하는 것이 되며, 곧 이 무의식의 상징이 그가 체험하게 되는 모든 사건을 설명해 주는 '해석의 원리'가 되는 것이다.

그러므로 신경증이나 정신병 같은 모든 정신병리적 현상들은 동시에 "두 가지 얼굴을 가지고 있는 것"[33]으로 보인다. 그것들은 말 그대로 '삶의 안정'을 파괴하는 **병리적** 현상으로서의 얼굴을 가지고 있다. 정신병리자들이란 보통 사람들이 공유하는 '삶의 현실'에 대한 순조로운 적응에 실패하는 사람들, 이러한 적응을 방해하는 불합리한 환상(망상)으로 인해 심리적 불안과 고통에 시달리고 있는 희생자들이며, 그러므로 상실된 그들의 '현실감각'을 회복시켜 주어서 빨리 '건강하고 정상적인 삶'으로 복귀시켜야 할 '치유의 대상자'들

---

33 Deleuze, "De Sacher-Masoch au masochisme", p.12

인 것으로 간주된다. 하지만 동시에 만약 두의식이 의식은 알지 못하는 중요한 것을 우리에게 일깨워 줄 수 있는 능력을 간직하고 있는 것이 사실이라면, 정신병리자들이 겪는 불안과 고통은 보통 사람들이 외면하고 있는 어떤 무의식의 진리(무의식 속에 깊이 파묻혀 있는 진리)를 체험하고 있는 것에 대한 대가인지도 모른다. 그들이 겪는 고통은 분명히 '자아의 붕괴'로부터, 또한 이로 인한 '현실에의 부적응'으로부터 오는 것이지만, '자아'의 지배력에 의해 억압받고 있던 무의식의 진리와의 생경하고 낯선 만남이 그들이 겪는 이 고통의 더 깊은 정체일 수 있는 것이다. 그러므로 정신병리적 현상은 '삶의 현실'에 대한 부적응과 실패라는 그것의 병리적 얼굴 아래에, 보통 사람들이 '삶의 현실'이라고 생각하고 있는 것보다 더 근본적인 차원의 진리를 만나고 있는 **초월적인 경험**으로서의 또 다른 얼굴을 가지고 있는 것일 수 있다. 들뢰즈는 정신병리적 현상 속에 숨겨져 있을 수 있는 이 또 하나의 얼굴의 가능성에 주목한다. 그가 볼 때 정신병리자들에게 필요한 치유란 결코 그들로 하여금 '보통 사람들의 정상적인 현실'로 되돌아올 수 있게 하는 것이 아니다. 그들에게 필요한 치유란 오히려 그들이 겪는 고통이 "(보통 사람들은 알지 못하는) 어떤 진리를 체험하는 것으로 인한 것일 수 있음을 인정하는 데 있는 것이며, 그리하여 그들이 품고 있는 이러한 진리의 가능성을 발전시켜 그들의 인격 속에 통합될 수 있도록 해 주어야 하는 데 있는 것이다."**34** 즉 들뢰즈가 보기에 정신병리적 현상이란 우리 자신 속에 '자

---

34 위와 같은 곳.

아'의 발달로 인해 소외되고 있는 다른 중요한 부분이 — 즉 우리 자신의 **또 다른 중요한 모습**이 — 존재하고 있다는 것을 증언해 주고 있는 것이며, 그러므로 이 현상이 요구하고 있는 것도 자아의 회복이나 강화가 아니라 — 즉 보통 사람들이 경험하는 '정상적인 현실'로의 순조로운 복귀가 아니라 — 오히려 "자아에 의해 소외되고 있는 우리 자신의 이 다른 모습을 발전시켜 우리 자신의 본래적인 전체성을 회복하라는 것이다."[35] 요컨대, 정신병리적 현상이라는 무의식과의 만남은 '자아'의 한계를 넘어서는 새로운 자기정체성을 향한 '근본적인 자기변형'을 우리에게 요구해 오는 것일 수 있는 것이며, 또한 이러한 '근본적인 자기변형'은 물론 우리의 '자아'와는 다른 새로운 모습으로 우리 자신을 바꾸어 가는 것이 되겠지만, 그럼에도 불구하고 이 '새로움을 향한 변형'은 실은 '자기소외'(자아의 발달로 인해 초래된 자기소외)를 극복하는 '진정한 자기회복'이 될 수도 있는 것이다.

    융은 프로이트가 신경증에 대해 '그것은 단지 …일 뿐이야'라는 식으로 말하는 얕보는 듯한 시각을 가지고 있다는 것을 지적한다.[36] 프로이트에게 신경증이란 정말로 '단지 …일 뿐인 것', 즉 단지 지금 현재의 정상적인 생활을 방해하는 과거 체험의 망령에 시달리고 있는 **부정적인** 현상일 뿐인 것이다. 그러므로 이러한 신경증을 앓고 있는 사람에게 필요한 것은 그의 발목을 붙잡고 있는 이러한 과거 체

---

35 위와 같은 곳.
36 위와 같은 곳.

험의 망령으로부터 벗어나 다시 '현실의 정상적인 삶'으로 한시바삐 되돌아올 수 있게 하는 것이 될 것이다. 물론 프로이트의 이러한 이해에 잘 맞아떨어지는 유형의 신경증도 틀림없이 있을 것이다. 들뢰즈는 신경증에 대한 프로이트의 이러한 이해가 주로 젊은 청춘들에게서 많이 나타나는 '히스테리 신경증'에 대한 고찰을 통해 얻어진 것이라는 사실에 주목한다.37 (물론 프로이트는 그의 연구의 계속적인 심화를 통해 히스테리 신경증에 대한 고찰로부터 처음 얻어진 이러한 이해가 단지 이 특수한 신경증에 대해서만 유효한 것이 아니라 다른 모든 유형의 신경증들과 정신병들 일반에 대해서도 보편적으로 적용될 수 있는 '보편타당한 것'임을 보여 주려고 노력한 것은 사실이다.) 이들 젊은 청춘들에게 삶의 주된 과제가 되는 것은 남을 사랑하고 남에게서 사랑받는 것, 그리고 이러한 사랑의 획득에 성공하기 위해 '삶의 현실'이 그들에게 요구하는 것에 그들 자신을 잘 맞춰 나가는 것이다. 한마디로 말해, 그들에게 중요한 것은 '삶의 현실'이라는 **외적 조건**이 그들에게 요구하는 것에 그들 자신을 충실히 맞춰 가는 것이며, 그러므로 그들이 겪는 신경증 역시 외적 조건의 요구에 자신을 맞춰 가야 하는 이러한 과제를 수행하는 데 있어서 그들이 겪게 되는 좌절과 실패와 관련하여 발생하는 것일 공산이 크다. 그리고 인간이라면 누구나 자신의 무의식 속에 이러한 실패와 연루될 수 있을 만한 잊혀진 기억 한두 가지쯤은, 즉 이러한 실패를 변명해 줄 수 있는 '알리바이'alibi가 되어 줄 수 있을 만한 잊혀진 과거의 사적 체험 몇 가

---

37 위와 같은 곳.

지쯤은 가지고 있기 마련이다. 즉 이러한 젊은 청춘들이 겪는 신경증의 발병에 개입하는 무의식이란 프로이트의 주장대로 개인의 사적 체험(망각된 과거의 기억)을 담고 있는 무의식이지, 결코 이러한 사적 체험으로 환원되지 않을 초개인적인 무엇인가를 담고 있는 무의식이 — 즉, 앞에서 말한 것과 같은, 의식이 알고 있는 것보다 더 중요하고 깊은 진리를 알고 있을 수 있는 신비적인 것으로서의 무의식이 — 아닐 수 있는 것이다. 정신병리적 현상의 발병이 이러한 사적(私的) 기억(개인이 과거에 겪은 사적 체험의 기억)의 망령에 의해 일어나는 것으로 설명될 때, 이 현상은 진실로, 프로이트의 얕보는 듯한 시각이 주장하듯이, 하나의 **실패**나 **오류**를 나타내는 것에 지나지 않은 것일 수도 있다. 즉 정신병리적 현상이란 정상적인 삶으로부터의 **퇴행**이나 **일탈**을 의미하는 한낱 부정적인 현상일 뿐이며, 그러므로 정신병리자란 정상인에 미치지 못하는 '**보다 열등한**' 존재에 그치는 존재일 수도 있는 것이다. 하지만 들뢰즈는 히스테리 신경증 이외의 다른 유형의 신경증들이나 정신병들은, 즉 젊은 청춘들에게서가 아니라 주로 성숙한 성인들에게서 나타나는 정신병리적 현상들은 이와는 다른 의미를 가질 수 있다고 주장한다. 청춘의 고비를 넘긴 이들 성인들에게 문제가 되는 주된 삶의 과제는, 젊은 청춘들의 과제가 '외부 세계의 요구에 자신을 굽혀 맞춰 가야 하는 것'인 것과는 달리, 외부로 향했던 자신의 관심방향을 거둬들여 자기 자신의 내부로 향하게 하는 것, 그리하여 자아의 발달로 인해 소외되어 온 자신의 다른 모습을 — 즉 외적 조건에 대한 적응에 초점을 맞추어 온 자신의 모습(자아)에 의해 소외되어 온 또 다른 자신의 모습을

—소생시켜 "다시 자기 자신과 화해하는 것"[38]일 수 있다. 그러므로 이들 성숙한 성인들에게서 발생하는 정신병리적 현상이란 자아의 발달로 인해 소외되어 온 이 다른 모습이 자아를 위협하는 파괴적인 양상으로 자신을 드러낼 수도 있겠지만, 이러한 파괴적인(자아-파괴적인) 양상은 정상에 미치지 못하는 미발달의 단계로 **퇴행**해 가는 것이 아니라 오히려 이른바 '정상'을 넘어서는 보다 더 높은 단계로의 **전진**을 지향하고 있는 것일 수도 있는 것이다.

모든 정신병리적 현상이 의식적 자아의 이면 속에 숨어 있는 무의식으로의 퇴행에 의해 일어나게 되는 것이라는 데 대해 프로이트와 융은 — 또한 들뢰즈도 역시 — 동의한다. 정신병리적 현상이란 자아의 적극적인 은폐작용에 의해 감추어져 있던 무의식의 내용이 이러한 퇴행에 의해 활성화됨으로써 일어나는 현상이라는 데 대해 이들은 서로 같은 생각을 갖고 있는 것이다. 하지만 이러한 퇴행이 도달하게 되는 **범위**가 어디까지인가에 대해, 혹은 다시 말해 이러한 퇴행이 이루어지는 무대인 무의식이 어느 만큼의 **깊이**를 가지고 있는 것인가에 대해 프로이트와 융은 서로 다른 이해를 가지고 있다. 프로이트에게 무의식이란 오직 '억압된 과거의 사적 체험'이라는 단 하나의 층으로 이루어져 있는 것이기에, 이 층 내부의 구조가 아무리 복잡하다 할지라도, 또한 이 구조가 작동하는 방식이 아무리 예측 불가능한 역동성을 보이는 것이라 할지라도, 모든 퇴행이 최종적으로 도달하게 되는 곳은 결국 이 단 하나의 층 내부의 어느

---

38 위와 같은 곳.

곳, 즉 개인이 과거에 겪은 '어떤 사적 체험'일 뿐이다. 반면에 융에게 무의식이란 서로 다른 형성기원을 가진 서로 다른 층들로 다층화되어 있는 것이며, 그러므로 의식에 가까운 표층에 있는 '개인적 무의식'의 이면에, 즉 개인이 과거에 겪은 사적 체험에 대한 억압을 기원으로 해서 형성된 이 표층적 무의식의 이면에 그것과 다른 형성기원을 가진 '집단 무의식'이라는 보다 심층적인 무의식이 자리 잡고 있는 것이다. 그러므로 '무의식으로의 퇴행'은 개인적 무의식의 깊이에까지 도달할 수도 있지만, 그보다 더 깊은 이 심층적 무의식의 차원에까지도 도달할 수 있다. 그런데 개인적 무의식과 집단 무의식은 그들의 형성기원이 서로 다른 만큼 그들 각자가 간직하고 있는 내용 또한 서로 다르며, 따라서 이러한 퇴행이 도달하게 되는 범위가 개인적 무의식이냐 아니면 집단 무의식이냐에 따라 이러한 퇴행의 의미와 가치 역시 달라지게 된다. 개인적 무의식의 깊이까지 도달하는 퇴행이 활성화시키는 내용(무의식의 내용)은 분명히 억압된 개인의 사적 체험일 것이다. 그때 개인은 좌절된 욕망으로 응어리져 있는 자신의 과거 사적 체험이 그에게 요구하고 있는 것을 만나게 될 것이다. 하지만 집단 무의식의 깊이까지 도달하는 퇴행이 활성화시키는 내용(무의식의 내용)은 결코 개인의 사적 체험에 의해 얻어진 것이 아니라 오히려 그러한 사적 체험에 앞서 주어지고 있는 선험적인 것이며 초개인적인 것이다. 그때 개인은 이 선험적이고 초개인적인 것이 그에게 요구하고 있는 것을 만나게 되는 것이다.

들뢰즈에 따르면 마조히즘을 발생시키는 엄마의 이미지는 개인적 무의식의 내용을 이루고 있는 것이 아니라 그보다 더 깊은 곳에 있는 집단 무의식의 내용을 이루고 있는 것이다. 마조히즘이라는 정신병리적 현상은 집단 무의식의 깊이에까지 도달하는 퇴행에 의해 발생하는 현상이라는 것이다.39 그러므로 마조히즘을 발생시키는 이 엄마의 이미지는 결코 개인의 사적 체험으로부터 유래하는 것이 아니다. 이 이미지는 어떠한 사적 체험과도 무관하게, 즉 어떠한 사적 체험보다도 앞서 먼저 존재하고 있는 것이며, 그러므로 의식의 경험으로 먼저 존재한 연후에 무의식 속으로 옮겨져 온 것이 아니라 어떠한 의식의 경험과도 무관하게 무의식 속에 처음부터 본래적으로 존재하고 있던 것, 즉 무의식의 근본적인 소여인 상징(원형)을 이루고 있는 것이다. 그런데 앞에서 보았듯이, 융에 따르면 이러한 상징(원형)은 바로 본능을 촉발하는 것이다. 즉 본능이란 이러한 상징(원형)에 대한 지각을 통해 발동하게 되는 것이며, 그러므로 어떤 하나의 상징이 갖고 있는 특정한 내용은 그것에 대한 지각을 통해 발동하게 되는 것인 본능으로 하여금 어떤 특정한 목표를 추구하는 '어떤 특정한 욕망'(본능적 욕망)으로 나타나도록 조형하게 되는 것이다.40 그런데 우리는 앞에서 '엄마의 이미지'라는 특정한 내용의 상징이 촉발하는 마조히스트의 특정한 욕당(본능적 욕망)이란 바로 엄마에 대한 근친상간을 꿈꾸는 욕망이라는 것을 보았다. 하지만 우리는 이제 엄마에 대한 근친상간을 꿈꾸는 이러한 마조히스트의 본

---

39 "마조히즘은 엄마의 이미지에 대한 지각이다. 마조히즘이란 엄마의 이미지를 그것이 존재하고 있는 바로 그곳 — 즉 집단 무의식의 차원 — 에서 지각하고 있는 것이다." — 위와 같은 곳.
40 "상징(원형)은 욕망과 그 대상(욕망의 대상)이 구성되도록 만들어 주는 궁극적인 규칙이 되는 것이다." — 위와 같은 곳.

능적 욕망이, 프로이트의 믿음과는 달리, 더 이상 과거에 개인이 겪게 되었던 사적 체험의 반복으로서 이해되어서는 안 된다는 것을 알고 있다. 마조히스트의 이 본능적 욕망은 개인적 무의식 속에 들어 있는 기호와 연결되는 것이 아니라 집단 무의식 속에 들어 있는 상징(원형)과 연결되는 것이기 때문이다. 그렇다면 엄마에 대한 근친상간을 꿈꾸는 마조히스트의 이 본능적 욕망이 진정으로 욕망하는 것은 무엇일까? 융은 많은 신화들에 있어서 엄마와의 근친상간이란 '새로운 재탄생'을 상징적으로 의미한다는 것을 지적하고 있으며, 들뢰즈는 융의 이와 같은 이해를 받아들인다.[41] 그리하여 들뢰즈는 '엄마의 이미지'라는 무의식의 상징에 의해 촉발되는 마조히스트의 욕망이란, 즉 엄마와의 근친상간을 꿈꾸는 마조히스트의 욕망이란 '새로운 인간으로의 재탄생'을 꿈꾸는 욕망이라고 해석한다. 그러므로 들뢰즈에 따르면 — 또한 융에 따르면 — 우리의 심층적 무의식 속에는, 즉 서로 다른 우리 모든 개인들이 이러한 서로 다름에도 불구하고 모두들 함께 공유하고 있는 우리의 '집단 무의식' 속에는 우리에게 이와 같은 '새로운 인간으로의 재탄생'을 욕망하게 하는 부름이 존재하고 있는 것이다. 선험적이고 초개인적인 것인 이 무의식의 상징(엄마의 이미지)은 서로 다른 개인들 각자가 겪게 되는 개인적 삶

---

41 들뢰즈는 '엄마에 대한 근친상간적 욕망'이 내포하고 있는 이와 같은 상징적 의미에 대해 융의 책 *Symbole der Wandlung*(변화의 상징) 2권의 4장과 5장을 참고할 것을 말하고 있다. — Deleuze, "De Sacher-Masoch au masochisme", p. 10 참고; 융의 이 책은 'Psychology of the Unconscious'라는 제목으로 영어로 번역되었으며, 우리말 번역본 역시 이 영어 번역본의 제목을 따라 '무의식의 심리학'이라는 제목으로 이 책을 번역하고 있다. — 칼 G. 융, 『무의식의 심리학』, 정명진 옮김, 부글북스, 2022.

의 경험이 서로 어떻게 다르든 상관없이 우리들 모두에게 공통적으로 부여되는 '변함없는 영원한 과제'로서 이러한 '새로운 재탄생'을 요구해 오고 있는 것이다. 마조히스트와 보통의 정상인 사이의 차이는 우리 모두가 공유하는 '집단 무의식' 속에 자리 잡고 있는 이 선험적이고 초개인적인 것의 영원한 요구를 의식적 자아에 충실한 우리들 보통의 정상인들은 의식하지 못하고 있거나 외면하고 있는 반면, '무의식 속으로의 가장 깊은 퇴행'을 경험하는 마조히스트는 이러한 무의식의 부름에 응하고 있다는 데 있는 것인지도 모른다. 비록 마조히스트 자신은 자신이 본능적으로 강렬히 반응하고 있는 이러한 부름의 정체가 무엇인지를 그 스스로 의식적으로 자각하고 있지는 못하고 있다 하더라도 말이다.

그러므로 들뢰즈에 따르면 — 또한 융에 따르면 — 본능의 **가장 근본적인 모습**, 즉 무의식의 상징(원형)에 대한 지각을 통해 촉발되는 우리 자신의 본능이 가진 가장 근본적인 모습이란 우리 자신의 지금 주어진 현실적인 자아의 모습을 계속해서 보존해 가려 하는 '자기 보존'을 추구하는 데 있는 것이 아니라 오히려 이러한 현실적인 자아의 모습에서 벗어나 전혀 다른 새로운 모습으로 거듭나려 하는 '근본적인 자기변형'을 추구하는 데 있는 것이다. 마조히즘을 불러일으키는 '엄마의 이미지'라는 상징은 무의식의 가장 근본적인 소여를 이루는 것, 즉 무의식의 가장 깊은 심층 속에 자리 잡고 있는 것이며, 본능이란 바로 이 깊은 무의식 속에 자리 잡고 있는 이러한 상징에 대한 지각을 통해 일깨워지게 되는 것이기 때문이다. 들뢰즈가 프로이트의 'Todestrieb'을 '죽음 충동'이 아니라 한사코 '죽음 본능'으로 이해하려 하는 이유, 즉 경험적으로 주어지는 것인 죽음 충동이 아니라 경험적으로 주어지는 것을 넘어서 있는 초경험적이고 선험적인 것으로서의 죽음 본능의 존재에 대해 말하려 하는 이유, 그리하여 또한 마조히즘을 바로 이러한 죽음 본능과의 만남으로 이해하려 하는 이유, 죽음 본능에 대한 들뢰즈의 이 모든 강조의 이유는 바로 여기에 있는 것일 게다. 들뢰즈는 「쾌락원리를 넘어서」에서 이루어지고 있는 '죽음 본능'에 대한 프로이트의 발견을 프로이트가 보여준 가장 위대한 통찰로서 높이 평가한다.[42] 실로 프로이트는 이 글에서 통상적인 상식의 차원에서 제기되어 올 수 있는 온갖 회의와 반론에도 불구하고 죽음 본능이야말로 다른 모든 본능들의 배후기저를 이루고 있는 가장 근본적인 본능이라고, 다른 모든 본능들의 작용을 자신이 지향하는 목적을 달성하기 위한 하수인이 되도록 지배하고 있는 가장 궁극적인 본능이 되는 것이라고 주장하고 있다. 정말이지 프로이트는 이러한 죽음 본능이라는 것의 존재를 주장하는 것을 통해, 우리의 모든 본능을 지배하는 가장 근본적인 본능이 되는 것이 우리 자신의 현실적인 모습인 자아의 보존을 지향하는 것이 아니라 오히려 이러한 자아의 죽음을 지향하는 성격의 것임을 말하고 있는 것이며, 또한 자아의 죽음을 지향하는 우리의 이러한 근본적인 본능이란 우리에게 본래부터 '선험적인 것'으로서 주어지고 있는 것이라는 것을, 그러므로 그것은 우리가 겪게 되는 온갖 다양한 경험들의 우여곡절에도 불구하고 결코 우리로서는 그것으로부터 벗

---

42 이에 대해서는 *PSM*, pp. 98~99를 참고하라.

어날 수 없게 되는, 우리의 근본적인 자연성을 이루고 있는 것이라는 것을 말하고 있는 것이다.

그러나 정작 들뢰즈는 프로이트가 발견한 이러한 죽음 본능이 진정으로 의미하는 것이 무엇인지에 대해서는 프로이트와 의견을 달리한다. 잘 알려져 있듯이, 프로이트는 이 죽음 본능이 지향하는 죽음을 그야말로 '실제의 죽음'real death으로, 즉 생명 없는 물질의 상태로 회귀하는 것으로 이해하고 있다. 프로이트에게 우리의 존재란 곧 자아와 완전히 일치하는 것이며, 그러므로 우리의 삶이란 자아로서의 삶이 아닌 다른 삶의 가능성을 가지고 있지 않은 것이기 때문에, 프로이트는 자아의 죽음을 지향하는 이러한 죽음 본능을 곧, 말 그대로, 우리의 존재의 '완전한 소멸'을 지향하는 것으로서 이해하고 있는 것이다. 하지만 들뢰즈에 따르면 이러한 죽음 본능이 진정으로 지향하는 것은, 즉 이러한 죽음 본능이 지향하는 '**자아**ego의 죽음'이 진정으로 의미하는 것은 우리가 외부 조건이 요구하는 것에 대한 우리 자신의 적응을 이루어 오는 가운데 어느덧 '우리 자신의 **전부**'라고 생각하게 된 것으로서의 '자아'의 죽음이다. 우리의 **본래적인 존재** 속에는 이러한 자아의 발달로 인해 소외되어 온 모습이, 즉 이러한 자아가 죽어야지만 다시 살아날 수 있는 우리 자신의 또 다른 모습이 존재하고 있는 것이다. 그러므로 이 죽음 본능이 지향하는 죽음이란 '실제의 죽음'이 아니라 '상징적 죽음',43 즉 자신의 존재 전부

---

43 "프로이트는 그 자신이 죽음 본능에 입각해서 마조히즘을 설명하고 있을 때조차도 상징을 믿고 있지 않다는 것을 보여 주고 있다. (…) 프로이트에 따르면, 죽음 본능에서 문제가 되는 죽음이란 '실제의 죽음'이며 이 본능이 지향하고 있는 것도 '물질에로의 회귀'이다. (…) 하지

가 되어 온 자아를 죽이는 '상징적 죽음'이며, 이 상징적 죽음이란 자아로부터 벗어난 전혀 다른 새로운 모습으로 자신을 거듭나게 하기 위한 죽음인 것이다. 들뢰즈가 프로이트의 'Todestrieb'을 죽음 본능의 존재를 말하는 것으로 받아들여 그것을 경험적으로 주어지는 것이 아니라 초경험적이고 선험적인 것이라고 주장할 때, 그가 이 죽음 본능이야말로 다른 모든 본능들을 지배하는 가장 근본적인 본능이 되는 것이라는 프로이트의 주장을 받아들일 때, 그가 실제로 말하고 있는 것은 우리 자신 속에는 우리의 현실적인 모습인 자아로부터 벗어나 전혀 다른 새로운 모습으로 우리 자신을 근본적으로 변형시키려 하는 욕망이 우리가 가진 가장 근본적인 본능으로서 본래부터 내재하고 있다는 것이며, 결코 경험을 통해 얻어지거나 경험에 의해 훼손되는 것이 아닌 이 본능은 그렇기 때문에 우리가 어떤 경험적 삶을 살게 되든 우리가 겪게 되는 이러한 경험과 상관없이 언제까지나 불변적으로 남아 있는 우리의 영원한 본성을 이루고 있다는 것이다.

하지만 우리에게 정말로 이와 같은 '근본적인 자기변형'을 지향하는 본능이라는 것이 있는 것일까? '자아의 죽음'을 지향하는 것이, 우리가 우리 자신의 전부라고 생각해 온 이 자아를 이처럼 과감하게 초극하는 것을 지향하는 것이 과연 본능이 할 수 있는 일일까? 다시 말해 본능이란 자신의 자아를 보존하려 하는 맹목적인 충동이라고

만, 진실을 말하자면, **무의식 속에 있는 모든 것은 상징이다.** 성(性)이나 죽음, 그리고 그 밖의 모든 것이 무의식 속에서는 모두 상징이다. 죽음은 상징적 죽음으로 이해되어야 하며, 물질에로의 회귀 역시 상징적 죽음에로의 회귀로 이해되어야 한다." — Deleuze, "De Sacher-Masoch au masochisme", p. 12. 강조는 원저자.

생각하는 것이 일반적인 통념일진대, 전혀 정제되지 않은 자연 그대로의 한갓 원초적인 충동이라고 생각되어 온 이 본능이라는 것이 과연 이러한 '자기보존'이 아니라 그것과 반대되는 것인 '자기의 근본적인 변형'을 지향할 수 있는 것일까? 우리의 무의식은 정말로 우리의 의식은 알지도 못하고 인정하지도 않는 이러한 '근본적인 자기변형'의 과제를 우리에게 부여하고 있는 것일까? 우리의 무의식은 이 문제와 관련하여 정말로 우리의 의식보다도 더 깊은 지혜를, 결코 환각이 아닌 진실한 통찰력을 가지고 있는 것일까? 정말로 우리 자신의 근본적인 자연성(본성) 자체 속에 이러한 '근본적인 자기변형'을 지향하는 성향이 존재하는 것이라면, 이러한 성향은 왜 우리의 의식 속에서가 아니라 반드시 우리의 무의식 속에서 존재해야 하는 것일까? 다시 말해 이러한 성향은 왜 우리의 의식은 그것을 알지도 못하고 인정하지도 못하도록 무의식 속에 깊게 감춰져 있는 것일까? 마조히즘에 대한 들뢰즈의 해석이 보여 주는 커다란 설득력에도 불구하고, 또한 마조히즘에 대한 들뢰즈의 이러한 해석을 뒷받침해 주는 융의 이론이 무의식에 대해 프로이트의 것과는 전혀 다른 새로운 이해를 가질 수 있게 해 준다는 것을 알 수 있게 됨에도 불구하고, 우리는 저러한 물음들에 대답하기 위해서는 아직 무엇인가가 더 필요하다는 것을 느끼게 된다. 그런데 우리는 본능과 무의식과 관련된 우리의 이러한 의문들이 생명의 문제와 관련되어 풀릴 수 있다는 것을 베르그송의 생명의 철학을 통해서 생각하기 되었다. 무의식에 대한 새로운 이해에 이르게 된 우리의 연구는 이렇게 해서 생명의 문제라는, 보다 더 넓은 지평을 향해 나아가게 된다.

IV. 생명과 무의식

: 베르그송의 '생명의 약동' 이론

1. 프로이트 대 베르그송

'무의식'이라는 개념은 현대 학문이 인간을 이해하기 위해 사용하는 가장 중요한 개념 중의 하나일 것이다. 긴 시간에 걸친 조심스러운 타진 끝에 마침내 대략 19세기 후반 무렵부터 본격적으로 학문세계에 도입되기 시작한 이 개념은 현대 학문을 과거 학문과는 전혀 다른 양상으로 전개되도록 만드는 데 결정적인 역할을 하고 있는 것으로 높이 평가받는다. 인간의 고뇌와 운명은 과거 학문의 순진한 생각이 믿어 온 것과는 전혀 다른 방식으로 이해되어야 함을 이 개념이 깨우쳐 주고 있는 것으로 인정받고 있는 것이다. 하지만 현대 학문이 그것에게 부여하고 있는 이와 같은 커다란 중요성에도 불구하고, 이 개념은, 다른 한편으로는, 그것의 정당성과 관련해 아직까지도 가장 근본적인 문제의 차원에서부터 끊이지 않는 논란의 대상이 되고 있다. 즉 무의식이라는 것이 정말로 **존재하는 것인지**에 대해, 마땅히 이러한 이름으로 불리어야만 될 어떤 것이 정말로 존재하고 있는지에 대해 아직까지도 여전히 심각한 반론이 제기되어 오고 있는 것이다. '무의식'이라는 개념이 인간의 **마음**속에서 일어나는 어떤 **심리적** 사태를 가리키려 하는 개념임을 유의하자. 가령 우리의 **몸**에서 일어나는 많은 **생리적** 과정들이 **무의식적으로** 일어난다는 것은 틀림없는 사실이다. 즉 호흡이나 혈액순환 혹은 대상의 거리에 따른 시신경의 자율적 조절과 같은 많은 생리적 과정들은 우리가 그것들을 의식하지 않아도 자발적으로 일어나는 것들이며, 그런 의미에서 이것들은 '무의식적인 사태'라고 불리어도 아무런 문제가 없는 것들이다. 하지만 '무의식'이라는 개념이 말하려 하는 것은 무의식적으로 일어나는 이와 같은 **생리적** 현상들이 존재한다는 것이 아니다. 이 개념이 말하려 하는 것은 우리의 **마음**속에서 일어나는 **심리적** 사태들 중에서 '무의식적으로 진행되는 것'이 존재하고 있다는 것이다. 현대 학문의 혁신을 가져온 '무의식'이라는 개념은 생리적 차원의 개념이 아니라 심리적 차원의 개념인 것이다. 그런데 '우리의 마음속에서 일어나는 심리적인 사태'이면서도 또한 동시에 '의식이 그것을 알지 못하는 가운데 일어나는 무의식적인 사태'라는 것이 정말로 가능한 것일까? 나의 마음속에서 일어나는 일이면서도 내가 그것을 의식하지 못하는 가운데 일어나는 일이라는 것이 정말로 있을 수 있는 것일까? 나는 그러한 것이 있을 수 있다는 것을 오직 '**내가 그것을 의식할 수 있는 한에서만**' 알 수 있는 것이 아닐까? 그렇다면 내가 의식할 수 없는 어떤 마음의 사태(심리적 사태)가 내 마음속에서 일어나고 있다고 말하는 것은, 그렇게 말하자마자 그것이 '말이 되지 않는 말'(어불성설)이 될 뿐이라는 것을 시인하지 않을 수 없는 '자기모순적인 말(생각)'이 되는 것이 아닐까?

프로이트는 무의식의 존재를 주장하면서 '무의식적 표상'(unbewußte Vorstellung / unconscious representation)이라는 말을 자주 사용한다. 하지만 문제는 이러한 '무의식적 표상'이라는 것이 정말로 가능한 것인가 하는 데 있다. 내가 무엇인가를 표상하고 있는데, '내가 무엇인가를 표상하고 있다'는 이 사실을 내가 **의식하지 못하고 있는** 경우라는 것이 정말로 가능한 것일까? 칸트에 따르면, 어떤 것이 나의 심리적 표상이 될 수 있기 위해서는, 그것을 그러한 나의 심리적 표상으로 **의식하고 있는** '나는 생각한다'(나는 의식한다)라는 초월적 통각 작용이 반드시 그것에 따라붙어야 한다. 그것을 **의식하고 있는** '나는 생각한다'(나는 의식한다)라는 초월적 통각 작용이 그것에 따라붙지 않는 어떤 심리적 표상(나의 심리적 표상), 그런 것은 결코 있을 수 없다는 것이다. 그런데 프로이트의 '무의식적 표상'이란 이처럼 '결코 있을 수 없는 것'인 것 같은 것에 대해서 말하고 있는 것이 아닐까? '무의식' 개념의 반대자들이 보기에, 프로이트의 '무의식적 표상'이란 '결코 있을 수 없는 것'을 '있는 것'이라고 말하고 있는 것이며, 그러므로 무의식에 대한 프로이트의 주장은 실은 처음부터 첫 단추를 잘못 꿰고 있는 것이다.[1] 무의식에 대한 많은 논의들이 설령 현대 학문의 주된 흐름을 이루고 있다 하더라도, '무의식' 개념의 반대자들이 보

---

[1] 이것이 바로 칸트주의적 심리학을 발전시킨 것으로 유명한 분트Wilhelm Wundt가 자기 당대에 발흥하던 '무의식' 개념에 대해 반대했던 이유이다. 이에 대해서는 Christian Kerslake, *Deleuze and the Unconscious*, Continuum, 2007, pp. 57~58을 참고하라.

기에 이 거대한 흐름은 대지로부터 떨어져 있는 허공 위에다 거대한 관념의 성을 짓고 있는 것에 불과하다. 이들이 보기에, '무의식' 개념은 한때는 정당한 것으로 받아들여졌으나 이제는 더 이상 그런 것이 될 수 없다는 것이 판명난 과거의 지나간 개념들과 비슷한 운명을 겪게 될 어떤 것이다. 현자들을 포함한 과거의 많은 사람들이 '귀신'이나 '영혼'에 대해 그것들을 실제로 존재하는 것이라고 여기며 오랫동안 아주 중요한 이야기들을 많이 해 왔지만, 설령 그들의 논리가 아무리 정연하고 그들의 통찰 속에 아무리 중요한 것들이 많이 들어 있다 할지라도, 먼저 귀신이나 영혼이 실제로 존재하는 것이고 난 다음에야 그들의 이 논리정연하고 중요한 통찰을 담은 이야기들은 정말로 귀신이나 영혼에 대한 이야기가 될 수 있을 것이다. 하지만 오늘날 우리는 귀신이나 영혼에 대한 이 많은 이야기들이 실은 정말로 귀신이나 영혼에 대한 이야기인 것이 아니라 인간의 마음의 — 혹은 두뇌의 — 작용에 대한 이야기가 되는 것이라는 것을 잘 알고 있다. 그들이 귀신이나 영혼이 있다고 믿었던 그곳에 실제로 존재하고 있는 것은 귀신이나 영혼이 아니라 우리의 마음이나 두뇌인 것으로 드러나고 있는 것이다. 무의식에 대한 이야기는 과연 귀신이나 영혼에 대한 이야기들이 맞이하게 된 이와 같은 운명을 피할 수 있는 것일까? 무의식에 대한 이야기들이 아무리 논리정연하게 전개되고 중요한 통찰을 많이 담고 있다 하더라도, 그 이야기들이 정말로 **실제로 존재하는** 무의식에 대한 이야기일 수 있는 것일까? 이 이야기들은 모두, 언젠가 그것이 무엇인지가 밝혀질 다른 어떤 것(**실제로 존재하는** 다른 어떤 것)에 대한 이야기였던 것으로 판명나게 되는 것이 아닐까?

프로이트를 '무의식의 발견자'라고 평가하게 되는 이유는 무엇일까? 즉 마치 그가 '무의식'이라는 개념을 처음으로 창안해 낸 사람인 것처럼 생각하게 되는 이유는 무엇일까? 잘 알려져 있듯이 프로이트 이전에 이미 여러 저명한 학자들이 이 개념을 매우 중요한 학술적 의미로 사용해 왔으며, 또한 이 개념을 통해 새롭고 많은 중요한 통찰들을 제시해 왔음에도 말이다. 그 이유는 그가 무의식의 존재 가능성을 회의적으로 바라보는 저와 같은 의혹의 시선과 맞설 수 있는 매우 강력한 — 물론 '강력한'과 '정당한'은 아직 동의어가 아니다 — 논리를 제시하고 있다는 사실과 밀접한 관련이 있는 것으로 보인다. 실로 사람들은 그의 정신분석학에서 무의식이 실제로 존재한다는 것을 옹호하는, 다시 말해 틀림없이 심리적 사태임에도 불구하고 '의식됨'이라는 속성을 결여하고 있는 것이 실제로 존재하고 있다는 것을 옹호하는 매우 세련되고 체계적인 설명과 마주치게 된다. 무의식의 존재를 옹호하는 프로이트의 논리가 가장 선명하게 드러나는 것은 그가 무의식이 어떻게 발생하는지를 설명할 때, 혹은 무의식과 의식 사이에 어떠한 역동적인 상호작용이 벌어지는지를 설명할 때일 것이다. 앞에서 이미 한 번 설명하였듯이, 프로이트에 따르면 무의식이란 의식이 어떤 심리적 표상을 **억압하여** 그것을 의식 자신의 영역 밖으로 내쫓아 내게 될 때 발생하는 것이다. 이러한 억압에 의해 추방당하게 된 이 표상은 결코 의식의 문턱 이편으로 다시 넘어오지 못한다. 설령 그것이 충족되지 못한 자신의 욕망을 채우기 위해 의식의 문을 다시 두드리게 된다 할지라도, 그것은 오직 자신을 억압하는 이 의식의 검열을 피할 수 있는 위장된 모습으로 자신을 감출 수 있을 때에만 의식의 문턱을 넘어올 수 있다. 즉 위장을 통해 변형되지 않은 그것의 진짜 본래의 모습이란 영원히 의식의 시야가 미치지 못하는 무의식의 어둠 속에 숨겨져 있게 되는 것이다. 그러므로 의식화될 수 있는 것, 다시 말해 의식의 대상이 될 수 있는 것은 기껏해야 이러한 위장된 모습일 뿐이고, 억압된 표상의 원래 모습은 영원히 의식의 경계를 넘어오지 못하는 저편에서 **무의식적인 것**으로 남아 있게 된다. 그러므로 무의식이란 의식에 의해 억압되는 이러한 표상, 이러한 표상에 결부되어 있는 충동이나 욕망, 그리고 이러한 충동이나 욕망이 자신을 만족시키기 위해 의식의 검열을 피해 펼쳐 나가는 비밀스러운 활동 등에 의해 구성되는 것이다. 요컨대, 무의식의 존재를 설명하는 프로이트의 논리에서 핵심이 되는 것은 바로 '억압'이라는 사태이다. 무의식은 의식에 의한 **억압**으로 인해 존재한다. 즉 억압이야말로 무의식의 존재를 가능하게 해 주는 **원초적인 사태**인 것이며, 이처럼 억압되는 것의 본래 모습(위장된 모습으로 변형되기 이전의 본래 모습)은 결코 의식의 영역 이편으로 다시 넘어오지 못하기 때문에, 그것은 의식의 영역 밖에 자신만의 또 다른 세계를 만든 채 마음속에 존재하고 있게 되는 것이다.

  프로이트의 이러한 논리는 결코 의식의 영역 속에 포함될 수 없는 무의식이라는 또 다른 심리적 영역이 어떻게 마음속에 존재할 수 있는지에 대해, 또한 이처럼 의식의 바깥지대에 놓여 있는 것이 그럼에도 불구하고 어떻게 그토록 강력한 존재성을 가지고서 마음을 지배하는 커다란 힘으로 작용할 수 있는지에 대해 매우 그럴듯하고 체계적인 설명을 제시해 주고 있는 것으로 보인다. 잘 알려져 있듯이 프로이트는 자신이 이러한 논리로써 확보할 수 있게 된 무의식의 존재로부터, 각종 신경증들과 정신병들 같은 다양한 정신병리적 현상들의 정체를 해명할 수 있는 열쇠를 얻어 내게 된다. 무의식의 존재가 확보되자마자 그간 베일에 싸여 왔던 이 기이한 현상들의 모든 비밀이 하나씩 풀릴 수 있게 되는 것처럼 보였던 것이다. 무의식의 존재가 어떻게 가능한지를 보여 주는 간명하면서도 힘 있는 설명방식, 무의식의 존재를 설명해 주는 이 논리가 어떻게 정신병리적 현상들이라는 오래된 수수께끼를 풀어낼 수 있게 해 주는지를 설명하는 데서 보여 주는 유려하고 섬세한, 그러면서도 또한 체계적이고 질서정연한 사고능력, 그의 이론이 보여 주는 바로 이와 같은 힘이 무의식의 존재를 회의적으로 바라보는 저 의혹의 저항을 물리치게 하는 강력한 힘으로, 그리하여 그의 이론을 무의식에 대한 **정설**의 지위를 차지하도록 만드는 커다란 이유로 작용하고 있는 것일 테다. 물론 라캉이나 클라인 같은 새로운 이름들에 의해 프로이트의 이론은 계속해서 새로운 모습으로 발전되어 온 것이 사실이며, 그리고 이 새로운 발전 중에는 그의 이론에 대한 대대적인 보완이나 수정 작업에 의해 이루어지는 것도 분명히 있을 것이다. 그렇지만 이 새로운 발전들도 무의식에 대한 프로이트의 저 기본적인 생각을 여전히 그들을 지탱해 주는 근본적인 원리가 되는 것으로 받아들이고 있는 것으로 보인다. 즉 무의식이 존재하게 되는 이유가 무엇이며 또한 무의식의 내용을 이루고 있는 것이 무엇인지에 대한 프로이트의 이해는 여전히 이 모든 새로운 발전들을 위한 궁극적인 원천으로 작용하고 있는 것으로 보이는 것이다. 그러므로 이들 '프로이트 이후'의 이론들은 프로이트의 이론을 계승하고 발전시키고 있는 '프로이트의 변형'은 될지언정, 결코 프로이트의 이론과 근본적으로 대립하는 '프로이트의 부정'에까지 이르지는 않는다.

그런데 우리는 바로 베르그송에게서 이러한 '프로이트의 부정'에 해당하는 것을 발견할 수 있다고 생각한다. 저 '프로이트 이후'의 이론들이 무의식에 대한 프로이트의 이해를 받아들이는 것에서부터 출발해 새로운 변주나 아류를 만들어 내는 것에 그치고 있는 것들인 반면, 베르그송은 바로 무의식이 무엇이냐는 이 출발점 자체에 있어서 프로이트와는 전혀 다른 새로운 이해의 길을 열고 있는 것이다. 첫 번째 단추가 어떻게 꿰어지느냐에 따라 나머지 다른 단추들의 운명이 달라지듯이, 무의식에 대한 베르그송의 새로운 이해는 또한 각종 정신병리적 현상들을 이해하는 데 있어서도 프로이트의 정신분석학이 제시하는 것과는 전혀 다른 새로운 이해의 가능성을 잉태한다. 정신병리적 현상들의 정체가 무엇인가 하는 것은 무의식의 정체가 무엇인가 하는 것에 달려 있는 '논리적 귀결'이기 때문이다. 실로 우리는 마조히즘이라는 정신병리적 현상의 정체에 대해 들뢰즈가 프로이트를 벗어나는 새로운 이해를 제시할 수 있었던 것은, 또한 들뢰즈가 이러한 자신의 새로운 이해를 위한 준거점으로 활용하고 있는 '무의식에 대한 융의 (역시 프로이트를 벗어나는) 새로운 이해'가 가능할 수 있었던 것은 모두 베르그송이 놓은 이 초석 덕분이라고 생각한다. 마조히즘에 대한 들뢰즈의 이해란 베르그송이 뿌린 이 가능성의 씨앗이 — 융의 이론의 매개를 거쳐 — 구체적인 모습으로 열매를 맺은 것으로 보아야 할 것이다 즉 마조히즘에 대한 들뢰즈의 반(反)프로이트적인 새로운 이해란 무의식에 대한 베르그송의 새로운 이해가 정신병리적 현상들에 대한 새로운 이해를 위해 잉태하고 있는 가능성을 마조히즘이라는 한 특수한 정신병리적 현상을 이해하는 데 구체적으로 적용해 나간 것이라고 보아야 할 것이다. 요컨대, 무의식에 대한 베르그송의 새로운 이해가 마조히즘을 새롭게 다시 이해할 수 있게 하는 이론적인 기본 틀을 제공해 주고 있는 것이라면, 거꾸로 마조히즘은 무의식에 대한 베르그송의 새로운 이해의 정당성을 뒷받침해 줄 수 있는 실증적 사례가 되어 주고 있는 것일 게다. 그러므로 이제 지금까지 논의되어 온 들뢰즈와 융의 주장들이 어떻게 무의식에 대한 베르그송의 새로운 이해와, 또한 무의식에 대한 이 새로운 이해를 가능하게 해 주는 베르그송의 새로운 생명철학과 연결될 수 있는지를 살펴볼 차례이다.

2. 지속과 무의식

프로이트에게서도 그러했듯이, 베르그송에게서도 무의식이 무엇인가 하는 문제는 무엇보다도 먼저 정명(正名)의 문제인 것으로 보인다. 즉 무의식과 관련해서는, 그것에 대한 어떤 구체적인 주장을 하기에 앞서, 먼저 이러한 구체적인 주장의 대상이 되는 이 무의식이라는 것이 정말로 존재하는지, 또 그러한 것을 '무의식'이라는 이름으로 부르는 것이 정말로 정당한지 하는 것이 가장 먼저 해결되어야 할 문제인 것으로 보이는 것이다. 프로이트 이론이 가지고 있는 설득력은 무의식의 존재를 회의적으로 바라보는 부정적인 시각에 대해 그것이 효과적으로 대응할 수 있는 논리를 가지고 있기 때문에 얻어지는 것이었다. 마찬가지로 무의식에 대한 베르그송의 이해 역시 프로이트의 이론만큼이나 혹은 그 이상으로, 하지만 프로이트의 이론과는 다른 논리나 방식으로써 이러한 대응에 성공할 수 있어야 할 것이다. 그런데 다른 것도 아닌 베르그송 철학의 가장 핵심이라고 할 수 있는 '지속'(持續)durée 이론이 '무의식'이라는 개념을 필수불가결한 것으로 만들고 있는 것으로 보인다. 즉 지속이 실재(實在)하는 것이라면, 무의식이라는 것 또한 도저히 부정할 수 없는 실재가 되는 것으로 보이는 것이다. 베르그송이 자신의 생명철학을 전개해 나가고 있는 『창조적 진화』 1장의 첫머리에는 이러한 지속이 무엇인지에 대해 누구나 쉽게 알아들을 수 있을 것 같은 평이한 언어로 설명이 제시되고 있다. 그러므로 지속에 대한 이곳의 설명으로부터, 지속의 존재가 어떻게 무의식의 존재를 확실한 것으로 성립시켜 주는지를 이해할 수 있는 가장 평이한 설명 또한 얻어 낼 수 있을 것이다. 지속과 무의식 사이에서 우리가 찾을 수 있다고 생각하는 필연적인 함축관계, 그러므로 우리가 지속의 실재성을 보여 줄 수 있다면 무의식의 실재성 또한 분명한 것으로 보여 줄 수 있을 것이며, 또한 지속이 무엇인지에 의해 무의식이 무엇인지에 대해서도 규명할 수 있게 될 것이다.

지속이란 무엇인가? 베르그송은 지속을 우리의 마음속에서 일어나는 모든 일은 **항상 변화하면서 존재한다**는 평범한 사실로부터 발견하게 된다. 확실히 우리의 마음속에서 일어나는 모든 일에 관한

한 '변화한다'와 '존재한다'는 서로 완전히 동의어인 것으로 보인다. 즉 변화하지 않으면서 존재하는 마음의 상태란 결코 있을 수 없는 것으로 보이는 것이다. 그런데 누구나 알고 있을 듯한 이 평범한 사실로부터 대체 무어 그리 대단한 것을 발견할 수 있단 말인가? 여기에 대체 무슨 대단한 비밀이 숨겨져 있을 수 있단 말인가?

베르그송에 따르면 변화를 불가피하게 만드는 근본적인 이유가 무엇인가 하는 것에 실로 매우 놀라운 비밀이 숨어 있다. 가령 어떠한 미동도 없이 제자리에 가만히 정지해 있는 외부 물체를 바라보는 일에 내 마음이 온전히 빠져 있는 경우를 생각해 보자. 즉 다른 모든 것은 까맣게 다 잊은 채 오로지 완전한 정지 속에 있는 이 물체에 대한 지각만으로 내 마음이 온통 가득 차 있게 되는 경우를 말이다. 이런 경우라면 내 마음속에는 어떠한 변화도 없는 무엇인가가 존재하고 있는 것이 되는 것일까? 그런데 베르그송은 이러한 경우에도 "그럼에도 불구하고 내가 **지금** 이 대상에 대해 갖고 있는 지각은 **바로 한 순간 전에** 내가 그것(같은 대상)에 대해 가졌던 지각과 서로 다르다"[2]라고 주장한다. 즉 내가 지각하고 있는 대상이 어떠한 변화도 없이 완전한 정지 상태 속에 있는 것이라고 할지라도 그럼에도 불구하고 이 대상에 대한 나의 지각은 — 따라서 나의 마음의 상태는 — **계속해서 변화하는 것**으로서만 존재할 수 있다는 것이다. 이 두 지각이 베르그송이 말하는 것처럼 서로 다르다는 것은 틀림없는 사실일 것

---

2   Henri Bergson, *Œuvres*, Édition du Centenaire, 1959, p. 496. 이 책은 베르그송 탄생 100주년을 기념하여 그의 주요 저작들을 하나의 책으로 모아 출간한 것이다. 이하에서는 『창조적 진화』를 인용하는 경우 관례대로 EC로 약칭하고 이 책에 따라 인용 쪽수를 밝힌다.

이다. 누구나 자신의 마음을 조금만 반성해 본다면, 설령 그들을 서로 떼어 놓고 있는 시간 간격이 아무리 짧은 것이라 할지라도, 이 두 마음의 상태가 서로 다르다는 것을 체험적으로 확인할 수 있을 것이다. 그런데 이 짧은 순간 사이에서마저도 나의 심리적 상태가 이처럼 반드시 변화하게 되는 것이라면, 이러한 변화가 일어나게 되는 이유는 무엇일까? 내가 지각하고 있는 대상 자체는 어떠한 변화도 없는 완전한 정지 상태 속에 있는 것이므로, 이 대상에 대한 나의 지각이 변화하게 되는 이유는 결코 이 대상 자체에서부터 오는 것이 아니다. 베르그송은 이 대상에 대한 나의 지각이 한시도 쉬지 않고 계속해서 변화하게 되는 이유가 무엇인지에 대해 다음과 같이 말하고 있다. "내 기억이 거기에 있어, 이 기억이 과거의 무엇인가를 현재 속으로 밀어 넣고 있다."[3] 즉 같은 대상에 대한 '한순간 전의 나의 지각A'와 '지금 이 순간의 나의 지각B'가 서로 다르게 되는 것은, 한순간 전의 지각(과거) A 속에는 아직 없었던 '이 한순간 전의 지각(과거) A에 대한 **기억**'이 지금 이 순간의 지각(현재) B 속에는 포함되기 때문이라는 것이다.

실로 현재(현재의 마음 상태, 즉 지금 이 순간의 마음 상태) 속에는 언제나 과거(과거의 마음 상태)가 밀려들어 오고 있다는 이러한 주장은 옳은 것으로 보인다. 가령 지금 이 순간에 내가 듣고 있는 음이 '솔' 음이라고 가정해 보자. 하지만 지금 이 순간에 도달하기 바로 이전에 내가 들었던 음들이 '도-레-미'냐 아니면 '라-파-시'냐에 따라,

---

[3] *EC*, p. 496.

지금 이 순간에 듣고 있는 이 '솔' 음은 다르게 들리게 될 것이다. 지금 이 순간에 듣고 있는 음의 소리가 이처럼 그것에 선행하는 음의 소리가 무엇이냐에 따라 다르게 들리게 도는 것은, 선행하는 이 과거의 음들이 지금 이 순간에 들리는 이 음의 소리를 결정하는 데 개입하기 때문일 것이다. 즉 과거가 현재 속으로 밀려들어 오기 때문일 것이며, 그리하여 현재가 자신 안에 과거를 포함함으로써 형성되는 것이기 때문일 것이다. 또 다른 예를 들어 보자. 누군가 내게 무슨 말을 걸어올 때 내가 지금 이 순간에 들리는 그의 마지막 말을 이해할 수 있는 것은, 이 마지막 말보다 선행했던 이전의 말들을 ─ 즉 이미 지나간 과거가 된 말들을 ─ 기억하고 있기 때문이며, 이 기억의 작용에 의해, 지금 들리는 이 마지막 말 안에 과거에 들었던 말들을 **집어넣어** 듣고 있기 때문이다. 만약 과거를 현재 속에 밀어 넣는 이러한 기억의 작용 없이 내가 오직 지금 이 순간에 듣고 있는 말만 듣고 있는 것이라면, 즉 내가 듣고 있는 것이 과거를 자신 안에 포함하고 있지 않은 현재, 즉 과거로부터 완전히 단절된 지금 이 순간의 말뿐이라면, 나는 지금 이 순간에 내가 듣고 있는 이 말이 무엇을 의미하는지를 결코 이해할 수 없을 것이다. 그러므로 과거와 현재는 마치 공간 속에서 각자 서로 다른 위치를 차지하며 그들의 경계를 맞대고 있는 두 개의 물체처럼 서로에 대해 **외재(外在)**하고 있는 것이 아니다. 과거는 결코 현재 밖에 머물러 있는 것이 아니라 현재 안으로 밀고 들어와 현재와 **불가분적(不可分的)인 하나**를 이루게 되는 것이며, 현재는 자신 안에 이처럼 과거를 보존하고 포함하게 됨으로써만 비로소 현재가 될 수 있게 되는 것이다. 과거를 이처럼 현재 속으로 밀어 넣는 작용, 다시 말해 과거가 현재에 의해 밀려나 사라지도록 하지 않고 현재 속에 보존되어 들어오도록 하는 작용, 베르그송은 이러한 작용을 '기억'이라고 부르고 있는 것이다. 그러므로 우리는 왜 베르그송이 이러한 기억에게서, 마음속에서 일어나는 모든 일이 왜 '**오직 매 순간 끊임없이 변화하는 것**'으로서만 존재할 수 있는지를 설명해 주는 근본적인 이유를 찾게 되는지를 이해할 수 있다. 과거로부터 현재로의 이행은 과거를 현재 속으로 밀어 넣는 기억의 작용에 의해 이루어지며, 그러므로 과거 속에는 없는 새로운 것(과거에 대한 기억)이 현재 속에는 반드시 포함되기 때문에, 현재는 과거와 매 순간 달라지게 되는 것이다. 기억은, 즉 과거로부터 현재로의 이행을 가능하게 하는 그것의 작용은, 마음속에서 이어지는 매번의 새로운 순간을 언제나 그 이전의 순간보다 더 크고 새로운 것으로 부풀어 오르도록 만드는 것이다.4

그러므로 변화의 근본적인 이유가 이처럼 기억에 있는 것이기에, '마음속에서 일어나는 모든 일은 **오직 매 순간 끊임없이 변화하는 것**으로서만 존재한다'는 평범한 사실은 실은 다음과 같은 매우 중요한 비밀을 감추고 — 혹은 오히려 드러내고 — 있는 것이 된다. 즉 현재의 마음 상태 속에는 그것에 앞서 선행했던 과거의 모든 마음 상태들이 항상 보존되어 들어와 있다. 왜냐하면 변화란 과거의 모든 것을 현재 속에 보존하는 기억의 작용에 의해 이루어지는 것이기 때

---

4 "내 마음의 상태는 시간의 길을 따라 앞으로 나아감에 따라, 그것이 계속해서 축적해 가는 지속으로 인해 언제나 더 크게 부풀어 오르게 된다. 그것은 마치 앞으로 나아가면서 끊임없이 점점 더 커져 가는 눈덩이 같다." — *EC*, p. 496.

문이다. 베르그송의 '지속'이란 과거의 모든 것이 항상 현재 속에 보존되어 들어와 있게 되는 이러한 사태를 가리키는 개념이다. 이 '지속'이라는 개념은 '변화가 일어난다'는 평범한 사실을 가리키고 있지만, 또한 '변화가 일어난다'는 이 평범한 사실이 가능하게 되는 것은 '현재 속에 항상 과거를 보존하는' 기억의 작용 덕분이라는 것을, 이러한 기억의 작용이 없이는 변화라는 사태는 불가능할 것이라는 것을 말하고 있는 개념인 것이다. 그러므로 변화는 곧 지속이며, 지속은 곧 기억(기억의 작용)이다. 변화와 지속 그리고 기억, 이 세 가지는 베르그송에게서 똑같은 것이다.5

그런데 우리가 '시간'을 인식하게 되는 것은 바로 '변화'를 통해서일 것이다. 즉 우리가 시간을, **단 한 순간도 도중에 끊어짐이 없는 그 연속적인 흐름**을 인식할 수 있게 되는 것은 바로 '변화의 **지속성**'을 통해서 — 즉 변화가 단 한 순간도 도중에 끊어짐이 없이 계속해서 연속적으로 이어지고 있다는 사실을 통해서 — 일 것이다. 만약 이러한 변화의 지속성이 도중의 어디인가에서 끊어지기라도 한다면, 다시 말해 변화가 그것이 전개되는 도중의 어느 한순간에서 멈추어지기라도 한다면, 그것으로써 시간의 흐름 또한 바로 그곳에서 끊어지게 될 것이고, 그리하여 우리는 더 이상 '시간'이라는 표상을 갖지 못하게 될 것이다. 그러므로 '시간'이라는 표상은, 즉 시간의 **연속적인 흐름**이라는 표상은 오직 변화의 **지속성** 위에서만 가능해지는 것이다.

---

5 "지속은 본질적으로 기억이고 의식이며 자유이다. 지속이 의식이고 자유인 것은 그것이 먼저 기억이기 때문이다. 지속과 기억의 이러한 동일성은…" — Gilles Deleuze, *Le bergsonisme*, PUF, 1966, p. 45.

다시 말해 변화의 지속성을 가능하게 하는 조건이, 즉 변화가 한시도 도중에 끊어짐이 없이 지속적으로 일어나도록 만드는 조건이 곧 시간의 연속적인 흐름을 가능하게 하는 조건이 되는 것이다. 그런데 우리는 이러한 변화의 지속성을 가능하게 하는 조건이 되는 것이 바로 기억이라는 것을 보았다. 그러므로 곧 기억이 의미하는 것, 즉 과거가 현재 속으로 보존되어 들어온다는 것이 바로 시간의 연속적인 흐름을 가능하게 하는 조건이 된다. 이리하여 변화가 일어나는 근본적인 이유를 설명하는 개념인 베르그송의 '지속'은 바로 그럼으로써 또한 시간이 함축하고 있는 비밀이 무엇인지를 밝히는 개념이 된다. 즉 '지속' 개념은 '시간이 흐른다'는 것이 '시간의 매번 새로운 순간은 그것에 선행했던 과거의 모든 순간들을 항상 자신 안에 보존하고 있다'는 것을 의미하는 것임을 밝히고 있는 것이다.

그러므로 마음속에서 일어나는 모든 심리적 사태의 가장 근본적인 특성이 되는 것이 시간의 흐름과 함께 항상 끊임없이 변화해 나간다는 것인 한, 이들 모든 심리적 사태들은 바로 이러한 '지속'의 관점에서부터, 즉 '과거를 현재 속에 보존되어 들어오도록 하는' 기억의 관점에서부터 파악되어야 한다고 베르그송은 주장한다. 공간 속에 존재하는 모든 것들이 그들이 어떠한 것이든 상관없이 모두 이러한 공간을 지배하는 기하학적 규칙을 그들 모두에게 보편적으로 적용되는 가장 근본적인 규칙으로 받아들이게 되는 것과 마찬가지로, 시간 속에서 존재하는 것인 모든 심리적 사태들은 바로 시간의 근본적인 속성인 이러한 '지속'을 그것들 모두를 보편적으로 규정하는 가장 근본적인 원리로 받아들이게 된다는 것이다. 그러므로 베르그송에게 있어서는 무의식이라는 심리적 사태 역시, 즉 무의식이 무엇이며 그것이 어떻게 존재하는가 하는 문제 역시 바로 이러한 **시간**의 관점으로부터, 즉 '과거를 현재 속에 보존되어 들어오도록 하는' **지속**의 관점으로부터 이해되어야 하는 것이 되는 것이다.

『창조적 진화』보다 몇 해 앞서 쓰인 『물질과 기억』에서 베르그송은 『창조적 진화』에서 전개되는 이러한 '지속' 이론의 선구적 형태라고 할 수 있는 '자발적 기억' mémoire spontanée[6] 이론을 전개하고 있다. 이 '자발적 기억' 이론을 통해 베르그송은 우리가 과거로부터 경험해 온 모든 것이 하나도 빠짐없이 그 전부 그대로 현재의 순간 속으로 계속 보존되어 들어오고 있다는 것을 논증하려 한다. 그런데 이 『물질과 기억』에서 베르그송은 또한 우리가 그럼에도 불구하고 이러한 자발적 기억의 작용을 평소에는 의식하지 못하게 되는 이유가 무엇인지를, 즉 과거의 모든 것이 현재의 순간 속으로 모두 들어오고 있음에도 불구하고 우리가 평소에는 이 사실을 모르고 있게 되는 이유가 무엇인지를 설명하려 한다. 그 이유란 우리의 심리적 삶이라는 것이 그것의 '내적 환경'을 이루고 있는 이러한 자발적 기억

---

[6] 베르그송이 말하는 '자발적 기억' mémoire spontanée(영어로는 spontaneous memory)이란 굳이 일부러 기억하려 하지 않아도, 즉 무엇인가를 기억하기 위한 의식적(또는 의지적) 노력을 굳이 기울이지 않아도, 과거에 경험한 모든 사건들이 **항상 저절로(즉, 자연발생적으로)** 기억되는 사태를 — 혹은 그러한 사태를 가능하게 하는 능력을 — 가리키는 말이다. 즉 이 '자발적 기억'이란 과거의 모든 것이 결코 사라지지 않고 현재 속으로 그대로 보존되어 들어오는 '지속'의 사태를 가리키기 위한 또 다른 말인 것이다. 현재의 한글 번역본(『물질과 기억』, 박종원 옮김, 아카넷, 2005)에서는 이러한 의미를 가진 이 'mémoire spontanée'라는 말을 '우발적 기억'이라는 말로 옮기고 있다. 하지만 '우발적'이라는 말은 이 mémoire spontanée처럼 자연발생적이고 항시적으로 일어나는 일을 가리키는 데 쓰이는 말이기보다는, 말 그대로 간헐적이고 우발적으로 일어나는 일을 가리키는 데 쓰이는 말이다. '우발적 기억'이라는 번역어는 결코 적합하지 않다.

에 의해서뿐만이 아니라 또한 우리의 밖에 있는 '외적 환경'에 대한 우리의 적응에 의해서도 좌우되는 것이라는 데서 찾아진다. 외적 환경에 적응하면서 살아간다는 것은 외부 대상들이 우리에게 보내오는 자극들에 적절한 방식으로 대응하면서 살아간다는 것이다. 실로 이러한 대응에 실패하게 된다면 우리의 기본적인 생존 자체가 불가능할 것이기에, 우리의 심리적 삶의 일차적인 주된 관심은 바로 외적 환경에 대한 이러한 적절한 대응을 하는 데에 쏠려 있게 되는 것이다. 베르그송에 따르면 바로 이러한 사정이 우리의 **의식**을 외적 환경에 대한 우리의 대응에 자신의 주된 관심을 쏟고 있는 것이 되도록 만든다. 즉 의식이란 외부 환경에 대한 우리의 적응에 관심을 집중하고 있는 마음의 작용(적응지향적·실용주의지향적 작용)이라는 것이며, 그러므로 의식의 주된 존재방식(혹은 작용방식)은 이러한 적응의 기능을 적절히 수행하는 데 맞춰져 있게 된다는 것이다.7 그런데 자발적 기억을 통해 현재 속으로 보존되어 들어오고 있는 과거의 모든 **개별 기억들**souvenirs8 중에서 극히 소수의 것들을 제외한 거의 대

---

7 『물질과 기억』에서 베르그송은 우리의 의식의 이와 같은 존재방식(작용방식)의 특징을 표현하기 위해서 '삶에의 집중'attention à la vie이라는 말을 사용하고 있다. — *MM*, p. 312 참고(『물질과 기억』*Matière et Mémoire*은 관례대로 '*MM*'으로 약칭한다. 인용 쪽수는 위에서 말한 대로 100주년 기념판을 따른다). 물론 여기에서 말하는 삶이란 외부 환경에 대한 성공적인 적응에 초점을 맞추고 있는 삶, 즉 이러한 성공적 적응을 위해 유용한 기여를 할 수 있는 행동을 실천하는 데 초점을 맞추고 있는 삶인 실천적·실용주의지향적 삶을 말하는 것이다. 이와 반대로 이러한 실천적·실용주의지향적 삶에 집중하게 되는 생명체로서의 일반적이고 자연적인 성향에서 벗어나, 오히려 이러한 성향 자체를 돌이켜 반성해 보려 하는 명상적·관조적 삶도 가능할 것이다. 그리고 자신의 일반적이고 자연스러운 관심 방향을 이처럼 돌이켜 오히려 자기 자신을 반성하게 되는 데로 향하게 되는 이와 같은 '삶에의 집중'이야말로 어쩌면 더 진정한 의미에서의 '삶에의 집중'일 수도 있다.

8 '자발적 기억'이라고 할 때의 '기억'은 'mémoire'라는 말로 표현되는 반면, 이 '개별 기억'은 'sou-

부분의 것들은, 외적 환경 속에서의 '나의 생존'을 가능하게 해 주는 이러한 적절한 대응을 하게 하는 데 **도움이 되지 않는 것들**이다. 그러므로 대부분의 과거의 개별 기억들은 배제된 채 오로지 이러한 적절한 대응에 도움을 줄 수 있는 소수의 **유용한** 개별 기억들만이 이처럼 적응의 문제에 몰두해 있는 **의식**의 문턱을 넘어올 수 있게 된다. 나머지 대부분의 **무용한** 개별 기억들은 의식에 의해 적극적으로 배척되어 어두운 저편 속으로 망각되어 있게 되는 것이다. 우리가 우리

---

venir'라는 다른 말로 표현되고 있음에 유념해 주길 바란다(베르그송 자신이 구분해서 사용하는 이 두 단어를 영어 번역본은 각각 'memory'와 'recollection'으로 옮기고 있다). 위에서 말했듯이, 베르그송은 과거의 경험(사건)들이 현재에까지 보존되는 **사태를** — 혹은 이러한 사태를 가능하게 하는 **능력을** — 'mémoire'라고 부르고 있는 반면, 이러한 자발적 기억에 의해 현재에 이르기까지 모두 남김없이 보존되어 오고 있는 수많은 **과거의 개별 경험들(개별 기억들) 하나하나**를 'souvenir'라고 부르고 있다. 다시 말해 '자발적 기억'mémoire이라는 사태(혹은 능력)에 의해 보존되어 오는 **과거의 개별 경험들 각각**이 '개별 기억'souvenir인 것이다. (원래 'mémoire'와 'souvenir'라는 두 말은 이미 불어 자체에서 일상적인 사용법에서는 서로 구분 없이 쓰이는 때가 많다. 그렇기 때문에 베르그송 스스로가 자신이 세운 이러한 구분법을 엄밀히 지키지 않은 채 자연스럽게 이 두 말을 서로 교환해서 사용하는 경우도 있다. 하지만 논의의 맥락만 제대로 이해한다면 이러한 혼용은 결코 심각한 혼란을 일으키지 않는다.) 우리말로 mémoire와 souvenir 사이의 이러한 차이가 잘 전달될 수 있도록 이 두 말에 대해 각각 서로 다른 번역어를 정해 준다는 것은 무척 어려운 일이다 — 일반적인 경우라면, 이 두 말은 둘 다 '기억'으로 번역될 수 있는 것이다. 가령 베르그송은 "souvenir(개별 기억)는 어디에서 보존되는가?"라는 중요한 문제를 제기하고 있는데, 이 문장이 나오는 들뢰즈의 『베르그송주의』Le bergsonisme를 우리말로 옮긴 번역자는 이 souvenir를 '회상'으로 옮겨, 이 문장을 '회상은 어디에서 보존되는가?'라고 옮기고 있다(영어 번역본 역시 이 문장을 'where are recollections preserved?'라고 옮기고 있다). 하지만 이는 심각한 오해를 부를 수 있는 잘못된 번역이다 — 이렇게 옮겨 놓게 되면, 이 문제의 본뜻은 전혀 전달될 수 없게 되는 것이다. souvenir는 절대로 회상(recall, recollection)이 아니다(그러므로 이 souvenir를 'recollection'으로 번역하고 있는 영어 번역도 이미 어떤 오해를 하고 있는 번역이거나, 아니면 적어도 읽는 이로 하여금 오해를 할 수밖에 없게 되도록 만드는 번역이다). 회상(回想)은 과거의 어떤 경험을 다시 현재에 나타나도록 불러내는(recall, recollect) 작용이지만, 자발적 기억 속에 보존되는 souvenir는 **이러한 회상(작용)이 있기 이전부터**, 또한 **이러한 회상(작용)이 있든 없든 상관없이, 이미** 있는 것이기 때문이다. 실로 회상은, 이러한 자발적 기억과 그것 속에 보존되고 있는 souvenir가 **먼저** 있어야지만, 이를 기반으로 해서 이루어질 수 있는 작용인 것이다. 그리하여 우리는 요령부득의 궁여지책일 뿐이지만 mémoire를 '기억'으로, 그리고 souvenir를 '개별 기억'으로 옮기기로 한다.

의 심리적 삶의 근본적인 바탕인 자발적 기억의 작용을 **의식하지 못하고 있는** 것은, 즉 우리가 겪은 과거의 모든 경험들이 하나도 망실됨 없이 모두 우리의 지금 현재 속에 그대로 보존되어 들어와 있다는 사실을 우리의 **의식이 모르고 있는 것**은, 우리의 **의식**이 자신의 관심을 외적 환경에 대한 우리의 적응에 집중하고 있는 것이기 때문이다.

의식에 의해 배척당하는 이러한 망각된 개별 기억들, 베르그송은 이것들을 **무의식**이라 부른다. 즉 지속(자발적 기억)은 틀림없이 과거의 모든 개별 기억들을 하나도 빠짐없이 고스란히 모두 현재에까지 보존되어 오게 하고 있지만, 의식의 적극적인 배척작용에 의해 그 대부분의 것들이 무의식적인 것으로, 즉 의식의 상태로 활성화되지 못하는 순수 잠재적인 것으로 남아 있을 수밖에 없게 된다는 것이다. 그러므로 베르그송에게 무의식이란 지속에 의해 야기되는 필연적인 사태이다. 무의식이란, 지속에 의해 보존되어 오고 있는 과거의 모든 개별 기억들이 그들 중에서 오직 유용한 것만을 골라내는 의식의 여과작용에 부딪혀, 그 대부분의 것들이 활성화되지 못한 채 억제되고 있기 때문에, 그러나 이러한 억제에도 불구하고 사라지지 않고 지금 현재에까지 여전히 계속해서 보존되어 오고 있기 때문에 발생하는 것이다.

의식과 무의식의 관계에 대한 베르그송의 생각을 설명하기 위해 위에서 사용된 '배척'이나 '억제'와 같은 말들은 아마도 무의식의 발생 원인을 '의식에 의한 **억압**'에서 찾는 프로이트와의 유사성을 떠올리게 할 수도 있을 것이다. 하지만 이러한 유사성은 곧 그것을 무색하게 할 거대한 차이를 지척에 두고 있는 피상적인 인상에 불과할 뿐이다. 실로 무의식을 가능하게 하는 조건으로서의 지속은 의식과 무의식의 관계에 대한 프로이트의 이해로서는 상상 불가능한 차원으로 무의식의 범위를 확장시키는 것이며 도한 무의식의 본성마저도 전혀 다른 것으로 바꿔 놓는 것이기 때문이다. 먼저 범위의 확장 문제부터 살펴보자. 『물질과 기억』의 '자발적 기억' 이론에서는 지속은 아직 **심리적 차원**의 성격을 넘어서지 않은 사태이다. 즉 이 '자발적 기억' 이론이 현재 속에 보존되어 들어오고 있는 것으로 이야기하고 있는 과거란 그것이 아무리 오래전의 것이라 할지라도 '나의 **심리적 체험**'으로서의 과거, 즉 나의 주관이 언젠가 실제로 체험한 적이 있는 것으로서의 과거이다. 하지만 『물질과 기억』을 넘어 『창조적 진화』로 나아가게 되면, 지속은 이제 심리적 차원의 것임을 넘어 **우주적·존재론적 차원**의 사태로 확대된다. 『창조적 진화』에 이르게 되면, 시간의 연속적인 흐름이 가능하게 되는 것이 '과거를 현재 속으로 보존되어 들어오게 하는' 기억(자발적 기억)의 작용 덕분이라는 사실이 밝혀지게 되고, 이로써 시간 자체의 본성이 지속이며 기억이라는 사실이, 다시 말해 시간과 지속과 기억이 서로 똑같은 것이라는 사실이 밝혀지게 되는 것이다. 시간 자체의 본성이 지속이며 그리하여 곧 기억이라는 이 사실은, 현재 속에 보존되어 들어오는 과거의 범위와 관련하여 매우 중대한 의미를 갖는다. 시간이란 내 마음속에 있는 것이 아니라 오히려 내 마음이 시간 속에 있는 것이기 때문, 다시 말해 시간의 연속적인 흐름이란 나 개인의 주관적 마음속에서만 일어나는 사태가 아니라 나의 주관 밖에서도 일어나는 사태이며 나의 주관이 아직 존재하기 훨씬 이전부터 존재해 온 객관적인 사태이기 때문이다. 따라서 이제 지속은 단순히 나 개인의 주관적인 마음속에서 일어나는 심리적 차원의 기억으로 그치게 되는 것이 아니라 나 개인의 주관을 넘어 광대한 객관적인 우주 자체에 속하는 '우주적 기억'의 차원으로 확장된다. 즉 우주의 탄생이 있다면 그때부터 시작된 시간의 흐름은 내가 지금 경험하는 현재에 이르기까지 단 한 번도 도중에 끊어짐 없이 계속해서 연속적으로 이어져 왔을 것이므로, 따라서 이 사실은 곧 과거를 현재 속으로 보존되어 들어오게 하는 기억이, 즉 우주의 탄생 이래로 지금 현재에 이르기까지 시간의 흐름을 단 한 번도 도중에 끊어짐 없이 연속적으로 이어져 오도록 만든 이 기억이, 내가 지금 경험하는 현재 속에 실은 그것에 앞서 선행했던 **우주의 모든 과거**를 다 들어오게 하고 있다는 것을 의미하는 것이 되는 것이다. 즉 나의 현재 속에 보존되어 들어오게 되는 과거는 결코 내가 태어나서 실제로 경험했던 과거에 국한되는 것이 아니라, 내가 존재하기 훨씬 이전부터 줄곧 연속적으로 이어져 왔던 우주의 모든 과거를 포함하게 되는 것이다. 그러므로 『물질과 기억』을 넘어 『창조적 진화』로 나아가게 될 때, 실은 전자의 단계에서는 아직 예기치 못하고 있던 매우 중대한 도약이 일어나고 있다. 전자의 단계에서는 '나의 무의식 속에 있는 모든 것들은 먼저 나의 의식 속에 있었던 것들이다'는 명제가 성립할 수 있게 되며, 이 점에서 베르그송의 이론은 아직 프로이트의 이론과 다를 바가 없다. 하지만 후자의 단계로 발전하게 되면, 나의 무의식 속에는, 나의 의식 속에 먼저 있었던 것들이 아닌 다른 많은 것들도 있을 수 있게 되며, 그러므로 이제 더 이상, 프로이트에게 있어서 그러했던 것처럼, 무의식의 발생 원인을 '**의식**에 의한 억압'에서 찾을 수 없게 된다. 왜냐하면 나의 무의식 속에는, 나의 의식이 한 번도 만난 적이 없는 내용물들도, 즉 나의 의식이 불미스러운 것으로 여겨 억압하게 되는 것들 이외의 다른 수많은 내용물들도 들어 있을 수 있기 때문이며, 무의식 속에 들어 있는 이러한 내용물들의 존재를 설명해 주는 것은 '의식에 의한 억압'이 아니라 지속이기 때문이다. 즉 지속이야말로 무의식의 내용물들을 만들어 내는 근원적인 사태이게 되며, 의식에 의한 억압이란 이러한 지속이 먼저 주는 것들의 바탕 위에서 그중 일부를 걸러내는 이차적인 '여과작용'의 역할만을 하는 것이 되는 것이다.

하지만 무의식의 범위가 이렇게 확장된다는 것보다 더 중요한 것은 이러한 범위의 확장과 더불어 무의식의 본성과 관련해 어떤 근본적인 이해의 변화가 일어난다는 것이다. 「창조적 진화」는 무의식의 본성과 관련해 『물질과 기억』에서는 아직 불가능했던 새로운 이해를 발견하고 있는 것이며, 만약 이러한 획기적인 발견이 이루어지지 않았더라면 우리가 무의식에 대한 베르그송의 이해에서 찾을 수 있다고 생각하는 저 '프로이트의 부정'이라고 하는 것도 결코 성립할 수 없었을 것이다. 『물질과 기억』에서의 무의식은 의식이 그것을 불러 일깨워 내기 이전의 **그 자체로 있는 상태에서는** 아무런 능동적인 활동성을 지니지 못하는 수동적인 존재로 남아 있는 것이다. 무의식을 이루고 있는 과거의 개별 기억들은 오직 의식이 그것들을 유용한 것으로 선택하는 한에서만 우리의 현재 존재에 어떤 영향을 미칠 수 있도록 활동성을 부여받게 되는 것이지, 그 자체로 있는 상태에서는 어떠한 자발적인 내적 활동성도 결여하고 있게 되는 것이다.[9] 하지만 『창조적 진화』는 자발적 기억과 동일한 것인 지속을 또한 **생명**과도 완전히 같은 것으로 동일화시킨다(기억=지속=생명).[10] 즉 『창조적 진화』에 따르면 생명이란 바로 지속의 방식에 따라, 다시 말해 지속의 본질적 속성인 **기억**의 방식에 따라, 자기를 전개해 나가는 것이 되는 것이다.[11] 그런데 지속(혹은 기억)이란 매 순간의 새로운 현재 속에 언제나 과거 전체가 보존되어 들어오게 함으로써 언제나 새로운 변화를 창조해 나가는 과정이기 때문에, 이러한 지속과 동일한 것인 생명의 자기 전개 과정 역시 언제나 새로운 변화를 끊임없이 계속해서 창조해 나가는 과정이 된다. 즉 지속과 동일한 것인 생명은 **그 본질상** 항상 새로운 변화를 추구하는 것이, 즉 항상 끊임없는 자기변형을 추구하는 것이 되는 것이다. 베르그송의 '생명의 약동'élan vital 개념이란 생명의 본질이 언제나 이와 같이 '끊임없는 자기변형'을 추구하는 데 있다는 것을 말하려 하는 개념이다. (그러므로 이 개념에 따르면 자기**보존**을 추구하는, 즉 끊임없는 자기변형이 아니라 오히려 이미 주어져 있는 현실적인 모습의 계속적인 유지와 재생산을 추구하는 개별 생명**체**들의 관성적인 성향이란 이러한 생명의 본질이 자기 스스로를 망각하고 있는 것, 즉 생명이 자기 스스로를 배반하는 퇴행

9　"그 자체로서는 무력하기만impuissant 한 그것은, 그것을 현실화시켜 주는 현재의 감각에 힘입어서만 생동성과 힘을 가질 수 있게 된다." ― *MM*, p. 272.

10　"『창조적 진화』에서는 생명이 기억mémoire과 같은 것이 되고 있다." ― Deleuze, *Le bergsonisme*(베르그송주의), p. 76.; "지속은, 또한 생명은 원리적으로 볼 때 기억이다." ― 같은 책, p. 111.

11　"생명이 (…) 기억의 방식으로 작동한다는 것을 어떻게 보지 못하겠는가?" ― *EC*, p. 637.

적인 모습으로 전락해 있는 것이다.[12] 그런데 생명의 본질이 이처럼 끊임없는 자기변형을 추구하는 것이라면, 생명은 이러한 변화를 추구하기 위한 어떤 **자발적인 내적 활동성**을 본원적으로 자신 안에 가지고 있는 것이 되어야 할 것이다. 그러므로 『창조적 진화』는 이와 같은 어떤 자발적인 내적 활동성을 생명이 가진 본원적인 특성으로 인정한다. 『창조적 진화』는 생명의 자기 전개 과정인 생명체의 진화 과정은 생명이 본원적으로 가진 이와 같은 자발적인 내적 활동성에 의해 이루어지는 것이라고 주장하는 것이다. 생명이 가진 이와 같은 자발적인 내적 활동성이 언제나 새로운 변화의 창조를 추구하는 것이기 때문에, 생명체의 진화의 과정은 언제나 이전과는 다른 새로운 형태의 생명체들이 계속해서 끊임없이 창조되어 나오는 과정이 될 수 있게 된다.[13] 그런데 『창조적 진화』에 따르면 생명의 자기 전개 과정인 생명체의 진화의 과정은 생명이 서로 다른 여러 갈래의 길로 자기 스스로를 분화(分化)시켜 나감으로써 이루어진다. 우리 인간이

---

12 생명과 생명체(개별 생명체)가 구분되는 것임을 유념해야 한다. 개별 생명체는 생명 자체가 아니라 그것의 부분적인 표현일 뿐이다. 생명 자체는 개별 생명체들을 통해 자신을 표현하는 것이면서도, 다른 한편으로는 상대적인 자율성을 지닌 이들 개별 생명체들의 저항으로 인해 자신의 본질의 왜곡을 경험할 수 있는 것이기도 하다.

13 베르그송은 생명체의 진화 과정을 이처럼 생명이 본원적으로 가진 어떤 자발적인 내적 활동성에 의해 이루어지는 것으로 설명해야지만 생명체의 진화 과정이 **왜** 언제나 이전과는 다른 새로운 형태의 생명체들이 계속해서 끊임없이 창조되어 나오는 과정이 될 수 있는지를 설명할 수 있다고 생각한다. 그러므로 베르그송은 생명체의 진화에 대한 다윈과 신다윈주의의 이론을 결코 받아들이려 하지 않는다. 다윈의 자연선택설은 생명에게 본원적으로 이와 같은 자발적인 내적 활동성이 있다는 것을 **적극적으로** 부인하는 이론이기 때문이다. 우리는 잠시 뒤에 본능의 문제와 관련하여 베르그송이 다윈의 진화론에 입각한 설명을 어떻게 비판하는지를 살펴보게 될 것이다. 이를 통해 우리는 다윈의 진화론에 대한 베르그송의 거부의 이유가 무엇인지를 알게 될 것이다.

란 여러 갈래로 갈라져 나온 이들 서로 다른 진화의 길들 중 어느 하나의 길이 오랫동안 전개되어 나간 위에서 존재하고 있는 생명체인 것이다. 그런데 생명의 자기 전개 과정은 지속의 방식에 따라, 즉 과거의 모든 것을 하나도 빠짐없이 현재에까지 보존하여 들어오게 하는 기억의 방식에 따라 이루어지는 것이므로, 생명의 자기 전개 과정이 지나쳐 온 과거의 모든 과정은 우리 인간의 현재 존재 속에 모두 그대로 보존되어 들어와 있게 된다. 즉 생명의 자기 분화를 통해 갈라져 나온 여러 갈래의 길들 중 어느 하나의 길이 길게 전개되어 나간 위에서 존재하고 있는 우리 인간의 존재 속에, 그럼에도 불구하고 생명이 이러한 분화 이전부터 겪어 온 모든 과정이, 즉 우리 인간이 존재하기 이전부터 이루어져 온 생명의 모든 자기 전개 과정이 하나도 빠짐없이 모두 고스란히 보존되어 들어와 있게 되는 것이다. 하지만 우리 인간은 우리의 존재 속에 하나도 빠짐없이 모두 고스란히 보존되어 들어와 있는 이 모든 것들 중에서 오직 외부 환경에 대한 우리의 적응에 유용한 것들만을 우리의 의식 속에서 활성화시키고 있다. 우리의 존재 속에 하나도 빠짐없이 모두 보존되어 들어와 있지만 우리의 의식에 의해서 배척당하고 있는 나머지 모든 것들, 그것들은 이렇게 해서 우리의 **무의식**으로 존재하게 되는 것이다. 하지만 앞에서부터 이야기되어 온 것으로부터 알 수 있듯이 이러한 우리의 무의식이란 바로 생명 자체, 즉 자신으로부터 분화되어 나온 하나의 부분적인 표현인 우리 인간의 의식에 의해서 배척당하고 있는 생명 자체이다. 그러므로 우리의 무의식은 생명이 가진 본원적인 특성인 어떤 자발적인 내적 활동성을 자신의 본질적인 속성으로 가지고 있다. 우리의 무의식은 의식이 그것을 불러 일깨우지 않아도 이미 그 자체에 있어서 이러한 자발적인 내적 활동성을 가지고 있는 것이다. 이것이 바로 무의식의 본성을 이해하는 데 있어서 『창조적 진화』가 『물질과 기억』을 넘어서서 보여 주는 결정적인 차이이다. 『창조적 진화』의 무의식은 의식의 힘을 빌리지 않더라도 스스로 활동하고 있는 무의식이며, 의식이 그것을 외면하고 부르러 가지 않더라도 자신이 먼저 의식에게 말을 걸어올 수 있는 무의식이다. 그것은 자신에게 고유한 어떤 자발적인 내적 활동성을 가지고 있는 **생동하는 무의식, 살아 있는** 무의식인 것이다. 이러한 생동하는 무의식이 우리에게 걸어오는 말, 그것은 생명 자신이 자기 자신의 모습을 우리에게 말해 주는 것이 될 수 있을 것이다. 우리의 무의식은 우리의 의식에 의해 외면받고 있는 생명 자체이기에, 그것은 우리에게 우리의 의식은 알고 있지 못하고 있는 생명의 더 깊은 비밀에 대해 말해 오고 있는 것일 수 있는 것이다.

3. 생동하는 무의식: 본능의 신비

『창조적 진화』는 의식을 나의 심리적 삶 전체 중에서 외부 환경에 대한 '나의 적응'을 가능하게 해 주는 데 관심을 쏟고 있는 부분으로 정의하는 데 있어서, 또한 무의식을 이러한 의식이 자신의 효율적인 작용을 위해 적극적으로 억압하고 있는 것으로 설명하는 데 있어서, 『물질과 기억』의 논리를 그대로 따르고 있다. 하지만 『창조적 진화』는 인간의 존재를 그것을 낳는 모태인 생명(인간을 비롯한 모든 생명체들을 자신의 부분적인 표현들로 삼으며, 바로 이러한 부분적인 표현들을 통해서 자신을 전개해 나가는 것인, 개별 생명체들보다 더 근본적인 실재인 생명)에 대한 이해로부터 고찰하려 하며, 생명체 진화의 전체 역사를 조감하는 것에 의해서 이러한 생명에 대한 이해를 얻으려 한다. 이처럼 보다 근본적이고 거시적인 차원의 관점으로 상승해 간 『창조적 진화』의 시선은 『물질과 기억』에서는 아직 찾아볼 수 없는 방식으로 인간의 의식을 새롭게 설명하도록 하며, 이로 인해 이 의식이 무의식을 억압하게 되는 진짜 이유가 무엇인지에 대해서도, 또한 이렇게 억압되는 이 무의식의 진짜 정체가 무엇인지에 대해서도 『물질과 기억』에서와는 전혀 다른 훨씬 더 깊이 있는 새로운 통찰을 가져오게 된다. 더 나아가, 무의식의 정체에 대한 이러한 새로운 통찰은 각종 정신병리적 현상들에 대해서도, 즉 무의식이 의식의 억압을 뚫고 다시 전면에 나서려 하는 데서 발생하는 것으로 이해될 수 있는 이들 정신병리적 현상들에 대해서도 프로이트가 제시하는 것과는 전혀 다른 새로운 이해를 할 수 있게 만든다. 서로 긴밀히 연관되어 있는 이 문제들을 이제 하나씩 살펴보도록 하자.

　『창조적 진화』에 따르면 생명은 원래 **본원적인 하나**를 이루고 있는 것이었지만, 자신의 외부에 있는 물질이라는 조건에 적응하기 위해, 혹은 이 물질로부터 오는 저항을 극복하여 그 속에서 자신의 활로를 열어 가기 위해, 자기 스스로를 서로 다른 여러 갈래의 진화의 길로 분화시킴으로써 자신을 전개해 가게 되었다. 자기 자신을 이처럼 여러 갈래의 길로 내적으로 분화시켜 전개해 나가는 것이 생명이 물질의 저항에 맞서 자신의 활로를 열어 갈 수 있는 보다 효과적인 방법이었기 때문이다.[14] 이러한 분화가 목표로 하는 것은, 이러한 분화를 통해 갈라져 나온 길 저마다가 이러한 분화가 없었으면 불가능했을 정도의 높은 수준으로 각자 발전하 가게 되는 것이다. 그런데 서로 다른 여러 갈래로 갈라져 나온 이 진화의 길들이란 원래 생명의 **본원적인 하나됨** 속에서 '**서로 불가분(不可分)적인 하나를 이루도록 섞여 있던 것**'이라는 사실이 중요하다. 이러한 갈라짐(분화)의 이유가 이처럼 서로 갈라져 나온 길 각자의 수준 높은 발전을 추구하기 위

---

[14] 가령 베르그송은 원래 하나이던 생명이 식물과 동물이라는 서로 크게 다른 두 개의 진화의 길로 분화되어 나간 이유를 다음과 같이 설명하고 있다. 식물과 동물이 그들의 공통의 근원인 생명으로부터 서로 다른 진화의 길로 분화되어 나온 이후, 식물의 진화는, 도중에 온갖 우여곡절의 과정을 밟으면서도, 더욱더 많은 에너지를 효과적으로 비축할 수 있게 되는 **방향을 지향하여** 이루어져 오게 되었고, 반면에 동물의 진화는, 역시 도중에 온갖 우여곡절을 겪으면서도, 식물이 비축하는 이러한 에너지를 더욱더 효과적으로 자유롭게 사용할 수 있게 되는 **방향을 지향하여** 이루어져 오게 되었다. 이러한 사실은 식물과 동물로 갈라져 나온 이 두 진화의 길 사이에 실은 어떤 **공통된 하나의 목적**을 달성하기 위한 **놀라운 협업(업무분담)과 환상적인 조화의 관계**가 이루어지고 있다는 것을 말해 주고 있는 것이며 그러므로 이러한 분화의 모태인 생명이라는 공통의 근원이 이러한 분화에도 불구하고, 혹은 바로 이러한 분화를 통해, 여전히 자신의 **본원적인 하나됨**을 지켜 나가고 있다는 것을, 즉 자신이 본원적인 하나로서 좇고 있던 본래의 목적을 여전히 이러한 분화를 통해 좇고 있다는 것을 말해 주는 것이다. 덧붙여 말하자면, 베르그송은 생명체의 진화가 이처럼 **어떤 뚜렷한 방향성을 보이며** ― 즉 **어떤 특정한 방향(목적)을 뚜렷이 지향하며** ― 진행되어 왔다는 사실을, 생명체의 진화 과정이라는 것이 생명이 자신의 자발적인 내적 활동성을 통해 생명 자신의 뜻을 실현해 나가는 과정이라는 것을 입증해 주는 결정적인 증거로 받아들인다. 만약 생명체의 진화가 자신의 뜻을 실현해 가기 위한 생명의 자발적인 내적 활동성에 의해 이루어져 온 것이 아니라면, 생명체의 진화는 아무런 방향성도 없는 물질의 맹목적인 작용에 의해 좌우되어 왔을 것이고, 따라서 생명체의 진화가 식물과 동물 사이에서 성립하는 저와 같은 협업관계에서 볼 수 있는 것과 같은 어떤 특정한 방향성을 일관되게 좇으며 진행되어 왔다는 것은 불가능했을 것이다. 반면, 생명체의 진화가 이러한 내적 활동성의 작용에 의해 이루어져 온 것이라면, 생명체의 진화는, 설령 물질의 맹목적인 작용으로 인해 그것의 진로를 가로막는 어떤 방해나 우여곡절들을 도중에 겪게 되었다 할지라도, 이러한 저항에 맞서 생명의 뜻을 실현하려 하는 이러한 내적 활동성의 작용으로 인해 어떤 뚜렷한 방향성을 보여 주며 진행되어 오게 되었을 것이다. 생명체의 진화에 대한 베르그송의 이와 같은 설명에 대해서는 EC, pp. 585~602(황수영의 한글본은 169~197쪽)를 참고하라.

한 것이므로, 이러한 길 각자는, 원래 생명의 본원적인 하나됨 속에서 서로 불가분적인 하나를 이루도록 섞여 있던 여러 가지 가능성들(생명의 여러 가지 가능성들) 중에서, 자신의 길로 갈라져 나온 어느 하나만을 발전시켜 가는 것일 뿐, 그 외의 다른 것들은 자신의 길 위에서 미발전의 상태로 남아 있도록 억압하게 된다. 다시 말해 서로 다른 것으로 갈라져 나온 이 길들 각자는 자신의 길 위에서 발전하는 것을 발전시키기 위해, 다른 길 위에서 발전하는 것은 자신의 길 위에서 발전하지 못하도록 억압하게 되는 것이다. 그러므로 서로 다른 것으로 갈라져 나온 진화의 길 각자란, 생명의 본원적인 하나됨 속에서 원래 불가분적인 하나를 이루도록 섞여 있던 여러 가지 가능성들 중에서 어느 하나가 성공적으로 발전해 나간 반면 나머지 다른 것들은 이 하나의 성공을 위해 희생되어 간 과정을 나타내고 있는 것이 된다. 하지만 서로 다른 것으로 갈라져 나온 이 진화의 길 **각자 속**에는, 그 길 위에서 발전하지 못한 이 나머지 다른 가능성들이 그들에게 가해지는 이와 같은 억압에도 불구하고 미발달의 상태로나마 여전히 내재해 있게 된다. 왜냐하면 생명은 **지속**의 방식에 따라, 즉 과거의 모든 것을 전부 그대로 현재 속으로 보존해 들여오는 **기억**의 방식에 따라, 자신을 전개해 나가는 것이므로, 생명의 본원적인 하나됨은, 이러한 생명의 본원적인 하나됨 속에서 원래 서로 불가분적인 하나를 이루도록 섞여 있던 모든 것들(즉 서로 다른 모든 가능성들)과 함께, 자신으로부터 갈라져 나와 전개되어 간 이 모든 진화의 길 **각자 속**에 여전히 그 **전부**가 그대로 보존되어 들어가게 되기 때문이다. 이것이 바로 생명이, 서로 다른 여러 갈래의 진화의 길로 분화되어서 자신을 전개해 나감에도 불구하고, 이 모든 서로 다른 진화의 길 **각자 속**에서 여전히 자신의 본원적인 단일성(하나됨)을 그대로 지켜 나갈 수 있게 되는 이유인 것이다.

『창조적 진화』는 생명의 자기 분화로 인해 생겨난 서로 다른 여러 갈래의 진화의 길들을 '**본능**이 발전해 나가는 길'과 '**지성**이 발전해 나가는 길'이라는 두 개의 큰길로 크게 구별한다 — 그러므로 베르그송은 이 두 개의 길을 각각 간단히 '본능'과 '지성'이라고 명명한다.[15] 이 두 개의 길 각자가 따로 발전시키고 있는 본능과 지성의 특성이 무엇인지를 알기 위해서는, 이 두 개의 길 각자 위에서 진화의 최고 정점에 이른 생명체들이 보여 주는 특성이 무엇인지를 살펴보는 것이 좋을 것이다. 베르그송에 따르면 본능이 발전해 나가는 길 위에서 진화의 최고 정점에 이른 것은 몇몇 곤충류이다.[16] 반면 지성의 길 위에서 진화의 최고 정점에 이른 것은 역시 우리 인간이다. 그런데, 앞에서 그 이유를 설명하였듯이, 각자 서로 다른 길을 통해 발전해 나가는 이러한 본능과 지성 사이에는, 각자 자기 자신이 발전해 나가는 길 위에서 상대방의 발전을 억압하는 '상호 대립의 관계'가 성립하게 된다. 즉 이들 각자의 길 위에서는 본능과 지성 사이에 '어느 한편의 일방적인 발전과 다른 한편의 과도한 쇠퇴'라는 불균형이 일어나게 되는 것이다. 이들 각자의 길 위에서 벌어지는 이와 같

---

15 『창조적 진화』는 이 두 개의 길 이외에도 '식물의 길'이라는 제3의 큰길도 들고 있지만, 우리는 이 책에서 논의의 편의를 위해 이 식물의 길에 대해서는 논의하지 않는다.
16 우리는 곧 이들 곤충류가 보여 주는 특성으로부터 '본능이 발전해 나가는 길'의 특성이 무엇인지를, 즉 본능의 특성이 무엇인지를 살펴보게 될 것이다.

은 상황은 생명 **자체**(즉 이 두 개의 길로의 분화가 이루어지기 이전에 **하나**였던 생명 자체, 다시 말해 본원적인 하나로서 존재하였던 생명 자체)의 관점에서 볼 때는 결코 바람직한 것이 아니다. 왜냐하면 생명 **자체**란 원래 본능과 지성 **양편 모두**를 자신의 본원적인 하나됨 속에서 서로 불가분적인 하나를 이루도록 섞고 있는 것이었기 때문에, 그러므로 이와 같은 생명 **자체**의 완전한 발전은 오직 이 **양편 모두**의 동시적인 완전한 발전에 의해서만 이루어질 수 있는 것이 되기 때문이다. 그런데도 이 양편의 길 **각자**에서는 이러한 양편 모두의 동시적인 발전이 아니라 어느 한편만의 일방적인 발전과 다른 한편의 과도한 쇠퇴가 일어나고 있는 것이다. 그런데 각자가 어느 한편만을 완전하게 발전시키고 있는 이 두 개의 길은 서로 따로 떼어 놓고 보면 이처럼 결코 바람직하지 못한 결과를 발생시키고 있지만, 반면 서로 합쳐 놓고 보면 바로 저와 같은 '생명 **자체**의 완전한 발전'이라는 것을 (서로 각자의 몫을 나누어서) 달성해 가고 있는 것이 된다. 그러므로 이러한 점에서 보자면 본능과 지성은 — 즉 본능의 길과 지성의 길은 — 단지 '상호 대립의 관계'에만 있는 것이 아니라, 이러한 '대립의 관계'에 있는 가운데서도 생명 **자체**의 발전을 위해 서로 협조하는 '상호 보완의 관계'에 있기도 한 것이다.

『창조적 진화』는 본능의 길과 지성의 길이 본래 **하나**인 생명으로부터 갈라져 나온 **서로 다른** 길이라는 것을, 즉 본능과 지성이란 생명이 자신의 외부 타자인 물질에 적응하면서 자신을 전개해 나가는 두 가지 **서로 다른** 방식이라는 것을 주장한다. 그렇다면 본능과 지성 사이의 차이는 어디에 있는 것일까? 베르그송은 왜 이 둘의 관계를,

사람들이 흔히 그렇게 생각하듯이, 지성이 본능보다 우월한 관계라고 생각하지 않고 **서로 다른** 길로 동등하게 갈라져 나간 관계라고, 즉 어느 한편이 다른 한편보다 우월한 것이 아니라 단지 **서로 다르기만 한** 관계라고 생각하는 것일까? 본능과 지성 사이의 차이가 무엇인지에 대한 베르그송의 핵심적인 생각을 우리는 본능이란 생명이 '**자기 자신 안에 머물러 있으면서**' 자신의 외부 타자인 물질에 적응해 간 방식인 반면, 지성이란 생명이 이 외부 타자인 물질에 적응하기 위해 '**자기 자신 밖으로 나간**' 방식이라고 말함으로써 요약할 수 있을 것이다. 이를 다시 말해 보자면, 본능이란 생명이 자신의 관심방향을 자기 자신에게로 향하게 하고 있는 것인 반면, 지성이란 생명의 관심방향이 외부 타자인 물질에 향해 있는 것이라고 말할 수 있을 것이다. 본능과 지성은 그들 각자의 관심방향이 서로 다른 것을 향하고 있기 때문에, 그들 사이에는 우열의 관계가 아닌 '서로 다름'의 관계만 있게 되는 것이다. 본능과 지성 사이의 차이가 어떠한 것인지에 대해 우리가 내리고 있는 이와 같은 규정이 무엇을 의미하는지를 해명하기 위해, 『창조적 진화』에서 직접 제시되고 있는 본능의 몇 가지 실제 사례들을 살펴보도록 하자.

　　베르그송은 생명체의 구조(혹은 형태)가 만들어지는 과정을 '유기화 작용'organization이라고 부른다. (베르그송이 『창조적 진화』에서 이 유기화 작용의 실례로 드는 사례들이 어떤 것들인지를 살펴볼 때, 베르그송이 말하는 이 유기화 작용이란 오늘날의 생물학에서 '발생'development이라고 부르는 과정에, 즉 생명체가 처음 배아의 상태에서 출발하여 완전한 구조를 갖춘 성체成體로 자라나는 과정에 주로 해당한다는 것을 알 수 있다.)『창조적 진화』에 따르면 본능이란 이 유기화 작용이 **계속적으로 연장(延長)되는 현상**이다. 즉 어떤 생명체가 하는 본능적 행동이란 그 생명체의 구조를 만들어 내는 유기화 작용 자체가 계속적으로 이어지고 있는 것이며, 따라서 유기화 작용과 본능의 작용은 서로 구분되지 않는, 완전히 같은 작용이라는 것이다.[17] 벌이 보여 주는 본능적 행동은 베르그송의 이러한 참신한 주장이 타당한 것일 수 있음을 보여 주는 좋은 사례가 되어 준다. 꿀을 따거나 외부 침략자를 물리치거나 하는 벌들의 행동은 모두 본능에 따라 그렇게 하는 것일 게다. 그런데 벌들은 그들의 생체 구조가 서로 다름에 따라 그들이 하는 일(본능적 행동)도 서로 다르게 된다. 즉 꿀을 따는 일을 하는 벌과 여왕벌을 지키는 일을 하는 벌, 혹은 알을 돌보는 일을 하는 벌 등등은 그들의 생체 구조부터가 서로 다르며, 이러한 구조의 차이가 그들 각자에게 이처럼 서로 다른 일을 본능적으로 하도록 만드는 것이다.[18] 그러므로 이 사실은 이들이 그들의 본능에 따라 이처럼 서로 다른 일을 하게 되는 것이 — 즉 그들의 본능의 작용이 — 그들의 서로 다른 생체 구조를 만들어 내는 '유기화 작용'을 그대로 연장하고 있는 것이라는 것을 말해 주는 것이 된다. 더 나아가, 베르그송은 생명체의 구조를 만들어 내는 유기화 작용 자체가 심지어 그 가운데 본능이 적극적으로 개입하게 되는 것을 **필수조건**으로 해

---

17 "대부분의 본능은 유기화 작용을 연장하는 것이거나 그것을 완성시키는 것이다. 어디에서부터 본능이 시작되고 어디에서 유기화 작용이 끝나는가? 누구도 그것을 말할 수 없다." — *EC*, p. 613.
18 *EC*, pp. 613~614 참조.

서만 이루어질 수 있는 것이라는 놀라운 주장을 하는 데까지 나아간다. 즉 생명체 자신이 어떤 본능적 행위를 하는 것을 통해 자신의 구조가 만들어지게 되는 유기화 과정 자체에 적극적으로 개입하지 않는다면, 생명체의 구조를 만들어 내는 이 유기화 작용은 결코 제대로 이루어질 수 없다는 것이다. "애벌레가 우선 번데기가 되었다가 그다음에 성충이 되는 변태의 과정이 진행되기 위해서는, 애벌레 자신이 주도적으로 적절한 행동을 하는 것을 통해 이 진행 과정의 주요 국면들에 개입하는 것이 필요하다."[19] 즉 애벌레가 성충으로 성장하는 유기화 작용은 이미 정해져 있는 어떤 기계적 절차에 따라 자동적으로 진행되는 것이 아니라 반드시 애벌레 자신이 하는 본능적 행위의 개입이 있어야지만 비로소 그 절차가 제대로 진행될 수 있다는 것이다. 물론 과학은 베르그송의 이러한 주장을 받아들이려 하지 않을 것이다. 과학은 이런 유기화 작용을 순전히 물리-화학적인 힘들의 작용에 의해 이루어지는 기계적인 과정으로 보려 할 것이며, 이러한 기계적인 과정 중에 과학으로 이해할 수 없는 어떤 비기계적인 힘이 개입한다는 것을 거부할 것이다. 하지만 알(계란)에서 병아리가 부화되어 나오는 과정을, 즉 병아리의 생체 구조가 만들어지는 유기화 작용의 과정을 한번 생각해 보자. 병아리가 알(알껍질)을 깨고 밖으로 나올 수 있기 위해서는, 병아리는 자신을 감싸고 있는 이 알을 안으로부터 쪼는 행동을 할 수 있어야 한다. 병아리가 이러한

---

19 *EC*, p. 613. 벌레가, 그것도 애벌레가, 어떤 적절한 행동을 한다는 것은 본능에 의해서 그렇게 할 수 있는 것이지 지성에 의해서 그렇게 할 수 있는 것은 결코 아닐 것이다.

쪼는 행동을 하지 않는다면, 그것은 결코 알을 깨고 밖으로 나오지 못할 것이고, 따라서 한 마리의 병아리로 완성되지 못할 것이다. 그렇다면 병아리의 생체 구조를 만들어 내는 유기화 작용의 과정이란 병아리가 알을 깨고 밖으로 나오는 단계까지를 포함하는 것이 아닐까? 즉 병아리가 알을 깨고 밖으로 나오는 단계까지가 이루어져야지만 이 유기화 작용은 완수되는 것이 아닐까? 이것이 사실이라면, 병아리가 안으로부터 알을 쪼는 본능적 행위를 하는 것이 이 유기화 작용이 완수되기 위한 필수불가결한 조건이 되는 것이 아닐까? 본능이 이처럼 생체 구조를 만들어 내는 과정 자체에 이미 개입하고 있는 것이라면, 본능의 작용과 유기화 작용은 정말로 서로 같은 것이 되는 것이 아닐까? 과학이 병아리의 생체 구조가 만들어지는 유기화 작용을 그저 순전히 물리-화학적인 메커니즘에 의해 이루어지는 것이라고 주장하기 위해서는, 병아리가 안으로부터 알을 쪼는 행위를 하는 것 역시 순전히 물리-화학적인 메커니즘에 의해 이루어지는 것이라고 주장해야 할 것이다. 하지만 약동하는 생명의 신비로운 역동성이 꿈틀대고 있는 듯한 이러한 병아리의 쪼는 행위가 정말로 자동인형이 보여 주는 기계적이고 규칙적인 '똑딱거림'의 반복운동과 같은 것으로 설명될 수 있는 것일까? 우리가 보기에는, 병아리가 알을 깨고 밖으로 나오는 단계까지가 병아리의 생체 구조를 만들어 내는 유기화 작용에 포함되는 것이라면, 생명체가 능동적으로 수행해야 하는 어떤 본능적 행동이 생명체의 생체 구조를 만들어 내는 유기화 작용의 과정 자체에 깊게 개입한다는 베르그송의 주장이, 이러한 비기계적인 자발성의 개입을 한사코 부정하려 드는 과학의 주장보다 더 옳은 것으로 보인다. 그런데 베르그송이 옳은 것이 사실이라면, 우리는 이 우주 속에 과학으로서는 설명할 수 없는 생명의 힘이 존재하고 있다는 것을 확인하고 있는 것이 된다. 우리는 이 우주 속에 결코 물질로 환원될 수 없는 생명이라는 힘이 독자적인 원리로서 존재하고 있다는 것을 확인하고 있는 것이 되며, 이 독자적인 힘이 생명체의 구조를 형성하는 데뿐만 아니라 생명체가 본능에 따라 행동하는 데에도 작용하고 있음을 확인하게 되는 것이다. 우리는 결코 물질로 환원될 수 없는 생명이라는 독자적인 힘이 이토록 많고 중요한 일을 해내고 있는 이 우주가 그러므로 결코 과학이 말하는 유물론적 우주일 수 없음을 알게 되는 것이다.

그러므로 베르그송에 따르면 생명체란 단순히 그냥 현격히 복잡한 물질(물체)인 것이 아니라 물질로 결코 환원되지 않는 독자적인 원리인 생명이 자신의 외부 타자인 이 물질 속에서 자신을 구현해 나가는 모습이다. 즉 생명**체**란 생명이라는 원리가 자신과는 다른 이질적인 타자인 물체(물질)에 부여된 것으로서, 그러므로 생명체의 구조가 만들어지는 유기화 작용이란 생명이라는 이 독자적인 원리가 자신의 외부 타자인 물질을 질료로 하여 자신의 뜻을 펼쳐 나가는 과정으로 이해되어야 하는 것이다. 생명은 자신의 이러한 유기화 작용을 통해 만들어지는 개별 생명체들의 존재를 넘어서는 더 큰 실재, 이러한 개별 생명체들의 존재를 자기 자신을 전개해 나가는 부분적인 표현이나 과정으로 삼고 있는 더 근본적인 실재이다. 개별 생명체들이 진정한 실재인 것이 아니라 이들 개별 생명체들을 넘어서 존재하는 것인 이 생명, 즉 이들 개별 생명체들을 자신의 부분적인 표현으로서 전개해 가는 것인 이 생명이야말로 진정으로 존재하는 것인 진정한 실재인 것이다. 베르그송에 따르면 세 가지 조건, 즉 첫째, 이처럼 생명을 물질과는 다른 독자적인 원리이자 개별 생명체의 존재를 넘어서는 더 큰 실재로서 이해하며, 둘째, 유기화 작용을 이러한 독자적인 원리이자 개별 생명체의 존재를 넘어서는 진정한 실재인 생명이 물질을 질료로 해서 자기 자신을 전개해 가는 작용으로 이해하고, 셋째, 본능의 작용을 이러한 유기화 작용과 서로 구분되지 않는 완전히 같은 것으로 이해한다는 세 가지 조건이 갖춰지는 한에서만, 본능이 보여 주는 놀라운 신비의 능력이 어떻게 가능할 수 있는지를 우리는 이해할 수 있게 된다. 본능의 능력이 어떤 것인지를, 그것이 얼마나 놀라운 것인지를 보여 주기 위해 베르그송은 본능이 진화해 온 길 위에서 최고의 정점에 이른 것으로 자신이 평가하고 있는 곤충류의 사례를 든다.

서로 다른 종류의 막시류(말벌류)는 각자 서로 다른 대상들을 마취시켜 이 대상들 속에 그들의 알을 낳는다. 거미나 투구풍뎅이, 배추벌레 등이 이러한 대상이 되는 것들이다. 이 막시류는 각자 그들의 대상들을 정교하게 마취시켜 움직이지 못하는 상태로 며칠 동안 살아 있도록 만든다. 살아 있지만 움직이지 못하도록 마취된 이 대상들은 이 막시류의 유충들을 위해 신선한 먹을거리가 되는 것이다. 이 희생자들을 이처럼 죽게 하지는 않고 단지 움직이지 못하도록 그들의 신경중추를 마취시키기 위해, 이 막시류는 그들의 서로 다른 희생자들 각자가 갖춘 서로 다른 조건들에 정확히 맞아떨어지는 방식으로 작업한다. 배벌은 세토니아의 유충을 공격하는데, 이 불쌍한 먹잇감의 신체 중 단 한 군데만을 찌른다. 그런데 배벌이 찌르는 바로 이 단 한 곳에 이 불쌍한 먹잇감의 운동신경절이 다 집중되어 있다. 더구나 이곳에 집중되어 있는 것은 오직 운동신경절일 뿐, 다른 신경절들은 그렇지 않다. 만약 다른 신경절들을 찔렀더라면, 이 먹잇감은 살아 있지 못하고 죽어서 부패되었을 것이기에, 배벌은 이런 일을 피한다. 노란 날개의 조롱박벌은 그의 희생양인 귀뚜라미가 세 쌍의 다리를 움직이게 하는 세 개의 신경중추를 가지고 있다는 사실을 **알고 있다. 혹은 적어도 그것을 알고 있는 것처럼 행동한다.**[20] 조롱박벌은 먼저 귀뚜라미의 목을 찌르고, 그다음에는 앞가슴 뒤를 찔렀다가, 마지막으로 복부의 밑동을 찌른다. 침을 가진 나나니벌은 배추벌레의 신경중추 아홉 군데를 자신의 침으로 차례로 한 번씩 찌른 다음, 그 머리를 덥썩 물어 죽이지는 않고 정확히 마비만 시킬 수 있을 때까지 우물우물 씹는다.[21]

베르그송 자신이 이 인용문 속에서 말하고 있듯이, 이 말벌들은 그들의 희생물들의 어디를 어떻게 찔러야 하는지를 **마치 알고 있는 듯이** 행동한다. 본능의 놀라움이란 이처럼 이 말벌들이 마치 곤충학자가 현미경을 통해 그렇게 하듯이, 그들의 희생물들의 **내부 속을 훤히 들여다보면서 무엇을 어떻게 해야 하는지를 알고 있는 듯이** 행동한다

---

20 이 부분을 강조한 것은 인용하는 우리가 한 것이다.
21 *EC*, p. 641.

는 데 있는 것이다. 아마 아무리 뛰어난 현미경 관찰자 겸 능숙한 외과의사라 할지라도, 이처럼 어떤 곤충의 내부를 속속들이 정확하게 들여다보고서 필요한 곳을 정확하게 찔러 마취시키는 데 성공한다는 것은 결코 쉽지 않은 일일 것이다. 그런데 어떻게 이 한갓 미미한 곤충이 이처럼 뛰어난 현미경 관찰자 겸 능숙한 외과의사로서도 쉽지 않을 이러한 일을 마치 아무렇지도 않은 듯이 이처럼 쉽사리 해치워 내는 일이 가능할 수 있단 말인가? 어떻게 이 말벌들은 자신들과 다른 존재인 이 희생물들의 **내부**를, 즉 그들에게 직접 보이지도 않는 이 희생물들의 **내부**를 이처럼 훤히 들여다볼 수 있는 능력을 가지고 있다는 듯이 행동할 수 있단 말인가? 본능이 보여 주는 이와 같은 놀라운 능력이 결코 몇몇 특정한 말벌류에게만 국한되어 있는 것이 아니라 곤충들의 세계 일반에서 발견되는 만연한 일이라는 것을 보여 주기 위해 『창조적 진화』에서 이야기되고 있는 또 다른 사례를 들 수 있을 것이다. 이 사례 역시 위의 말벌들의 사례만큼이나 — 아니면 그 이상으로 — 곤충들의 본능이 가진 불가사의하고 신비로운 능력을 잘 보여 주고 있다.

> 투구풍뎅이 시타리스는 꿀벌의 일종인 안토포라가 파는 지하 땅굴의 입구에다 자신의 알을 낳아 놓는다. 시타리스의 유충은 오랫동안 기회를 엿보고 있다가 수컷 안토포라가 땅굴의 입구에 나오게 되면 그것에 달라붙어 그것이 암컷 안토포라와 함께 떠나는 '밀월여행'에 함께 따라가게 된다. 시타리스의 유충은 이 밀월여행에서 기회를 잡아 수컷 안토포라에서 암컷 안토포라에게로 옮겨 간 다

음, 이 암컷이 알을 낳기를 조용히 기다린다. 그러고는 시타리스의 유충은 흘러내리는 꿀 속에서 자신을 지탱해 줄 수 있는 발판 구실을 해 줄 이 안토포라의 알로 뛰어올라가 며칠 만에 그것을 먹어 치우고, 그런 다음 알껍질에 자리 잡은 채 첫 번째 변태를 하게 된다. 그렇게 꿀 위에서 떠다닐 수 있을 정도로 자라게 된 이 시타리스의 유충은 비축된 식량 구실을 하는 이 꿀을 먹어 치우고 번데기가 된 다음, 마지막으로 완전한 곤충이 된다.[22]

여기에서도 본능이 보여 주는 놀라운 능력은 이 시타리스의 유충이, 혹은 이 유충을 낳은 시타리스의 어미 자체가 안토포라가 장차 어떻게 행동할 것이며 그리하여 어떤 일들이 벌어지게 될 것인지를 — 장차 벌어지게 될 이 일들이 매우 복잡다단한 것들임에도 불구하고 — 마치 **미리부터 정확하게 완전히 다 알고 있는 듯이** 행동한다는 데 있다. 대체 이와 같은 일이 어떻게 가능할 수 있는 것일까?

자신들의 희생물들의 어디를 어떻게 찔러야 하는지를 정확히 알고 있는 듯한 말벌들의 **앎**은 그들이 겪은 여러 차례의 시행착오의 경험을 반성함으로써 얻어지게 된 것일까? 즉 그들의 이러한 앎은 그들이 겪은 경험들로부터 그들이 얻어 낸 교훈(경험적 산물)인 것일까? 하지만 이런 식으로 생각하는 것은 우리 인간의 **지성**이 경험을 통해 앎을 얻게 되는 방식을 모델로 해서 말벌들이 보여 주고 있는 이러한 앎을 설명하려 하는 것이다. 즉 곤충학자가 해부용 칼

---

22 *EC*, p. 619.

로 이 희생물들의 내부를 갈라 현미경으로 그것을 들여다보며 어디를 어떻게 찌르면 죽이지는 않고 마취만 시킬 수 있는지를 여러 차례의 시행착오를 거치면서 알게 되듯이, 말벌들도 이와 같은 곤충학자와 같은 방식으로 그들의 앎을 얻게 되는 것이라고 생각하는 것과 마찬가지인 것이다. 하지만 곤충학자라는 **인간**이 여러 차례의 시행착오를 거치면서 이와 같은 앎을 얻을 수 있게 되는 것은 그가 그의 **지성**을 사용하여 그가 겪은 이 시행착오의 경험들을 **반성**하고 **개선**할 수 있기 때문일 것이다. 즉 경험의 의미를 반성하고 그로부터 개선을 위한 교훈을 얻어 낼 수 있는 것은 오로지 지성이 발달해 있는 존재에게만 가능할 수 있는 일일 것이다. 그렇다면 과연 말벌들이 우리 인간이 가지고 있는 것과 같은 이와 같은 지성을, 즉 그들이 겪는 시행착오의 경험들을 반성하고 개선할 수 있게 해 줄 수 있을 정도로 발달된 지성을 가지고 있는 것일까? 그렇게 생각하는 것은 불가능해 보인다. 더구나, 시타리스의 유충의 사례가 잘 보여 주고 있듯이, 그 어떤 것도 사전에 먼저 경험해 볼 기회라고는 전혀 없었던 이 '불학무식(不學無識)한' 갓난 곤충이 그럼에도 불구하고 자신의 앞에 놓인 저 복잡한 일들이 앞으로 어떻게 전개될지를 처음부터 미리 다 잘 알고 있다는 듯이 행동해 보인다는 사실은, 곤충들의 이러한 **앎**이라는 것이 그들이 겪는 시행착오의 경험들을 통해 후천적으로 얻어지게 되는 것이 아니라 그들에게 처음부터 선천적으로 주어지고 있는 것이라는 것을 명백히 말해 주고 있는 것으로 보인다.

그렇다면 이러한 선천적 앎은 혹시 조상 곤충들이 경험적 학습을 통해 얻을 수 있었던 앎이 자손 곤충들에게 선천적 앎의 형태로 유전되어 나타나는 것이라고 설명될 수 있는 것일까? 그렇지만 이와 같은 식의 '획득형질의 유전'이라는 것이 불가능하다는 것은, 적어도 이와 같은 식의 유전이 규칙적이고 안정적인 방식으로 일어날 수는 **없다**는 것은 이미 확고히 증명된 사실이다. 그렇다면 남아 있는 것은 다윈주의darwinism가 — 혹은 신(新)다윈주의가 — 이러한 본능을 설명하는 방식이다. 과학의 정설인 신다윈주의가 저 두 가지 불가능한 설명방식들을 물리치고 이러한 곤충의 본능이 어떻게 가능할 수 있는지를 설명하는 **과학적** 설명방식은 우연적인 유전적 변이의 점진적인 축적에 호소하는 방식이다. 가령 배추벌레의 신경중추 아홉 군데를 정확히 찌르는 나나니벌의 본능을 예로 들어 보자. 신다윈주의의 기본적인 발상은 가령 아무 데나 네 군데, 다섯 군데를 찌르던 조상으로부터 우연적 변이들의 점진적인 축적에 의해 드디어 딱 필요한 아홉 군데를 정확히 찌를 수 있는 후손이 나타나게 되었다는 것이며, 필요한 이 아홉 군데를 정확히 찌를 수 있게 된 이 새로운 나나니벌이 생존과 번식을 위한 경쟁에서 아무 데나 네 군데, 다섯 군데를 찌르던 기존의 나나니벌들보다 우위를 점할 수 있게 됨으로써, 이후로는 모든 나나니벌들이 필요한 이 아홉 군데를 정확히 찌르는 나나니벌로 남게 되었다는 것이다. 하지만 아무 데나 네 군데, 다섯 군데를 찌르는 경우가 아닌 오직 필요한 아홉 군데를 정확히 찌를 수 있는 경우만이 성공적인 결과(희생물을 죽이지는 않고 마취시키는 것)를 가져올 수 있는 **유일한** 경우이기 때문에, 네 군데나 다섯 군데를 찌르던 것은 결코 저 아홉 군데를 정확히 찌르는 것으로 올라가기 위한 사다리의 역할을 해 주지 못한다. 우연적인 유전적 변이의 점진적인 축적에 의해서 나나니벌의 본능을 설명하려 하는 신다윈주의의 방법은 아무 데나 네 군데, 다섯 군데를 찌르는 조상-나나니벌의 존재를, 그 위에 우연적인 유전적 변이가 점진적으로 축적됨으로써 필요한 아홉 군데를 정확하게 찌를 수 있게 되는 단계로 올라가기 위한 중간 단계가 되어 줄 수 있는 것으로서 필요로 하지만, 이러한 중간 단계는 결코 아무런 성공적인 결과를 가지고 올 수 없는 것이기 때문에 실은 결코 존재할 수 없는 것이다. 따라서 이러한 중간 단계가 실은 결코 존재할 수 없는 것이기 때문에, 이러한 중간 단계를 거쳐 저 최종적인 단계(성공적인 결과를 가져올 수 있는 최종 단계)에까지 올라가게 된다는 것도 결코 불가능하게 되는 것이다. 『창조적 진화』가 본능의 놀라운 능력을 보여 주기 위해 끌어들이는 위의 사례들은 실은 모두 유명한 파브르Jean-Henri Fabre의 『곤충기』로부터 가져온 것이다. 그런데 파브르와 그의 제자들이 다윈이 진화를 설명하는 방식인 '우연적인 유전적 변이의 점진적인 축적'이라는 논리를 결코 받아들이려 하지 않았다는 것은 잘 알려져 있는 사실이다. 그들이 보기에 그들이 본 본능의 신비로움은 결코 자연선택설이 주장하는 이와 같은 기계적인 논리에 의해서 해명될 수 있는 성질의 것이 아니었던 것이다.

그렇다면 베르그송은 지금까지 알려진 그 어떤 설명방식으로도 풀 수 없는 듯이 보이는 이 어려운 난제를 어떻게 풀려고 하는 것일까? 과연 발달된 지성이라고는 전혀 가지고 있지 않은 듯이 보이는 이 한갓 미미한 곤충이 자신의 희생물의 어디를 어떻게 찔러야 하는지를 정말로 **알고서** 그렇게 하는 것일까? 여기에 있는 것이 정말로 어떤 **앎(지식)**이라고 할 수 있는 것일까? 여기에 실은 앎 같은 것은 있지 않으며, 단지 감각적 자극이 주어질 때 일어나는 기계적인 반사작용의 운동-메커니즘만 있는 것일까? 본능이란 그저 이와 같은 기계적인 반사작용일 뿐인데도 그토록 복잡한 작용을 정교하게 수행해 낼 수 있는 것일까? 베르그송에 따르면 모든 어려움은 사람들이 앎을 오직 **지성**에게만 가능한 것으로 생각하기 때문에, 그리하여 우리 인간이 지성을 사용해서 앎을 얻게 되는 것과 동일한 방식으로 곤충이 가진 앎을 설명하려 하기 때문에 생기는 것이다. 그리고 우리 인간이 지성을 사용하여 앎을 얻게 되는 방식을 모델로 해서 곤충의 본능을 설명하는 것이 더 이상 불가능해지자, 이번에는 곤충의 본능이 어떤 앎에 의한 것이 **아니**라고, 즉 곤충의 본능은 주어지는 자극에 반사적으로 대응하는 어떤 기계적인 운동-메커니즘의 작용에 의해 이루어지는 것일 뿐이라고 주장하게 되는 것이다. 우연적인 유전적 변이의 점진적인 축적을 통해 본능을 설명하려 하는 다윈주의의 방식은 본능이 어떤 앎에 의한 것이라는 것을 **부정**하고 그것을 순전히 기계적인 반사작용에 의한 것으로 설명하려 하는 시도의 전형을 보여 주는 것일 게다. 하지만 베르그송은 이러한 본능 속에 들어 있는 것이 정말로 어떤 **앎(지식)**이라고 주장한다. 다만 본능 속에 내포되어 있는 이러한 앎은 그것의 성격에 있어서 지성이 가진 앎과는 본질적으로 다른 것이다. 지성이 대상에 대해 어떤 앎을 가지게 될 때, 그것은 그 대상을 **밖에서부터** 인식하는 것을 통해 그러한 앎을 가지게 된다. 가령 곤충학자가 배추벌레의 내부를 들여다보고 그것을 마취시킬 수 있는 신경중추가 어디에 있는지를 **알게** 될 때, 그는 이 배추벌레를 그것의 **밖에서부터** 관찰하는 것을 통해 자신의 이러한 앎(지성을 통해 얻게 되는 앎)을 얻게 되는 것이다. 반면, 베르그송에 따르면, 본능이 대상에 대해 무엇인가를 알게 될 때, 그것은 대상의 **안으로 들어가** 이 대상을 그것의 **안에서부터** 인식하는 것을 통해서 그러한 앎을 얻게 된다.[23] 다시 말해, 베르그송에 따르면 말벌의 본능이 자신의 희생물의 어디를 어떻게 찔러야 하는지를 정확하게 알게 될 때, 말벌은 자신의 희생물의 **안으로 들어가** 이 희생물을 **그 안에서부터** 인식하고 있다는 것이다. 이것이 대체 무슨 이야기일까? 말벌이 자신의 희생물의 **안으로 들어가** 그것을 **그 안에서부터** 인식할 수 있으려면, 말벌은 자신의 희생물에 대해 그것의 **밖**에 있는 **외부 객체**로서 존재하는 것이 아니라 자신의 희생물과 (서로 다른 것으로) 구분되지 않는 하나를 이루는 것으로 존재할 수 있어야 할 것이다. 즉 말벌과 그 희생물은 서로 다른 두 개의 독립적인 개체로서 존재하는 것이 아니라 그들 둘을 하나로 통합하고 있는 더 큰 어떤 존재의 서로 다른 두 측면으로 존재하는 것이 되어야 할 것이다.[24] 본능이란 어떤 앎을 내포하고 있는 것이라는 주장, 더구나 본능이 내포하고 있는 이 앎이란 '대상을 **그 안에서부터** 인식하는 앎'이라는 베르그송의 주장 속에는 이처럼 미스터리한 생각이 함축되어 있는 것이다. 베르그송은 대체 어떻게 이처럼 기이한 생각을 하게 되는 것일까?

이에 대한 열쇠는 본능의 작용이 유기화 작용과, 즉 생명이라

---

23 *EC*, p. 642 참고.
24 "… 말벌과 그의 희생물은 더 이상 두 개의 독립적인 개체(유기체)가 아니라 두 개의 활동으로 간주된다." — *EC*, p. 642.

는 진정한 실재가 자신의 부분적인 표현들인 개별 생명체들의 구조를 만들어 내는 작용과 서로 구분되지 않는 **같은 것**이라는 데에 있다. 그리고 더 나아가, 서로 다른 여러 개별 생명체들을 만들어 내는 이 유기화 작용이 **본원적으로 하나인** 생명이 자기 자신을 — 다시 말해 자기 자신의 이 **하나됨**을 — 전개해 나가는 과정이라는 데에 있다. 유기화 작용에 대한 이러한 이해에 따르면, 말벌과 그의 희생물인 배추벌레라는 두 개의 서로 다른 개별 생명체들은 실은 **하나인** 생명이 자기 자신을 — 즉 자기 자신의 이 **하나됨**을 — 각각 '말벌'이라는 부분적 표현과 '배추벌레'라는 부분적 표현으로 나타내고 있는 것이다. 즉 말벌과 배추벌레는 서로 별개의 것으로 존재하는 두 개의 **독립적인** 개체인 것이 아니라 **하나인** 생명의 두 가지 서로 다른 **부분적인 표현**이 되는 것이다. 그러므로 말벌의 본능이 배추벌레의 어디를 어떻게 찔러야 하는지를 정확하게 알 때, 그것은 말벌이 자신으로부터 독립적인 것으로 떨어져 있는 어떤 **외부 객체를 밖에서부터** 인식하고 있는 것이 아니다. 그것은 실은 '말벌'이라는 부분적 표현으로 자신을 나타내고 있는 **생명**이 '배추벌레'라는 또 다른 부분적 표현으로 자신을 나타내고 있는 **생명 자신**을 인식하고 있는 것이다. 말벌이 자신의 희생물인 배추벌레에 대해 갖는 본능적 앎(인식)이란 **하나인 생명 자신**이 **자기 자신**을 인식하고 있는 앎, 즉 말벌과 배추벌레 이 양자 모두를 자신의 유기화 작용에 의해 만들어 내는 **생명 자신**이 바로 **자기 자신**을 인식하고 있는 앎인 것이다. 그러므로 말벌의 본능이 배추벌레의 어디를 어떻게 찔러야 하는지를 정확히 알 때, 그것은 생명 자신이 자기 자신을 **안에서부터** 인식하고 있는 것이 된다.

본능이란 생명이 자신 **밖에** 있는 어떤 **외부 객체**를 **밖에서부터** 인식하고 있는 것이 아니라 자기 자신을 자신의 **안에서부터** 인식하고 있는 것이 되는 것이다. 그러므로 본능이란 '생명의 자기 자신에 대한 내적 인식'이다. 본능이란 생명이 자기 자신을 자신의 안에서부터 가장 자연스럽게 내적으로 공감하고 있는 것인 것이다.[25] 본능이 보여 주는 놀라운 능력의 비밀을 풀 수 있는 열쇠란 바로 여기에 있다. "본능적 앎이란 바로 생명의 단일성(하나됨)에 그 뿌리를 두고 있는 것이다."[26] 지성이 가진 합리적인 반성의 능력이라고는 전혀 모르는 본능의 비지성적인 앎은, 그렇지만 생명 자신이 자기 자신을 자신의 안에서부터 ─ 아무런 중간 매개의 굴절 없이 ─ 직접적으로 인식하는 것이기에, 그토록 정확할 수 있는 것이다. 바로 이것이 우리가 본능을, 앞에서 소개한 것처럼, '생명이 자기 자신 안에 머물러 있는 방식'으로, 즉 '생명이 자신의 관심방향을 자기 자신을 향해 돌리고 있는 방식'으로 규정할 수 있게 되는 이유이다.

본능이 단순히 외부 자극에 반사적으로 대응하는 어떤 기계적인 운동-메커니즘의 작용이 아니라 어떤 **앎**을 내포하고 있는 것이라는 이러한 사실은, 이러한 본능이 어떤 종류의 **의식의 작용**이라는 것을, 즉 이러한 본능을 소유하고 있는 곤충과 같은 존재들이 실은 어떤 의식을 소유하고 있다는 것을 말해 주는 것이다. '앎을 가진다'는 것은 분명히 어떤 의식에게만 허락되는 속성일 것이기 때문이다.

---

[25] "… 자기 자신에 대해 공감하고 있는 어떤 전체 …." ─ *EC*, p. 637.
[26] *EC*, p. 637.

비록 이러한 본능적 앎이란 우리 인간이 친숙하게 알고 있는 지성적인 앎과는 크게 다른 것이며, 따라서 이러한 본능적 앎에 의해 주도되는 의식이란 지성적인 앎에 의해 주도되는 것인 우리 인간의 의식과는 크게 다른 것이겠지만 말이다. 그러므로 우리 인간의 의식과는 크게 다른 의식이, 그렇지만 우리 인간의 의식만큼이나 의식임에 틀림없는 어떤 종류의 의식이, 우리 인간과는 다른 진화의 길을 따라서 진화해 온 이들 곤충들에게 존재한다는 것을 인정해야 할 것이다. 즉 우리 인간의 의식은 의식이 가질 수 있는 유일한 형태가 아니라는 것을 인정해야 할 것이다. 우리 인간은 너무나도 쉽게 우리 인간의 의식을 의식의 절대적인 — 혹은 표준적인 — 형태로서 간주하고 있는 것으로 보인다. 만약 세계 전체가 하나의 거대한 의식이라면, 이 우주적 의식은 우리 인간의 의식과 비슷한 형태의 의식일 것이라고 생각할 정도로 말이다. 하지만 만약 이 우주적 의식이라는 것이 정말로 있다면, 즉 의식의 절대적인 형태라는 것이 정말로 있다면, 그것은 실은 우리 인간이 가진 의식과 비슷한 것이 아니라 우리 인간이라는 자신의 부분적인 표현을 넘어서는 더 큰 실재인 생명이 가진 의식과 비슷할 것이라고 생각해야 할 것이다. 실로 이 거대한 실재인 생명은 하나의 거대한 의식일 것임에 틀림없다. 왜냐하면, 앞에서 말했듯이, 생명은 기억과 같은 것, 즉 기억의 방식으로 자신을 전개해 나가는 것이며, 기억이란 오직 의식만이 가질 수 있는 속성이기 때문이다. 그러므로 기억이라는 의식의 작용을 통해 자신을 전개해 나가는 것인 생명은 늘 자기 자신을 의식하는 것으로서 존재한다. 생명은 자기 자신에 대한 이러한 의식 속에서 자신을 전개해 나가는 것이며, 그러므로 자신의 이러한 의식적인 자기 전개 속에서 자기 자신을 한편으로는 곤충들의 비지성적인 의식의 길로, 그리고 다른 한편으로는 인간들의 지성적인 의식의 길로 전개해 나가는 것이다. 그러므로 이와 같은 것인 생명의 의식이란 우리 인간의 의식과 유사한 어떤 것이 아니라 우리 인간의 의식을 그것의 단지 한 가지 부분적인 표현으로만 포함하고 있는 어떤 것, 즉 우리 인간의 의식과는 **질적으로 다른** 어떤 것일 것이다. 그러므로 만약 우리가 우리 자신의 의식을 넘어 우리 자신을 넘어서는 더 근본적인 실재인 이 생명의 의식으로 고양되어 가려 한다면, 우리에게는 우리 자신의 존재에 깊숙이 배어 있는 지성적인 의식의 습성을 넘어서려 하는 **질적 변환**을 도모하는 것이 필요하게 될 것이다.

그렇지만 곤충에게 존재하는 의식이라는 것이 매우 **축소된** 형태의 의식이라는 것은 인정해야 할 것이다. 곤충의 본능적 의식은 분명히 '생명의 자기 자신에 대한 내적 인식'의 가능성을 내포하고 있는 것이며 그렇기 때문에 그토록 정확한 앎을 보여 줄 수 있는 것이겠지만, 그럼에도 불구하고 곤충의 이 의식은 오직 곤충 자신의 생존에 긴밀하게 관련되는 몇몇 소수의 사안에 관해서만 '생명의 자기 자신에 대한 내적 인식'이라는 이 가능성을 활성화시키고 있는 것이다. 말벌은 생명(생명 자체)이 자기 자신을 나타내는 수많은 표현들(부분적 표현들) 중에서 오직 말벌 자신의 생존에 긴밀하게 관련되는 몇 가지 소수의 특수한 표현들(자신의 희생물에 관련된 표현들)에 국한해서만 정확한 본능적 앎을 가지고 있을 뿐, 생명의 나머지 수많은 다른 표현들에 대해서는 전혀 아무것도 모르고 있는 것이다.[27] 말벌은 분명히 생명 자체가 자기 자신을 나타내는 하나의 표현이지만, 말벌은 자신을 생명 자체의 한낱 부분적인 표현으로 남겨 두고 있을 뿐, 자신을 생명 자체와 일치되도록 확장시키지 않기 때문에, '생명의 자기 자신에 대한 내적 인식'의 가능성 역시 이 말벌에게서 그만큼 축소된 형태로만 존재하게 되는 것이다. 다시 말해, 말벌이라는 생명 자체의 한 표현 속에는 필경, 지속의 원리에 의해, 생명 자체의 모든 것이 하나도 빠짐없이 다 보존되어 들어와 있겠지만, 말벌의 의식은 이 거대한 기억 중에서 오직 말벌 자신의 현재의 생존에 유용한 도움을 줄 수 있는 극히 소수의 것만을 활성화시키는 데 그치고 있는 것이다.

 그렇다면 곤충이 진화해 온 본능의 길과는 다른 진화의 길인 지성의 길을 따라 진화해 온 우리 인간의 의식에서는 대체 어떤 일이 벌어지고 있는 것일까? 물질과 전혀 다른 독자적인 원리인 생명이 그것 자신과 그처럼 전혀 다른 외부 타자인 물질 속으로 뛰어 들어가 그 속에서 자신의 뜻을 펼쳐 나가려 한다는 것은 미묘하고 어려운 요구조건을 충족시킬 수 있어야 하는 일로 보인다. 이 이질적인 외부 타자의 저항을 극복하기 위해서는, 생명에게는 이 외부 타자로부터 오는 요구에 어느 정도 자신을 맞추어 나가야 하는 것이 불가피할 것이다. 그런데 생명이 이처럼 자신의 외부 타자인 물질에 자

---

[27] "어떤 개별 생명체의 모습으로 나타나는 생명은 이 개별 생명체의 생존과 관련되는 한두 개의 것을 제외하고는 자기 자신의 나머지 부분과의 공감을 잃어버리는 것처럼 보인다." — *EC*, p. 637.

신을 맞추어 나간다는 것, 그것은 생명이 '자신 안에 그대로 머물러 있는 것'이 아니라 이 외부 타자를 향해 '자신 밖으로 나간다는 것'을 의미한다. 하지만 그렇다고 해서 이처럼 '자신 밖으로 나간다는 것'이 생명 자신의 본래의 본성을 잃어버리게 되는 일이 되어서는 안 될 것이다. 이런 일이 생기게 된다면, 그것은 생명이 자신의 외부 타자인 물질에 완전히 동화(同化)되어 버리는 것이지, 자신과는 다른 것인 물질 속에서 자신의 뜻을 실현하는 데 성공하게 되는 것이 아닐 것이니 말이다. 물론 자신의 본성을 잃어버리게 되는 이러한 '자기상실'의 위험을 피하기 위해 생명은 '자신 안에 그대로 머물러 있는 것'을 선택할 수도 있겠지만, 그렇게 되면 이번에는 이러한 자기상실의 위험과는 반대되는 위험에, 즉 자신의 외부 타자인 물질에 자신을 맞추어 나가는 것에 성공하지 못하게 될 위험에 처하게 될 수도 있을 것이다. 요컨대 생명에게는, 즉 자신의 외부 타자인 물질 속에 뛰어들어 자신의 뜻을 실현하려 하는 그것의 기획에는 '자기 자신 밖으로 나가기'와 '자기 자신 안에 머물러 있기'라는 두 가지 상충되는 요구를 동시에 충족시켜야 하는 어려운 과제가 주어지게 되는 것이다.

　자신의 외부 타자인 물질에 자신을 맞추어 나갈 수 있으면서도 또한 이 외부 타자에 자신이 완전히 동화되어 버리는 '자기상실'의 위험에 빠지지 않기 위해서는, 생명은 대체 어떻게 해야 하는 것일까? 본능의 길로 나아간 생명의 갈래는 이 두 가지 요구 중에서 '자기 자신 안에 머물러 있기'에 중점을 두는 것에 의해서 이 어려운 과제의 해결을 도모한 것으로 보인다. 그러므로 이 방법은 생명이 자신의 본성을 잃어버리게 되는 '자기상실'의 위험을 피할 수 있게 되는 것으로 보이지만, 그렇지만 이 길을 따라 이루어진 진화의 최고 정점에 이른 곤충들의 사례가 보여 주듯이 생명은 이 길에서, 그 **현실적인 모습**에 있어서, 매우 축소된 형태의 의식으로만 존재하고 있는 것으로 보인다. 즉 모든 생명체는, 그것들 각각이 생명(생명 자체)의 자기 표현인 한, '생명의 자기 자신에 대한 완전한 내적 인식'이라는 가능성을 모두 본래적으로 가지고 있는 것이 사실이지만, 본능의 길을 택한 생명의 갈래는 그 진화의 최고 정점에 이르러서도 이 본래적인 가능성의 극히 작은 일부만을 현실적으로 활성화시키고 있는 것으로 보이는 것이다. 반면 지성의 길로 나아간 생명의 갈래는 '자기 자신 밖으로 나가는 것'을 선택하는 방식으로, 즉 자신의 외부 타자인 물질에 자신을 맞추어 나가는 것에 중점을 두는 방식으로 저 어려운 과제의 해결을 도모한 것으로 보이며, 이 길에서 이루어진 진화가 최고 정점에 도달한 우리 인간에 이르러 드디어 생명은 자신의 외부 타자인 물질의 요구를 제대로 이해하고 그것에 자신을 맞추어 나가는 데 완전히 성공할 수 있게 된 것으로 보인다. 우리 인간의 지성적 의식은 진실로 물질의 구조나 속성에 대해 너무나 잘 이해할 수 있게 되었으며, 자신의 이러한 능력을 정확하고 체계적으로 발전시킨 과학기술의 방법에 의해 물질에 대해 놀라울 정도의 지배력을 행사하고 있다. 우리 인간의 지성적 의식의 소산인 과학기술의 발전과 이것에 의한 물질에 대한 완벽한 이해와 지배, 이는 지성의 길로 나아간 생명의 갈래가 우리 인간이라는 진화의 단계에 이르러, 물질 속에서 생명 자신의 뜻을 실현하는 데 성공하기 위한 중요한 조건

중의 하나를, 즉 자신의 외부 타자인 물질에 자신을 맞추어 나갈 수 있어야 한다는 과제를 성공적으로 해결하는 데 도달할 수 있게 되었다는 것을 말해 주는 것으로 보인다. 그렇다면 생명의 '자기상실'을 피할 수 있어야 한다는 또 하나의 중요한 과제는 이러한 우리 인간에게서 어떻게 되고 있는 것일까?

『물질과 기억』에서 생명체가 외부 환경 속에서의 자신의 생존을 위해 쏟고 있는 마음의 활동으로 규정되었던 의식은 이렇게 해서 『창조적 진화』에 이르러 여전히 같은 것으로 남아 있으면서도 한층 더 분명해진 새로운 모습으로 자신을 드러내게 된다. 왜냐하면 이와 같은 것인 의식은 '자기 자신 안에 그대로 머물러 있는' 방식으로 나아간 생명의 갈래에게는 **본능**의 방향으로 발전되어 왔겠지만, 반면 '자기 자신 밖으로 나아가 외부 타자인 물질에 자신을 맞추어 나가는' 방식으로 나아간 생명의 갈래에게는 **지성**의 방향으로 발전되어 왔을 것이기 때문이다. 그리고 우리는 원래 **본원적인 하나**를 이루고 있던 생명(생명 자체)이 이처럼 서로 다른 두 갈래의 길로 자신을 분화시켜 나갈 때, 이 길 각자 위에서 어떤 일이 벌어지게 되는지를 앞에서 보았다. 이 길 각자는 각자 자신의 길 위에서 발전하는 것을 발전시키기 위해, 상대방의 길 위에서 발전하는 것을 자신의 길 위에서는 발전하지 못하도록 억압하게 되는 것이다. 즉 본능과 지성 사이에는 각자 자기 자신의 발전을 위해 상대방의 발전을 억압하는 '상호 대립의 관계'가 성립하게 되는 것이다. 그러므로 지성의 길 위에서 이루어지는 발전은 그러한 발전이 이루어지면 질수록 그만큼 더욱더 자신의 길 위에서 본능의 퇴화를 가져오게 되며, 반면 본능의 길 위에서는 이와 반대되는 상황이 벌어지게 된다. 이로써 우리는 우리 인간의 의식이 왜 그토록 철저하게 지성과 일치하는 것이 되었는지를, 즉 우리 인간의 의식은 왜 지성이 이해할 수 있는 것만을 명확하게 이해할 수 있으며 왜 꼭 그것만을 확실한 것으로 믿을 수 있게 되었는지를, 다시 말해 왜 지성이 이해할 수 없는 것은 결코 명확하게 이해할 수도 없으며 또한 믿을 수도 없게 되었는지를 이해할 수 있게 된다. 우리 인간은 실로 지성의 길이 발전해 온 최고 정점에 위치하고 있는 존재인 것이다.

하지만 우리는 또한 우리 인간의 이러한 의식에 의해 억압당하고 있는 우리의 무의식의 정체가 무엇인지에 대해서도 이전과는 다른 새로운 이해에 눈뜨게 된다. 생명(생명 자체)은 **지속**의 원리에 따라 자기를 전개해 나가는 것이기 때문에, 이러한 생명으로부터 각자 서로 다른 갈래로 갈라져 나온 것인 '지성의 길'과 '본능의 길' **각자** 속에는, 이러한 갈라짐에도 불구하고, 이 두 개의 길 모두의 가능성을 원래 불가분적인 하나를 이루도록 자신의 본원적인 하나됨 속에서 섞고 있던 생명(생명 자체)이 그 **전체**로서 그대로 보존되어 들어오게 된다. 즉 우리 인간의 의식은 지성의 방향으로의 발전을 위해 본능의 발전을 억압하고 있지만, 이처럼 우리 인간의 의식에게서 억압되고 있는 본능은 그럼에도 불구하고, 자신으로부터 갈라져 나온 저 두 개의 길 각자 속에 여전히 그 **전체**로서 보존되어 들어와 있는 생명(생명 자체)으로 인해, 여전히 우리 인간의 존재 속에 그대로 ― 미발달의 형태로나마 ― 보존되어 들어와 있게 되는 것이다. 우리 인간의 존재 속에 들어와 있으면서도 우리 인간의 의식에 의해 억압되고 있는 것인 이와 같은 본능, 그러므로 이러한 본능이 우리 인간에게서 우리의 무의식을 이루고 있게 된다. 즉 우리 인간의 무의식을 이루고 있는 것은 우리 인간의 의식의 지성적 발달로 인해 억압되어야만 했던 본능, 즉 지성과의 관계에서 '어느 하나의 발전을 위해 필연적으로 다른 하나는 희생되어야만 하는 〈상호 대립의 관계〉'에 있어야 했던 본능인 것이다. 하지만 이처럼 우리 인간의 무의식을 이루고 있게 된 것인 이 본능은 '생명의 자기 자신에 대한 내적 인식'의 가능성을 자신 안에 가지고 있는 것이다. 우리 인간의 의식은 생명의 외부 타자인 물질을 향하고 있는 자신의 본래적인 관심방향을 좇기 위해, 자신과 반대되는 관심방향을 좇고 있는 본능을, 즉 외부 타자인 물질이 아니라 생명 자신에 대한 내적 인식을 지향하고 있는 것인 이 본능을 우리 자신의 무의식이 되도록 억압하고 있는 것이다. 생명의 자기 자신에 대한 내적 인식, 즉 생명이 자기 자신이 무엇인지를 우리에게 알려 줄 수 있는 그러한 내적 인식이 우리의 무의식 속에 묻혀 있는 것이다.

이렇게 해서 베르그송의 생명의 철학은 우리 인간이 지금 어떤 상태로 존재하고 있는지에 대해, 지성적 의식이 발달한 우리 인간의 지금 주어져 있는 **현실적인 모습**이 우리 인간이 가진 본래의 가능성으로부터 무엇을 얻고 있으며 무엇을 잃고 있는지에 대해 중요한 것을 말해 줄 수 있게 된다. '지성의 길'로 진화해 나아간 생명의 갈래는 우리 인간의 의식의 단계에 이르러 드디어 물질에 대한 완전한 이해와 지배에 도달할 수 있게 되었다. 생명은 우리 인간의 존재에 이르러 드디어, 진화의 그 이전 단계에서까지는 아직 불가능하였던 것인, 외부 타자인 물질로부터 오는 저항을 극복할 수 있게 되는 데에 성공할 수 있게 된 것이다. 하지만 이러한 성공의 이면에는 매우 값비싼 대가가 자리 잡고 있다. 우리 인간의 존재에게서 지성의 발달은 본능에 대한 억압을 대가로 이루어져 온 것이며, 그리하여 우리 인간의 의식은 생명(생명 자체)이라는 우리 존재의 모태에 대한 내적 공감의 능력을 잃어버린 채 오로지 물질에 대한 자신의 지성의 지배력만을 키워 온 것이다. 우리 인간의 지성적인 의식은 물질에 대한 이해와 지배를 위해 달려온 생명의 갈래가 그 발전의 정점에 이른 것이며, 이러한 우리 인간의 의식은 물질에 대한 자신의 성공에 과도하게 탐닉하는 자기도취에 빠지게 됨으로써 마침내 이 성공이 가져다주는 물질적 풍요와 안락만을 삶에서 중요한 모든 것인 양 생각하게 되는 것이다. 지성은 그것의 관심방향을 물질에게로 향하고 있는 것이기에 지성이 이해하는 세계의 모습이란 오직 물질적인 것이 되기 쉬우며, 그러므로 이처럼 유물론적인 것이 된 세계 속에서 우리 인간의 의식은 이제 오로지 물질적 쾌락만을 세계에 실재하는 유일한 가치라고 생각하며 살아가게 되는 것이다. 하지만 우리 인간이란 본래 물질의 본성과는 전혀 다른 본성을 가진 것인 생명의 자기표현이다. 그러므로 이러한 생명의 자기표현인 우리 인간이 세계를 오직 유물론적인 것으로만 이해하며 살아간다는 것은, 그리하여 이러한 유물론적인 세계 속에서 인정될 수 있는 유일한 가치인 물질적 가치만을 좇으며 살아간다는 것은, 우리 인간이 자기 자신이 본래 무엇인지를 잊으며 살아간다는 것을, 우리 자신이 결코 물질로 환원되지 않는 생명이라는 독자적인 원리의 한 표현이라는 것을 잊으며 살아간다는 것을 의미하게 된다. 우리 인간이라는 진화의 단계에 이른 생명은 물질 속에 뛰어들어 자신의 뜻을 실현하는 데 필요한 중요한 과제 중의 하나를 해결하는 데 성공하고 있지만, 그 반대급부로 다른 하나의 중요한 과제는 망각하고 있는 것이 되는 것이다. 즉 우리 인간의 모습으로 자신을 표현하고 있는 생명은 자신의 고유한 본성이 무엇인지를 망각한 채 자신의 외부 타자인 물질에 그 자신이 완전히 동화되어 버리는 '자기상실'(자기소외)의 위험을 겪고 있는 것이다.

우리 인간은 자신의 **자아ego**를 자신의 지성적인 의식에서 찾는다. 우리 인간은 우리의 지성적인 의식이 그 이유를 설명해 줄 수 있는 생각이나 행동을 하는 것에서 우리의 자아를 확인하게 되는 것이다. 그런데 이 지성적인 의식이 그 정당한(합리적인) 이유를 설명해 줄 수 있는 우리의 생각이나 행동이란 이 지성적인 의식이 발견하는 유물론적인 세계의 모습에 부합하는 생각이나 행동, 즉 오로지 물질적인 가치만을 지향하는 생각이나 행동일 것이다(만약 우리가 이런 기준에 부합하지 않은 생각이나 행동을 하게 된다면, 우리의 **자아**는 우리가 왜 그렇게 하는지 스스로 의문스러워하게 될 것이다). 그리하여 우리의 **자아**란 우리의 지성적인 의식이 이 유물론적 세계에서 발견할 수 있는 유일한 가치인 '성공적인 자기보존'을 지향하며 살아가게 된다. 즉 우리가 우리의 **자아**로서 살아가는 한, 우리는 물질적 안녕이나 행복을 최고의 가치로, 혹은 가능한 유일한 가치로 지향하며 살아가게 되는 것이다. 하지만 생명에 대한 베르그송의 이해에 따르면 우리가 우리의 이러한 **자아**로 살아가는 한, 즉 우리가 우리의 이러한 자아를 성공적으로 보존하며 살아가려 하는 데 머무르는 한, 우리는 우리의 본모습인 생명이 우리 인간의 존재에게서 겪고 있는 자기상실의 위험을 더욱더 심화시켜 가게 될 뿐이다. 우리 인간에게 진정으로 필요한 것, 다시 말해 지성의 방향으로 전개되어 온 진화의 길이 최고 정점에 이른 존재인 우리 인간에게 진정으로 요구되고 있는 것은 지성적인 의식과 일치하는 것이 된 우리의 자아를 보존하는 데 머무는 것이 아니라 오히려 이러한 자아를 넘어서는 것, 즉 자아로 살아가는 우리 자신의 현실적인 모습을 넘어서서 근본적으로 새로운 모습으로 우리 자신을 거듭나게 하는 것이다. 우리 '**인간**'이라는 존재를 규정하고 있는 것이 바로 지성적인 의식의 극단적인 발달이기에, 이러한 거듭남은 바로 '**인간**을 넘어서는 새로운 존재로의 거듭남'을 의미하게 된다. 그리고 인간을 넘어서는 이러한 새로운 존재로의 거듭남을 위해 필요한 것, 그것은 우리의 자아와 일치되고 있는 우리의 지성적인 의식의 완강한 지배력에 의해 우리의 무의식 속에 깊게 봉인(封印)되어 있는 '우리 자신의 잊혀진 가능성'을 되찾는 것이다.

4. 변성(變性) 의식상태 altered state of consciousness의 의미

생명에 대한 베르그송의 이해는 우리 인간에게서 발견되는 근원적인 자기상실(자기소외)의 문제가 무엇이며 왜 이러한 문제가 발생하게 되는지에 대해서 말해 주지만, 또한 그럼으로써 우리 인간이 안고 있는 이러한 근본적인 결함을 어떻게 극복할 수 있는지에 대해서도 역시 말해 주고 있다. 우리 인간이 겪게 되는 이러한 근원적인 자기상실의 문제란 우리 인간의 의식이 지성의 방향으로 발전해 온 것이기 때문에 생겨나는 것, 즉 우리 인간의 의식의 주된 관심방향이 생명 자신을 향하고 있는 것이 아니라 생명의 외부 타자인 물질을 향해 있는 것이기 때문에 생겨나는 것이다. 하지만 우리 인간에게는 '생명의 자기 자신에 대한 내적 인식'을 담고 있는 본능이 우리 자신의 무의식으로 우리의 존재 속에 들어와 있다. 생명이 자기 자신을 전개해 나가는 방식인 **지속**이 지성의 방향으로 발달해 온 우리 인간의 의식에 의해 억압당하게 된 이러한 본능을 그럼에도 불구하고 '무의식'의 형태로 우리 인간의 존재 내부 속에 잔존해 가도록 만들고 있는 것이다. 게다가 우리 인간의 이 무의식은 아무런 내적 활동성도 가지고 있지 않은 수동적인 무의식이 아니라 생명 본래의 자발적인 내적 활동성을 자신 안에 가지고 있는 **생동하는** 무의식이다. 그것은 의식의 외면이나 억압에도 불구하고 끊임없이 자신의 말을 들려주기 위해 능동적으로 활동하고 있는 **살아 있는** 무의식인 것이다.

우리의 무의식이 이와 같은 생동하는 무의식이라는 것을, 이러한 생동하는 무의식이 우리에게 우리 자신이 미처 의식하지 못하는 **삶(生)의 깊은 비밀**을 들려줄 수 있는 것이라는 것을, 우리는 지성적인 의식에 의해 지배받으며 살아가는 일상적인 삶의 차원에서도 경험해 볼 수 있는 경우가 있다. 우리가 우리 자신의 **삶(生)**과 관련하여, 즉 우리 자신이라는 그것의 한 부분적인 표현을 통해 자신을 전개해 가는 **생명(생명 자체)**과 관련하여, 어떤 중요한 문제의 순간에 부딪히게 될 때, 우리는 우리의 무의식이 가진 불가사의한 능력을 경험해 보게 될 때가 있는 것이다. 우리는 우리의 의식에 의해서는, 즉 그것의 지성적 논리에 의해서는, 왜 그런지 그 이유를 알 수 없으면서도 누군가에게 강하게 끌리게 되는 경우가 있다. 우리의 이러한 느낌은 우리의 의식이 투명하게 인식할 수 있는 어떤 지성적인 근거를 가지고 있는 것은 아니지만, 그럼에도 불구하고 매우 강하고 신비로운 힘으로 우리를 이끄는 것이다. 누가 나를 위한 '생(生)의 반려'가 되어 줄 수 있는지, 누가 나와 함께 생명 자체의 순수하고 자연스러운 표현인 사랑의 마음을 함께 나눌 수 있는 진정한 짝이 되어 줄 수 있는지, 우리의 지성적인 의식의 합리적인 계산이 가르쳐 줄 수 없는 이러한 것을 우리의 무의식적인 본능이 우리에게 가르쳐 주는 경우를 우리는 만날 수 있는 것이다. 혹은 우리가 깊고 어두운 삶(生)의 위기에 처하게 될 때, 우리는 우리의 지성적인 의식의 합리적인 사고가 무엇을 어떻게 해야 할지를 전혀 가르쳐 주지 못하는 이러한 혼돈의 상황 속에서 불현듯 솟아오르는 한줄기의 직관을 만나게 되는 경우가 있다 ― 이러한 직관은 종종 많은 사람들이 무의식이 우리에게 나타나는 가장 일반적인 방식이라고 평가하는 **꿈**을 통해 계시될 수도 있다. 예기치 않게 떠오르는 이 직관이 우리에게 우리가 겪는 이 위기의 의미를 이해할 수 있게 해 주며, 그리하여 우리의 새로운 앞길을 열어 나갈 수 있게 해 주는 것이다. 이러한 현상들은 우리 인간의 무의식이 의식의 억압에도 불구하고 여전히 자발적으로 활동하는 생동하는 것이라는 것을, 그리하여 생명의 긴급하고 중요한 요구를 만나게 될 때 그것이 가진 '생명의 자기 자신에 대한 내적

인식'의 능력을 발휘하게 된다는 것을 말해 주는 것이 아닐까?[28]

하지만 우리 인간에게서 '생명의 자기 자신에 대한 내적 인식'의 능력인 본능은 그것과 반대되는 관심방향을 향해 발전해 온 우리 인간의 지성적인 의식에 의한 억압으로 인해 매우 약화되어 있다. 우리 인간에게서 이러한 본능의 능력은 말 그대로 **무의식화**되어 있는 것이다. 더 나아가, 설령 본능이 자신의 이러한 능력을 우리의 일상적인 삶의 차원에서 드러내게 되는 경우를 우리가 경험할 수 있다 하더라도, 우리는 그것이 자신 속에 '생명의 자기 자신에 대한 내적 인식' 같은 것을 간직하고 있는 어떤 것의 드러남이라는 것을 잘 믿으려 하지 않는다. 우리 인간의 의식은 오직 지성적인 것만을 잘 이해할 수 있으며 자신이 잘 이해할 수 있는 이것만을 신뢰하려 하기 때문에, 본능의 능력의 **비지성적인** 성격은 우리 인간의 의식에게 언제나 불투명하고 모호하며 비합리적인 것으로만 보일 뿐, 설령 본능이 무엇인가 중요한 것을 우리에게 일깨워 주는 때가 있다 할지라도, 우리는 우리가 직접 경험할 수 있는 이러한 본능의 능력을 믿으려 하지 않으며 그것의 의미를 깊게 추구하려 하지 않는다. 우리는 본능이 그처럼 중요한 것을 우리에게 일깨워 줄 수 있는 것은 그것이 무엇인가 중요한 것을 **알고 있기** 때문이라는 것을 믿으려 하지 않으며, 이러한 것을 믿으려 하지 않기에, 본능이 왜 그러한 것을 알 수

---

[28] "이러한 느낌의 현상 속에서, 우리가 어떤 대상에 대해 별다른 지성적인 반성이 없음에도 불구하고 가지게 되는 공감이나 반감의 현상 속에서, 우리 인간은 우리 자신의 내부에서, 물론 훨씬 더 모호하고 이미 지성에 의해 크게 물들어져 있는 상태로이기는 하지만, 본능에 의해 활동하는 곤충의 의식 속에서 일어나는 일을 체험하고 있는 것이다." — EC, p. 644.

있는가 하는 것에 대해 깊이 추구해 보려 하지 않는다. 우리 인간의 의식은 본능의 이러한 능력을 한갓 우연적인 요행으로 인한 것으로만 돌리며, 자신의 지성적인 능력에 의해 알 수 없는 것을 알 수 있는 듯이 보이는 이러한 본능의 능력에게 어떤 **초지성적인** 인식의 가능성이 잠재해 있을 수 있다는 것을 인정하려 하지 않는 것이다. 우리 인간의 의식이 그 어느 때보다도 지성의 방향으로 멀리 발전해 온 오늘날의 '과학 지상주의'의 시대는 본능이 우리에게 일깨워 주는 것에 진지하게 귀 기울여 보려 하는 것을 한갓 환상을 좇는 비합리적 미신의 태도로 볼 뿐이다.

하지만 본능이 정말로 '생명의 자기 자신에 대한 내적 인식'의 능력을 자신 속에 간직하고 있는 것이며, 또한 이와 같은 것인 본능이 '지성의 길'로 나아간 생명의 진화가 최고 정점에 이른 우리 인간의 존재에게서도 여전히 매우 생생하게 활동할 수 있는 것이라는 것을 보여 주는 매우 인상적인 사실이 있다. 실은 이 사실이란 모든 사람들이 그 존재를 평소에도 다 잘 알고 있는 것이지만, 진정한 앎이란 오직 지성에게만 가능한 것이라고 생각하는 오래된 편견으로 인해, 틀림없이 '본능적 앎'의 존재를 가리키고 있는 이 사실의 중요성을 누구도 제대로 인식해 오지 못했던 것이다. 그 자신이 매우 뛰어난 독창적인 철학자인 뤼예르는 본능이란 '생명의 자기 자신에 대한 내적 인식'이라는 베르그송의 주장에 동조하면서, 지성이 발달한 우리 인간에게도 이러한 본능이 중요한 삶(생명)의 순간에 결정적으로 개입하게 된다는 것을 보여 주는 강력한 증거로 매우 어린 청춘남녀가 맞는 '첫날밤'을 들고 있다.29 매우 어린 그들은 남녀의 성적인 관계 맺음이 어떤 것이며 상대방의 인체구조가 어떤 것인지에 대해 전혀 아무것도 모르고 있을 만큼 너무 어리다. 그들은 남녀의 성기의 해부학적 구조나 성적인 관계 맺음에서의 그것들의 역할이 어떤 것인지에 대해서 사전(事前)에 아무것도 모르고 있으며 아무것도 배우지 못했을 만큼 너무 어린 것이다. 하지만 이처럼 **지성적으로는 아무것도 아는 것이 없는** 이들은 그럼에도 불구하고 상대방을 처음으로 맞게 되는 첫날밤에 상대방의 어디를 어떻게 해야 하는지를 바로 **알게 된다**. 이들은, 마치 말벌이 자신의 희생물을 보자마자 그것의 어디를 어떻게 해야 하는지를 **알고 있는** 듯이 행동하듯이, 자신의 상대방을 맞자마자 상대방의 어디를 어떻게 해야 성적 교합(交合)을 이룰 수 있는지를 **알고 있는** 듯이 행동하는 것이다. 누구나 알고 있듯이, 우리가 생생한 성적 흥분의 상태에 빠지게 되면 우리의 지성적 의식은 그때 마비된다. 우리가 우리의 지성적 의식의 제어력으로부터 벗어나게 되는 이 탈아(脫我)와 망아(忘我)의 순간은 그러므로 우리의 지성적 의식에 의해 무의식으로 억압당해 오고 있던 본능의 능력이 다시 깨어날 수 있게 되는 기회가 되는 것이다. 그러므로 이와 같은 탈아와 망아의 상태에 있을 저 첫날밤의 어린 청춘남녀가 그들의 지성적인 의식이 마비되는 이와 같은 상태에 있게 됨에도 불구하고 상대방의 어디를 어떻게 해야 하는지를 바로 **알 수 있게 된다**는 것, 이 사

---

29 Raymond Ruyer, "Bergson et le Sphex ammophile"(베르그송과 조롱박벌), *Revue de Métaphysique et de Morale*, 64: 2, 1959, p. 166 참고.

실은 그들이, 그들의 개체적 자아로부터 벗어나게 되는 이 탈아와 망아의 순간, 더 이상 서로 상대방으로부터 구분되는 독립적인 개체로서 존재하는 것이 아니라, 그들 둘을 넘어서는 더 큰 실재인 생명(생명 자체)이라는 **하나**의 존재 속에서 '**불이**'(不二)**의 관계**를 이루게 된다는 것을 말해 주는 것이 아닐까? 그리하여 그 순간 그들을 이끄는 것이 — 즉 성적 교합을 이루기 위해 무엇을 어떻게 해야 하는지를 알 수 있도록 그들을 이끄는 것이 — 그들 둘 각각의 개체성(개별적 존재성)을 넘어서는 초개인적인 **하나**인 생명의 '자기 자신에 대한 내적 인식'이라는 것을 말해 주는 것이 아닐까? 생명은 우리 인간이라는 그것의 부분적인 표현을 통해서 자신(생명 자신)을 전개해 나가는 것과 관련해 중요한 문제인 이 '성적 관계 맺음'이라는 문제에 있어서, 바로 생명 자신의 '자기 자신에 대한 내적 인식'에 의해 그 자신을 전개해 나가는 것이 아닐까?

그러므로 무의식화되어 있는 우리 인간의 이러한 본능의 능력은 그것을 억압하고 있는 우리의 지성적인 의식의 평상적인 주의력(注意力)이 약화되거나 마비될 때 우리에게 가장 잘 나타날 수 있게 되는 것으로 보인다. 우리의 무의식 속에 잠들어 있는 '생명의 자기 자신에 대한 내적 인식'은 우리의 의식이 잠들 때 오히려 우리에게서 깨어날 수 있게 되는 것으로 보이는 것이다. 그러므로 우리가 지성의 지배를 따르는 우리의 의식의 습관적인 존재방식(작용방식)으로부터 벗어날 수 있다면, 우리가 만약 외부 세계에 대한 우리 자신의 적응에 관심을 쏟고 있는 우리의 의식의 습관적인 존재방식으로부터 벗어나 우리 자신의 내면 속에 잠들어 있는 무의식을 일깨우기 위한 어떤 '의식의 전환conversion'을 이룰 수 있다면, 우리는 우리 자신의 이 무의식 속에 잠들어 있는 '생명의 자기 자신에 대한 내적 인식'을 일깨워 낼 수 있게 될 것이다.30 명상(冥想)이나 좌선(坐禪), 혹은 깊은 최면이나 유체이탈(流體離脫), 임사(臨死)체험이나 샤머니즘적인 접신(接神)의 체험 등은 그들이 실행되는 방식에 있어서는 제각기 서로 다르지만, 우리의 일상적인 보통의 의식상태와는 다른 매우 특이한 의식상태로, 즉 오늘날 이른바 '변성(變性) 의식상태'altered state of consciousness라고 불리는 특수한 의식상태로 우리를 이끌어 간다는 공통점을 가지고 있는 것으로 보인다. 즉 이들 변성 의식상태에서의 체험들은 우리의 지성적인 의식의 관성적인 작용방식을 마비시켜 개체적 자아의 완고한 지배로부터 우리를 벗어나게 하는 '탈아(脫我)의 상태'로 이르게 한다는 공통점을 가지고 있는 것이다. 이들 변성 의식상태를 통해 이르게 되는 이러한 탈아적인 상태에서 만나게 되는 것이, 바로 우리의 내면 속에 깊이 잠들어 있는 무의식이 풀어놓게 되는 이야기가 아닐까? 우리의 자아와 그것의 지성적인 의식의 지배력을 약화시키는 이러한 변성 의식상태란 바로 우리의 내면 속에 깊이 봉인되어 있는 무의식의 이야기를 일깨워 내는 데 필요한 저 '의식의 전환'이라는 조건을 채워 주고 있는 것이 아닐까?

    실로 이들 서로 상이한 변성 의식상태에서의 체험들이 우리에게 전해 주고 있는 이야기들은 놀라우리만치 서로 일치한다. 이들은

---

30 "우리가 무의식에게 물을 수 있고, 무의식이 우리에게 대답해 줄 수 있다면, 그것은 우리에게 생명의 가장 깊은 비밀을 넘겨줄 것이다." — *EC*, p. 635.

이 세계를 살아가는 우리의 **삶의 의미**가 무엇인지를, 우리의 의식(일상적인 의식)이 깨어 있는 '보통의 의식상태'에서는 결코 찾을 수 없는 이러한 삶의 의미가 무엇인지를 바로 이 탈아적인 '변성 의식상태'에서는 선명하게 알 수 있게 된다고 주장한다. 우리가 살아가는 이 세계의 참모습이란 오늘날의 과학이 탈(脫)주술화된 유물론적인 세계로 믿고 있는 것과는 달리 영적·정신적 의미를 간직하고 있는 실체이며, 우리의 삶은 이 영적인 세계 속에서 거듭되고 있는 계속적인 윤회를 통해 이러한 윤회의 목적인 '영적 성장'을 이루기 위해 있는 것이라고 이들은 주장한다. 이들에 따르면 우리의 삶이란 지금 주어져 있는 현실적인 모습을 넘어서는 새로운 모습으로 거듭나기 위해 존재하는 것이며, 이러한 '새로운 거듭남'이라는 과제는 우리의 삶이 펼쳐지고 있는 이 우주의 근본적인 본성 자체로부터 우리에게 주어지고 있는 것, 즉 우리 각자의 개체적 차이에 상관없이 우리 각자를 넘어서는 진정한 실재인 우주 자체로부터 우리 모두에게 공통적으로 주어지고 있는 '우주적 차원의 과제'라는 것이다.[31] 과연 우

---

[31] 유명한 『티베트 사자(死者)의 서』를 비롯해, 우리가 사는 이 우주의 참모습은 우리 인간의 영적 성장을 위한 — 실은 우리 인간뿐만 아니라 우주에 존재하는 모든 것의 영적 성장을 위한 — 윤회가 펼쳐지는 세계라고 이야기하는 문헌들은 동서고금에 차고 넘친다. 또한 고래(古來)로부터 전해져 오는 이러한 이야기들이 결코 낡고 미신적인 것이 아니라, 현대과학의 세계이해에 어긋나는 그것의 미스터리한 성격에도 불구하고 정말로 옳은 것일 수도 있음을 학문적으로 옹호하려 하는 현대 연구자들의 진지하고 전문적인 연구들도 실은 상당히 많이 나와 있다. 하지만 이러한 이야기들은 현대과학의 세계이해에 어긋나는 것이라는 이유에서, 또한 무엇보다도, 우리의 **지성적인 의식**에 의해서 결코 명료하게 이해되거나 확인될 수 있는 것이 아니라는 이유에서, 학문적 주류가 인정하는 논의의 대상에서 배제되고 있다. 마치 조선시대의 사대부들이 학문적 주류가 인정하는 것을 따라야 했던 낮의 세계에서는 남들이 보는 앞에서 유학을 공부해야 했지만 홀로 있는 밤의 세계에서는 남몰래 불교를 공부하는 것으로써 자신의 실존적 목마름을 숨어서 달래야 했던 것처럼, 현대 학문이 인정하는 공론(公論)의

리에게 이와 같은 초개인적인 운명이자 우주적인 과제가 주어지고 있음을 말하는 이와 같은 것들은 한낱 허구적인 환각에 불과한 것일까? 이 모든 것이 우리를 기만하기 위한 한갓 헛소리에 불과한 것일까? 하지만 적어도 이들의 '변성 의식상태'는 이들이 하는 이러한 이야기들이 결코 '의식적으로 꾸며 내는 거짓말' 같은 것일 수는 없다는 것을 말해 주는 것으로 보인다. 이들은 자신들이 하는 이야기를 능동적이고 자의적으로 꾸며 낼 수 있는 것이 아니라 그들의 자아와 의식이 완전히 무력화된 탈아적인 상태에서 그들이 체험하고 있는 것을 그대로 전달할 수 있을 뿐이다. 그들의 '변성 의식상태'는 그들이 하는 이야기가 그들 스스로가 능동적으로 꾸며 내는 이야기가 되는 것을 막고 있는 것이다.[32]

장은 우리 인간의 실존과 관련해 가장 중요한 것을 말해 주는 것일 수도 있는 이러한 이야기들을 떳떳한 학문의 이름으로 논의할 수 없는 '금기의 것'으로 외면하고 있는 것이다. 이것이 과연 이 이야기들이 **비과학적인 것**이라는 데 책임이 있는 것일까? 아니면, 이 이야기들을 비과학적인 것으로 평가절하하는 우리의 현대 학문에 무엇인가 근본적으로 잘못되어 있는 것이 있는 것은 아닐까? 우리가 본 몇 가지 책들 중에서 이 문제와 관련하여 가장 깊이 있는 학문적 성찰을 담고 있는 책이라고 생각되는 두 권의 책을 여기에서 추천해 본다. 1. 크리스토퍼 베이치, 『윤회의 본질 : 환생의 증거와 의미, 카르마와 생명망에 대한 통합적 접근』 *Lifecycles : Reincarnation and the Web of Life*, 김우종 옮김, 정신세계사, 2014. 2. 마이클 탤보트, 『홀로그램 우주』 *The holographic universe*, 이균형 옮김, 정신세계사, 1999.

32 물론 이들은 그들의 변성 의식상태에서 그들이 체험하게 되는 것을 스스로가 **잘못** 이해하고 있는 것일 수는 있다. 즉 이 변성 의식상태에서 이루어지는 체험의 **실체**(숨겨져 있는 이면의 실체)는 실은 그들이 체험하거나 이해하는 것과는 전혀 다른 것이어서, 그들 자신이 이러한 체험에 스스로 속고 있는 것일 수는 있는 것이다(마치 달이 나의 손바닥보다 작게 보이는 체험에서 그러한 것처럼 말이다). 하지만 누군가가 하는 **체험 자체**가 이처럼 처음부터 근본적으로 오류이거나 착각일 수 있는 가능성은 우리의 일상적인 보통의 의식상태에서 이루어지는 체험이나 과학이 하게 되는 체험에서도 똑같이 존재하는 것이다. 즉 과학 역시 자신의 영역에서 자신이 체험하는 것을, 자의적이지 않게, 잘못 이해하고 있는 것일 수 있는 것이다(데카르트가 세운 '전지전능한 악마'의 가설에서 그런 일이 일어날 수 있는 것처럼 말이다. 즉 우리 모두를 처음부터, 심지어 가장 확실한 것으로 보이는 수학적인 계산을 포함하여 그 모든 것에서 완전히 속일

그렇지만 그렇다고 하더라도 과연 변성 의식상태에서의 체험들이 전하는 이러한 이야기들이 정말로 진리일 수 있는 것일까? 과연 윤회라는 것이, 또한 삶의 의미라는 것이 정말로 있는 것일까? 우리가 세상에서 경험하게 되는 것을 피할 수 없는 그 모든 고통와 슬픔, 이해할 수 없는 불행과 불운에도 불구하고, 이 모든 것이 과연 우리의 영적 성장을 위해 존재하는 것일까? 게다가 우리의 의식이 선명하게 깨어 있는 상태에서는 도저히 알 수 없는 이러한 것들은 왜 오히려 우리의 의식을 벗어나게 되는 탈아적인 '변성 의식상태'에 들게 될 때 확신에 찬 어떤 앎으로 우리에게 다가오게 되는 것일까? 우리가 우리의 선명하게 깨어 있는 의식으로 수행하게 되는 과학의 세계이해, 우주의 기원에서부터 생명의 비밀에 이르기까지 세상의 비밀이란 비밀은 모두 밝혀 가는 듯한 이러한 과학의 세계이해가 도저히 알지 못하는 이러한 불가사의한 세계이해를 우리는 과연 믿을 수 있는 것일까? 종교의 수수께끼, 혹은 영성을 말하는 신비주의적 사상에서 발견되는 가장 중요한 수수께끼 중의 하나는 그것이 세계의 참모습에 대한 참된 이해를 위해서는 우리 자신의 의식의 관심을 우리 자신 밖의 외부 세계를 향하게 할 것이 아니라 우리 자신의 내면 속으로 향하도록 해야 한다고 주장하는 데 있다. 세계란 우리 자신보다 훨씬 더 크고 오래된 것, 따라서 우리 자신의 존재를 월등히 초과하는, 우리 자신의 밖에 있는 것이 틀림없는 것일 텐데, 그럼에도 불구하고 종교는 이러한 세계의 참모습을 이해하기 위해서는 밖으

수 있는 '악마적인 신'의 가설에서 그런 일이 일어날 수 있는 것처럼 말이다).

로 향해져 있는 우리 자신의 의식의 관심을 우리 자신의 내면 속으로 향하도록 되돌리는 '의식의 전환'을 수행하는 것이 필요하다고 주장하는 것이다. 그런데 생명에 대한 베르그송의 이해, 그리고 이로부터 나오는 무의식에 대한 베르그송의 이해는 의식의 전환에 대한 종교의 이와 같은 주장을, 즉 과학이라면 세계에 대한 참된 이해를 위해서 그런 것이 굳이 필요하지 않으리라고 생각할 이와 같은 것에 대한 종교의 주장을 우리가 왜 진지하게 받아들일 수 있는지를 설명해 준다. 즉 생명과 무의식에 대한 베르그송의 이해는 우리가 왜 이러한 의식의 전환에 의해 이루어지는 변성 의식상태에서의 체험이 세계에 대해 말해 주는 것을, 과학이 세계에 대해 말해 주는 것과는 너무나도 다른 그것의 낯선 이야기에도 불구하고, 진리의 가능성을 가지고 있는 것으로 생각할 수 있는지를 설명해 주는 것이다. 생명의 자기 자신에 대한 내적 인식, 즉 우리 자신과 이 우주의 참모습이 무엇인지를 아는 것일 수 있는 이 인식은 우리 인간에게서 지성적인 의식의 발달로 인해 오히려 우리의 무의식 속에 깊이 봉인되어 있을 수 있는 것이며, 우리의 무의식을 깊게 가둬 놓고 있는 이 봉인을 우리의 의식의 관성으로부터 벗어나는 변성 의식상태가 풀어내고 있는 것일 수 있는 것이다.

5. 생명에 대한 베르그송의 이해를 통해서 본 마조히즘의 의미

무의식이 어떤 앎을 내포하고 있는 것이라는 것, 더구나 무의식에 내포되어 있는 이 앎이라는 것이 의식으로서는 도저히 알 수 없는

"생명의 가장 깊은 비밀을 우리에게 넘겨줄 수 있는 것"[33]이라는 것, 바로 이것이 우리가 무의식에 대한 베르그송의 이해에서 찾을 수 있는 프로이트와의 결정적인 차이일 것이다. 베르그송에게 무의식이란 '생명의 자기 자신에 대한 내적 인식'을 내포하고 있는 것인 반면, 프로이트에게 무의식이란 전혀 무엇인가를 알 수 있는 앎의 능력을 내포하고 있는 것이 아니라 그저 자신의 욕구의 충족만을 맹목적으로 추구하는 무분별한 성적 충동의 장소일 뿐이다. 우리가 앞 장에서 살펴본 프로이트와 융의 차이, 즉 무의식을 이해하는 데 있어서 이 두 사람이 보여 주는 차이란 실은 그보다 먼저 프로이트와 베르그송 사이에서 발견될 수 있는 이와 같은 차이가 다른 방법이나 형식으로 재연(再演)되고 있는 것일 게다. 프로이트가 문명화된 인간의 정상적인 규범의 삶을 위해 억압되어야만 하는, 그렇기 때문에 숨죽인 어두운 이면 속에 숨어서 끊임없이 이 정상적인 삶을 어지럽히는 계기로서만 작용하게 되는 성적 충동들의 무분별한 정념만을 보고 있는 무의식에서, 융은 이러한 정상적인 삶 속에서 구현되고 있는 인간의 **의식적인** 자기 이해를 초월하는 훨씬 더 깊고 근원적인 새로운 자기 이해로 우리를 이끌어 가려 하는 숨은 지혜를 보고 있었다. 프로이트에게서 의식보다 '아래에 있는' 열등하고 비합리적인 것이었던 무의식은 융에게서 의식의 지성적 논리로서는 알 수 없는 우리 자신과 이 세계의 참모습을 우리에게 일깨워 줄 수 있는 **초합리적이고 초의식적인 것**으로서 — 그러므로 의식보다 '위에 있는 것'으

---

[33] *EC*, p. 635.

로서 — 재발견되고 있었다. 무의식에 대한 이해에 있어서 융이 프로이트에 맞서 가져오고 있는 이와 같은 근본적인 혁신, 그것은 베르그송의 생명의 철학을 배경으로 놓고 볼 때 그러한 새로운 이해가 가능하게 되는 이유가 무엇인지를, 혹은 그러한 새로운 이해가 정당화될 수 있는 이유가 무엇인지를 훨씬 더 잘 이해할 수 있게 되는 것으로 보인다. 무의식에 대한 프로이트의 이해는 생명에 대한 현대과학의 정설인 신다윈주의의 이해와 짝을 이룰 수 있는 것인 반면, 무의식에 대한 융의 이해는 신다윈주의와는 양립 불가능한 베르그송의 생명철학을 자신의 원천으로서 삼고 있는 것으로 보이는 것이다. 무의식에 대한 프로이트와 융 사이의 서로 다른 이해와 대립, 그 배후의 기저에는 실은 생명에 대한 이해와 차이가 자리 잡고 있는 것이다.

실제로 융의 '원형' 개념은 본능이 '생명의 자기 자신에 대한 내적 인식'을 내포하고 있는 것이라는 베르그송의 이해를 여러모로 떠올리게 만든다. 융이 본능을 선험적이고 초개인적인 것인 원형에 대한 지각을 통해 작동하게 되는 것이라고 설명할 때, 이러한 본능이 그토록 놀랄 만한 정확성을 가지고 필요한 작업을 문제없이 수행해낼 수 있는 것은 이 원형이 바로 베르그송이 말하는 '생명의 자기 자신에 대한 내적 인식'을 나타내고 있는 것이기 때문일 것이다. 그리고 원형(상징)이 이처럼 우리의 무의식 속에 내포되어 있는 '생명의 자기 자신에 대한 내적 인식'을 **나타내고 있는 것**이라는 사실은, 혹은 다시 말해 우리의 무의식 속에 내포되어 있는 '생명의 자기 자신에 대한 내적 인식'이 이러한 원형(상징)을 통해 자신을 **우리에게 나타내**

보이고 있는 것이라는 사실은 무의식에 대한 융이나 베르그송의 이해를 프로이트의 이해와 결정적으로 구분 짓기 하는 또 하나의 중요한 차이점을 발견하게 만든다. 앞에서 보았듯이 프로이트에게 무의식이란 결코 건널 수 없는 어떤 심연에 의해 의식과 갈라져 있는 것, 즉 언제나 의식이 미치지 못하는 저편 너머로 자신을 숨기며 달아나는 것이다. 다시 말해 프로이트에게 있어서 무의식이란 우리의 의식에게 그것의 실체에 대한 **직접적인 접근**이 불가능한 것, 즉 그것의 맨 얼굴에 대한 **직접적인 대면**이 결코 불가능한 어떤 것이다. 우리의 의식에게 나타나는 무의식의 모습이란 언제나 그것의 **위장된 모습**일 뿐, 위장되지 않은 그것의 본모습은 의식이 다가가지 못하는 심연의 어둠 속으로 항상 자신을 숨기고 있다. 『꿈의 해석』에 나오는 유명한 '꿈의 배꼽'의 비유가 말하고 있듯이, 우리의 의식이 다가갈 수 있는 이 위장된 모습과 무의식의 본모습 사이에는 배꼽과 탯줄 사이의 관계와 같은 것이 있다. 우리에게 남아 있는 것은 오직 배꼽(위장된 모습)일 뿐, 그것과 원래 하나로 연결되어 있던 것이며 또한 그것을 낳고 기르던 것이었던 탯줄은 항상 이미 끊어져 나가 버린 '부재하는 것'으로서만 존재한다. 우리가 아무리 이 위장된 모습의 근원을 찾아 계속해서 거슬러 올라간다 할지라도, 항상 이미 끊어져 나가 버린 것으로서만 존재하는 이것은 언제까지나 결코 다가갈 수 없는 미지의 것으로 남아 있게 되는 것이다. 반면 무의식에 대한 융과 베르그송의 이해에서 우리의 의식은 무의식의 한갓 파생물(위장된 모습)만을 만날 수 있는 것이 아니라 무의식 자체의 본모습과 **직접 대면할 수 있게 된다**. 우리의 무의식은 그것이 내포하고 있는 '생명의 자기 자신에 대한 내적 인식'을 원형(상징)을 통해 우리의 의식에게 직접 나타내 보일 수 있는 것이며, 그것이 이처럼 원형(상징)을 통해 나타내 보일 수 있는 이러한 자신의 모습 이외의 다른 어떤 것을 눈에 보이지 않는 더 깊은 이면 속에 숨겨 두고 있는 것이 아니다.[34] 그리고 우리의 의식은, 비록 그 현실적인 모습에 있어서는 지성적인 의식의 모습을, 즉 우리의 무의식을 억압하는 의식의 모습을 취하고 있는 것이 사실이지만, 앞에서 말한 바와 같이 우리 의식의 이러한 현실적인 모습이 결코 의식이 취할 수 있는 유일한 형태인 것은 아니기에, 우리의 의식은 우리의 무의식을 억압하는 이러한 지성적인 의식으로부터 벗어나 우리의 무의식이 간직하고 있는 이야기를 들을 수 있는 새로운 형태의 의식으로 변모되어 갈 수 있는 것이다.[35] 바로 의식의 전환을 통한 변성 의식상태로의 변모가 이러한 새로운 형태의 의식으로, 즉 무의식의 본모습과 직접 만날 수 있게 되는 형태의 의식으로 우리의 의식을 변모시켜 줄 수 있는 것이다.[36]

그렇지만 우리 무의식의 본모습이 이처럼 자신을 드러내게 되는 이러한 상징을 우리가 만날 수 있게 되는 것은, 지금 말한 바와 같이, 우리의 의식이 지성적인 의식의 지배를 받고 있는 그것의 통상

---

[34] 이것이 바로 들뢰즈가, 앞에서 보았듯이, 상징이란 무의식의 **궁극적인 소여**라고, 즉 그것 이외의 또 다른 어떤 것을 그것의 배후에 더 궁극적인 것으로 숨겨 두고 있는 것이 아니라고 강조한 이유이다.
[35] "…우리 인간은 우리 자신의 내부에서 … 본능에 의해 활동하는 곤충의 의식 속에서 일어나는 일을 체험하고 있는 것이다." — *EC*, p. 644.
[36] 그러므로 프로이트가 우리의 무의식에 대한 우리 의식의 직접적인 대면이 불가능하다고 생각하는 것은 그가 우리 의식의 현실적인 모습인 지성적인 의식의 형태를 우리의 의식에게 가능한 유일한 형태라고 보았기 때문일 것이다.

적인 존재방식으로부터 벗어날 수 있을 때 즉 우리의 무의식을 억압하고 있는 우리의 지성적인 의식의 지배력으로부터 우리가 벗어날 수 있을 때이다. 우리의 무의식은 분명히 우리의 의식이 다가갈 수 없는 **저 너머**에 있는 것은 아니지만, 그럼에도 불구하고 우리 의식의 습관적인 존재방식의 **반대편**에 있는 것은 사실이기 때문이다. 이 반대편에 도달하기 위해서, 우리에게는 의식의 전환을 통한 변성 의식상태로의 변모가 필요하게 되는 것이다. 그런데 이와 같은 변성 의식상태에서 체험이 이루어지는 방식은 우리의 의식이 습관적으로 작용하고 있는 보통의 의식상태에서 체험이 이루어지는 방식과는 크게 다르다. 보통의 의식상태에서의 경우, 나는 내가 체험하는 대상을 그것을 체험하고 있는 나 자신으로부터 거리를 두고 떨어져 있는 **객관**으로 **대상화**한다. 나 역시 내가 체험하고 있는 이 대상으로부터 거리를 두고 떨어져서 그것을 (나와 구분되는) 객관으로서 **표상하고 있는 주관**이 되는 것이다. 말하자면 보통의 의식상태에서 우리의 체험이 이루어지는 방식의 특징은 흔히 말하는 **주관과 객관의 구분**에, 즉 주관이 대상을 그것을 대상화하는 데 필요한 거리를 사이에 두고서 주관 자신과 구분되는 객관으로서 **표상하는**represent[37] 데에 있는 것이다. 보통의 의식상태에서 우리의 체험이 이루어지는 경우에는 이처럼 나의 주관이 체험의 대상을 **거리를 두고** 표상하는 방식으로 체험이 이루어지기 때문에, 나는 내가 표상하는 대상에 대

---

[37] '표상한다'represent는 것 자체가 **저쪽**에 '존재하고 있는'present 대상을 그것과 떨어져 있는 이쪽에 존재하고 있는 나의 주관에 '다시 나타나게're-present 흔다는 것이다.

해 나의 생각(상상력)대로 내가 원하는 방식의 **조작**을 가할 수 있다. 예컨대 나는 내가 분식집에서 바라보고(표상하고) 있는 라면을 속된 상상력을 발휘하여 고급 이탈리아 레스토랑의 비싼 스파게티라고 바꿔서 생각해 볼 수 있는 것이며, 실제로는 별 볼품없이 맨숭맨숭하게만 보이는 내 눈앞의 저 이름 없는 산을 북종 산수화에 나올 법한 기암절벽이 솟구친 천하절경의 풍경으로 바꿔 놓을 수도 있는 것이다. 한마디로 말해, 나는 내가 **표상하는** 대상을 — **표상의 대상**이란 나의 주관으로부터 **거리를 두고 떨어져 있는 것**으로서 체험되고 있는 것이므로 — 그것이 나에게 실제로 주어지고 있는 모습과는 다르게 내가 원하는 방식대로 능동적이고 인위적으로 꾸며 볼 수 있는 것이다. 하지만 변성 의식상태에서 이루어지는 무의식의 상징에 대한 체험은 이와는 다르게 이루어진다. 변성 의식상태에서 체험하게 되는 무의식의 상징은 결코 나와 떨어져 있는 객관으로 대상화되지 않는다. 그것은 거리를 두고 대상화될 수 있는 표상의 대상으로서 체험되는 것이 아니라 어떠한 대상화의 거리도 허용하지 않는 채 변성 의식상태에 들어가는 자(者)의 **존재 내부 속으로 직접 들어와** 체현(體現)되고 있는 생생한 현실로서 체험된다. 변성 의식상태라는 **탈아적인** 상황은 그것이 의미하는 주관(자아)의 해체와 더불어 주관과 객관의 구분도, 따라서 또한 표상을 위한 거리도 모두 해체하게 되는 것이며, 그러므로 변성 의식상태에 들어가는 자는 자신이 체험하는 대상(무의식의 상징)을 결코 자신의 주관과 구분되는 객관으로 대상화할 수 없게 된다. 그는 표상을 위한 어떠한 거리도 사라진 곳에서 자신이 체험하는 것을 자신의 **존재 내부 속에서** 일어나는 불가항력적인 것으로 체험하게 되는 것이다. 그는 자신이 체험하는 것이 놓여 있는 무대를 바라보며 표상하고 있는 **관객**이 아니라, 그 자신이 직접 이 무대 속으로 빨려 들어가 그곳에서 펼쳐지는 드라마를 자신이 주연이 되어 실연(實演)하고 있는 **배우**가 된다. 보통의 의식상태에서 이루어지는 표상적 체험에서는 내(나의 주관)가 대상을 조작하고 명령할 수 있는 주인이지만, 변성 의식상태에서 이루어지는 체험에서는 오히려 체험의 대상(무의식의 상징)이 내가 어찌할 수 없는 방식으로 나를 꼼짝없이 장악해 오는 주인이 된다. 나는 그때 내게 실제로 주어지는 것을 그대로 받아들일 수 있을 뿐, 그것을 나의 자의대로 조작하지 못한다. 나는 무의식의 상징을 나와 무관한 대상으로서 표상할 수 있는 것이 아니라 내가 어찌할 수 없는 힘으로 나를 압도해 오는 그것의 존재에 나의 존재가 집어삼켜지는 것을 체험하게 된다. 나는 나를 능가하는 이 상징이 풀어놓는 초개인적인 드라마의 일부가 되는 것이다.

그러므로 '엄마와의 근친상간'이라는 **상징**을 체험하는 마조히스트는 결코 그러한 상징을 표상하고 있는 것이 아니다. 그는 자신이 체험하는 이 상징의 초개인적인 드라마가 바로 자신의 존재 자체에 밀착되어 그 자신 속에서 실연되고 있음을 체험하는 것이다. 마조히스트에게 일어나는 이러한 상징의 체험은 진실로 어떤 진정한 **종교제의(祭儀)적**ritual 체험과 같은 것이라고 할 수 있다. 진정한 종교제의적 체험이란 표상적 체험인 보통의 의식상태에서의 체험과는 달리 주관과 객관의 구분 위에서 이루어지지 않는다. 그것은 그러한 구분을 벗어나는 탈아적 도취의 체험이며, 체험하는 주관이 자신의 개별적인 특수성을 넘어 초개인적인 상징과 혼연일체가 되는 체험이다. 기독교인들이 예수의 수난과 부활에 대한 그들의 진정한 종교제의적 체험에서 결코 예수의 수난과 부활을 관객으로서 바라보며 표상하고 있는 것이 아니라 그들 스스로가 예수가 되어 그러한 수난과 부활을 그들 자신의 존재 속에서 직접 생생히 구현되고 있는 것으로 겪고 있듯이, 마조히스트 역시 '엄마와의 근친상간'이라는 상징의 초개인적인 드라마를 자신의 존재 속에서 직접 생생히 구현되고 있는 것으로서 체험하고 있는 것이다. 마조히스트란 자신이 도저히 거역할 수 없이 받아들여야만 하는 이 '엄마와의 근친상간'이라는 상징의 불가항력적인 힘에 사로잡혀 있는 자이며, 그리하여 그를 사로잡고 있는 이 상징의 드라마를 자신의 실제 존재 속에서 — 즉 그의 실제 성생활 속에서 — 실연하고 있는 자이다. 그런데 앞에서 보았듯이, 들뢰즈와 융에 따르면 마조히스트를 사로잡고 있는 '엄마와의 근친상간'이라는 이 상징이 의미하는 것은 지금 주어져 있는 우리 자신의 현실적인 모습에서 벗어나 그것을 넘어서는 새로운 모습으로 근본적으로 새롭게 거듭날 것을 요구해 오는 것이다. 즉 우리의 무의식은 자신이 내포하고 있는 '생명의 자기 자신에 대한 내적 인식'을 나타내고 있는 이 상징을 통해 우리에게 '새로운 인간으로의 거듭남'이라는 것을 요구해 오고 있는 것이다. 마조히즘이란, 즉 우리의 성적 본능의 욕망이 본래 — 비록 대부분의 사람들이 그 사실을 의식하지 못하고 있거나 잊고 있지만 — '엄마와의 근친상간'이라는 상징을 좇아 일어나는 것이라는 것을 말해 주는 이 '무의식과의 만남'이란, 이러한 상징을 좇아 일어나는 것인 우리의 성적 본능의 욕망이 본래 저와 같은 '새로운 인간으로의 거듭남'이라는 것을 추구하는 것이라는 사실을 말해 주고 있는 것이다.

이로써 우리는 마조히즘이 우리에게 이야기하고 있는 것이 우리의 존재의 모태인 생명이, '생명의 자기 자신에 대한 내적 인식'을 내포하고 있는 것인 우리의 무의식을 통해, 즉 이 무의식이 우리에게 나타내 보이는 '엄마와의 근친상간'이라는 상징을 통해, 우리에게 '새로운 인간으로의 거듭남'이라는 것을 요구해 온다는 것임을 알 수 있게 된다. 마조히즘이 이야기하고 있는 것은 '엄마와의 근친상간'이라는 무의식의 상징을 좇아 일어나는 것인 우리의 성적 본능의 욕망이 **본래**, 이 상징이 의미하는 것인 '새로운 인간으로의 거듭남'이라는 것을 추구하는 것이라는 것이다. 성의 이러한 참모습에 대한 재발견, 즉 성의 참모습이라는 것이 상대방을 감각적으로 탐하는 데, 그리하여 우리의 현실적인 모습의 자기보존을 추구하는 데 있는 것이 아니라, 이러한 현실적인 모습을 넘어서는 새로운 모습으로 우리 자신을 거듭나게 하는 데 있는 것이라는 사실에 대한 이러한 발견이 마조히즘이 우리에게 전해 주는 가장 핵심적인 메시지일 것이다. 그런데 '새로운 인간으로의 거듭남'이라는 '근본적인 자기변형'의 과제가 우리에게 주어지고 있음을 말하는 것, 그것이 바로 종교이다. 종교란 이와 같은 '근본적인 자기변형'의 과제가 우리 인간에게 주어지고 있음을 말할 수 있을 때에만 성립할 수 있는 것이다. 그런데 마조히즘은 이러한 종교적 과제의 존재를 우리에게 일깨워 주는 것이 바로 우리의 성이라는 것을, 즉 우리 자신의 무의식 속으로 들어온 '생명의 자기 자신에 대한 내적 인식'이라는 것을 말해 주고 있다. 마조히즘은 우리 자신의 가장 근본적인 본능인 성적 본능이, 즉 우리 자신을 바로 자연으로서 존재하게 하는 가장 자연적인 본능인 우리의 성적 본능이 우리 자신에게 이러한 '새로운 인간으로의 거듭남'이라는 종교적 과제를 추구하도록 하는 것이라고 말해 주고 있는 것이다. 성sexuality과 영성spirituality, 혹은 자연과 종교, 둘 다 우리 인간을 규정하는 가장 근본적인 속성일 수 있는 이 둘 사이에는 서로를 부정하는 대립과 반목의 관계가 있다는 것이 세상의 일반적인 생각이지만, 마조히즘은 이 둘 사이에 이와 같은 대립과 반목의 관계가 아니라 실은 가장 근본적인 일치의 관계가 있다는 것을 말해 주고 있는 것이다. 그러므로 이러한 마조히즘을 통해 우리는 성과 영성의 완전한 일치라는 불가사의한 세계이해를 말해 온 동양의 오랜 신비주의인 탄트리즘(밀교密敎)의 세계로 나아가게 된다. 우주의 가장 근원적인 비밀이 바로 우리 자신의 성 속에 있으며, 그러므로 깨달음(해탈)의 완성은 바로 우리 자신의 성을 실천하는 것을 통해 이루어질 수 있다고 말해 온 탄트리즘의 '성-신비주의', 성에 대한 새로운 이해를 가능하게 해 주는 마조히즘은 과연 이 탄트리즘을 재발견할 수 있게 해 주는 것일까?

V. 탄트리즘
: 성과 영성의 근본적인 일치

탄트라는 과학이다. 과학은 도덕적인 개념도, 도덕적인
개념 아닌 것도 아니다. 덕성과 도덕적 품행에 관한
개념들은 탄트라에 적합지 않다. 탄트라는 이상이 아니다.
이 세계는, 그리고 나 자신은 무엇인가에 관한 탐험이다.
 - 석지현, 『밀교』, 73쪽

어떻게 성을 사용할까, 어떻게 그것을 변형시킬 수
있을까, 그런 방법을 찾아라. 탄트라는 무엇인가,
그것은 생명의 깊고 전체적인 수용이다.
탄트라는 이 전체적인 수용, 그 유일한 접근이다.
전 세계를 통하여, 지나가 버린 모든 세기를 통하여
탄트라는 유일한 것이었다.
 - 같은 책, 70~71쪽

1. 내재성의 존재론과 종교의 초월주의의 화해

잘 알려져 있듯이, 불교의 출발은 붓다(고타마 싯다르타)가 우리 인간이 추구해야 할 이상으로서 '해탈'nirvana이라는 것을 제시함으로써 이루어진 것이다.[1] 흔히 '소승 불교'로 일컬어지는 초기 불교는 이 해탈이라는 것을 모든 고통의 원인인 욕망으로부터 완전히 해방되는 것을 의미하는 것으로 이해한다. 초기 불교의 생각에 따르면, 우리가 욕망을 가지고 있는 한 우리는 고통에 찬 이 세계로부터 결코 벗어날 수 없으며, 이 고해(苦海)의 세계 속에서 이루어지게 되는 덧없는 생사윤회의 번뇌를 끊임없이 되풀이할 수밖에 없게 된다. 초기 불교에게 해탈이란 고통의 굴레 속에 갇혀 있는 이러한 윤회전생(輪廻轉生)의 과정으로부터 완전히 벗어나는 것을 의미하며, 그러므로 다시는 생(生)을 받지 않는 것을 의미한다. 그러므로 초기 불교는 고통의 원인인 욕망에 대한 완전한 부정과 극복을 통해 이러한 해탈에 도달하게 될 것을 주장하는 것이다.[2]

그런데 이러한 해탈이란 우리가 욕망과 고통으로 가득 차 있는 이 세계로부터 벗어나 어떤 **다른 세계**로, 즉 욕망과 고통이 더 이상 존재하지 않는 어떤 다른 세계로 옮겨 가게 되는 것을 의미하지 않는다. 해탈이란 우리가 지금 처해 있는 이 세계와는 다른 어떤 세계로 옮겨 가 그곳에서 **존재하게** 되는 것을 의미하는 것이 아니라, 욕

---

[1] 앞에서도 말했듯이, 탄트리즘은 불교 — 그리고 힌두교 — 의 한 유파이다.
[2] 해탈(또는 열반)이라는 말의 산스크리트어 원어인 nirvana가 어원적으로 볼 때 '불꽃'을 뜻하는 말인 'vana'와 '부정'no을 뜻하는 말인 'nir'의 합성어로서 '불꽃을 꺼뜨린다'는 의미를 지니고 있는 것이라고 한다. 불꽃이 '욕망의 일렁임'을 비유적으로 표현하고 있는 것임은 분명하다. 그러므로 nirvana라는 말 자체가 '욕망의 부정'을 의미하고 있는 것이다.

망과 고통으로 가득 차 있는 이 세계 이외에 그 밖의 다른 세계란 존재하지 않기 때문에, 이 세계로부터 완전히 벗어나 더 이상 **존재하지 않게 되는 것**을 의미하는 것이다. 즉 욕망과 그로 인한 고통은 **존재하는 모든 것**을 규정짓는 근본적인 본질이기에, 따라서 해탈이란 그 어떤 방식의 존재와도 완전히 결별하게 되는 것이, 즉 그 어떤 방식으로 존재하는 것이든 존재한다는 것 자체를 아예 완전히 저버리게 되는 것이 되는 것이다. 해탈이란 계속해서 새로운 생을 받게 되는 윤회전생과 대립되는 것, 고통과 완전히 일치하는 것인 이러한 거듭되는 생의 연속으로부터 완전히 벗어나게 되는 것을 의미하며, 그러므로 더 이상 존재하기를 완전히 멈추게 되는 것을 의미한다. 해탈이란 끊임없는 윤회전생의 굴레 속에 갇혀 있는 이 **우주 전체(존재의 전 영역)**로부터 완전히 벗어나, 그 어디에서도 존재하지 않는 완전한 무(無)로 사라지게 되는 것을 의미하는 것이다.

그러므로 초기 불교의 이해에서 해탈과 생(生, 생명)은 서로 대립적인 것이 된다(생과 대립되는 것은 결코 죽음이 아니다. 죽음은 단지 생[생명]의 연장일 뿐이다. 죽음이란 한 생에서 다른 생으로 건너가기 위한 한낱 과도기적 상황일 뿐이다). 초기 불교는 욕망을 생사윤회를 일으키는 원인으로 놓으며, 따라서 우리의 생(삶)을 — 즉 생사윤회를 거듭하는 것인 우리의 생(삶)을 — 욕망과 결코 서로 떨어질 수 없는 같은 것으로 일치시킨다. 반면 해탈이란 욕망으로부터의 해방을 의미하는 것으로 이해되기에, 욕망과 떨어질 수 없는 것인 우리의 생(삶)은 이러한 해탈에 대립되는 것으로, 즉 이러한 해탈의 성취를 방해하는 것으로 이해된다. 따라서 해탈은 그것을 방해하는 우리의 생(삶)을 — 즉 우리의 욕망을 — **부정**하는 것을 통해서만 성취될 수 있는 것으로 이해되는 것이다.

그러므로 초기 불교는 우리 인간의 **삶**이 추구해야 할 진정한 가치(해탈)를 우리 인간의 **삶의 반대편**에 놓는다. 해탈이라는 삶의 이상은 삶 자체를 부정해야지만 도달할 수 있는 곳에 놓여 있는 것이며, 그러므로 그것은 우리 인간의 삶 **너머**에 있는 **초월적인 것**이 되는 것이다. 초기 불교가 보여 주는 초인적인 강렬함은 이렇게 해서 생겨나게 되는 것일 게다. 면벽구년(面壁九年)이나 장좌불와(長坐不臥)와 같은, 인간적인 것의 한계를 넘어서려 하는 듯한 초인적인 강렬함, 이러한 강렬함은 일체의 욕망, 일체의 생을 부정하려 하는 극한적인 정신의 투쟁을 보여 준다. 그것은 생의 자연적인 성향을 일체 거부함으로써 생의 반대편에 이르려 하는, 절대 금욕의 초인적인(초자연적인) 자기변형의 노력을 보여 주는 것이다.

그러므로 참으로 초기 불교의 이와 같은 모습은 종교가 자신의 정당성을 주장하기 위해 전통적으로 기대어 왔던 중요한 논리가 무엇인지를 우리에게 잘 보여 주는 것으로 보인다. "종교는 인간적인 것의 거부로부터 시작된다."[3] — 이 말은 초기 불교의 모습을 제대로 지적하고 있는 것이면서, 또한 종교를 뒷받침해 왔던 이 논리가 어떤 것이었는지를 드러내어 준다. 종교는 자연적인 것 너머에 초월적인 것이 **실재(實在)한다**고 주장함으로써, 그러므로 이 초월적인 것의 추구를 위해 자연적인 것은 부정되어야 한다고 주장함으로써, 다

---

[3] 석지현, 『밀교』, 현암사, 1977, 5쪽.

시 말해 우리 인간에게 주어지고 있는 자연 그대로의 모습대로 사는 것이 아니라 이러한 자연적인 모습의 극복을 위해 사는 것이 **필요하다(정당하다)**고 주장함으로써 자신을 정당화해 온 것이다. 초월적인 것이 실재한다는 것에 대한 긍정과 이러한 초월적인 것을 추구하기 위한 '자기변형의 노력', 이것이 종교를 전통적으로 떠받쳐 온 핵심적인 논리였던 것이다. 초기 불교는 이러한 '초월의 긍정'과 '자기변형의 노력'의 극적인 본보기를 보여 준다. 그것은 우리 인간의 삶이 추구해야 할 가장 높은 가치, 혹은 유일한 가치로서 해탈이라는 것의 실재를 내세우며, 이러한 해탈을 우리의 생과 욕망 너머에 있는 초월적인 것으로 놓는다. 초기 불교는 이러한 해탈이 우리 자신의 생과 욕망을 부정하는 자기변형의 노력을 통해서만 성취될 수 있는 것임을 주장하고 있는 것이다.

하지만 이러한 해탈이 실재가 되고 우리의 생과 욕망보다 더 높은 가치의 것이 — 혹은 모든 것들 중에서 유일하게 가치 있는 것이 — 될 때, 우리의 생은 이 가치 있는 것에 도달하는 것을 방해하는 무가치한 것이 되고 이 실재에 도달하는 것을 방해하는 덧없는 미망의 허상이 된다. 자연적인 것을 넘어서는 초월적인 것이 실재하게 될 때, 자연적인 것은 진정한 실재인 이 초월적인 것에 도달하기 위해 부정되어야만 하는 한갓 거대한 환(幻, 환영)이 되는 것이다.[4] 초기 불교가 해탈을 윤회전생이 펼쳐지는 이 세계로부터 벗어나 더 이

---

[4] 아닌 게 아니라 초기 불교나 힌두교는 우리의 생이 펼쳐지는 이 세계를 실재하는 것이 아닌 환(幻, 마야)이라고 주장할 때가 있다.

상 다시는 생을 받지 않는 완전한 소멸에 이르는 것으로 이해할 때, 우리의 생은 오직 우리의 생 자신을 끝내기 위해서만 존재하는 것이 되고, 그러므로 '없느니만 못한 것'이 되며, 또한 '없느니만 못한데도 그럼에도 불구하고 공연히 있는 것'이 된다. 즉 우리의 생은 본래 '없어야 마땅한 것'이지만 그럼에도 불구하고 '괜히 있게 된 것'이 되고, 마찬가지로 만물의 윤회전생이 펼쳐지고 있는 이 우주 전체 역시 그것을 벗어나야지만 가능한 해탈의 성취를 방해하기 위해서만 존재하고 있는 한갓 거짓된 망상의 세계가, 공연히 존재하는 잉여의 세계가 되는 것이다. 과연 붓다는 우리의 생과 온 우주를 공연히 존재하는 잉여의 것으로 만들어 버리는 이와 같은 해탈에 대해 말했던 것일까? 붓다의 직설(直說)은 정말로 이런 것을 말하는 것이었을까? 어떤 가치도 없는 이 세계는, 아니 오히려 전적으로 부정적인 가치만을 가지고 있는 이 세계는 그렇다면 왜 존재하고 있는 것일까? 이 거대한 잉여는 왜 존재하게 된 것일까? 실재는 무엇 때문에 이와 같은 거짓된 잉여의 세계를 일부러 만들어 내어 자신을 그 뒤에 숨기고 있는 것일까? 실재가 본래 그렇게 심술궂은 악의(惡意)에 차 있는 것일까? 실재가 본래 그렇게 악의적인 것이 아니라면, 따라서 이 거짓된 잉여의 세계를 만들어 낸 것이 실재 자신이 아니라면, 그렇다면 실재는 자기 자신 밖에 있는 다른 무엇인가에 의해 제약당하고 있는 것일까? 자기 자신이 아닌 다른 무엇인가에 의해 제약당하고 있을 만큼 허약한 것도 이러한 실재일 수 있는 것일까? 붓다가 말한 해탈에 대한 초기 소승 불교의 이해는 우리로서는 도저히 이해할 수 없는 이와 같은 이상한 의문들 속으로 우리를 빠져들게 만든다.

우리가 보기에 대승 불교의 사상이 발전해 온 역사는 초기 소승 불교가 윤회전생과 해탈 사이에 깊이 패어 놓은 이와 같은 분리의 간극을 점차적으로 좁혀 온 역사이다.5 대승 불교의 역사가 여러 주요 사상들을 거치면서 발전해 올수록, 윤회전생이 펼쳐지는 현상세계(사바세계)는 더 이상 진여(眞如)와 격리되어 있는 거짓된 망상의 세계로서가 아니라 진여의 자기표현이 펼쳐지는 세계로, 즉 진여의 필수불가결한 자기표현으로 이해되어 왔으며, 그리하여 마침내 현상과 진여 사이에는, 현상으로 표현되지 않는 진여란 없으며 진여를 표현하지 않는 현상도 없는, 현상과 진여가 서로 둘로 구분되지 않고 하나로 일체화되는 '불이(不二)의 관계'가 성립하는 것으로 이해되게 된다.6 그러므로 대승 불교란 초기 소승 불교에서 해탈을 위해 부정되어야만 하는 것으로 이해되었던 우리 인간의 생과 자연적인 것에 대한 긍정으로의 전환을 이루는 것이다. 진여란 현상세계로부터 벗어나 그 너머에 따로 있는 것이 아니라 오직 현상세계를 통해서만 자신을 표현하는, 현상세계와 분리되지 않는 것으로 이해되며, 그러므로 대승 불교는 이제 인간적인 것 일체를 긍정하게 된다.7 대승 불교는 인간적인 것 일체를 진여의 자기표현으로서, 진여 그 자

---

5 중관학파의 '공'(空)으로부터 시작해서 『대승기신론』의 '진여'(眞如)를 거쳐 유식학파의 '청정의식'에 이어져 온 대승 불교 사상의 발전이 어떻게 해서 이와 같은 방식으로 이해될 수 있는지에 대해서는 다스굽타Shashi Bhusan Dasgupta의 책 *An Introduction to Tantric Buddhism*(University of Calcutta, 1950)의 1장 3절을 참고하라.

6 '공즉시색(空卽是色), 색즉시공(色卽是空)'이라는 『반야심경』의 유명한 구절은 이 점을 말하고 있는 표현인 것으로 보인다.

7 "대승 불교 운동은 고도의 형이상학 위에서 인간적인 일체의 긍정이었다." — 석지현, 『밀교』, 6쪽.

체로서 긍정할 수 있게 되는 것이다. 대승 불교의 이러한 정신은 "울고 웃는 이대로가 곧 진리"(평상심이 곧 도)[8]라고 주장하는, 즉 현상세계 자체가 곧 진리이며 현상세계 이외에 다른 진리는 없다는 것을 주장하는 선(禪)불교를 낳기에까지 이르게 된다. 선불교의 이와 같은 주장이 분명히 보여 주듯, 대승 불교의 정신은 소승 불교와는 달리 현상세계를 떠난 초월을 인정하지 않는 것이며 자연적인 것을 능가하는 초월적인 것을 인정하지 않는 것이다. 대승 불교의 정신은 현상세계를 능가하는 초월적인 것의 실재를 인정하지 않기 때문에 현상세계 그 자체를 곧 진리로서 긍정하게 되는 것이다.

탄트리즘(밀교)이란 현상세계 자체를 긍정하는, 즉 현상세계 자체가 곧 진리라고 주장하는 이러한 대승 불교의 정신을 두려움이나 왜곡 없이 순수하게 끝까지 밀고 나가는 것으로 이해될 수 있다. 그러므로 이러한 의미에서 탄트리즘은 대승 불교 정신의 완성이자 정점으로, 혹은 『밀교』의 저자 석지현이 말하듯, '대승 불교의 최심층'으로 이야기될 수 있다.[9] 하지만 대승 불교의 이 최심층으로까지 나아갈 수 있기 위해서는 어떤 커다란 두려움을 넘어설 수 있어야 할 것이다. 이 두려움의 이유나 내용이 무엇인지를 사람들은 잘 알고 있을 것이다. 그것은 '불교'의 이름으로 성(성욕)을 긍정할 수 있어야 한다는 두려움이다. 하지만 대승 불교의 정신에 함축되어 있는 이

---

8 위와 같은 곳. 『밀교』의 저자는 '평상심이 곧 도'(平常心是道)라는 조주 선사(趙州 禪師)의 유명한 말을 이렇게 해석하고 있다.
9 "이 선(禪)의 인간 긍정을 요가를 통하여 보다 더 구체적이고 적극적으로 개발한 것이 밀교다." — 위와 같은 곳. 탄트리즘에 대한 '대승 불교의 최심층'이라는 석지현의 평가는 이 책 『밀교』의 표제어로 실려 있다.

결론 앞에서, 현상세계를 오롯이 진리로서 긍정하는 그 정신에 분명히 함축되어 있는 이 논리적 결론 앞에서 주저해야 할 이유가 무엇인가? 대승 불교의 정신은 우리의 생을 긍정하며 우리의 생이 펼쳐져 가는 이 현상세계를 긍정한다. 그리고 탄트리즘에 이르러 이러한 대승 불교의 정신은 우리 생의 본질인 욕망을 긍정하는 것으로까지 나아간다. 우리의 생을 긍정한다는 것은 '없어도 좋고 있어도 그만인' 어떤 지엽말단적이거나 부수적인 생의 특성을 긍정한다는 것이 아니라 우리의 생의 가장 근본적인 특성인 성적 욕망을 긍정한다는 것을 포함하는 것이다. 성(성적 욕망)이란 생의 가장 근본적인 특성, 즉 생과 떼려야 뗄 수 없는 '생(생명)의 자기표현'이기 때문이다. 그러므로 우리가 보기에 불교에 대한 일반적인 생각이 탄트리즘을 '참된 불교'가 아니라 '불교의 타락이나 왜곡'으로 규정하는 것은 매우 편협하고 잘못된 것이다. 이러한 일반적인 생각이야말로 성에 대한 두려움으로 인해 오히려 대승 불교의 정신을, 우리의 생에 대한 그 완전한 긍정의 정신을 도중에 저버리게 되는 것일 수 있다.[10] 하지만 대개의 두려움이 그러하듯이, 여기에서의 이 두려움도 두려움의 대상이 되는 것의 참모습이 무엇인지를 모르기 때문에 생기는 것일 수 있다. 대상의 참모습이 무엇인지를 모른 채 막연한 두려움으로 인해 그것을 배척하게 된다면, 그것은 참으로 어리석은 일일 것이다. 이 장의 서두에서 인용되고 있는 문구에서 말하고 있듯이, 탄트리즘은

---

[10] "소승이라는 씨는 대승으로 싹터서 선으로 꽃핀 후 밀교로 열매를 맺는다." — 위와 같은 곳. 열매를 맺는 데 이르지 못한 씨나 싹, 꽃은 모두 각자 그들 나름의 고유한 역할을 가지고 있기는 하겠지만 아직 도달하지 못한 완성을 남겨 두고 있는 것들이 된다.

과학, 성에 대한 **과학**이다. 그것은 결코 성에 대한 도덕적 훈계를 늘어놓으려 하거나 무분별한 탐닉을 주장하려 하는 것이 아니라 성에 대한 엄밀한 과학적 탐구를 지향한다. 그리고 그것은 이러한 엄밀한 과학적 탐구가 우리로 하여금 성에 대한 깊고 전체적인 수용을 이룰 수 있게 해 준다고 주장하는 것이다.

생과 (성욕을 비롯한) 욕망이 일치하는 것이라는 데 대해서 대승 불교와 소승 불교는 같은 인식을 가지고 있다. 하지만 생과 욕망 사이의 이러한 일치를 부정적으로 바라보느냐 아니면 긍정적으로 바라보느냐 하는 것에 의해 그들은 서로 다른 것으로 갈라지게 된다. 우리의 생과 욕망에 대한 탄트리즘의 긍정, 그것은 우리의 생과 욕망이 다른 무엇인가를 위해 좋은 역할을 해 줄 수 있는 것이기 때문에 주어지는 상대적인 긍정이 아니라 그것들을 순수하게 그것들 자체로서 긍정하는 것, 즉 그것들 자체를 있는 그대로 긍정하는 절대적인 긍정이다. 탄트리즘에서 우리의 생과 욕망은 진리와 대비되어 그것을 돋보이게 하는 것이거나 진리를 위한 수단으로서 긍정되는 것이 아니라 그것들 자체가 이미 진리의 표현이고 진리 자체인 것으로서 긍정되고 있는 것이다. 탄트리즘에서는 "전통적인 불교에서 삼업(三業)이라 하여 엄격히 규율되었던 신(身)·구(口)·의(意)도 오히려 성불에 이르는 비밀이 담겨 있다 하여 삼밀(三密)이라 불리며, 깨달음에 이르는 수행의 중심이 되고 있다."[11] 몸이 짓는 욕망, 말(입)이 짓는 욕망, 마음이 짓는 욕망, 우리의 생이 짓는 이 모든 욕망은 초기

---

[11] 아지트 무케르지, 『탄트라: 우주의 본질과 자아의 합일』, 김구산 옮김, 동문선, 1995, 8쪽.

소승 불교에서는 우리를 진리로부터 격리시키는 독(毒)으로 간주되어 온 것이지만, 탄트리즘은 이 독이야말로 약(藥)이라는 것을, 이 독 말고는 약이 없다는 것을 깨우치는 인식의 전환을 이루고 있다. 우리의 욕망은 바로 그것으로 인해 우리가 진리를 성취할 수 있게 되고 이미 진리가 우리 자신 안에 들어와 있게 되는 것으로 재인식되고 있는 것이다. 그러므로 탄트리즘은 우리의 성(성욕)을 긍정한다. 탄트리즘은 우리의 성(성욕)을 진리 자체의 표현으로서, 진리 자체가 우리 자신 안에 들어와 있는 것으로서 긍정하는 것이다. "종교적 체험의 극치, 그 오도(悟道)의 순간과 성(性)에서의 오르가즘은 같다. (…) 이 성의 오르가즘을 통하여, 결코 세속적이 아니라 거룩한 의식을 통하여, (…) 종교의 본질에 접근하려는 뜨거움이 바로 밀교인 것이다."[12]

그러므로 탄트리즘에 따르면 해탈은 성욕에 대한 부정과 억압에 의해서가 아니라 성욕에 대한 긍정에 의해서, 성욕의 참모습에 대한 올바른 인식과 성욕의 참모습이 가진 가능성의 올바른 실현을 통해서 이루어질 수 있는 것이다. "탄트라는 말한다. 피하려 하지 말라. 회피는 이미 불가능하다. 초월하기 위해서는 본능 그 자체를 사용하라. 싸우지 말라. 초월하기 위해서는 본능을 그대로 받아들여라."[13] 성을 회피하려 하는 것, 본능을 회피하려 하는 것, 그것은 생 자체를 회피하려 하는 것이다. 하지만 우리가 생 자체인 한, 우리 자

---

12 석지현, 『밀교』, 6쪽.
13 같은 책, 59쪽.

신이 생(생명)의 한 표현인 한, 이러한 회피는 불가능하다. 그것은 생을 부정하려 하는 것이며, 생 **너머**에 있는 초월적인 것을 위해 생이 가진 가능성 일체를 부정하려 하는 것이다. 그러므로 탄트리즘은 대승 불교가 지향하는 '내재성의 정신'의, 즉 생 너머에 있으면서 생과 대립하게 되는 초월적인 것의 존재를 부정하고 생이 펼쳐져 가는 이 현상세계 그대로를 궁극적인 실재(實在)로서 긍정하려 하는 그 '내재성의 정신'의 최종적인 완성이다. "탄트리즘은 인간이 자신의 안에 있는, 또한 자신의 밖에 있는 신성(神性)을 실현할 수 있다는 믿음이다. (…) 탄트라는 **내재성**이라는 개념의 승리이며 인간의 자기 자신에 대한 정복이다. 탄트라는 몸이 해방(해탈Liberation)에 대한 방해물이 아니라는 것을 가르치며, 또한 자연Nature과 정신(영성)Spirit 사이에 아무런 대립이 없다는 것을 가르친다."[14] 욕망이란 우리를 자연과 생에 묶어 두는 것, 우리를 이 현상세계 속에 계속해서 내재해 있게 만드는 것이다. 초기 소승 불교에서 이러한 욕망은 해탈을 방해하는 것으로 이해되었지만, 탄트리즘에서 이러한 욕망은 자신 너머에 다른 것을 두지 않는 **절대의 것**인 생(생명)을 전개시켜 나가는 원동력으로서 긍정된다.[15] 생을 절대의 것으로서 긍정하는 탄트리즘은, 그러므로 생을 전개시켜 나가는 원동력으로서의 욕망 역시 긍정하게 되며, 그리하여 바로 이 욕망 속에 해방(해탈)을 위한 가능성이 들어 있다고 주장하게 되는 것이다. 탄트리즘은 해방(해탈)이란 생과 욕

---

14 Taylor Kathleen, *Sir John Woodroffe, Tantra and Bengal*, Richmond: Curzon, 2001, p. 141.
15 "살아 있거라. 생명은 신이다. 생명 이외의 다른 신은 없다." — 같은 책, p. 57.

망에 대립되는 것이 아니라 생과 욕망이 가진 가능성 속에 들어 있는 것이라는 것을 주장하는 '내재성의 존재론'인 것이다.

초기 소승 불교에서 그러했던 것처럼 대승 불교와 탄트리즘에서도 해탈은 여전히 최고의 이상으로서 이야기되고 있다. 하지만 이 '내재성의 존재론'에서 해탈의 의미는 더 이상 초기 소승 불교가 이해하는 것과 같은 것일 수 없을 것이다. 초기 소승 불교에서 해탈은 현상세계의 윤회전생의 과정으로부터 완전히 벗어나 무(無)로 완전히 소멸하는 것으로 이해되었으며, 따라서 현상세계를 한갓 거짓된 환(幻)으로 만드는 그 너머의 초월적 실재를 가리키는 것으로 이해되었다. 하지만 이제 현상세계는 그 너머에 있는 어떤 초월적 실재를 은폐하고 있는 거짓된 망상인 것이 아니라 그것 자체가 궁극적인 실재인 것으로 재발견되고 있으므로, 이러한 현상세계로부터 벗어난다는 것은 ― 즉 그 윤회전생의 과정으로부터 벗어난다는 것은 ― 전혀 필요하지 않게 되며 또한 아예 처음부터 가능하지도 않게 된다. 이러한 현상세계로부터 벗어나는 것을 추구하는 것은 이제 "해탈이 생사윤회하는 세계와 조금도 다르지 않다"(『프라산나파다』 *Prasannapada*)[16]는 것을 알지 못하는 무명(無明)에서 벗어나지 못하고 있는 것이 되며, 이러한 무명으로 인해 불가능하고 잘못된 것을 원하는 뒤틀린 욕망에 사로잡혀 있는 것이 되는 것이다.

흔히 소승 불교와 대승 불교의 차이를 '아라한'(阿羅漢)과 '보살'(菩薩)의 차이에서, 즉 자기 한 사람의 깨달음을 추구하는 데 머무

---

16 에드워드 콘즈, 『한글세대를 위한 불교』, 한형조 옮김, 세계사, 1990, 188쪽에서 재인용.

르는 것과 자기 개인의 깨달음을 넘어 많은 중생들을 함께 깨달음으로 이끌려 하는 '중생구제'의 길로 나아가는 것 사이의 차이에서 찾으려 하는 것이 일반적이다. 하지만 소승과 대승의 차이가 단순히 이와 같은 아라한과 보살의 차이에 있는 것이라면, 소승과 대승의 차이는 '완전한 소멸'이라는 같은 목표를 공유하는 가운데 이 목표를 향해 나아가는 데 데려가려 하는 '사람의 수(數)'의 차이에 있는 것이 되게 된다. 즉 소승에 대한 대승의 차이는 소승보다 더 많은 사람을 '완전한 소멸'에 이르도록, 즉 여전히 〈마땅히 없어야 하는 것〉이지만 그럼에도 불구하고 〈공연히 있게 된 것〉으로 변함없이 남아 있는 이 현상세계로부터 벗어나 소멸되도록 해 주려는 데 있는 것이 되며, 그러므로 모든 중생의 구제를 — 즉 인간뿐만 아니라 우주에 존재하는 모든 만물을 하나도 빠짐없이 구제할 것을 — 다짐하는 보살의 서원은 우주 전체의 완전한 소멸을 맹세하는 것이, 우주 전체의 모든 것을 무(無)로 완전히 다 사라지도록 만들겠다고 맹세하는 것이 될 것이다. 소승과 대승의 차이가 과연 이와 같은 아라한과 보살의 차이로 설명될 수 있는 것일까? 이전의 사상(소승)과 여전히 같은 목표를 공유하고 있는 가운데 단지 그 목표에 데려가려 하는 대상의 외연을 크게 넓히려 한다는 것이 과연 그토록 '새로운 사상'(대승)이라고 큰소리칠 만한 일인가?

결코 그런 것이 아닐 것이다. 소승과 대승을 가르는 진짜 핵심적인 차이는 아라한과 보살의 차이가 아니라 해탈에 대한 이해의 차이에 있는 것으로 보인다. 대승에게는 그 자체로 이미 궁극적인 실재인 현상세계 너머로 초월한다는 것은 불가능하고 무의미한 일이기 때문에, 대승은 소승이 이해하는 것과 같은 해탈을, 즉 '현상세계 밖으로의 초월'이라는 의미의 해탈을 인정할 수 없게 된다. 소승에게서든 대승에게서든 해탈은 '무아'(無我)에 대한 붓다의 가르침과 연결되는 것이다. 소승이든 대승이든 해탈을 '자아'라는 거짓된 망념(妄念)으로부터 벗어나는 것으로 이해하는 데 있어서는 똑같은 것이다. 그런데 소승은 '자아로부터 벗어남'이라는 이러한 해탈을 '그러므로 존재로부터 벗어나 완전한 무로 소멸되는 것'으로 이해하는 반면, 대승은 이러한 해탈을 '〈자아〉와 〈비아〉(非我)를 구분 짓는 허구적인 경계를 넘어서는 것'으로, 그러므로 '자아와 비아의 경계를 넘어서는 것으로서 존재하고 있는 실재 자체의 참모습과 하나로 합일(合一)하는 것'으로 이해한다. 즉 대승에 따르면, 우리 자신의 참된 정체성이란 '비아'와 구분되는 '자아'라는 좁은 테두리 내에 갇혀 있는 것이 아니라, 자아와 비아의 경계를 넘어서 있는 진정한 실재, 즉 우주의 모든 만물을 불가분적인 하나를 이루도록 포용하고 있는 우주 전체라는 궁극적인 실재와 하나를 이루고 있는 것이며, 그러므로 해탈이란 — 즉 자아로부터 벗어날 것을 주장하는 붓다의 가르침이란 — 거짓된 나인 자아(비아와 구분되는 것인 자아)로부터 벗어나 이 궁극적인 실재와의 **본래적인 하나됨**을 **회복**하게 되는 것을 말하는 것이다. 대승에게 해탈이란 우리 자신을 버리고 완전히 사라지는 것이 아니라 오히려 우리 자신의 본래적인 참모습(본래면목)을 되찾는 것이며, 존재를 버리고 무(無)로 소멸되는 것이 아니라 오히려 존재 자체의 본래적인 참모습을 되찾는 것이다.

  소승 불교가 우리에게 어떤 종교적인 자기변형을 요구해 올 수 있는 것은 그것이 생과 해탈 사이에 근본적인 대립의 관계를 놓기 때문, 즉 그것이 현상세계의 너머에 있는 초월적인 것의 실재를 긍정하기 때문이다. 하지만 진여가 현상세계의 너머에 있는 것이 아니라 이 현상세계와 하나를 이루고 있는 것이 되고, 그리하여 생과 해탈 사이의 대립이 사라져 버리게 되는 대승 불교와 탄트리즘의 내재성의 존재론에서는 이와 같은 종교적인 자기변형이라는 것이 과연 어떻게 요구될 수 있는 것일까? 욕망을 긍정하고 생을 긍정하는, 욕망과 생을 그 위에 다른 것을 두지 않는 절대의 것으로 긍정하는 이와 같은 내재성의 존재론에서 과연 종교는 어떻게 존재해 나갈 수 있는 것일까? "울고 웃는 이대로가 곧 진리"이고 "평상심이 곧 도"인 이 내재성의 존재론에서는 우리의 삶이란 주어진 그대로의 모습대로 긍정되는 것이지, 이러한 자연적인 모습의 정당성을 부인하는 어떠한 자기변형도 필요로 하지 않게 되는 것이 아닐까?

내재성의 존재론과 우리 인간에게 근본적인 자기변형의 필요성이 있음을 말하려 하는 종교의 초월주의 사이에는 우리가 의심하게 되는 이와 같은 긴장의 관계가 형성되는 듯이 보인다. 이 둘은 각자가 성립할 수 있기 위해서는 상대방의 정당성을 불허해야 하는 대립의 관계에 있는 것으로 보이며, 이러한 대립의 관계 속에서 상대방 속에 숨어 있는 위험이 무엇인지를 노출되도록 하고 있는 것으로 보이는 것이다. 종교의 초월주의의 강점은 그것이 우리의 삶이 추구해야 하는 어떤 초월적인 목적을 제시해 줌으로써, 바로 이 목적에 비추어 우리의 삶에 어떤 '의미'(존재의 의미)를 부여해 줄 수 있다는 데 있다. 바로 이 목적의 존재로 인해, 우리가 삶에서 겪게 되는 고통과 불행, 슬픔이나 기쁨, 행복과 고뇌 등은 어떤 목적도 없이 아무렇게나 이루어지는 허무한 것이 아니라 바로 이 목적을 달성하기 위해 '우리에게 필요한 것으로서 이루어지게 되는' **의미 있는 것**이 될 수 있게 되는 것이다. 하지만 우리의 삶 **너머**에 있는 이러한 초월적인 것에 대한 추구는, 니체가 지적하듯이, '우리의 삶 자체에 대한 미움'과 항상 같이 가는 것이 된다. 즉 삶 너머에 있는 초월적인 것이 추구될 때, 우리의 삶은 이 초월적인 것에 미치지 못하는 열등한 것이 되며, 그러므로 그것을 능가하는 이 초월적인 것에 도달하기 위해 극복되어야 하고 부정되어야 하는 '미움의 대상'이 되는 것이다.

내재성의 존재론은 종교의 초월주의에 이러한 '삶에 대한 미움'의 위험이 항상 내포되어 있음을 우리에게 일깨워 주며, 이러한 위험으로부터 벗어날 수 있는 '긍정의 존재론'으로 자신을 제시한다. 우리의 삶을 **있는 그대로** 긍정하라는 것, 우리의 삶을 그것 너머에 있는 어떤 다른 것을 위한 것으로서가 아니라 **그것 자체로서** 긍정하라는 것, 이것이 내재성의 존재론이 어떠한 초월적인 것의 존재도 인정하지 않음으로써 우리에게 전하고자 하는 핵심적인 메시지인 것이다. 하지만 우리의 삶을 있는 그대로 긍정한다는 것이 대체 어떤 것인가? 그것은 어떻게 한다는 것을 말하는 것인가? 대개의 경우, 그것은 어떠한 힘겨운 자기변형을 위한 노력도 할 필요가 없이 지금 있는 그대로의 우리의 **현실적인 모습**대로 살라는 것을, 그렇게 사는 것을 긍정하며 즐기라는 것을 말하는 것으로 보인다. '삶에 대한 긍정'이라는 것은 우리의 욕망을 근본적으로 변형시키기 위해 힘겹게 노력할 것이 아니라 그러한 노력의 필요 없이 우리의 욕망을 지금 있는 그대로의 모습대로 받아들여 그것이 원하는 것을 충족시키며 살라는 것을, 그렇게 안온하게 쾌락을 누리며 사는 것을 긍정하며 살라는 것을 말하는 것으로 보이는 것이다. 현대의 가장 위대한 명상이론가로 추앙받고 있는 켄 윌버도 지적하고 있듯이, 내재성의 존재론이라는 것은 우리 인간에게 어떠한 자기변형을 위한 노력도 할 필요가 없다는 것을 말해 오는 것으로 보인다.[17] '삶에 대한 전적인 긍정'을 말하는 그것의 원리상, 내재성의 존재론은 이러한 수고로운 과제를 우리 인간에게 결코 지울 수 없는 것처럼 보이는 것이다. 하지만 어느 누구인들, 굳이 니체의 지적에 의존하지 않더라도, 밝고 평온해 보이는 이런 식의 '삶에 대한 긍정'의 이면에 실은 삶의 모든 의미를 상실하고 있는 깊은 '허무주의'(니힐리즘nihilism)의 어둠이 짙게 드리워져 있다는 것을 모를 수 있겠는가? 이런 식의 '삶에 대한 긍정'을 말하는 것으로 받아들여지는 내재성의 존재론은 우리의 삶을 그것보다 상위에 있는 초월적인 것으로부터 해방될 수 있게 해주는 것은 사실이지만, 바로 그렇게 함으로써 우리의 삶으로부터 그것이 추구해야 하는 목적이나 의미가 되는 것 또한 박탈하게 된다. 이런 식의 내재성의 존재론은 우리의 삶이 추구해야 할 목적이나 의미를 박탈함으로써, 우리의 삶을 가치 있게 만들어 줄 수 있는 것 또한 사라지게 만드는 것이다. 수고로운 자기변형의 과제가 사라진 대신, 우리는 무엇을 해도 삶의 의미를 찾을 수 없는 '공허'(허무주의)가 우리를 질식시키고 있는 위험 속에 처하게 된다. 자기변형의 힘

---

17 Ken Wilber, *Eye to Eye: The quest for the new paradigm*, 3rd ed, Boston: Shambhala, 2011(1983), p. 90.

겨운 노력을 면제받는 대신, 우리는 우리가 이러한 노력을 통해 지금의 현실적인 모습보다 근본적으로 더 나은 새로운 모습으로 변형될 수 있다는 가능성으로부터도 역시 차단되게 되는 것이다.

그런데 탄트리즘은 어떻게 내재성의 존재론 속에서도 종교가 가능할 수 있는지를, 어떻게 우리의 생(삶)과 욕망에 대한 긍정 속에서도 어떤 '근본적인 자기변형'의 과제가 우리에게 주어질 수 있는지를 말해 줄 수 있는 것으로 보인다. 탄트리즘은 생을 그 위에 다른 것을 두지 않는 절대의 것으로 긍정하는 내재성의 존재론이며, 그리하여 생의 자기표현인 성(성욕)을 긍정한다. 탄트리즘은 성욕이라는 우리의 가장 근본적인 본능적 욕망을 더없이 정당한 것으로 긍정하며, 그러므로 그것으로부터 벗어나려 하거나 그것을 억누르려 해야 할 것이 아니라 오히려 그것이 원하는 것을 충족시켜 주어야 한다고 주장한다.[18] 욕망을 극복과 부정의 대상으로 보는 초기 소승 불교의 초월주의적 입장에게 이러한 탄트리즘이 가히 '삿된 종교'로 보이게 되는 것도 그리 놀라운 일은 아닌 것이다. 하지만 탄트리즘이 긍정하는 성(성욕)은 우리가 일반적으로 알고 있는 그러한 성(성욕)이 아니다. 탄트리즘이 긍정하는 성(성욕)은 우리가 일반적으로 알고 있는 성(성욕)을 포함하는 것이면서도 또한 동시에 그것을 초월하는 것이다. 탄트리즘이 긍정하는 성(성욕)은 우리가 일반적으로 알

---

18 "『구야스마야Guhyasmaya 탄트라』는 다음과 같이 확고하게 단언한다. 어느 누구도 (욕망을 억누르려 하는) 어렵고 성가신 작업에 의해서 완성에 이를 수는 없다. 완성은 오직 욕망을 충족시킴으로써 이루어질 수 있는 것이다." — Ajit Mookerjee · Machu Khanna, *The Tantric Way*, Thames and Hudson Ltd, 1977, p. 26(인용문 중 괄호 안의 말은 독자들의 이해를 돕기 위해 인용하는 우리가 삽입한 것이다).

고 있는 감각적 육욕의 모습을 가질 수 있는 것이면서도 또한 동시에 이러한 감각적 육욕의 모습을 스스로 초월할 수 있는 가능성 또한 가지고 있는 것이다.

감각적 육욕으로서의 성(성욕)은 자아(에고)의 욕구를 채우는 것으로, 그러므로 나의 자아의 존재를 재확인하는 것으로 끝나게 된다. 자아는 감각적 육욕의 중심으로, 이 감각적 육욕의 추구를 통해 자신의 보존과 만족을 채워 나가는 중심으로 남아 있게 된다. 즉 감각적 육욕으로서의 성(성욕)을 통해, 나는 비아(非我)와 구분되는 고립된 존재로서, 비아로부터 구분되는 '자아'라는 좁은 테두리의 한계 내에 머물러 있게 되는 고립된 존재로서 남아 있게 되는 것이다. 하지만 이러한 감각적 육욕으로서의 성(성욕)과 연속되어 있는 것이면서도 또한 그것을 초월하는 것이기도 하는 성(성욕)의 또 다른 모습은 자아라는 한계의 초월을 지향하는 것이다. 성의 이 또 다른 모습은 자아의 경계(境界)를 넘어서는 탈아의 상태로, 자아의 경계를 해체하여 비아(非我)와 혼연일체를 이룰 수 있게 되는 무경계(無境界)의 상태로 나아가도록 만드는 것이다. 사랑하는 이와 나누는 성적 교합이 절정의 상태에 도달할 때, 우리는 누구나가 자신의 자아가 사라지게 되는 것을, 자신의 몸과 혼이 상대방의 몸과 혼과 말 그대로 둘이 아닌 하나가 되는 것을 체험할 수 있다.[19] 그 아찔한 찰나의

---

19 "성 속에서 너의 에고는 상실된다. 너는 에고의 전무(無我, 自意識의 全無)가 된다. 에고이스트들은 모두가 성을 반대한다. 성 속에서 그들의 에고는 상실되기 때문이다." — 석지현, 『밀교』, 83쪽. "사랑만이, 오직 사랑만이 이중성(二重性, 남·녀 양성)을 초월해 가는 것이다. 사랑이 깊어지면 그럴수록 둘은 이제 하나에 가까워지는 것이다. 둘의 만남이 절정에 도달할 때 거기 하나의 합일점이 온다. 그때 그 둘은 다만 외관상으로 둘일 뿐이다. 그 둘은 이미 내적으

순간, 우리는 우리의 자아의 중심성이 사라지고 우리가 우리의 자아라는 좁은 경계를 벗어나 나와 상대방(애인)의 개별성을 초월하는 더 큰 힘에 하나로 합류하게 되는 것을, 이 초개인적인 힘의 자연스러운 맥박과 율동에 우리 자신이 내맡겨짐으로써 모든 개별적인 형상들을 초월하는 우주의 근원적인 힘과 본질 속에 우리 자신의 개별성이 용해되어 사라지게 되는 것을 느낄 수 있는 것이다.[20]

탄트리즘에 따르면, 우리가 사랑과 성을 그토록 갈망하게 되는 것은 이러한 이유 때문이다. 우리가 사랑과 성에 그토록 집착하게 되는 것은, 성의 본래적인 모습이 우리의 자아를 초월하는 이 근원적인 힘과의 합일을 이룰 수 있게 해 주는 것이기 때문이며, 우리 자신의 본모습이 우리의 자아라는 좁은 한계 내에 머물러 있는 것이 아니라 자아를 초월하는 이 근원적인 힘과 본래적인 하나를 이루고 있는 것이기 때문이다. 우리가 성을 그토록 갈망하게 되는 것은 그것이 우리를 우리의 자아로부터 (일시적으로나마) 벗어나게 해 줌으로써, 우리가 잊고 있던 우리 자신의 본래적인 참모습을 (일시적으로

로 하나인 것이다. 이때 이중성은 사라진다." — 같은 책, 30쪽.
20 "거기 성 속에서 너는 없다. 남도 없다. 새로운 하나의 합일이, 사라져 버린 것 속으로 들어온다. (…) 거기 자연적인 상태가 온다. (…) 너는 이제 자연의 한 부분이다. 나무의 한 부분이다. 동물의 한 부분이다. 별의 한 부분이다. 이 모든 것의 한 부분이다. 아, 아, 너는 바로 이 자연의 한 부분이다. 너는 우주, 그 자체 속으로 흘러 들어간다. 너는 그 속에서 표류하고 있다. 너는 그 속에서 표류하고 있다. 너는 이제 없다. 너는 표류하고 있다. 그 흐름에 휩싸여 표류하고 있다." — 같은 책, 83~84쪽. "만일 네가 어떤 사람을 진정으로 사랑한다면 그때 육체는 사라진다. 그 클라이맥스의 순간에서 형상은 녹아 버린다. 그때 애인을 통하여 너는 비형상(非形象) 속으로 들어간다. 사물의 시작은 바로 이 비형상의 심연이다. (…) 형상이 사라질 때 그대의 애인은 우주며 비형상이며 무한한 존재인 것이다." — 같은 책, 31쪽.

나마) 되찾게 해 주기 때문인 것이다.[21] 물론 대개의 경우, 우리는 자아와 비아가 — 나와 상대방이 — 둘이 아닌 하나가 되는 이 절정의 순간으로부터, 우리가 우리의 자아를 넘어 우주의 근원적인 힘과의 본래적인 합일을 체험할 수 있게 되는 이 짧은 절정의 순간으로부터 가파르게 떨어져 나와 다시 자아와 비아가 분리되는 상태로 급강하하게 된다. 그리하여 자아와 비아의 경계를 넘어 우주 전체와의 합일을 추구하는 것이던 성의 본래적인 모습은 그러한 자신의 모습을 드러내자마자 곧 다시 망각되게 되고, 이제 성은 서로 분리되는 각각의 개체가 각자 자신의 **자아**의 욕심을 채우기 위해 자신과 구분되는 상대방을 탐하는 감각적 욕망의 모습으로 나타나게 된다. 우리가 우리의 자아를 실체라고 생각하는 한, 우리가 우리의 자아를 실체라고 생각하는 습관적인 삶의 방식에서 벗어나지 못하는 한, 우리의 성은 자아로부터의 해방(초월)을 지향하는 그것의 저러한 본래적인 모습을 망각하게 된 채 우리의 자아의 만족과 보존을 위해 존재하는 것이 되는 것이다. 하지만 탄트리즘에 의해 긍정되고 있는 성은 그것의 이러한 퇴행적인 모습에 의해 망각되고 있는 저 본래적인 모습으로서의 성, 즉 자아의 만족과 보존을 추구하는 것이 아니라 오히려 자아로부터의 해방(초월)을 추구하는 것으로서의 성이다.[22]

---

21 "그렇다. 사랑이란 가장 신에 가까운 것이다. 사랑이란 본질이다. 실재다. 사랑 속에서만이, 오직 사랑 속에서만이 우리는 하나(完全體)를 느끼기 때문이다. 육체는 둘로 남아 있지만, 그러나 육체를 초월한 그 무엇이 하나가 되는 것이다. 이 때문에 우리는 그토록 사랑을 갈망하는 것이다. 사랑의 씨로서의 성을 그토록 갈망하고 있는 것이다." — 같은 책, 30쪽.

22 석지현의 『밀교』는 성의 이 두 가지 모습의 구분을 표현하기 위해 '성'과 '성적인 것'을 구분한다. 예컨대, 다음과 같이 말한다. "완전체로의 돌아감은 성이지 결코 성적인 것(성욕, 욕정)이 아니다." — 같은 책, 30쪽. "성은 남아 있다. 그러나 성적인 것은 사라진다." — 같은 책, 46쪽.

탄트리즘이 '욕망의 억제'가 아니라 '욕망의 충족'을 말할 때, 그것이 '욕망의 충족'에 의해 해탈의 완성에 도달할 수 있게 된다고 주장할 때, 탄트리즘은 '자아'라는 믿음에 익숙한 우리들의 일반적인 이해 속에 들어 있는 성의 모습이 아니라 이러한 일반적인 이해에 의해 망각되고 있는 성의 본래적인 모습이 우리에게 요구하는 것을 충족시키라고 말하고 있는 것이다. 성의 이러한 본래적인 모습이 우리에게 요구하는 것을 우리가 충족시키지 못하는 한, 다시 말해 우리의 성이 단지 우리의 자아를 위한 감각적 욕망으로만 머무르고 있는 한, 우리는 우리의 성이 가진 진정한 가능성을 우리 스스로가 외면하고 있는 상태에, 우리의 성을 통해 우리에게 내재하고 있는 우리의 본래적인 가능성('자아'라는 좁은 경계를 벗어나 우주 전체와의 합일을 이룰 수 있는 가능성)으로부터 우리 스스로가 소외되어 있는 상태에 처해 있게 되는 것이다. 탄트리즘이 우리의 성에 대한 긍정을 말할 때, 그것은 우리에게 우리가 처한 이러한 근본적인 자기소외의 상태를 극복할 수 있을 것을 요구하는 것이며, 이러한 자기소외의 상태를 극복하기 위한 근본적인 자기변형의 노력을 기울일 것을 요구하고 있는 것이다.

요컨대 성에 대한 탄트리즘의 긍정, 그것은 '바른 이해'(정견正見)와 '바른 생각'(정사유正思惟)이야말로 모든 것의 근본이라는 불교의 원칙에 따라 이루어진 것이다. 그것은 성의 참모습에 대한 올바른 인식을 통해, 성에 대해 만연해 있는 잘못된 이해를 바로잡는 이 올바른 인식을 통해 이루어진 것이다. 탄트리즘은 우리의 생과 욕망을 그 위에 다른 것이 존재하지 않는 절대의 것으로 긍정하는 내재성의 존재론이지만, 그럼에도 불구하고 우리가 우리의 본모습을 상실하고 있는 어떤 근본적인 자기소외를 겪고 있음을 말할 수 있는 것이며, 그러므로 지금 주어져 있는 우리 자신의 현실적인 모습을 벗어나 새로운 모습으로 거듭나려 하는 '근본적인 자기변형'의 노력을 하는 것이 필요하다고 주장하는 종교적 인식의 정당성을 주장할 수 있는 것이다. 하지만 탄트리즘의 내재성의 존재론에서 이러한 종교적 초월이란 자연을 버리고 자연 너머에 있는 것에 도달하기 위해 추구되는 것이 아니라, 자연 자체가 간직하고 있는 가능성, 자연 자체가 우리에게 열어 주고 있는 가장 깊고 위대한 가능성을 실현하기 위해 추구되는 것이다. 탄트리즘에서 자연과 영성은 곧 하나인 것이다.

많은 종교들이 성을 비난하고 거부한다. 성을 자아의 자기중심적인 욕심을 채우려 하는 것으로 인식하고, 그러므로 지금 주어져 있는 우리의 현실적인 모습과는 다른 새로운 모습으로 거듭나려 하는 종교적 노력을 방해하는 것으로 비난하고 거부하는 것이다. 하지만 탄트리즘은 다른 곳이 아닌 바로 우리의 가장 자연적인 본능인 이 성 속에, 즉 우리를 자아중심적인 우리의 현실적인 모습으로부터 벗어나지 못하도록 가장 강하게 결박하고 있는 것으로 보이는 바로 이 성 속에, 자아를 넘어서는 우리 본연의 참모습을 되찾게 해 줄 수 있는 비밀이 숨겨져 있음을 주장한다. 탄트리즘은 가장 속된 것인 성(性)이 곧 가장 성(聖)스러운 것이라는 것을, 성(聖)이란 이 속된 것인 성(性)을 떠나서는 결코 존재하지 않는다는 것을 말하는 거

의 유일한 종교인 것이다.[23]

참으로 우리는 결코 성(性)에서 벗어날 수 없을 것이다. 우리가 생명의 거대한 흐름의 한 부분인 한, 그리고 우리의 성이 이 생명의 자기표현인 한, 우리는 성을 결코 우리 자신으로부터 떼었다 붙였다 할 수 있는 우연적인 속성으로서가 아니라 우리 자신의 변치 않는 항구적인 본질로서 가질 수밖에 없기 때문이다.[24] 그러므로 우리가 어떤 존재인가 하는 것은, 즉 우리가 무엇을 할 수 있으며 무엇을 해야 하는 존재인가 하는 것은 바로 생명의 자기표현인 이 성이라는 것이 과연 무엇인가 하는 것에 달려 있게 되는 것이다. 그런데 성에 대한 탄트리즘의 놀라운 이해, 즉 우리의 성이 우리 자신의 현실적인 모습을 넘어서는 새로운 모습으로 거듭나려 하는 〈근본적인 자기변형〉을 추구하는 것이라는 그 놀라운 이해는 그것을 뒷받침해 주는 근거로서 그것 자신의 고유한 우주론을 가지고 있다. 실로 탄트리즘이란 이러한 근본적인 자기변형의 과제가 우리에게 주어지고 있음을 바로 자연 자체의 본성에 근거해서 말하려 하는 것이기에, 그것이 이러한 우주론(자연에 대한 근본적인 이해)의 차원으로 자신을 전개해 나간다는 것은 필연적인 일일 것이다. 하지만 솔직하게 고백하건대, 우리는 이제 곧 소개하게 될 탄트리즘의 이 우주론

---

[23] "너는 얻을 수 있다. 성을 통한 절대 자유의 획득을 얻을 수 있다. 모든 명상은 본질적으로 성 없는 성의 경험이다. 그러나 너는 성을 통해서 가야 한다." — 같은 책, 84쪽.
[24] "너는 결코 생명의 에너지를 조종할 수 없다. 있다면 거기 위선, 그 이중인격이 있을 뿐이다. 그렇다. 너는 이 에너지의 흐름과 분리되려야 분리될 수 없다. 너는 바로 그것이다. 그 에너지의 흐름이다. 그러므로 모든 분리는 독단이다. 겨짓이다. 그리고 근본적으로 어떠한 분리도 불가능하다. 너는 성 에너지, 바로 그 흐름 자체다. 그 흐름 속에서 하나의 물결에 불과하다." — 같은 책, 72쪽.

이 보여 주는 낯섦과 기이함 앞에서 몹시 망설이게 된다. 이것을 과연 어떻게 받아들여야 할지에 대한 혼란과 주저로부터, 이것을 과연 우주의 참모습에 대한 올바른 이해로서 받아들일 수 있을지에 대한 의구심으로부터 우리를 안전하게 지켜 줄 수 있는 것은 아직 아무것도 없는 것이다.

그런데 매우 기묘하게도 탄트리즘의 이 기이한 우주론이 마조히즘을 지배하는 무의식적 환상과 통하는 데가 있다. 앞에서 우리는 마조히스트를 지배하는 무의식적 환상이 '엄마에만 의존하는 단성생식의 방법에 의해 새로운 인간으로 다시 태어난다'는 것이며, 이처럼 다시 태어난 이 새로운 인간이 '남자도 아니고 여자도 아니며 남자와 여자 사이의 자연적인 구분을 넘어선 제3의 새로운 인간'의 모습으로 자신을 나타내게 된다는 것을 보았다. 하지만 우리는 이 새로운 인간이 이와 같은 다소 낯선 모습으로 자신을 나타내게 된다는 **사실**만을 확인하는 데 그쳤을 뿐, 이 사실이 함축하고 있는 의미나 이유 같은 것을 파헤치는 데로 더 이상 나아가지 못한 채 그 자리에서 멈추어야 했다. 그런데 우리가 미해결의 문제로 남겨 둘 수밖에 없었던 이 마지막 미스터리가, 우리에게 낯설고 기이한 것으로만 보이는 저 탄트리즘의 우주론을 통해서 어쩌면 그 해명의 열쇠를 찾을 수 있게 되는 것으로 보인다. 마조히즘의 이 마지막 비밀을 풀어 줄 수 있는 길이 과학적으로 입증될 수 있는 것이기보다는 그저 환상적이고 미스터리한 이야기로만 들리는 탄트리즘의 우주론 속에서 발견될 수 있는 것으로 보이는 것이다.

2. 탄트리즘의 우주론

사람은 남성과 여성으로 나누어져 있는 것으로 보인다. 즉 사람은 **성적으로 양극으로 분화되어** 있는 것처럼 보이는 것이다. 그런데 탄트리즘에 따르면 실은 사람만이 아니라 우주에 존재하는 모든 것이 이처럼 성적으로 양극으로 분화되어 존재한다. 탄트리즘에 따르면 이는 우주에 존재하는 모든 것이 성적으로 양극으로 분화된 두 개의 우주적 원리, 즉 우주적 남성 원리인 '시바'Siva와 우주적 여성 원리인 '샤크티'Sakti의 작용에 의해서 창조되는 것이기 때문에 그렇게 되는 것이다.[25] 이 두 개의 우주적 원리는 현상세계 속에서 각각 남성적인 것과 여성적인 것으로서 자신을 나타낸다. 즉 우주에 존재하는 모든 남성적인 것은 우주적 남성 원리인 시바의 화현(化現)이며, 우주에 존재하는 모든 여성적인 것은 우주적 여성 원리인 샤크티의 화현인 것이다.[26]

하지만 성적으로 양극으로 분화된 이 두 원리가 이처럼 우주의 모든 것을 지배하고 있음에도 불구하고, 이 두 개의 원리는 실은 그 자체에 있어서는 하나인 궁극적인 실재를 구성하는 두 개의 측면일 뿐이다. 즉 성적으로 양극으로 분화된 것인 이 두 개의 원리는 그러므로 서로에 대해 질적으로 반대되는 것으로서 구분되는 것이지만, 그럼에도 불구하고 이러한 이원성은 실은 그것을 넘어서는 궁극적인 일원성을 위한 상보적인 관계를 이루고 있는 것이 되는 것이

---

25 이에 대해서는 Ajit Mookerjee · Madhu Khanna, *The Tantric Way*, p. 15를 참고하라.
26 이에 대해서는 Dasgupta, *An introduction to Tantric Buddhism*, p. 113을 참고하라.

다. 그러므로 탄트리즘은 우주의 도처에서 작용하고 있는 성적 양극성에 대한 그것의 긍정에도 불구하고, 이러한 성적 양극성을 넘어서는 궁극적인 원천으로서의 '통일적인 하나'의 존재를 긍정한다. 탄트리즘은 성적으로 양극으로 분화되어 있는 '시바'(남자)와 '샤크티'(여자)가 아니라, 서로 반대되는 것인 이 두 원리가 서로 '불가분적인 하나'(전체)를 이루도록 결합되어 있는 '시바-샤크티'(남자-여자)야말로 궁극적인 실재의 참모습이라고 주장하는 것이다.[27] 우주를 지배하는 성적 양극성은 그것의 궁극적인 원천인 이 '시바-샤크티'와 서로 분리되지 않는, 그러므로 서로가 서로를 함축하는 표리의 관계를 이루고 있는 것이다. '시바-샤크티'의 궁극적인 일원성은 서로 구분되는 '시바'와 '샤크티'의 이원성을 통해 자신을 현상세계 속에서 표현하며, 이렇게 서로 구분되는 '시바'와 '샤크티'는 다시 서로의 결합을 통해 '시바-샤크티'의 궁극적인 일원성으로 되돌아가게 된다. 그러므로 탄트리즘은 우주를 지배하는 성적 양극성을 실은 '궁극적인 일원성 안에서의 이원성'으로, 즉 '통일적인 하나인 실재가 자신을 현상세계 속에 나타내는 방편적 이원성'으로 이해하는 것이다.[28]

다른 한편, 탄트리즘은 우주 전체와 우리 인간 각자(개인) 사이의 관계를 '대우주-소우주'의 관계로 이해한다. 즉 탄트리즘은 우

---

27 "궁극적인 진리는 시바와 샤크티의 결합이다." — 같은 책, p. 110. "탄트라 교의의 중심 개념은 실재가 통일적인 하나라는 것, 실재가 불가분적인 전체라는 것이다. 이러한 실재는 '시바-샤크티'라고 불린다. (…) 단지 상대적인 차원에서만 이러한 '시바-샤크티'는 서로 분리되어 있는 것으로 보이는 것이다." — Ajit Mookerjee · Madhu Khanna, *The Tantric Way*, p. 15.
28 "탄트리즘은 '비이원성 안의 이원성'이라는 원리the principle of duality in non-duality를 강조한다." — 같은 책, p. 16.

리 인간 각자를 우주 속에 존재하는 모든 것을 하나도 빠짐없이 자기 개인의 내부 속에 다 가지고 있는 '소우주'로서 이해하며, 그러므로 나와 우주 사이에 '본질적인 일치'의 관계가 있는 것으로, 즉 내가 곧 우주이고 우주가 곧 나인 관계가 성립하는 것으로 이해하는 것이다.[29] 우리가 우리 자신 각자와 우주 전체 사이에 이와 같은 '대우주-소우주'의 관계가 성립한다는 것을 모르고 있는 것은, 다시 말해 내가 곧 우주이고 우주가 곧 나 자신이라는 사실을 우리가 망각하고 있는 것은, 우리가 '나'(자아)와 '나 아닌 것'(비아)을 서로 경계 지어 가르는 것에 너무나도 익숙해져 있기 때문, 즉 우리가 우리 자신을 다른 것들과 구분되는 독립적인 개체라고 생각하는 것에 너무나도 익숙해져 있기 때문이다.

앞에서도 말했듯이 해탈이란 자아를 실체로서 생각하는 이와 같은 망념으로부터 벗어나 우리 자신의 본모습을 되찾는 것이다. 그러므로 탄트리즘은 망각되고 있는 이와 같은 '대우주-소우주'의 관계를 회복하는 것이야말로, 즉 우리 자신이 좁은 자아의 경계를 해체함으로써 우리 자신과 우주 전체 사이에 존재하는 저 본래적인 일치의 관계를 회복하는 것이야말로 해탈에 이르는 길이라고 주장한다. 탄트리즘은 우리가 어떻게 해서 형해화(形骸化)된 우리의 '자아'로부터 해방되는 것이 가능하며 또한 왜 이러한 해방의 노력을 우리 스스로가 기울이는 것이 필요한지를 바로 이와 같은 '대우주-소우

---

[29] "거시적 차원의 우주를 지배하는 힘이 또한 미시적 차원의 개인을 지배한다. 탄트라에 따르면, 개인과 우주는 하나이다. 우주 안에 존재하는 모든 것이 또한 개인의 몸 안에도 존재한다." — 같은 책, p. 21.

주'의 이론을 통해서 설명하고 있는 것이다.[30]

그러므로 탄트리즘은 이러한 '대우주-소우주' 이론을 통해, 우주의 모든 것이 우리 인간 각자의 **몸 안에** 항상 이미 다 들어와 있음을 주장한다. 이로써 탄트리즘은 해탈의 가능성이, 즉 우리 각자 자신과 우주 전체 사이에 존재하는 저 본래적인 일치의 관계를 우리가 회복할 수 있는 가능성이, '우리 각자의 몸'이라는 우리 자신의 구체적인 현존 속에 항상 이미 내재하고 있음을 주장하는 것이다.[31] 하지만 이러한 해탈의 가능성은 우리 자신의 내부 깊은 곳에 **잠들어 있다**. 보통의 우리는 우리 자신을 '나 아닌 다른 것들'(비아)과 구분되는 한갓 '자아'에 일치시키고 있으며, 바로 그렇기 때문에 이러한 우리의 '자아'보다 훨씬 더 크고 진정한 우리 자신의 본래적인 정체성을 이러한 '자아' 내부의 깊숙한 곳에 — 이러한 '자아'의 의식이 미치지 못하는 무의식의 심연 속에 — 숨겨 두고 망각하고 있는 것이다. 탄트리즘은 우리 자신의 몸속에 항상 이미 내재하고 있는 해탈의 가능성을, 그렇지만 이처럼 우리 자신의 내부 속에 깊숙이 망각되어 잠들어 있는 이 가능성을 다시 일깨워 내기 위한 구체적인 기법(테크닉)들을 제시한다. 이성(異性)과의 사랑과 성적 교합은 우리 자신의 몸속에 항상 이미 내재하고 있는, 그렇지만 또한 깊숙이 잠들어 있는 이러한 해탈의 가능성을 다시 일깨워 내기 위한 탄트리즘의 기법

---

30 탄트리즘의 '대우주-소우주' 이론에 대해서는 같은 책, pp. 15~25를 참고하라.
31 해탈의 가능성이 우리 각자의 몸속에 내재하고 있다는 탄트리즘의 주장에 대해서는 같은 책, p. 21을 참고하라.

인 것이다.³²

　　마치 좌선(坐禪)이나 기도(祈禱) 혹은 염불(念佛)이 어떤 종파에게는 해탈에 이르기 위한 방법(기법)이 되듯이, 탄트리즘에게는 이성(異性)과의 사랑과 성적 교합이 해탈에 이르기 위한 방법이 된다. 하지만 탄트리즘의 이러한 방법이 우리 자신의 몸속에 잠들어 있는 해탈의 가능성을 일깨워 낼 수 있는 방법이 될 수 있는 이유는 무엇일까? 그것은 해탈이라는 것이 우리 자신과 대우주(우주 전체) 사이의 본래적인 일치의 관계를 회복하는 것이기 때문이며, 또한 이 대우주의 본령이 '시바-샤크티'이기 때문, 즉 '시바'와 '샤크티'의 성적 양극성을 넘어 이 둘의 상호 결합을 통해 이루어지는 불가분적인 하나로서의 '시바-샤크티'이기 때문이다. 그것은 해탈이라는 것이 '시바'의 화현인 남성과 '샤크티'의 화현인 여성이 서로 만나 그들의 '진정으로 **하나**되는 결합'을 통해 — 즉 결코 다시는 서로 분화되는 양극으로, 서로 구분되는 '자아'와 '비아'의 상태로 되돌아가지 않는 '진정으로 **하나**되는' 결합을 통해 — 대우주의 본령인 '시바-샤크티'를 회복하는 것이기 때문이다. 탄트리즘의 목표는 현상세계의 도처를 지배하는 성적 양극성을 넘어, 이러한 성적 양극성이 하나로 통합된 궁극적인 일원성의 상태로 되돌아가는 데 있다.³³ 즉 탄트리즘의 목표는 한 개인의 성적 정체성을 일차적으로 규정하고 있는 성적 일

32　해탈을 위한 구체적인 기법으로서의 '성(性)-요가'sexo-yogic discipline에 대해서는 같은 책, p. 24를 참고하라.

33　"궁극적인 목적은 반대되는 것들의 결합을 통한 완전한 통일의 상태를 이루는 것이다the ultimate goal is the perfect state of union of the two(opposites)." — *The Tantric Way*, p. 16.

방성을 넘어, 다시 말해 '시바-샤크티' 중 다른 한편을 배제한 채 오로지 '시바(의 화현, 남자)'로서만 혹은 오로지 '샤크티(의 화현, 여자)'로서만 존재하는 우리들 각자의 성적 일방성을 넘어, 자신과 반대되는 성과의 진정한 결합을 통해 저 궁극적인 실재의 본원적인 일원성을 회복하는 데 있는 것이다. 이성과의 사랑과 성적 교합을 통한 진정한 결합, 그것은 '시바'로 혹은 '샤크티'로 존재하는 우리들 각자로 하여금 우리 자신 안에 잠들어 있는 대우주의 본령인 '시바-샤크티'를 회복할 수 있게 해 주는 것이다.

그런데 '대우주-소우주'의 원리는, 즉 소우주인 우리 자신 각자가 대우주인 우주 전체와 완전히 일치하는 것임을 말하는 이 원리는 대우주의 본령이 성적 양극성을 통일적인 하나로 결합시키고 있는 '시바-샤크티'인 것과 마찬가지로 소우주인 우리들 각자 또한 실은, 겉으로 드러나 보이는 그 모습과는 달리, '시바-샤크티'라는 것을, 즉 '시바'와 '샤크티' 중의 어느 하나인 것이 아니라 이 둘을 하나로 결합시키고 있는 '시바-샤크티'라는 것을 말해 주고 있다. 우주의 모든 것이 우리들 각자 자신 속에 하나도 빠짐없이 다 들어 있다는 것을 말해 주는 이 원리는, 우주 자체가 바로 남성이자 동시에 여성인 '시바-샤크티'이므로, 겉으로 보기에는 '단지 남자'이거나 아니면 '단지 여자'로만 존재하고 있는 것으로 보이는 우리들 각자 자신도 실은 그 깊은 본모습에 있어서는 남자나 여자 중의 어느 하나인 것이 아니라 남자이면서 동시에 여자인 '남자-여자'(시바-샤크티)라는 것을 말해 주고 있는 것이다. 그러므로 한 개인 안에는, 그가 누구이건, 그가 남자이건 여자이건, 실은 남자와 여자가 둘 다 동시에 존재하고 있다. 한 개인은, 그가 남자이건 여자이건, 실은 동시에 남자이면서 여자인 '**양성구유(兩性具有)적인 존재**'인 것이다.34 그러므로 한 개인이 겉으로 보기에 '단지 남자'로 혹은 '단지 여자'로 존재하고 있는 것은 그 개인 안에 반대되는 성이 부재하고 있기 때문이 아니다. 한 개인이 겉으로 보기에 여자가 아닌 남자로 혹은 남자가 아닌 여자로 존재하고 있는 것은, 다시 말해 남자와 여자 사이의 성적 분화(양극화)가 있게 되는 것은, 한 개인 안에 동시에 둘 다 들어 있는 남자와 여자 중에서 어느 한쪽이 상대적으로 더 우세하다는 것을 나타내고 있을 뿐이다.35

그러므로 **다른 사람**과의36 사랑과 성적 교합을 통해 '시바-샤크티'의 일원적 완전성을 회복한다는 것은 실은 우리 각자 자신 안에 본래적으로 내재하고 있는 '시바-샤크티'를 다시 일깨워 낸다는 것

---

34 "모든 인간은 누구나가 남자이며 동시에 여자이기 때문이다. 너는 양자(兩者)다. 너는 남자이기도 하며 동시에 여자이기도 한 것이다. (…) 너의 반쪽은 이성(異性) 상태다." ─ 석지현, 『밀교』, 70쪽.

35 그러므로 겉으로 보이는 것과는 달리, 이성애(異性愛)와 동성애(同性愛) 사이에는 실은 아무런 실질적인 차이가 없는 것인지도 모른다. 겉으로 보기에는 한 남자와 한 여자가 서로 사랑하는 이성애의 관계처럼 보일지라도, 실은 그 남자는 여자 속에 들어 있는(숨어 있는) 남자를 사랑하는 것일 수도 있고, 혹은 여자가 남자 속에 들어 있는 여자를 사랑하는 것일 수도 있는 것이다. 반면, 겉으로 보기에는 한 남자가 다른 남자를 사랑하는, 혹은 한 여자가 다른 여자를 사랑하는 동성애적인 관계로 보일지라도, 실은 그 남자는 상대방 남자 속에 들어 있는 여자를 사랑하는 것일 수도 있고, 혹은 여자가 상대방 여자 속에 들어 있는 남자를 사랑하는 것일 수도 있다. 더 나아가, 이렇게 되면 이제 혼자 사는 '독신(獨身)의 삶'과 다른 사람과 짝을 맺어 사는 '커플couple의 삶' 사이의 차이도 희미해지게 된다. '커플의 삶'은 자신이 아닌 다른 사람에게서 자신과 '시바-샤크티'를 이루게 될 짝을 찾는 것이지만, '독신의 삶'은 다른 사람이 아닌 자기 자신 속에서 그러한 짝을 찾는 것이 되는 것이다. 실로 들뢰즈는 『앙티-오이디푸스』 L'anti-Œdipe에서 이와 같은 사유를 전개해 나가고 있다.

36 바로 위의 각주에서 설명한 이유로 인해, 이제 이 '다른 사람'이 굳이 겉으로 보기에 이성(異性)일 필요는 없다.

을 의미한다. 그것은 겉으로 보기에는 오로지 남자로서만 혹은 여자로서만 존재하고 있는 우리들 각자가, 각자 자기 자신 안에 숨겨져 망각되고 있는 우리 자신의 '시바-샤크티'를 회복한다는 것을 의미하는 것이다.37 그러므로 나와의 성적 교합을 통해 '시바-샤크티'를 회복할 수 있게 해 줄 나의 파트너는 실은 내 속에 잠들어 망각되고 있는 '나의 또 다른 반쪽'을 체현(體現)하고 있는 존재이다.38 나는 나의 파트너를 통해 실은 잊혀진 나 자신을(내 속에 잠들어 있는 잊혀진 나의 반쪽을) 만나고 있는 것이며, 그러므로 나의 파트너와의 결합을 통해 실은 잊혀진 나 자신의 본래적인 전체 모습을 회복하고 있는 것이다. 그러므로 내가 정말로 내 속에 감추어져 있는 이러한 나의 본래적인 전체 모습('시바-샤크티'로서의 모습)을 회복하는 데 완전히 성공하게 된다면, 나는 더 이상 다른 사람과 성적 교합을 나눌 필요가 없게 된다. 이미 나의 본래적인 전체 모습('시바-샤크티'로서의 모습)을 회복하는 데 완전히 성공할 수 있게 된 나는, 그것을 위해 필요했던 나의 파트너를 더 이상 필요로 하지 않게 되는 것이다. 나의 존재는 그때 나 혼자서, '시바'나 '샤크티' 중의 어느 하나로 나를 일차적으로 규정하고 있던 성적 양극성을 넘어, 이러한 성적 양극성을 하나로 통일시키는 '시바-샤크티'의 완전성에 이른 존재로 거듭나게 된다. 나는 그때, 남자와 여자 사이의 자연적인 구분을 넘어선 제

---

37 "그 서클이 너의 내부에서 만들어진다면(너의 남자다움이 너의 여자다움과 만나고, 내적인 너의 여자다움이 또한 내적인 너의 남자다움과 만나는 것) 너는 너 자신의 내부 속에서 포옹 상태에 있는 것이다." — 석지현, 『밀교』, 70쪽.
38 남자일 경우, 그 자신 속에 잠들어 있는 그의 반쪽은 여자일 것이며, 여자일 경우 그녀의 반쪽은 남자일 것이다.

3의 존재로, 남자이면서 동시에 여자인, 그러므로 더 이상 이성(異性)을 감각적으로 탐할 필요가 없게 되는 **양성구유적인 존재**로 거듭나게 되는 것이다.39 자기 자신 속에 잠들어 있는 '시바-샤크티'를 완전히 일깨우는 데 성공한 **양성구유적인 존재**, 탄트리즘에 따르면 완전한 해탈에 이른 존재란, 즉 잊혀진 자기 자신의 본래적인 참모습을 회복하는 데 성공한 존재란, 바로 이러한 존재인 것이다.40

마조히즘이 우리에게 남기고 있는 마지막 수수께끼, 그것은 엄마에만 의존하는 단성생식의 방법에 의해 다시 태어나게 되는 **새로운 인간**이라는 것이 '자신의 자연적인 남성성으로부터 벗어난 존재'라는 모습으로, 즉 '여자를 감각적으로 탐하는 남성적인 성애(性愛)의 방식으로부터 벗어난 존재'라는 모습으로, 다시 말해 '더 이상 여자와 구분되는 남자가 아니라 여자와 남자 사이의 자연적인 구분을 넘어선 제3의 존재'라는 모습으로 자신을 나타내게 된다는 것이었다. 마조히즘의 환상은 우리 자신의 현실적인 모습을 넘어서는 근본적인 자기변형에 의해 새롭게 거듭나게 된 이 **새로운 존재**의 모습을, 남자와 여자 사이의 자연적 구분을 넘어서는 **양성구유적인 존재**의 모

---

39 "에고의 상실(無我)을 통하여 비이중성(非二重性)을 알 수 있는 사람에게 새로운 세계가 열린다. 이제 성이 사라지게 될 날이 머지않아 오게 된다. 성이 사라질 때, 어느 날 갑자기 성이 완전히 사라져 버렸다는 것을 느끼게 되었을 때, 그리고 아무런 육욕(肉慾)도 존재하지 않을 때, 거기 순수한 독신(獨身) 상태가 온다." — 같은 책, 87~88쪽.
40 20세기 초 인도 뱅갈Bengal 지역 탄트리즘 교단(Kartâbhajâ)의 이론을 체계화하는 데 중요한 역할을 한 인물인 마눌랄 미스라Manulâl Miśra에 따르면, 탄트리즘의 목표는 남자에게 '여자가 되는 것'을 요구하는 것이다. — Hugh B. Urban, *Songs of Ecstacy: Tantric and devotional songs from colonial Bengal*, Oxford University Press, 2001, p. 127. 남자가 자신 속에 잠들어 있는 여자를 일깨워 냄으로써 양성구유적인 존재가 되는 것, 이것을 미스라는 '여자가 되는 것'이라고 말하고 있는 것일 게다. 마찬가지로 탄트리즘은 여자에게는 '남자가 되는 것'을 요구할 것이다.

습으로 나타내고 있는 것이다. 이 사실, 즉 우리가 능히 '해탈'이라고 생각할 수 있는 '근본적인 자기변형을 통한 새로운 존재로의 거듭남'이라는 것이 이처럼 마조히즘의 환상에서 양성구유적인 존재의 모습으로 자신을 나타내게 된다는 사실은, 바로 이 해탈이라는 것이 탄트리즘의 우주론이 '대우주의 본령이자 우리 자신의 내면 속에 깊이 숨겨져 있는 우리 자신의 본모습'으로서 말하는 '시바-샤크티'를 되찾는 것이라는 것을 말해 주는 것일까? '생명의 자기 자신에 대한 내적 인식'을 자신 속에 내포하고 있는 우리의 무의식이 바로 이와 같은 마조히즘의 환상을 자신의 궁극적인 소여인 상징(원형)으로서 우리에게 내보인다는 사실은, 바로 이 '생명의 자기 자신에 대한 내적 인식'이 인식하고 있는 우주의 참모습이라는 것이 탄트리즘의 우주론이 말하는 '시바-샤크티'의 모습이라는 것을 말해 주는 것일까?

참고 문헌

모노 (자크), 『우연과 필연』, 조현수 옮김, 궁리, 2010.

무케르지 (아지트), 『탄트라, 우주의 본질과 자아의 합일』, 김구산 옮김, 동문선, 1995.

베이치 (크리스토퍼), 『윤회의 본질 : 환생의 증거와 의미, 카르마와 생명망에 대한 통합적 접근』, 김우종 옮김, 정신세계사, 2014.

석지현, 『밀교』, 현암사, 1977.

켈러 (이블린 폭스), 『유전자의 세기는 끝났다』, 이한음 옮김, 지호, 2002.

콘즈 (에드워드), 『한글세대를 위한 불교』, 한형조 옮김, 세계사, 1990.

탤보트 (마이클), 『홀로그램 우주』, 이균형 옮김, 정신세계사, 1999.

프로이트 (지크문트), 『쾌락원리 너머』, 김인순 옮김, 투북스, 2013.

Bergson (Henri), *Œuvres*, Édition du Centenaire, 1959.

Dasgupta (Shashi Bhusan), *An Introduction to Tantric Buddhism*, University of Calcutta, 1950.

Deleuze (Gilles), "De Sacher-Masoch au masochisme", *Multitude,* numéro 25, Eté, 2006.

_____ , *Nietzsche et la philosophie*, PUF, 1962.

_____ , *Le bergsonisme*, PUF, 1966

_____ , *Présentation de Sacher-Masoch*, PUF, 1967.

_____, *Différence et Répétition*, PUF, 1968.

_____, *L'anti-Œdipe*, Les Edition de Minuit, 1972.

Freud (Sigmund), "Triebe und Triebschicksale"(1915), *Psychologie des Unbewußten, Studienausgabe, Bd. III*, S. Fischer, 1989.;「본능과 그 변화」,『정신분석학의 근본 개념』, 윤희기·박찬부 옮김, 열린책들, 1997.

_____, "Jenseits des Lustprinzips"(1923), *Psychologie des Unbewußten, Studienausgabe, Bd. III*, S. Fischer, 1989.

_____, "Das ökonomische Problem des Masochismus"(1924), *Psychologie des Unbewußten, Studienausgabe, Bd. III*, S. Fischer, 1989.

Jung (Carl Gustav), *Structure and Dynamics of the Psyche, Collected Works of C. G. Jung Volume 8*, edited and translated by Gerhard Adler & F. R. C. Hull, Princeton University Press, 1969.

_____, *Memories, Dreams, Reflecions*, trans, R. Winston and C. Winston, ed. A. Jaffé, London: Fontana, 1967.

Kerslake (Christian), *Deleuze and the Unconscious*, Continuum, 2007.

Lacan (Jacques), *Le séminaire, Livre V: Les Formations de l'inconscient*, Paris: Seuil, 1998.

_____, *Seminar II : The Ego in Freud's Theory and in the Technique of Psychoanalysis*, trans. Sylvana Tomaselli, ed. Jacques-Alain Miller, London: W. Norton & Co., 1991.

Laplanche (Jean) et Pontalis (Jean-Bertran), *Vocabulaire de la psychanalyse*, PUF, 2007.

Mookerjee (Ajit) · Khanna (Madhu), *The Tantric Way*, Thames and Hudson Ltd, 1977.

Ruyer (Raymond), "Bergson et le Sphex ammophile", in *Revue de Métaphysique et de Morale*, 64:2, 1959.

Taylor (Kathleen), *Sir John Woodroffe, Tantra and Bengal*, Richmond: Curzon, 2001.

Urban (Hugh B.), *Songs of Ecstac: Tantric and devotional songs from colonial Bengal*, Oxford University Press, 2001.

Wilber (Ken), *Eye to Eye: The quest for the new paradigm*, 3rd ed, Boston: Shambhala, 2011(1983).

철학의 정원 74

성·생명·우주 —마조히즘에 대한 들뢰즈의 이해로부터 살펴본 〈자연과 영성(靈性)의 일치 가능성〉에 대하여

초판 1쇄 펴냄 2025년 04월 25일

지은이 조현수
펴낸이 유재건
펴낸곳 (주)그린비출판사
주소 서울시 마포구 와우산로 180, 4층
대표전화 02-702-2717 | **팩스** 02-703-0272
홈페이지 www.greenbee.co.kr
원고투고 및 문의 editor@greenbee.co.kr

편집 이진희, 민승환, 문혜림, 성채현 | **디자인** 심민경
독자사업 류경희 | **경영관리** 장혜숙

저작권법에 의하여 한국 내에서 보호를 받는 저작물이므로 무단전재와 무단복제를 금합니다.
책값은 뒤표지에 있습니다. 잘못 만들어진 책은 구입처에서 바꿔 드립니다.
ISBN 979-11-94513-09-4 93160

독자의 학문사변행學問思辨行을 돕는 든든한 가이드 _(주)그린비출판사